HSRC PRESS

中国非洲研究院文库·学术译丛

梦碎之城

非洲汽车城的神话、民族主义与大学

City of Broken Dreams
Myth-making, Nationalism and
the University in an African Motor City

[南非] 莱斯利·班克
（Leslie Bank）   /著

李林波   /译

中国社会科学出版社

图字:01-2023-3950 号

图书在版编目（CIP）数据

梦碎之城：非洲汽车城的神话、民族主义与大学/（南非）莱斯利·班克著；
李林波译. —北京：中国社会科学出版社，2024.7
（中国非洲研究院文库. 学术译丛）
书名原文:City of Broken Dreams:Myth-making,Nationalism and the University
in an African Motor City
ISBN 978-7-5227-3707-2

Ⅰ.①梦…　Ⅱ.①莱…②李…　Ⅲ.①汽车工业—工业发展—研究—南非
Ⅳ.①F447.064

中国国家版本馆 CIP 数据核字（2024）第 110764 号

ⓒ HSRC 2019

This translation in Chinese of this book is published by arrangement with HSRC Press

出 版 人	赵剑英	
责任编辑	高　歌　夏大勇	
责任校对	王佳玉	
责任印制	戴　宽	

出　　版	中国社会科学出版社
社　　址	北京鼓楼西大街甲 158 号
邮　　编	100720
网　　址	http://www.csspw.cn
发 行 部	010-84083685
门 市 部	010-84029450
经　　销	新华书店及其他书店

印　　刷	北京君升印刷有限公司
装　　订	廊坊市广阳区广增装订厂
版　　次	2024 年 7 月第 1 版
印　　次	2024 年 7 月第 1 次印刷

开　　本	710×1000　1/16
印　　张	20.75
字　　数	363 千字
定　　价	119.00 元

充分发挥智库作用　助力中非友好合作
——《中国非洲研究院文库总序言》

当前，世界之变、时代之变、历史之变正以前所未有的方式展开。一方面，和平、发展、合作、共赢的历史潮流不可阻挡，人心所向、大势所趋决定了人类前途终归光明。另一方面，恃强凌弱、巧取豪夺、零和博弈等霸权霸道霸凌行径危害深重，和平赤字、发展赤字、治理赤字加重，人类社会面临前所未有的挑战。

作为世界上最大的发展中国家，中国始终是世界和平的建设者、国际秩序的维护者、全球发展的贡献者。非洲是发展中国家最集中的大陆，是维护世界和平、促进全球发展的重要力量之一。在世界又一次站在历史十字路口的关键时刻，中非双方比以往任何时候都更需要加强合作、共克时艰、携手前行，共同推动构建人类命运共同体。

中国和非洲都拥有悠久灿烂的古代文明，都曾走在世界文明的前列，是世界文明百花园的重要成员。双方虽相距万里之遥，但文明交流互鉴的脚步从未停歇。进入 21 世纪，特别是党的十八大以来，中非文明交流互鉴迈入新阶段。中华文明和非洲文明都孕育和彰显出平等相待、相互尊重、和谐相处等重要理念，深化中非文明互鉴，增强对彼此历史和文明的理解认知，共同讲好中非友好合作故事，为新时代中非友好合作行稳致远汲取历史养分、夯实思想根基。

中国式现代化，是中国共产党领导的社会主义现代化，既有各国现代化的共同特征，更有基于自己国情的中国特色。中国式现代化，深深植根于中华优秀传统文化，体现科学社会主义的先进本质，借鉴吸收一切人类优秀文明成果，代表人类文明进步的发展方向，展现了不同于西方现代化模式的新图景，是一种全新的人类文明形态。中国式现代化的新图景，为包括非洲国家在内的广大发展中国家发展提供了有益参考和借鉴。近年来，非洲在自主可持续发展、联合自强道路上取得了可喜进步，从西方眼中"没有希望的大陆"变成了"充满希望的大陆"，成为"奔跑的雄狮"。非洲各国正在积极探索适合自身国情的发展道路，非洲人民正在为实现《2063 年议程》与和平繁荣的"非洲梦"而努力奋斗。中国坚定支持非洲国家探索符合自身国情的发展道路，愿与非洲兄弟共享中国式现代化机遇，在中国全面建设社会主义现代化国家新征程上，以中国的新发展为非洲和世界提供发展新机遇。

中国与非洲传统友谊源远流长，中非历来是命运共同体。中国高度重视发展中非关系，2013 年 3 月，习近平担任国家主席后首次出访就选择了非洲；2018 年 7 月，习近平连任国家主席后首次出访仍然选择了非洲；6 年间，习近平主席先后 4 次踏上非洲大陆，访问坦桑尼亚、南非、塞内加尔等 8 国，向世界表明中国对中非传统友谊倍加珍惜，对非洲和中非关系高度重视。在 2018 年中非合作论坛北京峰会上，习近平主席指出："中非早已结成休戚与共的命运共同体。我们愿同非洲人民心往一处想、劲往一处使，共筑更加紧密的中非命运共同体，为推动构建人类命运共同体树立典范。"2021 年中非合作论坛第八届部长级会议上，习近平主席首次提出了"中非友好合作精神"，即"真诚友好、平等相待，互利共赢、共同发展，主持公道、捍卫正义，顺应时势、开放包容"。这是对中非友好合作丰富内涵的高度概括，是中非双方在争取民族独立和国家解放的历史进程中培育的宝贵财富，是中非双方在发展振兴和团结协作的伟大征程上形成的重要风范，体现了友好、平等、共赢、正义的鲜明特征，是新型国际关系的时代标杆。

随着中非合作蓬勃发展，国际社会对中非关系的关注度不断提高。一方面，震惊于中国在非洲影响力的快速上升；一方面，忧虑于自身在非洲影响力的急速下降，西方国家不时泛起一些肆意抹黑、诋毁中非关系的奇谈怪论，诸如"新殖民主义论""资源争夺论""中国债务陷阱论"等，给发展中非关系带来一定程度的干扰。在此背景下，学术界加强对非洲和中非关系的研究，及时推出相关研究成果，提升中非双方的国际话语权，展示中非务实合作的丰硕成果，客观积极地反映中非关系良好发展，向世界发出中国声音，显得日益紧迫和重要。

以习近平新时代中国特色社会主义思想为指导，中国社会科学院努力建设马克思主义理论阵地，发挥为党和国家决策服务的思想库作用，努力为构建中国特色哲学社会科学学科体系、学术体系、话语体系作出新的更大贡献,不断增强我国哲学社会科学的国际影响力。中国社会科学院西亚非洲研究所是遵照毛泽东主席指示成立的区域性研究机构,长期致力于非洲问题和中非关系研究,基础研究和应用研究双轮驱动,融合发展。

以西亚非洲研究所为主体于2019年4月成立的中国非洲研究院,是习近平主席在中非合作论坛北京峰会上宣布的加强中非人文交流行动的重要举措。自西亚非洲研究所及至中国非洲研究院成立以来,出版和发表了大量论文、专著和研究报告,为国家决策部门提供了大量咨询报告,在国内外的影响力不断扩大。遵照习近平主席致中国非洲研究院成立贺信精神,中国非洲研究院的宗旨是:汇聚中非学术智库资源,深化中非文明互鉴,加强中非治国理政和发展经验交流,为中非和中非同其他各方的合作集思广益、建言献策,为中非携手推进"一带一路"高质量发展、共同建设面向未来的中非全面战略合作伙伴关系、构筑更加紧密的中非命运共同体提供智力支持和人才支撑。

中国非洲研究院有四大功能:一是发挥交流平台作用,密切中非学术交往。办好三大讲坛、三大论坛、三大会议。三大讲坛包括"非洲讲坛""中国讲坛""大使讲坛",三大论坛包括"非洲留学生论坛""中非学术翻译论坛""大航海时代与21世纪海峡两岸学术论坛",三大会议包括"中非文明对话大会""《(新编)中国通史》和《非洲通史(多卷本)》比较研究国际研讨会""中国非洲研究年会"。二是发挥研究基地作用,聚焦共建"一带一路"。开展中非合作研究,对中非共同关注的重大问题和热点问题进行跟踪研究,定期发布研究课题及其成果。三是发挥人才高地作用,培养高端专业人才。开展学历学位教育,实施中非学者互访项目,扶持青年学者和培养高端专业人才。四是发挥传播窗口作用,讲好中非友好故事。办好中国非洲研究院微信公众号,办好中英文中国非洲研究院网站,创办多语种《中国非洲学刊》。

为贯彻落实习近平主席的贺信精神,更好汇聚中非学术智库资源,团结非洲学者,引领中国非洲研究队伍提高学术水平和创新能力,推动相关非洲学科融合发展,推出精品力作,同时重视加强学术道德建设,中国非洲研究院面向全国非洲研究学界,坚持立足中国,放眼世界,特设"中国非洲研究院文库"。"中国非洲研究院文库"坚持精品导向,由相关部门领导与专家学者组成的编辑委员会遴选非洲研究及中非关系研究的相关成果，并统一组织出版。文库下设五大系列丛书："学术著作"系列重在推动学科建设和学科发展，反映非洲发展问题、发展道路及中非合作等某一学科领域的系统性专题研究或国别研究成果；"学术译丛"系列主要把非洲学者以及其他方学者有关非洲问题研究的学术著作翻译成中文出版，特别注重全面反映非洲本土学者的学术水平、学术观点和对自身发展问题的见识；"智库报告"系列以中非关系为研究主线，中非各领域合作、国别双边关系及中国与其他国际角色在非洲的互动关系为支撑，客观、准确、翔实地反映中非合作的现状，为新时代中非关系顺利发展提供对策建议；"研究论丛"系列基于国际格局新变化、中国特色社会主义进入新时代，集结中国专家学者研究非洲政治、经济、安全、社会发展等方面的重大问题和非洲国际关系的创新性学术论文，具有基础性、系统性和标志性研究成果的特点；"年鉴"系列是连续出版的资料性文献，分中英文两种版本，设有"重要文献""热点聚焦""专题特稿""研究综述""新书选介""学刊简介""学术机构""学术动态""数据统计""年度大事"等栏目，系统汇集每年度非洲研究的新观点、新动态、新成果。

期待中国的非洲研究和非洲的中国研究在中国非洲研究院成立新的历史起点上，凝聚国内研究力量，联合非洲各国专家学者，开拓进取，勇于创新，不断推进我国的非洲研究和非洲的中国研究以及中非关系研究，从而更好地服务于中非高质量共建"一带一路"，助力新时代中非友好合作全面深入发展，推动构建更加紧密的中非命运共同体。

中国非洲研究院

2023 年 7 月

目 录

第四部分　学生抗议运动及城市与大学之间的动态

前　言

2018 年 7 月，年产汽车超过 240 万辆的全球汽车巨头梅赛德斯－奔驰宣布，将要对位于东伦敦市的南非工厂新投入约 7 亿美元（约合 100 亿兰特）巨资。这将成为投向南非工业城市的最大单笔直接外国投资之一。梅赛德斯－奔驰汽车集团董事会成员马库斯·舍费尔（Markus Schäfer）说：

> 梅赛德斯－奔驰汽车集团的投资无疑认可了南非是非常合适的投资对象，这也表明了我们与所有社会伙伴合作的决心，我们要抓住机遇，扩大投资，取得更快的发展。（《邮政卫报》2018 年 7 月 20—26日）

舍费尔表示，公司自 1958 年起就开始在东伦敦生产汽车，这项新投资标志着公司对这个城市的汽车工业投资已达 60 年。他进一步表示，这项新投资的目标是将东伦敦建为集团生产奔驰 C 级轿车的全球领先型工厂之一。这项投资将使现有工厂规模扩大三分之二，占地面积达到 10 万平方米。工厂将修建新的车身车间和物流仓库，装配车间会进行升级。舍费尔解释，新建车间与新装修车间将采用最先进的、环保的技术（《邮政卫报》2018 年 7 月 20—26 日）。在促进城市工业的未来发展方面，公司强调将进一步投资建于东伦敦的梅赛德斯－奔驰专修学院。这所旗舰型学院始建于 2004 年，属于公私共建，国家财政部与一家全国性就业基金会对其予以共同支持。每年，这所学院能为数百名技工提供工业领域的技术培训。在新投资启动时，该公司确认，目前在南非聘用员工 3300 名，大多数都在东伦敦的生产区工作，将来这里的员工规模将会进一步扩大（《邮政卫报》2018 年 7 月 20—26 日）。

对这个沿海城市而言，它的工业经济已经陷入一段时间的衰退，几乎完全依赖汽车工业以获得新投资，因此这项得到南非纳税人几十亿兰特支持的新投资项目无疑来得正是时候。几年前，有传言说奔驰打算把自己南非的业务迁往仅300千米外的伊丽莎白港，大众汽车和通用汽车都把公司建在那里。伊丽莎白港拥有更大的深水港口和更好的工业基础设施。之所以会有这样的传言，是因为伊丽莎白港附近有大量空地可用，而且在汽车工业中，规模经济能够惠及所有相关方，在南非的这两家德国跨国公司也由此能够建立更密切的合作关系。然而，南非政府很清楚东伦敦工业经济的脆弱性，更希望奔驰留在东伦敦，同时也担心新投资会流向中国、巴西或美国，毕竟奔驰在那些国家的工厂规模更大。梅赛德斯－奔驰在东伦敦重新站稳脚跟，至少能再经历10年一轮的全球化生产周期，让这个苦苦挣扎的工业城市松了一口气。东伦敦自20世纪20年代即已诞生的汽车梦也因此得以延续。这个地区已经在经历衰败，人口不断外迁，房地产价格持续下降，国家拨向省级政府的资金大幅减少，城市经济的原有支持遭遇打击，在这个时候，新投资无疑会受到热烈的欢迎，也被定性为对这个城市意义重大的新动向。

本书讲述的是这个中型南非城市的汽车城梦想。它试图解释这些梦想如何萌生，如何在几十年的赛车运动热情中和在20世纪50年代逐步发展起来的汽车装配工业中孕育成长，在此期间，奔驰乘用车于1958年生产出来。十年之后，这个全球公司收购了一家当地的汽车装配厂，并将生产基地改造为一家仅生产梅赛德斯－奔驰的工厂。本书将展示，一个世纪以来，这个城市如何用汽车现代性的梦想与希望定义自己的愿望。起先得到支持的是在种族上排他的白人殖民民族主义，近几十年来，获得支持的则是新兴非洲中产阶级。在种族主义与民族主义分裂的背景下，不同形式的汽车自由推动着城市向前发展，城市的现代化梦想及其为某些人创造出来的神话恰恰意味着另外一些人梦想的破碎。种族隔离政策终结之后所承诺的包容性发展未能实现。这一点在过去20年中城市的高失业率和广泛的去工业化现象中显而易见。汽车资本主义创造出的神话和现代性的承诺成为破碎的梦想，这座城市中新成立的大学里不断地出现的混乱局面和抗议行为成为这种失望和愤怒的进一步证明。

如今，这座城市的故事已深植于全球汽车投资的混乱不安之中。这一点上，这座城市并不孤单；它与全世界的锈带城市存在着很多共同点，尤其是美国中西部的锈带城市，几十年来的逐步撤资已经让这些城市人口流失，投资减少，活力不再。到 2008 年美国经济大衰退之时，美国大多数之前的汽车城都见证了人口减少、犯罪猖獗、破产现象严重，城市面貌恶劣。查理·勒达夫（Charlie Le Duff）的《底特律：一座美国城市的衰落》（Detroit：An American Autopsy，2013）是自 20 世纪 80 年代以来新产生的一种流派的最新作品，这种写作致力于探讨随着 20 世纪 70 年代汽车制造向亚洲的转移，发生在美国东北部锈带城市的社会、文化以及经济的崩塌。2008 年，美国总统奥巴马就任期间，底特律的汽车行业得以脱离困境，几家标志性的美国公司免于破产，这个城市终于又被注入了几分新活力（《经济学人》，2017 年 9 月 14 日）。之后，与奔驰的新投资为东伦敦所带来的可能前景类似，底特律也经历了一场小型的复苏。

在政治层面上，2016 年，特立独行的民粹主义者唐纳德·特朗普带领保守的共和党政府重返白宫，这在一定程度上可被视为锈带城市开始出现的一种带来希望的新政治的产物。特朗普赢得陷于困境中的美国中西部白人工人阶级的支持，因为他提出，有了政府充分的保护，以及强有力的"美国优先"的经济发展计划，锈带城市可以为新一代美国人在钢铁生产的基础上重建。特朗普凭借着"让美国再次伟大"的口号入主白宫之后，试图兑现自己竞选时对中西部失业者、即将失业者、白领、蓝领曾做出的承诺。他对钢铁设置关税壁垒，与中国展开贸易战，对世界经济产生了重大的影响。据预测，由于保护主义的倾向抬头，贸易协定需要重新谈判，这一系列的决策将导致全球经济增长减缓。与此同时，分析人士指出，将经济复苏寄望于扶持锈带城市重新进行工业化，可能是不切实际的。就南非的情况而言，奔驰所保证的高达 7 亿美元的新投资，据预测到 2020 年，只能将东伦敦厂区当地人口就业人数从 3000 左右增加到 4500 左右。即便这个计划能对挣扎于困境之中的前工业城市带来改变，却并不能全面解决东伦敦的高失业率问题——2018 年，东伦敦有约 15 万成年失业人口，年轻人中失业人口占到了 50% 以上。而且，这个难得的好消息激起的兴奋可想而知，有人担忧它有可能会强化已在这个城市孕育了近一个世纪的振奋人心的汽车城梦想，从而会让这个城市不再努力追寻经济增长与发展更具包容性和生产力的新模式。

但是，本书表达了这样一个希望，即这项新投资也许会为一个新的开端提供平台，让这个城市能够评估自己对于汽车资本的依赖处于何种程度。本书将要探讨，这个城市除了作为全球性汽车工业的一块飞地，还能有哪些发展策略可供自己选择。本书在分析中，把东伦敦的汽车休闲与生产和种族民族主义在这个城市中的兴起及自由与繁荣的梦想联系起来。东伦敦用汽车来构建现代性神话的构想，将会置于更广阔的以经济包容性与认可为目标的政治斗争语境下考察。这些斗争的历史背后，是种族问题和分裂问题，写满了排斥和冷漠，它既是这个城市殖民期的历史，也是殖民期之外的历史。本书将采用跨学科的方法，在历史人类学的视角下分析地方的构建，追溯东伦敦汽车城之梦的故事，将它的文化生产置于对政治与经济发展的评估之中去讨论。本书强调的一点是，大学在一个城市的建设中应该起到推动者的角色与功能，应该承担起重塑这个城市未来的潜在合作伙伴的责任。本书认为，这些高校具有充分的文化影响力，能够对城市的成长与发展模式提供多元叙事。事实上，大学的城市化已经成为一个全球性现象，而且自第二次世界大战结束以来，尤其是自 20 世纪 70 年代的城市危机以来，已经显示出迅猛的发展势头。全世界高等教育产业的拓展已经使得大学与城市越来越融合。因此，一方面，人们越来越关注大学作为进行批判性思维与学习场所的自主性；另一方面，关于大学在城市经济建设、创造就业岗位、重塑政治与城市身份等方面可以起到什么作用，也引发了越来越多的争论。以美国的底特律这个挣扎于困境中的锈带城市为例，它已经历了几十年的人口减少与去工业化之痛，近年来，它开始对大学投入密切关注，探求大学是否可以在所在地的城市重建中充当复兴之锚。

在此背景下，本书将用全球关于城市大学的讨论来探讨南非锈带城市的现实问题。东开普省的汽车城东伦敦，奔驰公司在非洲的家园，将作为案例在本书中得到细致研究。过去的 20 年里，东伦敦工业领域失业问题严重。本书不认可一些文献中将大学视作抽象概念或体系的观点，对大学的讨论不能与它所在的城市相分离。本书将对大学的分析纳入工业化进程、地方构建、城市建设的历史之中。本书将在城市及其城市化形式的语境内，理解南非锈带城市中大学的作用与功能。本书认为，作为布法罗大都会市（the Buffalo City Metropolitan Municipality）一部分的东伦敦市首先是一个汽车城，一是因为在历史上它是汽车生产的中心，再则因为它对汽车文化表现出了持续性的痴迷，将它作为休闲和地位的源头。本书提出这样的问题：汽车带给这个城市什么样的城市化和自由？在何种程度上汽车可以将这个城市从其种族民族主义和黑人劣势的历史中解放出来？

　　汽车所具有的文化力量，以及它与现代性之无尽可能性的关联，让很多锈带汽车城市固执地拒绝寻求其他发展路径，不能告别这种嵌入了种族主义的汽车资本主义与文化。东开普省的锈带城市如此，美国的锈带城市如弗林特（Flint）和底特律也是如此。为了便于在全球语境内讲述这个南非中型工业城市的故事，本书分为四个主要部分。第一部分在南非及全球语境下批判性地探讨了大学、地方建设、城市之间的关系。第二部分分析了种族现代主义在南非东海岸建立一座英国殖民汽车城时所扮演的角色。这一部分揭示了在一座白人主导的汽车城的构建中，种族与民族主义之间的交集，并且揭示在此过程中该地区的大学所起的作用。同时，这一部分也考察自 20 世纪 60 年代以来南非白人民族主义及种族隔离政策对这个英国殖民城市的建设所起到的负面作用。第三部分探讨了自 1994 年引入民主制以来非洲中产阶级在这个城市的崛起，也分析了东伦敦作为非洲人归乡城市的成长过程。许多新兴中产阶级住在这个城市，但本身并不属于这个城市。本书思考了后种族隔离时代城市化的性质与形式，以及这个地区两所主要黑人大学与这个城市建立联系的条件，其中涉及了非洲民族主义中反对城市化的一段较长的历史。"占领城市主义"（occupy urbanism）这一术语在本书中既指新兴中产阶级的汽车文化，也指在后工业时代的城市中大学的存在。

　　本书第四部分分析了自 2015 年以来在南非，尤其是在东开普省爆发的"学费必须降"运动（Fees Must Fall）背后的反叛政治，在意识形态潮流和本地学生抗议行为中梳理民族主义、文化以及城市建设的线索。这一部分揭示了非洲学生的两难处境。他们一方面希望快速跻身于城市新中产阶级，享受它带来的"美好生活"，同时又想借由非洲民族主义的暴乱形式寻求解决这个城市和地区的殖民矛盾。在本书的结尾，将返回来探讨城市大学的驱动力与文化魅力如何重新定义一个地方的意义与形成。这一分析的背后隐藏着一个更大的问题，即在处理城市化的挑战及解决南非乃至整个非洲大陆的发展危机时，去殖民化的非洲大学与城市之间的关系具有怎样的未来。

绪论　汽车自由：曼德拉的汽车与历史教训

　　我一直觉得，中产阶级黑人占领玛丽娜谷（位于东伦敦的海滨），聚会狂欢，这是件好事，但说不清楚具体缘由。现在我明白了：这不就和每年占领海滩庆祝新年一样吗，只不过变成了每周末一次。这就是一种典型的社交活动。上周末，和我们在一起的除了有同事们、表兄妹们、女同性恋更广的社交圈子外，还有一个人也和我们一起待了一小会儿，那是给我女朋友编脏辫的一位女士（一位很好的女士）。哦，当然了，还有看管汽车的保安。

Lotusdrifter（2012）

　　本书将要探讨的观点也许颇显挑衅意味，即像南非东伦敦这样的锈带汽车城市的未来，可能并不能寄望于重建为汽车工业化和汽车文化中心。历史上，汽车具有一种令人痴迷的力量与形象，曾推动汽车城市向永无止境的进步和现代化做出不懈追求。汽车作为现代资本主义一种典型的理想商品，运用了巨大的意识形态和文化力量来实施激励、诱惑以及欺骗，这一点正是本书所论证的观点。因为，虽然汽车的发展轨迹为汽车城能发展到目前的状态提供了一些可能性，然而对汽车文化的执着却也往往阻碍其考虑其他发展路径和机遇。位于美国东北部铁锈地带的底特律市就是一个很好的例子。20 世纪 50 年代初，在这个曾经的世界头号汽车城里，汽车行业已开始衰落；到了 70 年代，与其早期显著发展相关联的工业化形式已彻底过时。然而，这座城市很难想象自己如果不生产汽车，还能做别的什么。几十年来，为底特律城市及其工业的复兴提出的计划与提议，吸引了数万亿美元的国家投资和纾困资金，都聚焦于汽车行业的复兴与重建上。然而，该城市的经济仍在持续衰退。直到 20 世纪 90 年代，底特律俨然成

1

为美国城市反乌托邦的典型代表，这座城市才终于着手改变路线，寻找经济发展的其他途径。

某种意义上，位于东开普省（Eastern Cape）布法罗市（Buffalo City）的东伦敦（East London）如今与20世纪80年代的底特律市处于相似的境地。东伦敦有大量的贫困黑人人口，大多无业，他们分布在城市的各个地方，得不到应有的服务。在这里，只有两家雇主能够给人们提供大量重要的就业机会，一个是全球汽车巨头梅赛德斯－奔驰，另一个是政府。与高失业率相比，非洲当地的工人阶层规模是相对较小的，比种族隔离时期要小得多。当地居民的生计几乎完全依赖中央政府向规模庞大的地方政府的拨款，以及给贫困人口的社会补助。与此同时，梅赛德斯－奔驰被视为东伦敦的工业生命支柱，当地关于发展的讨论自始至终都离不开这个德国汽车巨头。然而，奔驰公司在这个城市的生存却是脆弱的，它高度依赖政府向东开普省的汽车行业所提供的大额补贴。如汽车公司的一位高管所言："如果没有这样的大额补助，就我们这个厂每年低至15万辆的汽车产量而言，是不可能在这里存活下去的。以后，工厂很有可能迁到别的地方去"（采访，2016年12月15日）。他补充道，公司甚至都没有真正扎根国内市场，因为所生产的汽车95%都注定要销往其他国家。东开普省的所有汽车生产商无不如此。它们都坐落在特别开发区，由持股100%的外国公司经营，似乎漂浮于地方经济之上。2018年，在呈给贸易与工业部长罗伯·戴维斯（Rob Davies）的报告中，约翰内斯堡大学的西蒙·罗伯茨（Simon Roberts）和他的同事们指出，南非的整个汽车工业通过其供应链给黑人商业带来的益处都不及任何其他主要行业。而且，南非汽车工厂的就业水平很低，受雇人员主要是受过良好训练的高级工人群体，他们并不直接参与汽车制造，而是从事技术型工作，在高度资本化的生产线操作机器人或精密机器。尽管用国际标准衡量，他们所制造的汽车质量很高，但这种工业模式对于黑人经济的发展和全国的就业率而言，所起到的有益作用是有限的。

尽管收益有限，然而对汽车行业资本外流的担忧使得国家财政部惶恐不已。据悉，财政部加紧致电汽车公司的董事，竭力不让他们失望，保证一定给予他们所需的一切支持，尤其在当地城市不能提供相关服务的情况下（Bell et al.，2018）。2015年，一位来自德国的汽车高管来到东伦敦对当地的一家工厂进行评估，却陷入一场出租车抗议活动，这个活动在市中心演变成了一场暴力事件。抗议者的目标是外籍人员，他们声称这些外国人压低了当地出租车司机的价格。国家财政部非常担心这样的事件会损害国外汽车行业管理者的信心，顾忌当地政府是否有能力提供合适的投资环境，财政部因此倍感焦虑。他们认为地方政府并没有意识到汽车工业在这些城市经济中的关键作用。中央政府给东伦敦传达的信息非常清晰，当地应不惜代价留住汽车工业投资。这样的信息似乎淹没了关于城市未来发展可能性的其他一切叙述，淹没了对其他模式的发展与增长可能性的探求。

鉴于这种明显的偏见，本书着重讨论大学作为城市经济发展中一种补充性甚至替代性支柱的作用。在全世界，在很多其他以市区工业衰败和人口减少为特征的后工业时代锈带城市里，大学的这一作用已经得到了发挥。在这种背景下，20 世纪 60 年代梅赛德斯 - 奔驰来到东伦敦绝非历史的偶然，而是这个城市长期投入汽车制造和汽车文化的直接结果。因此，为了探求一个超越汽车之外的未来，本书将以汽车在东伦敦的历史内涵与意义作为出发点，探究汽车作为种族身份标志的强大力量，将之作为对该城市非洲大众争取解放的叙述的一部分。1990 年，纳尔逊·曼德拉从监狱获释，东伦敦的汽车工人向他献上一辆顶级的奔驰 SE500。本章作为全书介绍性的章节，将对这一事件的意义进行回顾，认为它代表着工人想要说服他们的这位政治领袖将汽车生产看作自由的象征而对之欣然接受。本章还将分析新兴黑人中产阶层如何在海滨重塑城市的汽车休闲文化。本章还将论述，新兴中产阶级通过在过去专为白人所留的地方进行"黑人也能泊车"（parking while black），是将汽车当作他们通过"占领城市主义"（occupy urbanism）表达自己在城市中的一种生存方式。接着，本章将回顾南非艺术家西蒙·格斯（Simon Gush）名为"红色装配"的展览活动。他拆除了曾经献给曼德拉的那辆车，时隔 25 年之后，将它作为对历史和艺术的思考而重新装配起来。在阐释了汽车文化在东伦敦具有的意义之后，本章将进一步讨论如何将东伦敦建设为一座新的后殖民非洲城市。

"黑人也能泊车"：汽车自由

英国社会学理论家保罗·吉尔罗伊（Paul Gilroy，2002）在他经典的《黑人也能驾驶》（Driving while Black）一文中，思考了美国黑人大众文化中汽车所具有的独特意义。他认为，20 世纪的大多数时间里，很多黑人家庭都不具备购买汽车的经济能力，因此，汽车代表了"对那些尊严曾受伤害、人生曾遭不公待遇的人的补偿"（Gilroy，2002：114）。吉尔罗伊认为，汽车闪耀的权威不仅仅意味着黑人成为消费社会的新成员，而且蕴含了他们获得了"汽车带来的自由、行动、力量与速度所产生的快乐"（2002：118）。对那些由于历史原因未曾享受过这种自由的人而言，没有什么比一辆快速、闪亮的汽车更能作为他们已然生成的自由与雄心的象征。吉尔罗伊强调了这一点所具有的历史讽刺意味，即美国黑人工人曾在残酷剥削下生产出来的汽车，正是如今的黑人消费者的自由表征而追求的目标。这种矛盾在东伦敦的南非中产阶级这里也同样存在，他们同样受到汽车，尤其是德国豪华汽车的诱惑。

法国社会学家与文化理论家让·鲍德里亚（Jean Baudrillard，1994/1981，1998）观察得出，在消费文化中，物品所具有的力量远远超过其有用性。作为一种符号，它们有能力引诱（英文 seduce 来源于拉丁语 seducere，意思是误导）并使人们进入一种模拟版的现实中，他称之为"超现实"。鲍德里亚在评价汽车时指出："人们想要了解的关于美国社会的一切都可以从人们的驾驶行为中获得"（1998：5）。他认为，驾驶可以创造出一种模拟的现实，让人进入一种"绝佳的健忘状态，忘记过去，永向前看"（1998：6）。

同样，东伦敦的新兴中产阶级与他们之前的白人中产阶级一样，受到了汽车那闪耀的权威的诱惑，将汽车作为他们在城市中地位上升、存在感增强的标志，同时，因为当地拥有汽车的非洲人相对较少，这也成为他们与众不同的标志。与吉尔罗伊所提出的"黑人也能驾驶"的行为相对而言，对这个群体来说，汽车所具有的政治和社会经济意义也许在他们每个周末在埃布兰蒂（Ebuhlanti）举行海滨聚会时"黑人也能泊车"的行为中得到清晰的表达。在这个先前为白人所独享的娱乐区域（玛丽娜谷）举行聚会，汽车就是核心要素；在这里，当地非洲中产阶层在物质上和象征意义上都宣布并确认他们"占领"了这个曾经被白人统治的城市。

当代东伦敦是其历史的集成。数十万人口，四条河流穿行而过，安静而不觉喧嚣。东伦敦坐落在原始海岸边，其海岸线极具历史韵味，因此历届市政府都注重发展当地旅游业。郊区也有数十万人口，住在以往分散的通勤城镇，如姆丹察内（Mdantsane）和兹韦利查（Zwelitsha）。建立这些通勤城镇的是那些种族隔离政策策划者，当时他们想把大批住在城市的黑人工人阶级从东伦敦迁到西斯凯（Ciskei）等黑人居住区。南非社会学家罗杰·索思豪尔（Roger Southall）在他的《南非的特兰斯凯》（*South Africa's Transkei*）一书中论证道，当黑人居住区的首府姆塔塔（Mthatha）（位于以前的特兰斯凯）和比晓（Bisho）（位于以前的西斯凯）建立起新的官僚机构时，黑人居住区政策就在这个地区创造了一个新的非洲中产阶级。首领和酋长作为受薪官员由实施种族隔离的国家收编。

非洲中产阶级进一步形成的两大机遇出现在农村地区，一个机遇是农业计划管理，另一个是贸易商店从白人手中转移到非洲人手中。同时，工业分散政策刺激白人工厂从城市迁移到黑人居住区，失业的非洲人在镇子里就能找到工作，而国家当局恰好不想让这些人留在城市。不过，尽管这一政策为黑人创造了工人阶层的工作，却并没能够让白人产业转移到黑人手里。1994 年引入民主制度后，包括了原希斯凯和特兰斯凯的东开普省省级官僚机构集中到了距东伦敦 60 千米的比晓。因此，一万多名官员要在城区居住，他们中的大部分在威廉国王镇（King William's Town）还有东伦敦找住处，东伦敦尤其受欢迎。现在，这两个地方都已并入布法罗大都会市（Buffalo City Metropolitan Municipality）。这个省级行政中心也是通往东开普省包括乡镇和村庄在内的广大农村腹地的大门，这里住着约 500 万人（见Freund，2014）。

每到周六周日，许多省级官僚和这个地区的新兴黑人资产阶级就聚集在埃布兰蒂，他们举行社交活动、野餐烤肉、饮酒。埃布兰蒂坐落在一个大型停车场内，毗邻东伦敦东部海滩的一个野营地。科萨（Xhosa）文化中，对家（ekbayeni）的依恋有很多种表达方式，在历史语境中，"家"即农庄。其中的方式之一就是对埃布兰蒂（即牛栏）的保留。按照传统习惯，牛栏往往建于房屋的正前方，是家庭之中心的象征，维护它的木质结构不受损是男人们的责任。

海岸线旁边的埃布兰蒂曾经就是这一地区讲科萨语的中产阶级归乡的地方。庆祝活动从周五下午开始，夏季会一直持续到周日深夜。那时，这里会被来自这个区及整个城市的汽车和中产阶级顾客堵得水泄不通。以汽车为中心，人们围成一个个的群，当地妇女过来把肉收走，给他们在露天火堆上烤好，赚一点小钱。这里没有白人，东开普省以外的非洲人也很少。当地的非洲中产阶级就聚集在他们的"牛栏"里庆祝他们新获得的城市里的自由。他们在自己的新车旁一边尽情吃喝玩乐，一边讨论着生意和国内发生的事，而他们的车则充当着这些聚会里的基础设施。后备箱成了临时吧台，车的音响系统为不同的人群创造着各自的音乐空间。年末，这个地方变成了大型"归乡"区，归乡（*Buyel' Ekhaya*）音乐节便在这里举办。当豪登省（Gauteng）和西开普省（Western Cape）的车加入到当地中产阶级有车一族时，整个海岸线都在举行庆祝活动，庆祝全国各地的科萨中产阶级回到了他们在该地区的家乡。

在此期间，许多游客在东伦敦物色房产，意欲购置，为永久居留做打算。这座城市百分之九十以上的人口都是非洲人；自 2010 年起，东伦敦成为南非唯一的黑人购房率超过白人的大城市。和伊丽莎白港（Port Elizabeth）相比，非洲中产阶级更喜欢东伦敦，因为东伦敦是非洲人国民大会（African National Congress，ANC）的政治要塞，而伊丽莎白港是海岸线上靠西的一个更大的汽车城市，是游客们青睐的地方。

东伦敦这一新形象，即科萨中产阶级的归乡之地，与其历史上的形象有所冲突。起初，东伦敦是白人定居的地方；后来，是具有浓厚白人工人阶级文化特征的汽车城市。这个新形象也取代了 20 世纪 60 年代东伦敦在种族隔离制度下社会经济结构分裂的形象，那时候，为了利用国家补贴，同时便于剥削廉价黑人劳动力，很多公司迁至城市周边的"家园"区。这次搬迁导致了城市白人工人阶级的没落，使得内城被称为"贫民窟"，也导致了像梅赛德斯－奔驰这些公司的盈利危机，因为它们想留在那里。

尽管种族矛盾和政治矛盾一直以来都主导着东伦敦，不同形式的汽车文化和生产已经成为塑造它社会经济景观的关键力量。梅赛德斯－奔驰进入东伦敦是在 1967 年。早在多年以前，这里的白人居民就已经把汽车作为居住在南非边界所享受的自由的象征，同时也作为这个城市里白人现代性为主导的象征。20 世纪 20 年代，白人中产阶级汽车爱好者喜欢驱车行驶在南非的公路上，表达他们的力量和行动自由的快乐。在这种文化里，与汽车的急速飙飞相对立的是东伦敦周边缓慢、传统、仅能维持生计的非洲世界。在东伦敦，速度象征着现代主义城市的进步，而自 20 世纪 50 年代就开始定期举行的各种汽车比赛则象征着富有冒险精神和开拓精神的男子气概。在 1994 年 12 月出版的杂志《非洲经典汽车》（*Classic Car Africa*）中，汽车文化和汽车比赛据称可以追溯到 19 世纪 90 年代，并且认为在 1894 年，该地区首次出现了有组织的汽车运动。

这些早期的比赛由当地汽车爱好者发起，市政府将其作为旅游热点予以支持，因此在皇家汽车俱乐部（Royal Automobile Club）的支持下，自

1936 年至 1939 年这座城市举行了一系列南非汽车大奖赛（South African Grands Prix）。蓬勃发展的汽车文化最终吸引了美国汽车制造商通用汽车，通用汽车想在东伦敦开设它在南非第一家汽车厂。然而，市政府出于当地商业利益的考虑拒绝了这一提议，担心这种"肮脏的产业"会破坏已投资的城市旅游业。于是，通用汽车就在毗邻的伊丽莎白港建厂，并且至今都将其南非总部设在那里，而东伦敦市政府则因当初的决定后悔不已。

直到 1949 年，东伦敦汽车零售商和赛车爱好者才联合起来在海港附近建立了他们本国的汽车生产工厂——汽车经销装配厂（Car Distributors Assembly）。这座迟迟不接受国内工业发展的城市，最终在政府的鼓励下，在克服了极大的阻碍之后开始发展国内工业。阻力主要来自那些海滨酒店和宾馆的投资者，也来自另外一些人，在这个完全由英国人居住的城市里，这些人宣称自己不喜欢当地商品，而更喜欢质量更高的进口（英国）商品（Minkley，1994：210）。国内对纺织品和其他产品的巨大需求促使一批新的商人和企业家在市中心及其周围建造工厂。这为东伦敦自第二次世界大战后开始成长为一座工业化的汽车生产城市奠定了基础，当 20 世纪 60 年代到来之时，梅赛德斯 - 奔驰选择了东伦敦作为其在南非的首选制造基地。

在工业化过程中，东伦敦继续举办汽车比赛，如南非汽车大奖赛［现在由国际汽油公司赞助，比如美国加德士（Caltex）石油公司］和汽车展览会（Young，1969：24）。这个城市的暑假旅游季就是在这样的活动中度过的。之后，比赛的新闻和片段会在该地区周围的农业展览会上播放，反响热烈。20 世纪 60 年代，东伦敦和该地区的居民，尤其是年轻人，把赛车手当作英雄崇拜，比如英国的明星车手斯特林·莫斯（Stirling Moss）（《每日快报》1962 年 9 月 12 日；Young，1969）。

本书将探讨那些塑造了东伦敦文化，还有那些被东伦敦文化所塑造的相互对立的民族主义，包括与汽车所有权、使用和生产相关的问题，并试图揭示这段历史对这座城市当前发展道路的影响。反思东伦敦汽车文化在休闲中生成与重塑的过程，会发现过去和现在的对比显而易见。白人殖民统治下，汽车文化是基于白人与黑人速度快慢的对比，还有对黑人参与的排斥。然而，从 1994 年起，非洲汽车文化开始出现，它将汽车与"牛栏"还有空间拓展联系起来，例如，埃布兰蒂就是为了抵抗白人而建立。

民主制度下，不同群体所选的车型也可能具有某种文化意义。非洲居民趋于选择较为低矮的轿车，这种车是为了在街道上行驶而设计的，这种设计回应了司机们对这座城市的渴求，因为长久以来他们都被排斥在外。而那些可能已经退回到纳翁河口自然保护区（Nahoon Estuary Nature Reserve）边界的白人司机则更喜欢高座的运动型多功能车。因为这样的车不仅表达了赛车时代的开拓精神和男子气概，而且后视镜视野宽阔，司机们能从中欣赏现在的非洲城市。

尽管白人车文化和非洲车文化相互抵抗，但都表现出了对个人主义的排斥和对集体身份的渴望。对于白人车主而言，由于他们被限制在沿海郊区，车只能停在那里，所以他们在面对这座非洲城市时似乎能通过汽车表现出一种防御式的团结。对于非洲中产阶级来说，通过汽车文化表达的集体精神就是他们取代了白人统治者，占据了这座城市。这一现象在本书称为"占领城市主义"。它指的是以发布政治声明或宣布所有权为目的，正式或非正式地占有土地，但并不一定要采取任何经济手段使这块土地增值或提升其居住价值。由此，便有了新兴非洲中产阶级"占领"海滨的行为，在埃布兰蒂每周一次的聚会中，他们围在自己的车周围，成群结队，举办社交活动。

在此背景下有一件事值得注意，那就是比起本地生产的梅赛德斯－奔驰，新兴中产阶级更喜欢将宝马轿车作为黑人成功人士的标志。这暗示着一种潜藏的对这座城市工业化过去的集体抵抗，尽管这两家企业在南非都是百分之百的外资企业（见 Bell et al.，2018）。

种族隔离时代接近尾声之时，与这种过去与现在的矛盾、白人与非洲人对休闲文化的不同表达方式之间的矛盾相似，在东伦敦的工厂里，这样的历史性矛盾也很明显。之前，这种对立主要表现在（当地或全球）白人资本的新自由主义和黑人工人阶级运动的社会主义之间，后者代表人物如南非全国金属工人联盟（National Union of Metalworkers of South Africa）秘书长欧文·吉姆（Irvin Jim）。不过，自 1994 年以来，这两股力量之间的冲突基本上是通过引入的民主制度所带来的工业谈判机制解决的。新制度建立之前不久，由于曼德拉获释，解放的希望被重新点燃，梅赛德斯－奔驰的工人和管理人员在经过了长达十年之久的劳工混乱局面之后，同意合作制造一辆汽车作为献给这位非国大标志性人物的礼物。对于生产线上制造这件礼物的工人而言，它是能给这座城市的工人带来更高待遇的希望；对于管理者而言，它则代表着和解。曼德拉的这辆汽车被赋予的复杂含义使得它成为艺术家西蒙·格斯 2015 年以"红色装配（Red Assembly）"为主题的展览会展品。这次展览激发了南非国内外学者的广泛思考，他们的大量文章于 2016 年发表于《克罗诺斯》（*Kronos*）和《视差》（*Parallax*）这两份学术期刊上。

曼德拉的汽车与历史"教训"

妮基·卢梭（Nicki Rousseau，1994）认为，南非的历史学家们倾向于从吸取经验教训的角度研究历史。她指出，在这样的研究传统中，历史学家们不太重视"历史之历史性"，而是追求从历史中提取某种道德层面的经验教训，从而在过去与未来之间提供某种"有条理且和平的连接"。莱斯利·维茨（Leslie Witz，2016）认为，如《南非劳工简报》（*South African Labour Bulletin*）中所言，南非的劳工运动历史被塑造成充满英雄主义色彩的、从未停止过的黑人劳工与白人资本斗争的一部分。在斗争中，善良的黑人在工会的领导下与白人资本的剥削阴谋进行正义之战。

在东伦敦，工厂成为 20 世纪 80 年代为自由而斗争的重要场所。南非工会大会（Congress of South African Trade Unions）、南非全国金属工人工会（NUMSA）等新兴劳工组织力量强大起来，挑战种族隔离制度和南非的劳资关系体系。20 世纪 60 年代到 70 年代是一段相对静默的时期，之后，在东伦敦的工厂里，劳工与资本家之间的冲突便开始爆发了。

1981 年，在东伦敦历史最悠久的工厂之一，威尔森·朗特里糖果厂，工人发起了激烈的罢工。罢工引起了全国性的轰动，我当时只是一名正在开普敦大学（University of Cape Town）上学的大学生，也拿出了自己的零花钱，捐给了工人的抗争行动。工人的这次罢工很快引起了一系列的罢工行为，并引发了一些破坏行为和汽车行业内其他形式的斗争活动。当时身为奔驰公司人力资源主管的伊恩·拉塞尔（Ian Russell）承认，在 20 世纪 80 年代末，工人们"迫使公司不得不低头"（Witz，2016：82）。

东伦敦的黑人劳工阶层将东伦敦描述为一个关键的工业中心，他们坚决表示这是通过压榨黑人的劳动力来实现对黑人的压迫的地方，这种叙事很有吸引力。这段时期工人在工会组织下为自由而战的"历史教训"通过某些刊物扩散开来。例如，《南非劳工简报》特意用了整整一期，专门讨论 1990 年东伦敦奔驰工厂里举行的一场罢工。维茨（Witz，2016）认为，该刊物对这个工业行动的聚焦进一步强化了这一行动的重要意义，将之呈现为发生在这个城市、这个工厂的工人斗争史中的巅峰一幕。该刊物认为它讲述了"发生在东伦敦的事实真相"（Witz，2016：82），反映了工人之间的分歧，一部分工人意在将这场工业行动继续下去，而另一部分人则有意返回工作岗位。想要结束罢工的工人被塑造为意图推行"工厂部落主义"的"叛徒"形象（Witz，2016：78），他们的行为被认为是对自由之战的破坏。这种叙事的目的是获得历史教训，展望将来之事，或为"管窥未来"（Witz，2016：78）提供帮助，"管窥未来"正是该刊物上一篇文章的标题。

重新分析这些事件时，维茨（Witz，2016）倾力于发掘对罢工持反对意见者的声音，他重在发掘工厂之外的因素，如殖民主义、家园制度、物质条件对这些人的立场和观点的影响。维茨研究了这个刊物对那些事件进行叙述时那些"被静寂的声音"，对那些历史档案的形成方式提出质疑，同时提出历史是否可以重构，让更深刻的"思考与反思"产生出来（2016：88）。加里·明克利与海伦娜·波兰特－麦考密克（2016）也致力于解构东伦敦的劳工历史。他们从这个城市不同的动荡时期中选取了三个事件作为例子，将它们置于东开普省暴力与战争民族主义前线的语境下去分析，而非放在工厂之内的语境下。他们的分析在工人斗争促进劳工运动这一角色之外寻找意义，在此基础上，他们重新思考1990年献给曼德拉的那辆车的真正价值，尤其就在同一年后来又举行了一场自发的罢工的语境下：

> 这是一场胜利？还是一次失败？曼德拉得到了一辆红色奔驰，它由工人在完全没有监督的情况下自发制造，是他们自愿、自由地制造的。这辆车在制造上独一无二、完美无瑕。然而，正是同样一批工人，当他们全身心致力于为自己争取自由时，却被解雇，失去工作，遭到排挤，被边缘化，遭遇失败。（2016：186）

这些学者针对东伦敦工人的激进行为的真正性质提出疑问，挑战了强调工人运动在解放斗争中的作用的主流叙事所塑造出的东伦敦的形象。然而，这种主流形象引导非国大政府将东伦敦视为一座拥有大量失业黑人工人阶层的工业城市，这些工人为了被接纳而斗争，他们需要支持，支持的形式就是在这个地区重新启动大规模工业化项目。而与之相反，对东伦敦城市和相应地区有另一版本的历史叙事，聚焦于白人殖民者和种族隔离统治的矛盾性的影响之上。这种叙事可能会引导政府将发展的重点放在土地改革上。当然，实际上的重心是放在了将东伦敦重建为一个汽车城之上。虽然在革新后，奔驰工厂确保能提供几千个对技术要求相对较高的工作岗位，然而对大多数城市贫困人口及曾经的工人阶级而言，这一选择所能提供的好处却太少。因此，在向新自由主义转变的过程中，这些人就成为城市的多余人群，这一点便是这种发展途径备受争议之处。在这个意义上，汽车作为城市中自由的象征，只不过是一种海市蜃楼而已。这些未经解决的历史性矛盾最终换了新的方式表现了出来，即围绕土地问题及殖民主义和种族隔离遗留问题屡屡爆发的各种动乱。

在此背景之下，有一点值得注意，东伦敦的新兴中产阶级选择黑人觉醒运动（Black Consciousness）领袖史蒂夫·比科（Steve Biko）作为他们的城市偶像，而非曼德拉。曼德拉经常被视为一位伟大的斡旋者，是白人和黑人之间的斡旋者，同时，也是劳工和资本之间的斡旋者，如红色奔驰案例所示。比科虽然不是自1994年以来便成为执政党的非国大成员，他的雕像却矗立在东伦敦的市政厅楼前，他的名字也绘在通往城市的主桥之上。选择谁为城市偶像是有重要意义的。比科揭露了白人自由主义的局限性，揭示了从国家到地方都有必要解决殖民主义矛盾及之后的种族隔离制度所制造的各种矛盾。这些残暴的制度宣扬的是自我憎恶及排外主义。因此，本书认为，1994年前对黑人的历史性排斥和此后黑人融入的方式共同导致了东伦敦在处理发展问题时的失败。

作为历史的艺术：红色装配与黑色装配

2015年8月，在1990年为纳尔逊·曼德拉制造的那辆车的零件被重新装配在一起，运回东伦敦，成为西蒙·格斯举办的名为"红色装配"艺术展览与装配展示的一件展品。这个展览最先在德国歌德博物馆举办，后来在南非的多个机构的支持下在东伦敦举办。展览中有一段录像，内容与那次罢工和1990年曼德拉的汽车制造相关。展览启动之前，一些学者与历史学家在一起开了一场关于展品装配的讨论会，他们的观点和分析后来集结在两份刊物中：《红色装配：东伦敦的召唤》（*Red Assembly：East London Calling*，文化研究刊物《视差》的特刊，见 Pohlandt-McCormick，2016），以及《红色装配：作品依旧》（Red Assembly：*The Work Remains*，收录于南非历史学刊物《克罗诺斯》，见 Witz et al.，2016）。

这次展览的组织者鼓励学者们"思考如何用艺术的方式改变时间流向的连续性和次序性，这是理解历史的标志"（Witz et al.，2016：11）。他们同时请学者们思考"如何在历史发展的序列中引发或者挑起断裂"，考虑如何让一种"推测的、可变的、具有潜在改变力的"由全球南方而非北方塑造而成的后殖民世界观浮现出来（Witz et al.，2016：11）。应组织者的号召，学者们的思索产生出了丰富的、自由联想的、超越历史的，以及理论性的成果，其中包括明克利和波兰特 – 麦考密克（2016）的一篇论文，探讨东伦敦劳工斗争中"说话的乌鸦"之意象及意义。这篇论文讨论了东开普省城乡两个不同世界之间的联系如何影响东伦敦的形成和演变，这些形成和演变的方式实际上是一直被忽略的。自从 20 世纪 30 年代以来，在进城务工的移民劳工群体的斗争中，"说话的乌鸦"是一个常用的指称和意象。乌鸦会拜访人们，对他们说话，给他们带来特殊的信息，这些信息需要经过解码和阐释。乌鸦常常在夜晚飞来，然后，这些信息需要再传递给其他人。20 世纪 30 年代，在非洲劳工组织独立工商联（Independent Industrial and Commercial Workers Union，IICU）的政治活动中，"说话的乌鸦"被用来唤起人们的行动，同时，它也被用作一种文化密码，通过它，传统进入现代并融入现代。对于这一点有反对的声音，如威廉·贝纳特与科林·邦迪（Colin Bundy，1987）认为，工人们使用乌鸦这一源自"非理性"传统的意象会对现代工人进步运动的语言产生一定的污染作用（如克莱门茨·卡达利领导的非洲劳工组织独立工商联这一事例）。与他们相反，明克利和波兰特 – 麦考密克（2016）认为"说话的乌鸦"在工人运动中使用，其语义是发展的，它的意义是在变化的，会融入对工人斗争构成元素的新的想象。这种看法关注的是类似的文化"遗留"如何浸入人们的意识中，如何在城市和乡村两个不同的世界中得以流通，它们为关于南非移民务工人员及其文化的书写提供了不少启发（可参考 Bank，2011，2015b）。

这个观点的重要意义还体现在它挑战了一种城市与农村固有的二元对立。这种二元对立观构成了关于南非劳工迁移的人类学论述的基础。通过建立理论模型将农村的生活、习俗和传统与城市化和白人截然分隔开，很多研究者认为，从农村到城市的劳工能够在腐败的城市生活和被剥削中生存下来，正是因为他们重新构建了自己业已存在的文化资源和文化要素。约翰·科马罗夫与琼·科马罗夫两位学者即持这种观点，在他们关于巴洛龙部落（Tshidi Barolong）移居劳工意识的权威著作中有相关论述（Comar-off & Comaroff，1991，1997）。两位学者甚至认为，如果城市和农村两个世界的隔离被调和，如"可拯救生命的虚构"中所言（Coplan，1991：164），"疯狂"就会随之而来（Comaroff & Comaroff，1992）。然而，明克利和波兰特 - 麦考密克（2016）却持另一种观点。他们在分析殖民地的劳工斗争中认为，乌鸦这一隐喻的意义所发生的变化说明了一种混合文化正在生成，这种文化的发展可以自由选择自己的方向，正如引用这只先知鸟的人所具有的想象力一样。在这种情况下，为理解和赋予移民经验而建立的象征意义能够激发出新的意义系统，超越这些符号原本的文化价值。对于东开普省而言，这一过程中移民的想象不能被城市文化或乡村文化的任何一个单一文化所限制，因为它形成的物质条件即是从一种文化迁移到另一种文化。如果说东开普省的文化重构现象是在一个框架内进行的，那便是科萨民族的框架，因此，科萨人曾遭受的不公正待遇可以被视作对整个民族的伤害。

但是，东伦敦的非洲民族主义政治以及其对汽车文化的痴迷，与深深根植于该城市和地区斗争历史中的其他文化脉络也是可以相联系的，如美国黑人在对自由的构想中展现出的现代性力量。随着非洲独立基督教在该城市和地区的兴起，越来越多的非洲人远离主流的英国新教教会，创造自己的混合形式的基督教，更直接地将这个地区的黑人与美国黑人福音派教会联系起来，成为非洲民族主义的另一个基础。罗伯特·文森（Robert Vinson，2012）认为，这一变化与20世纪20年代殖民者自由主义所带来的幻灭也有关系。劳工组织独立工商联（IICU）在20世纪20年代末和30年代初的政治活动中，所受基督教千禧年说的影响与受"说话的乌鸦"的影响同样强大。工商联在东伦敦的领导人克莱门茨·卡达利和他的许多助手都是非裔美国人马库斯·贾维（Marcus Garvey）热情的追随者，信奉他提出的黑人独立民族主义和自我发展理论。事实上，如罗伯特·文森（2012）的研究表明，非裔美国人教会和贾维的自由主义教义对东开普省的影响无处不在。在基督教千禧年说和贾维理论的共同影响下，很多运动产生了。如该地区的惠灵顿·布切莱齐（Wellington Buthelezi）运动，该运动的信条是美国黑人将取代白人殖民者。在他们的领导下，那个地区将发生一场转变，白人的审判日到来之日，便是白人统治地位开始丧失之日。20年代末，克莱门茨·卡达利所领导的运动在东开普省也在同时进行，他经常批评惠灵顿·布切莱齐运动的教义目光短浅。这个时期，卡达利驾驶着他用工商联经费购买的大型美国轿车，穿行于农村地区，宣讲真正的自由只能来自工厂工人的斗争和自我支持的非洲民族主义，而不是来自有关千禧年的幻想，以为白人统治者会被驱逐到大海并让美国黑人取而代之。然而，卡达利，一个出生在马拉维的外乡人，他越是宣讲，似乎就越像一个与布切莱齐所说的转变渐趋靠近的先驱者。在对贾维的教义和对其他一些与美国黑人相关的事情的理解与指挥上，卡达利的做法似乎正好表现出这种联系。克莱门茨·卡达利驾驶着他锃亮的美国轿车奔驰在那个地区，在很多人眼里，他就像是黑人的救世主。有人称他为"黑人摩西"，有人说他是"耶稣之子"（见 Beinart & Bundy，1987：294）。

因此，东伦敦黑人"贫民窟"中播撒希望的方式不仅是应用直接能与科萨民族对话的"说话的乌鸦的力量"，而且还用到了美国黑人的形象和范例（见 Bank & Qebeyi，2017）。这种政治活动方式下，汽车和《圣经》一开始就建立了密切的关联。卡达利的影响力在20世纪20年代盛极一时，50年代，一个新版本的卡达利又出现了，那便是不可一世的牧师尼古拉斯·班古（Nicholas Bhengu），在东岸，他的神召会教堂的所在地有成千上万的追随者。同样，他也驾驶一辆大型美国轿车，经常去美国会见非裔美籍宗教和政治领导人。1952年他返回东伦敦，仅在一周内便给第二溪（Second Creek）的2000多人施行洗礼，白人在一座山上聚集围观（《每日快报》1952年6月7日）。1955年，他再次从美国和加拿大返回，数千教徒和崇拜者在港口迎接他，一列车队拥护着他回到城里的教堂。班古和卡达利不同的是，他完全不采纳"说话的乌鸦"的政治方式，坚决反对传统婚姻形式、聘礼风俗，反对他的追随者们生活中受到传统道德的影响。从这个意义而言，班古就是19世纪东开普省的非洲神学家提尤·索伽（Tiyo Soga）在20世纪的新版本，后者在苏格兰接受的教育，后与一位白人妇女成婚（Higgs，1997）。班古与索伽一样，是一位精神与道德领袖，是自由的追求者，但他并不像卡达利那样有急切的政治主张，对于科萨人的遭遇，他关注的方式也更多元。班古的影响力在20世纪50年代逐渐衰减，因为很多人开始意识到，精神自由和政治自由并不那么容易分离。有人说班古后来成了告密者和通敌者。

20世纪50年代后期，又一位值得一提的人物到达东岸，他的名字叫彼得·雷·拿索（Peter Ray Nassau），一个来自纳塔尔（Natal）的祖鲁

（Zulu）人。他自称有非裔美国人的血统和生活经历，吸引了城里很多年轻人。他和当时已经年迈的卡达利是朋友，也加入了非洲劳工组织独立工商联，工商联在此时已经大不如前了。他冒充为美国人，也有一辆大型美国车，不过他的车状况不太好，主要是停在房前当作一个标志。据说，当时城里的年轻人崇拜他的言行举止和口音，车不好发动时，就给他把车从住处一直推到工商联的办公室去。拿索养了一条惠比特犬，持着手杖，穿着华丽的西服，一副美国派。他经常给地方报纸写稿，抱怨城里的条件不好，下一章会谈到这一点。他从来都算不上什么重要的政治人物，但他能开着自己的车，带着一副夸张的美国派头，看上去蔑视一切，颇为自信，当地的年轻人对他崇拜不已。汽车和城市之间的联系因此在更为广泛的层面联系起来，超越了工厂和在白人阶级的汽车竞赛层面。在为自由而战的历史中，这是一种文化叙事，它不断地重复、循环，在城市中重复着进入、离开，而不是从一点上升到另一点。如巴兹尔·戴维逊（Basil David-son）在 20 世纪 50 年代评论东伦敦时所说：

> 就在这些连成一片的简陋、临时的棚户区里，数百万非洲人挤进了现代的城市生活。他们带来的不仅仅是对闪烁着光芒的多元观点、万千新事物的热情和渴望，那些都是森林里、草原上的古老部落生活不能提供给他们的。同时，他们也带来了自己的文化，这个文化像一个容器，里面包括他们的本土文化传统、他们作为非洲人的意识以及他们与众不同的独创性想法：前面提到的那些来自欧洲的多元观点和新鲜事物，就是要倒进这样的非洲文化容器里。
>
> 在这里，非洲人的热情、能量、语言，汹涌而至，震耳欲聋，旁观者很快就会意识到，这样的非洲文化——这种不同思想的交融，这种非洲民族主义——不是任何一种已有文化的简单复制。非洲文化的热情探索者也许会迷失在丰富的非洲神话和神秘主义中；非洲的民族国家无疑将为人类的智慧做出它们自己独特的贡献。（1957：72）

在这样一个框架下，反抗白人压迫，为自由而斗争，就是非洲人的民族主义的斗争。城市、大学、工厂、海滩，都是民族主义斗争的场地，但并未包括民族主义的全部含义。与之类似，汽车在一个资本主义塑造的文化中可以作为消费主义和汽车自由的符号，它的这种角色可以在其他具有历史性力量和真实性的资源里找到参考。这样的资源如早期东伦敦白人殖民统治者所施行的帝国主义或殖民主义，或城市里当下管理机构精英群体的族裔民族主义。因此，汽车被赋予的角色就是在埃布兰蒂支持归乡文化的发展。在更早时期的汽车文化中，汽车被赋予的角色则是作为白人开拓者的表述和黑人对自由的追求。"美国人来了"，这句话无论是当时还是现在，都是蕴含希望的政治。鲍德里亚（Baudrillard，1994/1981/1998）认为，这种象征性的力量体现了一种"模拟"，是一种可以被称为"遗迹"的东西（Witz et al.，2016），它源于过去的意义在现在重新流通。他进一步论述，这个模拟的过程可以在一些社会事件，即"拟象"（Baudrillard，1994/1981）中得到表达和确认。如以前在白人旅游旺季开展夏季"大奖赛"，黑人则大多躲到了乡下；再如每年的归乡音乐节，就是围在闪亮的汽车周围组织起来的。这些事件激发了一种超现实主义，制造出包含一种特殊民族主义的集体想象，投射到了城市空间中（无论是之前白人统治时期的白人民族主义，抑或是当下非洲中产阶级下的民族主义），都通过汽车与这个城市结合起来。过去，这种"拟象"维持和维护着白人殖民者的主导地位；现在，非洲中产阶级通过占领城市主义，让自己处在这个城市中，但并不属于这个城市。

本书指出了美国与英国锈带城市和南非锈带城市在发展轨迹上的联系，指出人们对汽车在文化与经济上表现出一种普遍迷恋，并指出他们对边缘化与去工业化的反乌托邦拥有共同体验。这本书还将专门探讨历史"遗迹"，如曼德拉的红色梅赛德斯在红色装配展览会上重新组装成艺术品，它既代表已经走过的历史道路，同时也是阻碍发展的因素。在东伦敦的案例中，汽车为社会经济发展提供了工具，也为人们提供了一种抚慰人心的、超现实的民族主义幻想的手段；这些幻想起到了"拟象"的作用，否认了这个城市真正的社会和物质的现实状况。东伦敦，尤其是在其自身形象的意义上，既被汽车制造，又受到汽车的压迫。在这方面相应地产生了以下关键问题：这座城市如何在压力之下避免重蹈覆辙，并如卡尔·马克思所言，如何防止历史悲剧重演为闹剧？对此问题及其相关问题，本书并不提供唯一、绝对的答案；而是通过承认过去社会经济以及文化发展中的局限，意在勾勒出新的视角。在这方面，东伦敦作为"历史教训"的意义不仅可以在沉默、谎言和过去的"过去性"中找到，它同样可以在创造出历史轨迹标准版本的省略和二元对立中找到，如资本与劳工，再如殖民主义与民族主义。

本书通过对汽车的组装和拆卸意义的分析，以及在接下来的篇幅探讨汽车自由的概念，重新审视了在该地区和整个南非对非洲民族主义的理解。在对南非的非洲民族主义的传统解读中，对源于自由公民观念的非洲民族主义的各种形式进行了对比，这些观念通常被视为形成了非国大早期政治的特征，当时新的非洲领导人向国家请愿，要求扩大人权和政治权利。安德烈·奥登达尔（Andre Odendaal）的《创始人》（*The Founders*，2012）一书深入分析了东开普省的这一传统。该书展示了早在1912年非国大成立之前，在东开普省接受过教会教育的精英们如何挑战英国殖民者，要求殖民者将他们视为受过教育的人和开普殖民地的"文明公民"，赋予他们更多的物产权与政治权利。常见的叙事认为，这种形式的精英主义、非洲民族主义政治一直持续到20世纪40年代，之后，一种更激进、更迫切的群众性政治形式从非洲国民大会青年联盟（ANCYL）及其他组织中形成，其目标是争取普世人权，以及在南非建立全面的民主制度。新政治的形成与非国大的传奇人物有关，如纳尔逊·曼德拉，奥利弗·坦博（Oliver Tambo）等人，也包括非国大阵营中的共产党人，如戈万·姆贝基（Govan Mbeki）和雷蒙德·姆拉巴（Raymond Mhlaba）。同时，据说另一个体系从20世纪40年代的危机中，尤其是荷兰裔白人民族主义的兴起中产生：即以安东·莱姆比德（Anton Lembede）、阿什比·姆达（A. P. Mda）和罗伯特·索布奎（Robert Sobukwe）为代表的非洲独立运动者，他们对非洲自由主义者和共产主义者都发起了挑战。新的非洲独立运动者反对以白人和欧洲中心为根基的共产主义，同时也拒绝接受自由派的非洲民族主义，认为他们对殖民地问题、非洲权利和土地问题的关注不足。1955年，非国大的非洲独立运动者就《自由宪章》正式分立，随后形成了自己的政治组织，即1959年在罗伯特·索布奎领导下成立的泛非主义者大会（PAC）。

非国大青年联盟的修正主义历史表明，非洲民族主义叙述并不是随着《自由宪章》的宣布而突然出现，而是在1959年非国大与泛非主义者大会分裂之前就与非国大和解放运动一直并存，如在克莱夫·格拉瑟（Clive Glaser，2013）的研究中记述的那样。50年之后，雅各布·祖马（Jacob Zuma）于2007年当选为非国大主席，并在两年后的2009年当选为南非总统，随后，非国大与经济自由斗士党（Economic Freedom Fighters，EFF）

之间出现了类似的分裂。祖马曾质疑过塔博·姆贝基（Thabo Mbeki）对新自由主义的支持，但他自己当选之后，却被认为背叛了非洲主义者的路线，几乎没有做出任何实质性的改革，从而为朱利叶斯·马勒马（Julius Malema）及其非国大青年联盟的非洲主义者创造了政治空间，成立了自己的政党。在这种对非洲民族主义的出现及形成的叙事中，尤其是针对东开普省的叙事中，所缺失的是对非洲主义传统内部不同路线的理解。这种传统在自由主义危机的关键时刻最能被有力地点燃（如千禧年说和战争民族主义）。例如，1929 年全球股市崩溃时非洲劳工组织独立工商联的崛起，20 世纪 40 年代种族隔离阴影之下非国大青年联盟与泛非主义者大会的兴起，以及 2008 年股市崩盘引发全球新自由主义经济危机之后兴起的经济自由斗士党及其相关组织（包括"学费必须降"运动）。我想要表明的是，正是在这些时刻，殖民矛盾激发了非洲民族主义叛乱政治新的分离主义形式。这一点，在现有的南非"红色与黑色装配"分析中很难获得应有的理解。在东开普省，非洲主义传统总是更多地关注本地（说话的乌鸦种族性）及全球（跨大西洋、黑人民族主义及汽车自由）而不是泛非主义朦胧的现实。事实上，直到 20 世纪 50 年代，在非洲开始快速地去殖民化时，非洲大陆的想象力才成为构建非洲民族主义和政治新格局的决定性力量。

该地区的政治，尤其是 20 世纪东开普省的非洲主义政治，我认为从来没有形成强烈的泛非主义色彩。它始终是地方和全球的文化政治——种族民族主义和黑人民族主义相互交织、相互滋养的政治。白人民族主义的主要传统以类似的方式被构建为一种在更广泛的白人民族主义传统内、受文化影响的、讲英语的殖民者民族主义。因此，本书将展示，在东伦敦市及整个地区内，对自由的叙事，无论关乎黑人还是白人，都深嵌于本土话语（经常表现为不同形式的民族主义）及全球话语（表述为跨地区的、世界性的种族民族主义形式）之中。在此语境下，非洲民族主义及殖民民族主义都已强烈地同时种族化和全球化，而非洲的广泛现实只能在后视镜中偶尔一现。在这一框架内，我将提出我对东伦敦城市化的分析，并将位于东伦敦的大学的角色和力量视为各种独立民族主义的历史媒介。在此背景下，罗德斯大学（Rhodes University）以殖民民族主义的科学面孔出现，福特哈尔大学（University of Fort Hare）则是非洲民族主义的推动者。因此，两所大学在城市的历史中很大程度上起到了固化相对立的文化民族主义的作用，尽管起初，它们都因其创造者——自由主义——而在历史上相互关

联。当种族隔离结束，新的高等教育体制被构想出来，一场激烈的辩论随
之而来，教育专家们热烈讨论什么样的大学最能代表东伦敦市及整个地
区。有人曾一度提议罗德斯大学和福特哈尔大学联手，合为一所高等学
府，或许可以叫罗德斯—曼德拉大学，但后来遭到否决，因为这样会被认
为对白人自由主义做出太多让步，有可能让家长制重蹈覆辙。最终，福特
哈尔大学入住，罗德斯大学则撤出东伦敦，迁往格雷厄姆斯敦（2018 年，
该城公告更名为马坎达）。2004 年，随着新沃尔特·西苏鲁大学（WSU）
在东伦敦的成立，第二所具有黑人历史的大学在这个前殖民城市落了户。

　　本书将埃布兰蒂的消费文化与汽车厂的汽车自由描述为占领城市主义
的一种形式，我认为，它为东伦敦和整个地区的自由和包容性发展所提供
的长期潜力非常有限。这让我想到与城市大学相关的一些问题，以及如何
通过高等教育机构在地方与全球之间重新建立联系。在全球北方，许多人
认为大学是后工业时代的新知识工厂，它们不仅用于培养学生，开展研
究，而且还起到建设城市和地区的作用。那么，在这个城市的过去，这些
大学扮演了什么角色？对于城市的将来，它们作为增长与转型的动力，又
可以提供什么？为了探讨这个问题，我们需要考虑东伦敦作为锈带城市的
现实，它与全球北方其他锈带城市具有相似性。大学如何融入这些城市？
在新自由主义语境下，大学在发展中扮演着什么角色？在种族历史与政治
背景方面，这些城市是否与东伦敦具有相似性？近年来是否有过变化？
"学费必须降"运动进展情况如何？人们对大学的认识方式以及人们对国
家及地区发展的想象是否因此发生改变？

虚幻的职业：校园与学生

　　我在本书中提出，将自由理念作为汽车文化的一部分加以传播，并不
是对东伦敦的发展造成挑战的唯一幻觉。事实证明，在市中心开设高等教
育机构也具有虚幻性。这些高校，如同这个城市里那些新兴非洲中产阶级
一样，尽管位于城市中，但并不属于这个城市，因为它们并没有充分参与
到东伦敦的地方发展中。自 2004 年起，福特哈尔大学、沃尔特·西苏鲁大
学和南非大学（University of South Africa, Unisa）相继在东伦敦开设校区，
东伦敦从一个没有大学的城市变成了一个大学城。这些高等教育机构坐落
在市中心，它们代表了城市结构中潜在的强大文化和社会经济组织。而
且，这些大学具有黑人历史背景，它们代表着一纸完美的解放证书，因此

这些大学的到来为新兴非洲中产阶级提供了令人安心的存在感，其中很多人便是这些大学的毕业生。

2003 年，有白人历史背景、代表自由主义的罗德斯大学撤出东伦敦，取而代之的是福特哈尔大学和沃尔特·西苏鲁大学新成立的校区，这标志着一种结构性和政治性的转变。为了吸引尽可能多的学生，新的大学引入全日制学术课程，改变了原罗德斯大学的非全日制模式。2004 年，大学经历了全国性合并，东伦敦竭力成为非洲中产阶级家庭接受高等教育的首选城市，尽力满足大学制定的各种目标，吸引新学生。接下来的十年内，这两个大学在校学生人数从几千到现在超过一万人，学生大多住在市中心或市中心附近，或者从郊外或较远的乡镇乘坐出租车进城。

国家高等教育工作组（NWG）里的现代主义者和非种族主义者在2001 年提出合并计划时，似乎已经为一个目标做好了准备（Cloete et al.，2018；Pillay & Cloete，2002），即借由城市实现对大学的改造。他们认为，这一举措的潜在益处主要体现在将大学设在城市里所带来的教育大众化发展，尽管当时他们也认识到了这一举措可能给东伦敦市带来的好处，该市被视为整个地区的增长中心（2000 年，东伦敦被定为工业开发区，以促进经济的快速增长）。工作组认为高等教育在城市范围内的强劲发展将会为城市建设与发展提供支持。以此为标准，大学学生人数的剧增也许可以视为成功的标志。然而，在更广泛的意义上，新设立的大学并未参与到城市的发展中来。大学并未努力参与，而是采取了某种类似于埃布兰蒂所表现出来的"占领城市主义"（所罗门·本杰明创造了"占领城市主义"一词，指的是处于亚洲城市边缘的一些社区通过占据领地，以求在政治上，尤其是经济上扎根于城市）。正如新兴非洲资产阶级在东伦敦的存在以"黑人也能泊车"而非"黑人也能驾驶"为特征，大学对其所在的城市也采取了一种被动的态度，这让城市校区的学生非常失望。结果，2015 年，大学生们一起走上街头，进行抗议，设立路障，封锁了进入市中心的道路，发起了一场引人注目的暴力反抗行动。示威游行一方面属于民族主义的狂热行为，但同时也是因为学生们对大学在城市中的地位颇为不满。

就此事而言，学生们的愤怒并非针对作为独立机构的大学，那样的话它们本来就可视为独立于其所在地而自主存在，学生所针对是作为城市一部分的大学。在福特哈尔大学的农村校区（位于艾丽斯）及沃尔特·西苏鲁大学的农村校区（位于姆塔塔附近）的抗议行动中，校门和其他社会及实体基础设施都遭到了破坏。与之相反，东伦敦的示威游行都是在市内的街道上进行，来自两个学校的学生团结起来，设置路障，防守路口，又将路障纵火焚烧。

这些抗议行动要解决的不仅是费用或"殖民性"的问题（如继续以英国军官和殖民时代行政长官的名字命名一个有黑人历史背景的院校），而且还涉及地方问题。在这个意义上，学生们要解决的是大学的反城市主义——或者用我之前用过的词占领城市主义——如何拒绝处理他们在破旧不堪、犯罪猖獗的城市中心被迫面对的种种障碍，从而影响了他们的高等教育经历。他们所面对的障碍包括工作岗位匮乏，夜间出行缺乏安全保障，往返校园交通工具缺乏，也享受不到南非其他设施较好的大学所能提供给学生的社交与休闲设施。尽管学生们的关注点仅限于自己所在阶层的利益（而不是对城市资本主义体系中挣扎的贫民和工人表示更广泛的关注），他们的抗议行为在本质上仍然是基于地方的：让他们失望的不仅是大学，还有城市。市政府领导和大学领导都应该受到谴责，他们从资助给学生的贷款和投标中获利，中饱私囊。在这一点上，汽车文化、市政文化以及校园文化似乎融合在了一起，并在占领城市主义中的政治与社会经济现象中得到了体现。

本书重点与结构

这本书在某些层面可以作为对 2015 年东伦敦学生的"学费必须降"街头抗议行为的回应。本书提出一个问题，城市中的大学在锈带城市的发展中扮演了什么角色，特别是福特哈尔大学，它在东伦敦的发展中起到了什么作用，并就此给出答案。高等教育在履行这一角色时承担什么义务，面对什么限制，以及拥有怎样的机遇，这些都在本书的考虑之内。本书将讨论这些大学如何能够发挥积极作用，改变这些地方及区域，造福当地居民，也使自己的学生受益。本书也将分析，在东伦敦这样一个汽车文化和民族主义氛围浓郁的地方，它的未来发展是否会有其他的重心。在全球范围内，过去的 50 年来，大学的城市化一直是高校发展的主流趋势。战后的英国，随着数以万计的军人从战场归来，多座城市中建起了几十所新的红砖大学，以刺激新的、技能型的工薪阶层和中产阶级的形成。在美国，大学主要设在位于农村的大学城，它们曾在美国农业现代化进程中发挥了关键作用。20 世纪 70 年代，出现了城市危机（也称为锈带危机），一个决定性的转变出现了。随着旧的就业形式逐渐消失，城市中的大学承担了为当地重新培训劳动力的任务，同时将包括妇女和少数民族群体在内的新的城市居民纳入高等教育受众（见 Brockliss, 2000; Diner, 2017; Hall, 1997）。尤其是过去三十年间，大学在其所在城市和区域的发展中发挥着越来越重要的作用，这一作用的发挥不仅是通过人才培训，或通过将地方与全球知识流动及技术革新联系起来，同时也通过在特定的行政区域参与以地方为导向的发展。与汽车生产相联系的锈带城市以有重要意义的方式迎接了这种转变，它们为评估如东伦敦这样一个仍在苦苦挣扎的汽车城市提供了可资比较的相关材料。

　　本书第一部分采用理论与历史视角，将大学在城市中的作用进行理论层面的定位，对南非从种族现代主义到占领城市主义的转变进行阐述，并分析这个转变在东伦敦的具体轨迹。之后，东伦敦的案例将置于全球北方的语境下进行研究。在过去的十年中，全球北方的城市与大学之间的关系经历了激烈的讨论，被彻底地重新认识。在这一点上，本书将分析锈带城市的经济边缘化对其他许多问题如何产生巨大的政治影响，包括英国做出退出欧盟的决定，以及 2016 年美国选民选择了右翼民粹主义者唐纳德·特朗普担任总统。在民族主义抬头的背景下，本书将回顾多个城市为了应对去工业化所引发的经济衰退与社会排斥问题而采取的城市—校园干预措施效果如何。

　　在此背景下，本书第二部分将回到东伦敦，探讨汽车、学校与学生政治相关问题，从历史角度和关系网络，将这些问题纳入对城市发展的分析性叙事中。在这一部分的开端，首先要分析的是 20 世纪 40 年代和 50 年代在英国殖民者种族主义现代制度下城市的工业化进程。这是该地区殖民民族主义得到巩固的几十年，也是将东伦敦建为一个现代的英美式城市的几十年，东伦敦成为一个迷恋于汽车文化、讲英语的城市，历史上，这个地区就曾经是英国殖民主义的前沿阵地，也曾热情接受殖民者的开拓精神。在这一部分，本书探讨了东伦敦如何成为一个汽车城，以及殖民者居住的城镇是如何在"本土"城镇日益被忽视的同时建立起来的。书中叙述了东伦敦殖民者与非洲民族主义的发展和它们之间的斗争，这种斗争和福特哈尔和罗德斯这两所当地最重要的大学之间的斗争一样，都是为了赢得民心。在第二部分的结尾，本书转而讨论种族隔离政策的重组及其对经济的影响和对殖民城市及区域结构的影响，以及它自 20 世纪 60 年代末以来在增长与发展方面的前景。这一部分论述的重点是该城市和地区基于工业化的主要增长战略如何随着特兰斯凯和西斯凯班图斯坦自治区的建立而出现摇摆，以及该地区所采用的以农村为中心的发展策略，由于这一策略，两所新的大学在城市外建了起来。在呈现这些材料时，本书将重点论述与这些变化相关的城市主义与民族主义的文化特征，以及该城市如何激发出增长的魅力。这些部分的论述引用了上文提到的鲍德里亚和其他文化理论家的观点，以深化对社会和经济变化的理解。我认为，在两个相互冲突的民族主义版本中，汽车被反复地用作现代性的核心象征，一个是英国的殖民版本（既反对非洲民族主义，也反对荷兰裔白人民族主义），另一个是以科萨为中心的非洲民族主义版本；这两个相冲突的版本推动了当前对占领城市主义和对东伦敦转型为一个非洲归乡城市的关注。这两种不同的民族主义都能在东伦敦形成，可以通过民族作为（真实或虚构的）血统族群的定义得到解释，这样的族群中，成员具有亲属关系，拥有共同的历史，讲同样的语言；在这里，民族不是社会和政治性的共同体，后者基于共同的领土和共同的公民身份。这里，身份政治在很大程度上是围绕着被改编为超现实符号的文化标记与象征展开的。

但是，在埃布兰蒂，汽车与牛栏相结合，也代表了非洲民族主义在该城市和地区的悠久历史中的不同部分，因为正是牛栏唤起了种族民族主义的说话的乌鸦，而汽车所代表的汽车自由将黑人民族主义的想象拓展到了该地区以外的世界，甚至穿越了大西洋。从对 20 世纪 30 年代到 50 年代和 60 年代的历史分析，直到对现在这个地区的大学里的学生起义的分析，我试图证明，从一种民族主义到另一种民族主义，这并非简单的或线性的运动，而是一种符号和标志的不断循环，它们能唤起地方性和全球性版本的非洲民族主义和黑人民族主义的不同方面。在每一次政治斗争中，与"汽车"和"乌鸦"相关的非洲民族主义政治似乎都总是同时在场，特别是当自由主义的包容性政治遭到排斥，殖民地矛盾日益突出时。20 世纪 20 年代末以及 20 世纪 50 年代，非洲民族主义的种族性版本和跨国别版本并存，正如将埃布兰蒂打造成一个融合全球化特征的非洲消费方式与地方性身份的场所一样，以及"学费必须降"运动所代表的政治体现的非洲中产阶级的愿望和黑人解放运动中的战争民族主义。因此，本书所做的分析是对历史研究界和人类学研究界传统视角的一种挑战，传统的研究将该地区世俗民族主义和文化民族主义的形式割裂开来，并做排序，认为这是一种从

"红色"（传统主义）到"学校"（现代性）、或从文化形式到世俗形式的民族主义的过渡。

本书的第三部分首先分析了自 1994 年民主制度引入后，在非国大掌握了市政府和城市的控制权的背景下，非洲新兴中产阶级在东伦敦的崛起。这一部分从占领城市主义的视角，描述了该城市新兴中产阶级所体现出的种族化与返乡特征。在这里，我会回到埃布兰蒂和城市的其他一些公共空间，在那里新形式的非洲民族主义正在构建之中。在第三部分，本书进一步回顾了高等教育与培训部（DHET）决定在市中心为历史上传统黑人地方高等教育机构设立新校区所造成的影响。这一部分探讨了这一占用运动的性质，以及这些机构的存在给东伦敦市中心的社会经济特征所带来的变化。此外，这一部分也分析了该市学生对他们所认为的在市政府和该市大学监管下的"良性忽视"制度的政治反应。

第四部分将对全国和福特哈尔大学的由学生领导的"学费必须降"运动进行更广泛的批判性分析。分析中将把该运动置于更大的非洲民族主义政治历史背景之下，讨论其暴力性质和千禧年说特征。我认为，这种政治运动通常并没有关注地方，事实上，尽管学生们声称要拥有城市资源，但实际上他们的运动却产生了一种"无地方性"的不利后果。这些抗议活动以文化民族主义为基础，需要不断地处理殖民矛盾，因此地方性意识被压制。之后，本书将又回到对铁锈地带和后种族隔离城市的问题的关注，并讨论这些城市转型的实际规划框架。我认为，城市总体规划和区域规划回避了对城市社会、文化和政治基础设施建设的认真参与，而我主张的是一种更注重文化的方法。接着，这一部分反思了占领城市主义的现有形式如何造成了"对城市的排斥"，这种倾向根植于非洲民族主义中反城市的地方传统，通过这种反思，我重新考察了该市大学和城市文化规划这一主题。第四部分的结尾分析了以上现象给东伦敦乃至整个南非的未来发展所带来的问题。

本书采用跨学科的方法，试图对东伦敦新旧民族主义的常规性叙述进行解构。本书采用批判性城市理论，同时运用政治经济学、文化研究和人类学的相关理论，以便更好地理解东伦敦成为了一个什么样的地方，走过了什么样的路——无论是明显可见的还是隐蔽的——以及它没有选择的路，这一点也许同样重要。

第一部分

都市化与大学之探索

第一章 南非锈带城市里的种族现代主义与占领城市主义

在去工业化、汽车文化以及对自由和民族主义意义思考的框架下，本书的关注点是锈带城市里大学与城市发展之间的关系，这个话题在全球北方备受关注，但在南非却在很大程度上被忽略不谈。在南非历史杂志《克罗诺斯》的一期特刊中，编辑提出了这样一个问题：在非洲，大学的存在究竟是为了什么？他们认为，关于非洲的大学在赋权、教育和改变非洲大陆的角色和功能方面，需要一场更深入的讨论（Truscott & Van Bever Donker，2017）。本书还关注新自由主义或其他紧缩措施，这些措施限制了大学发展为学习、创造、批判的机构。在这一期《克罗诺斯》特刊上发表文章的学者大多对非洲或其他地方的大学做出批评，认为它们是在为当地政治精英或以欧洲为中心的商业或捐助机构的利益服务，或普遍巩固了新自由主义市场经济。大部分文章认为，非洲的大学应该成为一个加强对后殖民世界想象力的机构，并捍卫这种想象所需的知识空间。如约翰·莫维特（John Mowitt）认为，大学应该继续作为学习的象牙塔，并且抵制"社会经济一体化"的压力（2017：105），因为这种一体化在过去已经损害并仍将损害其在后殖民语境下重现其更高功能，即批判性学术研究和"慢思维"（2017：103）。他还指出，知识紧缩以及对非洲中心主义过于狭隘的关注将会限制这些大学机构的视野和去殖民化项目的潜力。

在关于大学未来的讨论中，出现两种观点对立。一种观点认为大学是一个培养批判性思维和学习能力的自治场所；另一种观点强调大学的工具性功能，认为它是一个从事教学和培训的场所，尤其是为劳动力市场培训人才。现代历史中的大学，尤其是城市中的大学，承担起日益重要的作为国家或市场代理者的工具性角色，这一角色遭到莫维特（Mowitt，2017）等很多学者的反对。也正是由于大学和城市在距离上的靠近，才使这种转变成为可能。史蒂文·迪纳（Steven Diner）在其《大学及其城市：美国城市高等教育》（*Universities and Their Cities：Urban Higher Education in America*，2017）一书中以美国为考察对象，研究指出，美国的大学以前对城市基本上是拒绝的，直至 20 世纪 70 年代，当时全球城市危机迫使高等教育机构从乡村假设的道德和知识纯洁性中转身出来。自此，美国大学和城市之间的联系变得异常紧密，以至于现在逐渐呼吁对两者之间的关系进行批判性反思，这一点将会越来越清晰。从 19 世纪中期开始，树林与自然被视为美国的大学最适宜的场所，在那里大学传授知识，培养盎格鲁—撒克逊白人中产阶级的性格和道德品质（Diner，2017：18）。迪纳还指出，即便是美国著名城市精英大学，如芝加哥大学和哥伦比亚大学，最初也是位于城市之外，直到城市扩张，吞并校园（Diner，2017：23—28）。有一些大学在市区多次搬迁，确保其位置在城市之外，以维护其道德和教育声誉（Diner，2017）。第二次世界大战后，美国大学越来越多地对城市里的黑人、移民以及工人阶级开放。但是，自 20 世纪 80 年代以来，迪纳（2017）认为美国大学和城市之间的关系越来越紧密，以至于现在有越来越多的人呼吁对两者之间的关系进行批判性反思，这一点将会越来越清晰。在非洲，大学也被锁定于反城市主义的叙事中，事实证明，这种状态很难打破。城市中道德不纯和文化堕落的观念促使许多非洲国家在 20 世纪 60 年代将新的大学设立在乡村。在南非也是同样如此，所有大学都坐落在远离城市的地方，而与此同时，西方的大学正在逐渐融入城市。这种在非洲占主导地位的反城市主义传统得到了去殖民化话语和政治的支持。在远离殖民城市、寻求非洲知识的纯粹性和真实性的过程中，年轻人拥抱城市的方式（反映在整个非洲大陆的非洲青年的城市化进程中）与拒绝欧洲中心主义的思想、价值体系与知识体系之间的矛盾日益紧张（见 Bank，2018）。学生们决定将"学费必须降"运动带上城市街头，要求在城市中获得更好的机会。这一运动突出了这些矛盾倾向，如第九章所描述的"布拉姆弗泰恩之战"（Battle of Braamfontein）和"弗利特街之战"（Battle of Fleet Street）。

南非的学生运动中存在一种困惑，即去殖民化可能或应该意味着什么，这在一定程度上就是上述矛盾的产物：一方面有城市化愿望，并希望能在城市中创造未来；另一方面又要对大学进行非洲化和去殖民化。迄今为止，关于高等教育的讨论中有关后两个方面的论述已经很多，但对于前者的考虑却很少。本书的目的之一便是探索将非洲的大学重新安置在城市里可能意味着什么。对于这一项目，尤其是在非洲城市面临严重的发展挑战和极高的失业率的条件下，什么样的知识和机构是适合的？当城市不仅仅是作为反殖民主义的学习场所和从事民族主义政治的场所，非洲或南非的大学如何与其所在的城市建立联系？我在本书的论点是，尽管当前的讨论必要且关键，非洲城市的现实不能再被忽视。我也不相信，在南非和许多其他后殖民环境中，我们可以简单地从理论上反思后殖民世界的现实，而不进行某种形式上的社会经济整合。如果以批判的方式来处理这些话题，去殖民化和发展这两个目标不一定是对立的，这正是锈带城市失败的工业发展史所带来的挑战。事实上，我提出的问题是，在抽象地讨论大学的角色和功能前，将城市作为一个地方开始考虑，可能意味着什么。

在南非，基于其所在地点对大学进行的分析并不完善。关于大学在国际社会和发展中的角色和功能问题，在1994年民主制度引入后已得到了相当明确的回答。当时，新的非国大政府选择了英国的高等教育模式，将大学分成所谓的传统院校和综合院校，并将此视为处理国家在新体制下知识、研究、劳动力市场、专业和整体发展要求的理想分类方法。2000年起，一系列大学合并计划得以推进，以解决体系内历史和种族的不平等问题，这些问题在很大程度上是以前种族隔离和英国帝国主义政策的遗留问题。从2004年开始实行的大学合并，其主要作用之一是纠正种族歧视，并将资源较好、历史上属于白人的大学和校园，与历史上处于劣势的黑人大学联系起来，以提高系统中较弱部分的水平，并促进包容性。虽然合并影响了很多城市中的大学，但那些处在外围大学城中的校区，如罗德斯大学在格雷厄姆斯敦的校区，基本上都独立存在了。

东开普省为福特哈尔大学专门制定了一项特殊政策。这所大学是南非历史上最古老的黑人大学，也是非洲大陆上非洲民族主义与解放运动的发源地。该大学一直位于乡村小镇艾丽斯。为了促进它有益的增长与发展，国家在东伦敦为它分配了一个新的校区。同样，新成立的位于前特兰斯凯首府姆塔塔的沃尔特·西苏鲁大学，与先前的邦德理工学院（Border Technikon）合并，后者的主校区在东伦敦。与此同时，南非大学和布法罗继续教育与培训学院（Buffalo City College for Further Education and Training）在该市建立了校区，距市中心的沃尔特·西苏鲁大学和福特哈尔大学的校区不到一英里。合并之后，福特哈尔大学的学生人数从2000年的6000人左右到 2016 年超过 14000 人，乡村校区和城市校区的学生人数大致相当。另外大约 1 万名学生就读于东伦敦市的其他高等教育机构。

2016 年，福特哈尔大学迎来了百年校庆。作为校庆准备工作的一部分，它倡议对其在东伦敦及所在地区的过去和潜在的未来进行考察。其中一项举措是在福特基金会的赞助下，让研究生们研究东伦敦与位于该市的大学之间的发展关系。本书便是 2015—2016 年该项目的研究成果。当时南非校园里学生抗议活动高涨，东伦敦城迎来了自 20 多年前民主诞生以来第五位非国大市长——修勒·帕卡提（Xola Pakati）。这个项目最引人注目的发现是，福特哈尔大学对东伦敦市的关注与参与度很低，反之亦然。同时也发现，东伦敦市其他新成立的高等教育机构和福特哈尔大学一样，与该城市和地区的社会与经济发展相对脱节。这些大学与城市并行存在，而不是作为城市的一部分。它们将自己的卫星校园在城市里的存在视作一种结构性义务，而不是作为增长和发展的重要机会。同样，而且部分由于这种不自信，东伦敦市政当局并未意识到位于其市中心的高等教育机构与其发展存在重要的利益关系，尽管东伦敦显然需要合作伙伴来克服自己在经济增长和创造就业机会方面持续面临的困难。本书的主旨是更好地了解城市和大学之间如何互相排斥，这种排斥关系的本质是什么。为了这一目的，本章首先对南非的大学与其所在地的关系做出大致讨论，然后对大学与所在城市之间的关系提出我的设想，旨在将大学融入到城市之中。在本章余下的部分，我将尽力探索在种族隔离制度实施的前后，各种定义了东伦敦的变化中的城市主义。我得出的结论是，今天，这个城市一方面是一个非洲的"归乡"城市，另一方面，它又是一个相当典型的去工业化的锈带城市。

安置南非的大学

尽管大学与东伦敦城市之间存在潜在的互利关系，但二者仍然处于脱节状态。通过考虑在种族隔离制度下和引入民主制度后，南非的教育体系和城市发展体系是如何演变的，在这一广泛的背景下考察或许能够为这种脱节找到部分原因。在这方面，大学在地方建设中的作用或者缺位尤其值得关注。

在种族隔离制度下，历史上以讲英语为主的大学如开普敦大学（UCT）和罗德斯大学，与作为城市、地区和国家建设机构的南非荷兰裔白人大学及班图斯坦大学一直存在紧张关系，因为前者反对种族隔离国家的种族化地方建设议程。这些使用英语的大学转而寻求以牛津、剑桥等英国传统高等教育机构以及如今与罗素集团有关联的其他机构的模式运作，专注于卓越的教学和高水平的科研生产。它们把自己最好的学生送到这些外国机构攻读研究生学位，并将这些学生作为教工招聘人选。这种联系得到了伦敦、牛津和剑桥等大学的一系列高级奖学金的支持。南非的这些英语大学也明确地将自己与有着公民和城市参与历史的英国"红砖"大学（见 Goddard，2009；Goddard & Vallance，2013）区分开来，也与被视为低级别、非学术性质的新成立的理工院校区分开来。在接受英国传统大学的特定版本时，南非的英语大学将自己嵌入到一个精英主义的殖民模式中，在这个模式中，高等教育机构被视为相对自主的学术自由净土，忠于所授学科，而非忠于所在之地。然而，应该注意的是，尽管这些机构对自己抱有象牙塔式的愿景，但它们对全国的城市建设有着强大的影响力，尤其是通过它们作为地方精英培训场所的角色。他们培养的毕业生后来在法律、建筑和金融等领域的职场中占据了主导性地位。此外，尽管这些毕业生的母校在学术上声称它们不偏不倚，但实际上这些人是保守的白人自由主义的守护者（见 Dubow，1989；Maylam，2005；Rich，1984）。

相比之下，讲南非荷兰语的大学，如比勒陀利亚大学（University of Pretoria）和斯泰伦博斯大学（Stellenbosch University），作为种族隔离计划的一部分，密切关注地方建设。就像美国内战后为实现农业现代化而建立的赠地大学，以及为培训专业公务员并使其社会化而成立的英国红砖公民大学，为南非白人或非洲人以及有色人种建立的高等教育机构也被视为发展型大学。种族隔离的国家规划者设想，主要的南非荷兰语大学和技术学院会将其作为高等教育机构的角色与更直接的发展功能结合起来。例如，南非最负盛名的南非荷兰语高等教育机构斯泰伦博斯大学在国家的鼓励下，培训南非白人公务员和社会服务业人员，并促进当地农业经济的发展，包括葡萄酒业的发展。与此同时，比勒陀利亚大学的发展方式类似于美国的赠地大学，它控制着大片土地用于农业研究和实验。高等教育机构也直接介入解决城市化问题，例如 20 世纪 30 年代对"贫穷白人"问题的应对（见 Manson，2016；Strydom，2016）。

随着时间的推移，南非荷兰语大学设立了社会工作系和应用社会学系，旨在通过对贫困和边缘白人的监督来纠正社会偏差，从而直接应对白人城市化的病症。这些机构被赋予了一个特殊的角色，即确保贫穷的白人能够过上与他们的种族身份相称的家庭和社会生活。他们必须让人看到能显示出体面的（可敬的）白人标准。这些标准的推广将以科学的方式进行（见 Dubow，1989，2005；Teppo，2004，2009）。南非荷兰语大学参与了种族现代主义的矫正计划。卫生学开始纳入研究并得到推广，家政学与社会心理学等学科也得到了相应的部署。20 世纪 70 年代和 80 年代，类似的期望寄予新设立的及已有的班图斯坦或"黑人家园"大学，它们主要被当作以适当的种族和文化形式实现社会经济发展的工具。这些大学被视为担负起特定地方责任的种族机构。那些建立于 20 世纪 70 年代的班图斯坦大学被安置在该国偏远的农村地区，以推动一个种族化的、分裂的国家体系。

1994 年后，南非荷兰语大学和班图斯坦大学在意识形态方面的角色和功能受到摒弃，非国大执政的政府采用以英语为官方语言、研究型的传统大学模式来推动高等教育体系的转型。在这种情况下，倡导推进建设"综合性"大学是一种功能性的筹划，现有传统技术学院可以借此提高以前的标准。

这段历史以及采纳"无所在地特征"的英语大学作为高等教育系统的模式，或许可以部分地解释为何参与"学费必须降"运动的学生反叛者显然不愿将注意力转向其大学所在地的发展问题，如城市贫困问题、失业问题或农村发展问题。反之，他们专注于推进自己的阶级利益，向政府施压要求降低学费，要求政府为学生住宿提供更多的国家资助，提高他们进入上流大学社区的可能性。同样，他们的去殖民化议程可以说是相对自我的，比较狭隘的，在很大程度上局限于要求消除课程中的英语和殖民主义特征，尤其是在人文学科中，以及招聘更多的南非黑人进入大学的学术和管理层。

课程去殖民化的要求主要体现为强调非洲语言和知识体系的重要性，但由于它的抽象性，其领导者基本上都是哲学家而非社会学家、城市规划师和发展实践者。事实上，大学在社会经济发展中的作用和作为地方建设机构，对学生活动者而言是较为次要的问题，除非与这些问题交织在一起的还有种族主义问题以及系统性黑人劣势问题，换言之，即牵涉受过大学教育的新兴非洲资产阶级的阶级利益。

批判城市主义与东伦敦市内的新建大学

在国际性辩论中，地方发展面临的挑战已然明确，越来越多的人呼吁大学扩展其参与社区发展的"第三使命"，为解决社会经济问题做出更大贡献。在南非，对这一立场的支持使得在《高等教育转型白皮书》（*White Paper on the Transformation of Higher Education*，1997）中规定将社区参与作为所有大学的任务之一。然而，这项规定发布之后既没有评估，也没有获得适当的资助，于是大多数大学都没有认真对待（Cooper，2011）。除了推进大学的"第三使命"外，国际上越来越多的学者对传统的大学模式以及用国际评级表对其进行评价的方式提出直接的质疑。这些学者提出高等教育机构在城市和地区建设中应发挥更重要的作用（Cooper，2011：67—85）。

最近发表的《雪崩来临：高等教育与未来变革》（*An Avalanche Is Coming：Higher Education and the Revolution Ahead*）对亚洲、美国和欧洲的传统大学进行了回顾。文章指出，高等教育的模式和实际需求之间的脱节导致了全球性的危机（Barber et al.，2013）。作者认为，年轻人与大学毕业生中的高失业率表明，大学并没有与其更广泛的社会与经济环境建立起有效联系。他们还指出，大学排名体系越来越成为重要的衡量成功的标准，进一步加固了高等教育的传统模式。大多数大学都尽力在排名中占据靠前位置，以此吸引更多研究资助和高分学生。随着越来越多的大学追逐更高的排名，传统的研究型大学模式越来越占主导地位，而其他可能更适合世界多样化的知识需求和发展需要的机构则受到影响。为了重新定位大学在社会中的地位，巴伯（Barber）等人概述了大学在城市和区域发展中的新角色：

> 一所典型的大学有两种基本产出：研究和学位（但是需要指出，二者只有其一也是完全合理的）。尽管人们普遍认为大学首先应该是学习机构（因此授予学位），然后才是研究机构，但现实中情况恰恰相反。越来越多的人认为，大学里，教学是一项必要但费力的任务，其目的是为研究创造收入……我们现在可以增加第三种大学产出，这种产出在近几十年里变得越来越重要：大学在促进一个城市或区域的经济前景方面所起的作用。（Barber et al.，2013：25，着重标记为本

书作者所加）

在非洲之外的世界上其他许多地方，大学在所在地的社会经济发展中的作用已成为政策和规划的核心。在欧洲，欧盟宣布，大学应该在这一方面发挥更积极的作用：

> 大学有可能在其所在地区的社会和经济发展中发挥关键作用。它们是该地区的重要"资产"：尤其在那些私营部门发展较弱或相对较小、研究和开发水平较低的欠发达地区，更是如此。成功调动大学的资源，可以对区域经济和实现全面的区域战略产生远超投入的积极影响。（EU，2011：12）

2017年12月，欧盟发布的一份报告指出，欧洲研究型大学联盟的23个成员大学对欧洲经济的直接经济影响约为1170亿美元，并创造了130万个就业机会。相当于欧洲经济总附加值的2.7%及欧洲大陆所有就业机会的2.2%。在美国，大学所产生的经济影响甚至更为震撼，尤其是在旧金山、波士顿和纽约等地重要的技术驱动的城市校园中心。例如，与麻省理工学院相关的波士顿创新区，自2010年这个构思产生以来，即已吸引了数万亿美元的投资（BiGGAR Economics，2017）。

但是，这种建立在与商业利益密切相关基础上的创业型大学模式会产生什么样的影响，这方面的顾虑也越来越多。2009年，西班牙著名社会学家曼纽尔·卡斯特尔（Manuel Castells）在南非西开普大学（UWC）的演讲中表达了如下观点：

> 我们生活在全球知识经济的时代，我们生活的社会是基于信息处理的社会，这是大学的主要功能。这意味着，大学系统的质量、有效性和相关性将直接关系到人、社会和机构的发展能力。在技术革命和通讯革命的背景下，大学成为科学和技术变革的核心行为者，同时也是其他方面的核心行为者——应有能力培养适合新的生产和管理条件的劳动力。**大学也会成为机会均等和社会民主化的重要源头，它使人们得到均等的机会成为可能——这不仅会对经济增长做出贡献，同时也会对社会平等做出贡献，至少会减少不平等现象。**（转引自 Cloete &

Maassen，2015：1，强调标记为本书作者所加）

人们担忧的是，许多大学与城市融合的战略并未减少不平等，也未能促进社会中更多的民主参与。鉴于此，学者们（以及规划者）试图推广一种"锚定策略"模式，它与创新区模式相反，强调的是大学嵌入到社区中的价值，以及大学的社会责任与自下而上地改善邻里经济的价值。锚定策略主要应用于落后城市，如底特律这样的美国西北部锈带城市。在那里，公共部门和当地社区以及"锚定"机构（大学、医院等）合作，改善贫困地区，从而吸引私营部门的投资者。虽然通常认为锚定策略只是吸引资本，从而为创建创新区走出必要的第一步，但它也标志着一种不同的、更具合作性的城市建设方案（见 Goddard & Valance，2013；Perry & Wiewel，2005）。

大学通过参与地方发展所带来利益显然是存在争议的。卡斯特尔和大卫·哈维（David Harvey）等批判城市主义者担心，技术、财产和资本利益会利用这一过程达到自己的目的，在城市—大学区域留下不平等、排他及精英主义的痕迹。一些马克思主义学者，如哈维（Harvey，2005）和莎伦·佐金（Sharon Zukin，1996），批评大学变成了新自由主义资本主义的婢女，通过其发展推动了中产阶级化和城市不平等。其他一些学者，如卡斯特尔（Castells，1978），他们的态度则不是完全否定，而认为发展型大学可以减少不平等，促进社会正义，这都取决于大学在新的社会网络中如何管理其参与过程。佩里和韦维尔（Perry & Wiewel，2005）认为，当大学规划成为城市规划时，这些规划应该以社会契约为基础，确保实现更广泛的、具有包容性的利益。而所有的学者都认为这其中存在一种威胁，即大学及其周边区域无约束的私有化。

为了避免不平等现象和排他现象的加剧，有必要将大学视为城市发展的组成部分，而不是让它们独立于城市发展之外。让·保罗·艾迪（Jean-Paul Addie，2017a）提出了批判性城市观，以理解大学在城市中的作用。他建议从理解城市发展中的矛盾、不平等现象和挑战开始，大学应对这些问题做出整体性回应。他基于法国社会学家亨利·列菲弗尔（Henri Lefebvre）的观点，强调了大学在城市社会中的三种关键角色：调适者、中心和差异者。在他看来，首先，大学应该内化其作为抽象理论和社会实践之间的调适者的角色。它应当制定相应策略，将抽象的理论与具体的实践联系起来，将结构性的元素与经验性的元素联系起来，将城市的复杂本质及其公民的多样性纳入考虑范围。他建议，城市里新建的大学应该同时处理自身作为城市中"标志性机构"的矛盾，因为它被赋予了某种阶级和社会利益。此外，它也在更广阔的城市环境中参与社会解放斗争，这些斗争经常会对历史上作为阶级利益代理人的当地高等教育机构发起挑战。艾迪还认为，大学必须通过向地理位置上或经验上处于城市边缘的群体开放，批判性地参与空间中心和知识中心的概念，包括其自身的概念。他进一步提出，批判城市主义者应该更加积极主动地为大学发展取得实际性成果做出努力，在关于城市转型的论争中与自己的边缘地位作斗争。

艾迪（Addie，2017a，2017b）提出这些设想，可以对在新自由主义资本主义背景下大学更应具有工具性发展角色的观点做出有益的纠正。过去的殖民主义、研究型的传统大学模式对城市和区域发展所能做出的贡献有限，大学仅仅像企业代理人一样。与之相反，城市新建大学应该在想象和促进更具包容性的城市和区域发展方面发挥核心作用。然而，也要认识到不同城市具有不同的历史特点，了解大学在应对其发展挑战时实际上能够实现什么样的目标。在可预见的未来，城市社会将继续因阶层、知识和公民的参与能力而分层。艾迪的重点是为重建城市大学的角色提出规范性框架，而尼尔·布伦纳（Neil Brenner）与其他批判城市主义者则提倡要进行详细的历史性分析，从而揭露支撑资本主义城市社会形态的权力、排斥、不公、不平等的形式与现象，揭示导致产生锈带城市的后福特主义资本主义造成的"创造性破坏"（Brenner，2009：199）。

本书从对历史唯物主义的批判性认识中得到启发，认为如果不考察一所大学所在城市的过去和现在的社会经济动态，就不可能理解该大学的位置。在本书中，这种方法体现为对南非锈带地区种族现代主义的崛起进行分析，以及对自引入民主以来被称为"占领城市主义"的新社会经济形态进行分析。本书厘清了这些发展形式的意义，梳理了它们对东伦敦的影响的程度和性质。占领城市主义是对东伦敦市种族历史的非洲式的回应；然而，并不是说仅仅因为它具有非洲的性质，就一定比之前的行动更进步、更有益。在这方面做出任何评估，都应该基于对该地方的理解之上，特定的地方正是特定的城市主义的基石，同时也应基于对大学在这个地方如何安置的理解之上。占领城市主义在城市转型中起到了什么样的作用，它为该城市和地区的人民承诺了什么样的未来？

"占领城市主义"一词指的是1994年以来，随着城市经济越来越依赖国家收入而不是私营部门的资本投资，所形成的塑造了城市发展之大部分的一种阶级构成。在城市里的很多方面，资本主义积累战略的逻辑主导了"创造性破坏"过程和城市不同区域的更新过程。然而，在东伦敦，一个占主导地位的官僚小资产阶级的形成掩盖了这个过程所产生的影响。新的非洲中产阶级，主要是国家收入相关部门的雇员或受国家收入资助，国家收入支撑了市政当局和省政府，新中产阶级在政治上主导了这个城市，并且在社会上也越来越占据主导地位；然而，虽然如此，他们并没有操控私营部门及资本主义的积累和剥削。他们这个阶级"占领"了城市，但在经济上并没有以超越其作为消费者的角色的形式嵌入城市中。同时，这个城市已进入一个后工业发展的阶段，资本正在逃离城市，而不是在城市中寻找新的机会。资本主要集中在汽车行业（主要是由于国家提供了激励措施而留在东伦敦）和房地产行业（越来越依赖于通过给政府出租办公室和设施而获得租金收入）。占领城市主义塑造了这个城市，也塑造了城市与当地大学之间的关系，或者说是城市与大学之间的脱节，但这种城市主义在国家赞助和再分配机制之外，缺乏再生产的经济动力。因此，能够维持城市与区域增长和发展（无论是否具有包容性）的大学—城市伙伴关系的前景仍然遥远。正如本书所言，市政府和大学都需要重新审视东伦敦社会经济增长的基本条件，从而建立一种能够促进城市包容性发展的关系。

种族现代主义与分叉的城市

种族现代主义的概念用以描述与分析种族隔离国家自20世纪40年代末以来对南非城市进行重组的方法（Bozzoli，2004）。这个术语用以表明，第二次世界大战结束后，从1945年开始，南非的发展轨迹在全球舞台上并不意味着一种异常。詹姆斯·斯科特（James Scott，1998）在其《国家的视角：那些试图改善人类状况的项目是如何失败的》（*Seeing Like a State：How Certain Schemes to Improve the Human Condition Have Failed*）一书中指出，在20世纪中期，高度现代主义规划及其相关的自上而下的科学发展模式在全球范围内占了上风。他揭示了从拉丁美洲到亚洲、欧洲及苏联，政治精英们是如何沉醉于现代主义规划，认为它具有促进城市和农村发展并改造其社会的潜在能力。他描述了苏联和那些采用马克思主义改造政策的社会如何去推动宏大而抽象的计划和社会经济工程模式的实施。同时，他还揭示了这些宏伟的计划是如何走向崩溃或失败，因为它们与处于转型的社会中人们的社会与经济认识和实践相脱节。

种族隔离，如许多种这样的计划一样，是基于现代主义的信念所推出的一个宏大的发展计划，这种信念相信科学家的社会工程可以改变世界。种族隔离时代，城市规划者曾使用过一个策略，是利用构建出的环境将一部分非洲工人阶级驯化在工业生活的节奏和要求中。种族隔离现代主义（Apartheid modernism）与美国人类学家保罗·拉比诺（Paul Rabinow，1989）提出的"中等现代主义"类似，关注的是创造出一个顺从的非洲工业工人阶层。之所以会产生这样的关注点，是因为种族隔离现代主义的想象是，白人资本主义将在城镇里廉价、被驯服的黑人劳工中发展壮大，并且可以通过在往日家园对非洲社会元素进行重新部落化和重新均田化而获得政治保护（见 Bank，2011）。然而，贝琳达·博佐丽（Belinda Bozzoli）认为，在种族隔离制度重构期间，对种族和民族类别的明确利用以及它所引入的新的人口控制和管理形式——包括新的城镇制度——应该被称为种族现代主义（racial modernism）制度。她将种族现代主义与一种更为温和的家长制（paternalism）区分开来，她将后者与第一次世界大战和第二次世界大战期间的城市管理相联系。博佐丽指出：

> 与之后的时期相比，在种族隔离时代，城镇居民所承受的来自官僚机构的强制力并不是非常严重，很多情况下，居民对官僚机构并未怀有敌意，这也许是赞助人—客户关系网络所起的作用。利维坦此时尚未诞生。通行证法已经出台，但可能会被任意修改，精英阶层要确保自己无论正式场合还是非正式场合都要得到宽松对待。（Bozzoli，2004：47）

博佐丽进一步指出，对约翰内斯堡而言，这种家长制往往"伴随着一种福利主义因素，能确保城镇的生存——即便仅是生存"（2004：48）。她认为，这个时期，城镇并未严格分层，地方精英发展出"赞助人网络"，在文化和社区层面形成联系。因此，往日的城市里形成一种"权威网络"，但这种权威网络随着种族隔离制度的到来便迅速消失了。这样，黑人居住区的精英阶层中便产生了一种公民意识，使他们与城市中从农村迁居而来的人群形成区别。多琳·阿特金森（Doreen Atkinson，2010）的看法与此相似，她认为，20世纪50年代中期之前，这样的体系一直存在于东伦敦，之后，新的管控形式出现，之前管理东岸和西岸地区的旧赞助体系受到干扰。她认为，充当了"城市之父"的白人对这些地方的监管比较宽松，与自20世纪50年代起种族隔离制度下的管控是不同的。事实上，博佐丽（Bozzoli，2004）和阿特金森（Atkinson，2010）所描述的福利式家长制的特征，在1910年南非联邦（Union of South Africa）成立到20世纪30年代早期的城市发展过程中是很明显的。在此期间，城镇领导者由有成就、有学问、受过传教士教育者担任，如1912年非国大的创始人沃尔特·鲁布萨纳（Walter Rubusana）博士。在鲁布萨纳和其他受过教育的精英管理下，一个处处是非洲人小屋的地方变成了一个住房状况与城市中较贫穷的白人社区相似的地方。东岸的措洛（Tsolo）区就是一个具有郊区风格的地方，那里有教堂，有行政办公室，房屋排列有序。这便是"城市之父"自由主义的、宽松式管理的产物，这里居民是原初就定居于此的姆丰古（Mfengu）人、受过传教士教育的非洲人和有色人种家庭。住宅用地不归居民所有，但地的大小和建筑标准与该市居住的白人家庭的住房相似。在市政府监督下，一个有序的、管理良好的定居点建设起来了，同时还建设了一些行政设施，如地方咨询委员会，用以处理当地居民和市政府之间的关系（Minkley，1994：194）。

然而，到了20世纪30年代，克莱门茨·卡达利组织起当地码头工人，劳工激进主义变得普遍，双方的关系也随之恶化。激进工会主义政治开始兴起，获得了大量来自农村的移居者的追随，鲁布萨纳和当地其他精英的影响逐渐减弱。卡达利本人也受到马库斯·贾维的影响，对早期的白人家长制提出了挑战。他被许多农村移民视为救世主；他的非洲劳工组织独立工商联在整个特兰斯凯地区赢得了强大声望（见 Beinart & Bundy，1987；Bradford，1987）。卡达利领导的组织成员们利用农村文化相关的习语，如说话的乌鸦，来吸引更多的非洲选民，跨越了城市—农村、"红色"—"学校"的分界。他们的政治带有千禧年说性质，同时也是对抗性的。这场运动与非洲独立教会在当地的发展过程以及措洛从最初的地方开始扩张的过程不谋而合。区域内一些地方的政治、社会和人口状况在不断地变化，而作为回应，该市白人当局在近20年里却拒绝支持任何开发计划，几乎没有建造新的房屋，该地区在面积上的有序扩张也被否决。随着人口在20世纪30年代和40年代的迅速增加，这个地方成为一个杂乱的贫民窟。

这一时期，周围的农村地区也处于非常困难的状况，而城市的工业发展则促进了城市化进程。尽管各个地方的人口压力在加大，市政府却并未配置更多的水龙头、厕所、路灯，也没有规范地建造房屋。此外，没有修建新的医疗设施，道路维护和相应服务也严重不足。市议会的理由是，资金不足以支持更多的服务，如果当地居民想要这些服务，就应该自己付钱（见 Mager & Minkley，1993）。

事实上，市政府多年来的设想是，该市居民中白人将越来越多，而非洲人只能从事临时的体力劳动。因此，市政府一开始给非洲人聚居地分配的空间便十分有限，而且不希望它们扩张到 20 世纪 20 年代所设定的边界之外。然而，尽管官方计划如此，但这些聚居地后来不断扩大，但市政府选择忽视这个问题。因此，这些地方的卫生状况越来越差，越来越拥挤，疾病横行。到 20 世纪 40 年代，这些地方出生的婴儿，每三个中就有一个在两岁前夭折。未经处理的污水在沿街的浅水沟中漫流。20 世纪 40 年代末的一次官方调查将这些地方描述为"联邦最糟糕的地方"（Mager，1999：143）。与此同时，白人殖民城市东伦敦在 1933 年大萧条后迅速发展，它通过发展小型手工业和纺织业实现了工业化，同时从零售、批发和旅游行业的不断增长中获利。从这些增长中获得的经济回报之后又被重新投资于这个白人殖民城市和基础设施的发展，这一切都完全由市政府管理。

这段历史表明，自 20 世纪 30 年代起，东伦敦实际上已经实行了种族现代主义制度，早于种族隔离制度 20 年。第二次世界大战之前，该市的白人区和黑人区就已经在日益分离的世界中运作；早期的合作和融合的自由精神已被日益严重的种族隔离所取代。这种早期的种族现代主义是通过对非洲社区的忽视而非通过严格控制来实现的。这些地方遭到遗弃，居民的愤怒和绝望不断积聚。即便到了 1960 年，尽管作为对种族隔离制度的回应，那时自由主义在"城市之父"中重新流行起来，但据报道，东岸 70% 的居民租住的房子里，一间房要挤 5 个人以上，该市的小儿麻痹症疫情在南非最为严重（《每日快报》1960 年 2 月 4 日）。虽然市政府反对种族隔离计划中强迫城市居住的非洲人回到自己的家乡的政策，因为城市现在需要这些非洲人的劳动力来促进经济增长，然而恶化状态已经持续太久，漫布贫民区的糟糕状况已经无法得到缓解。

从 20 世纪 30 年代开始，殖民者城市和"土著"城市之间存在着鲜明的分野，这一分界持续到60年代，那时在种族隔离政策下城市中这些老地方被强制拆迁和摧毁。东伦敦工会会员彼得·雷·拿索（Peter Ray Nassau）在1959年给媒体的信中写道："我现在意识到，种族隔离似乎是这样一种政策，执政党可以操纵一个低落的民族，把他们首先'隔离'，然后再'憎恨'他们"（《每日快报》1959年7月20日）从这个时期写给新闻界的其他信件可以看出，基于种族歧视之上的新任地方政府和警察机构中所体现出的憎恨在那个时候越来越明显。此外，之前的忽视所遗留下的问题也是显而易见的。拿索在他写给白人居民的信中写道：

> 贵市非欧洲人居住的区域环境之肮脏令我别无选择，只能向地方当局、新闻界、牧师以及所有意识到此等邪恶中将产生何等痛苦和混乱的人，无论种族、信仰或肤色，向他们发出疾呼……请记住，一个种族若被有损健康的环境、不公正的待遇所激怒，便会失去其自尊和道德尊严，而正是自尊和尊严才能筑起屏障，抵御汹涌而来的犯罪浪潮。顽固自守，不肯承认这一事实，定遭可怕报应。（《每日快报》1959年7月20日）

马提尼克岛政治哲学家、精神病学家弗朗茨·法农（Frantz Fanon）在其《全世界受苦的人》（*The Wretched of the Earth*）一书中，在描述解放斗争中民族主义意识的形式和性质时，对"土著城镇"和"殖民者城镇"进行了对比，并对这种情况进行了反思：

> 殖民世界被一分为二。其分界线和边境线由军营和警察局标示。土著居住的区域与殖民者居住的区域并非互补。这两个区域相互对立，但都不是为了统一。殖民者城镇建筑坚固，全都由石头和钢铁制成。城里灯火通明，街道的路面上铺着柏油，垃圾桶足够宽敞，可以将所有没见过的、不知道的、甚至很难想到的残渣吞进去。从来都看不到殖民者的脚，可能只有在海里才能看到……尽管街道整洁而平坦，没有坑，也没有石头，他们的脚也都是被结实的鞋子保护在里面的。殖民者城镇里的人都丰衣足食，悠闲自在；城镇的肚子里总是装满了好东西。它是白人的城镇，外国人的城镇。（Fanon，1961：38）

而相比之下，被殖民的人居住的城镇则

> 是一个声名狼藉的地方，这里居住的人都名声很坏。他们生在那里，但他们生在哪里，如何出生并不重要；他们死在那里，但在哪里死去，如何死去也不重要。那是一个没有空间的世界：人们交叠拥挤，他们住的小房子也交叠拥挤。土著的城镇是一个饥饿的城镇，没有面包，没有肉，没有鞋，没有煤，没有光。土著居住的城镇是一个无法站起来的村落，一个跪着的城镇，一个陷在泥潭里的城镇。（Fanon，1961：40）

法农接着写道：

> 土著居民看向殖民者城镇的眼神是一种欲望的眼神，一种嫉妒的眼神；这种眼神表达了一种占有的梦想：坐在殖民者的桌子旁，睡在殖民者的床上，如果可能的话，和殖民者的妻子睡在一起。被殖民者是一个心怀嫉妒的人，这一点殖民者很清楚；当他们的目光相遇时，殖民者总是处于防御状态，充满敌意地确定："他们想取代我们的位置。"的确，没有一个土著一次都没有梦想过住进殖民者的地方，即使只住一天。（Fanon，1961：42）

法农认为，虽然马克思主义可提供众多参考，但分析应该始终延伸到对殖民问题的考虑中。他对殖民者城镇和土著城镇的描述让人想起东伦敦以前的两个老地方——东岸和西岸——与殖民者城镇之间的对比，后者通过管理城市的种族现代主义者，即所谓的城市之父的努力，变得干净有序，服务完善。法农注意到，在殖民社会中，为了使"土著人"在字面上和内涵上都固定在他们自己的位置上，需要使用暴力，而城市中被压迫的居民如何对管理者种族形成了一种认识，即管理者基本上是外国人。法农还注意到了殖民压迫和文化诋毁所产生的破坏性心理影响，并谈到了殖民主义彻底的暴力如何最终引向了民族解放斗争的极端反暴力。

在这个意义上，如我在其他地方所论述过的（Bank & Qebeyi，2017），将东伦敦的"土著城镇"理解为种族"隔都"是最恰当的，尤其是在20世纪30年代之后。"隔都"一词最早用于现代早期的威尼斯，当局命令犹太人居住在被围墙圈起来的城市中，并限制了他们的公民权利。20 世纪，路易斯·沃思（Louis Wirth）在其《隔都》（*The Ghetto*，1928）一书中把这个词引入了美国社会学，该书描述了芝加哥一块犹太人居住的飞地的社会生活。沃思强调了居住在那里的自愿性质和社区的共同价值观，它几乎就像是一个自然过程，而不是一个被封闭起来的空间。然而后来，尤其是随着纳粹德国的壮大，犹太人聚居区开始有了新的含义，成为一个残酷的犹太人禁闭区和被污名化的地方，如波兰著名的华沙隔都。在美国，隔都这个概念重新进入关于城市的学术讨论中，用以描述在美国战后城市去中心化的背景下，非裔美国人被禁锢的地方，当时白人往郊区迁移，而非裔美国人仍被困在市区。在美国的文献中，我们可以看到战后的隔都是如何通过隐蔽的排斥行为和私有化措施而社会性地构筑起来的，这个过程与早已存在的种族刻板印象相重合。如我之前所说，东伦敦的东岸和西岸这样的地方与在美国形成的黑人隔都之间有明显的相似之处（Bank & Qebeyi，2017；Duneier，2016；Hugill，2017）。

然而，在美国的文献中，有一种倾向是把隔都仅仅看作是一个极端贫困和社会病态的地方，那里容易发生各种集体暴力事件。例如，华康德（Wacquant，2008）认为，隔都产生并巩固了具有地点特色的暴力行为，四个基本要素促成了这种暴力现象：污名、约束、空间限制、制度性禁锢。在他的用法中，隔都是一个指场所营建的技术，被定义为"对被抛弃的、名声不好的群体的强制禁锢"（Wacquant，2008：221）。尽管像东岸和西岸这样的地方极度贫穷，但我对这个概念提出质疑，认为东伦敦的种族隔都同时也是一个具有相当的社会异质性和文化创造力的地方。我也不同意博佐丽（Bozzoli，2004）的观点，她似乎暗示"福利主义白人"与南非黑人隔都的文化复兴有很大的关系，即南非黑人隔都从大西洋彼岸的非裔美国人的生活中汲取了灵感。因此，尽管种族现代主义将黑人隔都界定为位于白人城市的外部，就像欧洲的犹太人隔都一样，却仍然认为隔都的居民在白人城市的发展中起到了重要作用。如萨格鲁（Sugrue，1996）在其关于底特律的著作中清楚地表明，在美国的锈带城市，城区内的隔都的贫困状况和经济劣势是在去工业化之前出现的，因为工业在完全撤离城市之前，先是与白人一起移到了郊区。这里最主要的一点是，20 世纪的南非和美国城市的种族现代主义动态之间有相当多的相似之处。这也是本书会采取在南北锈带城市之间进行比较的另一个原因，这种比较是一种相关的、可信的参照框架。

占领城市主义与城市权

在殖民社会，法农所描述的城市二元分化是一种普遍的现象，在解放后也依然存在，生产资料并没有交付到之前的被殖民者手中，嫉妒的民族主义政治会持续下去。在南非，虽然引入了民主，但这并未使许多城市的土著城镇与殖民者城镇融合，而是导致了这两个区域的再社会化。对于绝大多数无法摆脱贫困、不能进入殖民者城市的人来说，以前被划定为"土著城市"的区域已经再社会化，且往往是以新殖民主义的形式。之前的居民，或被称为"本土出生者"的居民，控制了大部分超额认购的住房空间和条件更好的住房存量，他们从新来的人身上榨取租金，利用这些人的贫穷来积累资本。由于他们获得的盈利一般来说不足以让自己从土著城镇顺利迁移到之前白人居住的昂贵的郊区，他们有时会在农村为自己建造新的、郊区风格的房屋和其他标记身份的东西。这种移位的城市主义需要通过物质及象征性手段将欲望从城市中转移出去，满足对城市的嫉妒心理（见 Bank，2015a；本书第 7 章）。这种反应制造出了多种形式的双根性，会促成前殖民者城镇和土著城镇之间的城市鸿沟再现，而这种鸿沟正是"本土出生者"要努力克服的。自 1994 年引入民主制度以来，在试图建立城市权的过程中，城市化的大部分努力针对的都是土著城镇，这些城镇空间拥挤、内卷，用阿纳尼娅·罗伊（Ananya Roy，2011）的说法，体现出"次等城市主义"（subaltern urbanism）的特点。在罗伊的表述中，这些空间已经越来越脱离国家和为管理它们而设计的监管系统的控制。在南非城市化的前沿，即使是新建的低成本住宅区，即所谓的重建与开发计划区，也被新来的居民所占据，他们住在后院的棚屋里，或者挤进本来为建停车场或运动场所而保留的公共空间里。这些新居民受房东的承诺吸引，说能够租给他们一片土地用于建造棚屋。然后，向主房提供的基本服务会有偿延伸给居住在院子里的人。街道委员会和其他地方机构也会进一步将公共空间出租，如人行道和停车场。因此，城内居民就可以从新来的人身上获取收入。这种类型的城市内卷在南非和全球南方的大城市中越来越普遍（见 Davis，2007；Roy，2011）。

戴维斯（Davis，2007）在描述这样的过程中，几乎只关注了基于边缘地区贫民窟出租的掠夺性经济（extractive economies）。罗伊（Roy，2011）

则采用了更为积极的视角，认为这些存在于规划图之外的地方也许能成为创新和变革的场所，这些地方因其居民的作用而变成新的地方。罗伊（Roy，2011）认为，这些拥挤不堪的地方会有潜力出现新的城市形式，这一点上也有别的学者持同样的观点。事实上，已出现大量关于"自己动手的城市主义"（"do-it-yourself urbanism"）的文献，呼吁学者们记录人们如何在规划版图之外的地方，从底层重新构造城市。在全球紧缩的情形下，这样的过程并不仅局限于全球南方。例如，赛斯·辛德勒（Seth Schindler，2014）指出，类似的过程也出现在美国去工业化的汽车城市和锈带城市，如密歇根州的弗林特市，它曾是汽车巨头通用的所在地。在美国，这种重建大都发生在以前的郊区社区，随着2008年国际金融危机期间抵押贷款市场的崩塌，房地产市场大部分崩盘，房屋的前房主纷纷离开，这些郊区社区变成了住宅荒地（Schindler，2014：795）。因此，随着部分郊区回归了自然，当地人重新规划这些地方，将土地用于新的用途，并在城市中建立了新的社会关系。随着经济紧缩政策的实施，以及全球北方现代主义总体规划的崩溃，世界各地的城市都出现了各种形式的"次等城市主义"，这个在边缘地带重构城市的过程在全球范围内创造了新的对话。"战术城市主义"（tactical urbanism）一词也在一些相关辩论中使用，以反映地方机构在地方层面的小规模但具有重要意义的干预。一些学者认为，随着这些干预措施产生累积性影响，以及新形式的参与性规划的出现，将逐渐从下层开始重新构建城市。

　　然而，在全球南方，城市化率持续上升，次等城市主义还有另一面，即本书所描述的占领城市主义。在过去的十年，占领城市的想法得到了广泛关注，具有政治意识的年轻人领导了暴乱行为，占领了重要的公共空间，如开罗的塔利尔解放广场及纽约的华尔街，表达他们对主导的政治与社会经济制度的反对。他们通过这些行动所宣布的"城市权"正符合法国社会学家亨利·列菲弗尔所提出的概念。列菲弗尔（Lefebvre，1991/1974）认为，所有在城市中生活的人都享有城市权，他们应在政治上争取这一权利，以对抗资本主义的排他性力量。占领重要的公共广场，或封锁大城市的部分金融区，其象征意义引起了对城市暴动方式的大量讨论，暴动者试图通过占领建筑物的方式来处理重要的城市空间，或通过占领行为来创造小型的、替代性社区。近几十年来，另一种更具持久性的占领形式出现在城市边缘，特别是在全球南方的一些城市，旧的"土著城市"的空间有限，不能容纳新流入城市的移民。这样的城市化现象打开了占领运动的新空间。这个过程有时较不容易被注意到，例如，它所发生的地方可能没有什么广泛的战略、政治或经济价值，如大城市的外部边缘。然而，当新来的人嵌入到现有的城市结构中，靠近工业区、交通枢纽或富人区时，他们就会引起更多的注意，通常会受到这些地区主宰者的排斥。在南非的城市里，这种"占领城市主义"的进程几十年来势头一直在增加，这与本雅明（Benjamin，2008）所谈到的亚洲城市边缘的社区夺取领土，在政治上，尤其是在经济上嵌入城市的情形类似；2017 年末，执政的非国大表达了其无偿征用土地的政治承诺后，行动变得更加坚定。贫困社区之后通过所谓的土地掠夺或在整个城市范围内的占领行为，宣称它们的城市权。推动这一进程的还有原土著城镇内的高额租金，弱势、失业、贫穷的居民试图逃离这些地方，以降低城市再生产成本。

南非的城市中，土著与殖民者之间的界限一直不能消除，通过抢夺土地所表达出的占领城市主义是对这一状况广泛而有力的回应。通过挑战城市总体规划、官僚角色和财产制度等，本雅明（Benjamin，2008）显示了新的定居形式与城市非正规经济和公司是如何产生于主流之外的，土地是通过一套复杂的社会关系（主要是基于赞助）被要求和持有的。在印度的许多地方，生活在被夺取的土地上的穷人用他们的选票换取非正式土地权，然后再利用获得的土地权创造经济上和工作上的机会，这样他们就可以留在城市里。从这个意义上说，"占领城市主义"是"次等城市主义"这一广泛概念下的一个子集，它始于边缘社区通过叛乱要求获得城市权，然后，用本雅明（Benjamin，2008，2014）的说法，这些社区试图通过"耕耘土地"来将自己嵌入进去。我所说的"占领城市主义"有所不同，它不具有本雅明所言的经济嵌入性。以东伦敦及其腹地为例，从 20 世纪 60 年代开始实施城市强制搬迁计划，这一计划将城市中成熟的黑人社区拆散，将其居民分散在城市里和卫星通勤镇区。来自东岸等内城和乡镇的 8000 多个家庭被强制离开家园，搬迁到城市中的其他定居处，尤其是搬到前西斯凯的姆丹察内。在之前的定居点，本土出生者、学校移民、城市化的工人和劳工移民之间存在着尖锐的社会分歧（见 Mayer，1961）。20 世纪 70 年代初，菲利普·迈耶（Philip Mayer）回到该市，考察前东岸居民在姆丹察内这个庞大的新种族隔离镇上的生活情况，发现镇民/移民的鸿沟已经显著地消退。他在报告中说，姆丹察内的许多人把他们的邻居称为

"ilulwane（蝙蝠）"，这是科萨语，指的是那些两边都不属于的人，他们在旧的意义上不属于城市人，在任何重要意义上也不属于农村人，是介于两者之间的人。在强制搬迁的过程中，他们与城市的关系发生了改变。他们似乎是在城市里，但又不属于这个城市。

罗杰·索思豪尔（Roger Southall）在其1983年出版的《南非的特兰斯凯》（*South Africa's Transkei*）一书中，在分析班图斯坦时代非洲阶级的形成时，描述了一种类似的分离过程。他描述了特兰斯凯的农村贸易商店被赠给约翰内斯堡和东伦敦等城市的非洲城市企业家，而该地区内的城镇和其他居住区的前城市居民则远离其出生和长大的城市，被吸收到迅速发展起来的黑人家园的官僚机构中。在种族隔离时代，非洲中产阶级在形成过程中的乡村化使规模虽小但具有重要意义的新兴黑人城市中产阶级远离其城市根基。自民主制度引入以来，这个阶级一直在努力重建他们的祖先所创造的进入城市的机会。事实上，如随后几章所示，20世纪60年代之后，国家控制了该地区，以基本上建立在国家资助基础之上的经济形式代替了种族化地区经济，这个过程所产生的后果仍在影响着新兴黑人资产阶级。

因此，"占领城市主义"未必一定是次等城市主义的一种形式。它也向新兴非洲中产阶级开放，非洲中产阶级认为自己以前被排除在城市之外，现在想在关键性公共空间和前殖民主义权力中心宣示自己的主导地位。这个阶层并非无权无势，自1994年实行民主以来，他们拥有越来越大的影响力。在包括东伦敦在内的许多城市，他们代表了占主导地位的政治阶层，并控制了大量的经济资源，但仍然觉得自己在许多重要的公共空间被边缘化了。为了获得对这些空间的权利，他们参与了各种形式的暴乱，并占领之前白人居住的郊区，占领曾经为白人独有的海滩、公园和城市中心等公共空间，控制公共建筑、市政府和其他城市行政机构，来宣示他们的城市权。他们的行动与2011年9月开始在全球北方城市蔓延的"占领"运动相似，所针对的都是城市里对白人中产阶级具有历史和政治意义的空间。这些占领运动的目的是取代这些地方的"白人"版图，赋予它们以非洲文化意涵。埃布兰蒂就是这样的地方。这些地方一旦被占领，就会抵制监管，尤其抵制市政法律和法规的制约，这些法律和法规仍被视为城市里前殖民统治者的工具。这些地方变成了具有家园意味的空间。在这个过程中，占领城市主义可以变成"归乡城市主义"（homecoming urbanism），在东伦敦就是这样的情形。在这里，新崛起的非洲统治阶级已经拥有了城市的控制权，并在社会上也占据了主导地位，而在引入民主之前，尽管该地区的黑人人口占绝对优势，他们也被系统地排除在殖民城市及其经济之外。然而，这个阶层并未夺取城市的经济控制权。因此，支配东伦敦的不再是各种形式的种族现代主义，而是建立在与城市生产经济脱节的掠夺性资本主义与个人主义之上的不同形式的非洲民族主义和阶级构成。在这一点上，该市讲科萨语的政治阶层仍在努力争取。

占领城市主义，无论是由穷人在城市内通过占领土地而实施，还是由专注于将自己安插进殖民城镇之前属于白人的休闲场所与特权场所的新兴非洲中产阶级及其代理者而实施，都构成了一种高度政治化的城市主义形式。在南非，它产生于前白人统治者拒绝非洲居民拥有城市权的历史。之前，这些非洲居民通过他们的劳动与这个城市联系在一起，而不是通过拥有完全的公民身份。他们被定义为来自他处的人，被限制在土著城镇或农村家乡内，这有效地阻止了他们进入更广阔的城市区域。因此，"占领城市主义"试图接管城市中以前并不属于非洲人的那部分。占领是在白人殖民者统治时期已经建立起来的社会经济和物质基础设施上进行的。占领运动宣告的是非洲人的城市权，它建立在权利和差异的观念上，而不是要融入之前由白人殖民者占有的空间，也不是要与城市经济开展生产性、创新性的关联。在其最初阶段，它就像油浮在水面上。对所要接收的城市，它在战术上而非战略上被驱动，它的重点是政治变革和转型，而不是经济合作与发展。占领城市主义也与叛乱公民的概念有关，尤其在边缘地区，并且仍然嵌于民族主义和为争取自由而持续斗争的话语中。它预见到将有政治阻力来自它所要占领的地区内既定的、固有的利益群体，对这些阻力，它不愿容忍，因为这些反诉被视为从根本上而言是不合法的（"土地是我们的"）。

占领城市主义也产生了不同形式的双根性，因其支持者在所要占领的地方仍然感觉不安与危险。这些地方往往在社会上和文化上让人感觉陌生。因此，他们继续将资源和精力投入到其他与往昔家园相关的关系网络和身份中，无论是以前的土著城镇（或乡镇）还是农村。自1994年以来，非洲城市化的历史是以不同形式的占领城市主义为特征的。在一些城市，如开普敦，非国大未能对城市政治结构取得长期控制权，已有的城市居民相当有效地阻止了占领城市主义。在占领城市主义受到阻挡的城市中，新进城市居民甚至一些长期居住的殖民者和进城务工移民，跨越了阶级界限，在政治上团结起来，远离并反对既定的城市秩序，他们认为这种秩序复制了权力的形式，使土著城镇和殖民者城镇之间的旧殖民主义二元结构得以延续。

在其他城市，如今天的约翰内斯堡和东伦敦，占领城市主义已经取得了更大的进展。在全球北方，"占领"运动遇到了阻力，抗议和入侵行动往往会遭遇派遣来保护内城的武装警察的围堵。相比之下，东伦敦经历了数十年的经济衰退，白人对城市政治的控制也已崩溃，面对着欲占领东伦敦市中心的新兴阶层的是一扇敞开的大门。在没有遇到任何正式的抵抗的情况下，这种占领所蕴含的文化和政治意味往往体现了阶层提升的抱负，而不具有反文化的性质。新来者通过占领前白人城市的软中心，宣示自己对这个城市的权利，他们要求参与使这个城市变得富裕的进程，而不是像在全球北方那样，抵制创造了城市的资本家。在这个意义上，采用汽车文化作为表达占领的手段，实际上是显著地巩固了这个城市发展的历史轨迹（而不是抛弃这种轨迹）：汽车文化表达了一种阶层上升的现代主义，而不能解决东伦敦面临的经济困难。这种占领城市主义并没有对资本和劳动之间的关系加以审视，也没有质疑全球化对国内经济和城市的影响。相反，它将更多的关注置于国家的再分配功能和位于中心的主导政治项目之上，以确保过去被排斥者变成仍然存在的机会的主要受益者。在这种占领城市主义下，历史上曾将非洲人口排除在许多城市空间之外的前白人主人，以及这些昔日统治者的作品，作为必要的预防措施，也应该被排除在外。这就部分地解释了为什么占领这些空间的人会抵制国家或城市的管理，尽管他们控制了管理这些空间的国家。他们觉得，过去留下的问题、种族排斥主义的幽灵仍然没有得到驱除，仍然徘徊在城市管理的工具之中。

同时，早期既得市政和商业利益者已经不再抵抗东伦敦占领运动，因为以前的白人城市已经退缩为私人飞地、封闭的社区、郊区边缘及其他地方。这种转变发生在省行政首都比晓的非洲新中产阶级官僚将附近港口城市作为他们的郊区家园之后。东伦敦逐渐增加的"归乡"现象是需要以能够支持新移民的经济、物质和服务基础设施的先行存在为前提的。人们认为，随着时间的推移，这些社区已经积累了足够的资源来提供这种支持。在这个意义上，占领城市主义是在寻求获得以前居住在这里的资产阶级所享有的工作机会、模范学校、购物中心、酒吧、海滩以及其他福利。一旦获得了这些东西，下一个争取的领域就是成为社会的一部分，这就需要获得权威和权力，并有能力将郊区的特征定义为非洲社区和辖区。第三阶段是城市发展和增长的关键，就是创新阶段。在这个阶段，新来的居民需要通过振兴城市社会和经济基础设施来重塑城市，从而获得可持续的所有权。但是，东伦敦的占领城市主义和归乡城市主义以叛乱为内容，对过去持否定和反对态度，仍然深信以前的资产和国家的资助能支持城市的增长。其结果是，东伦敦的占领城市主义和归乡城市主义否认城市的结构性痼疾和经济问题，而这些正是一个衰落的锈带城市所面临的问题。

直面锈带城市

黑人已经融入到南非许多脆弱的前白人工业城市的边缘地带，如东伦敦和伊丽莎白港。尽管有"归乡城市主义"的出现，新的占领者却无法为这些功能失调的城市中心，即以工业衰退和人口减少为特点的锈带城市规划出新的发展道路。这个问题并非东伦敦或南非独有。锈带城市所面临的社会再生产危机是全球性的，并不是新问题。自20世纪70年代以来，南非历史上的白人移民社会中存在的危机就一直在加剧，到了种族隔离制度实行的后期，殖民者城镇和郊区的富裕生活已经受到损害。到20世纪70年代末，东伦敦较为贫穷的白人郊区，尤其是那些靠近布法罗河西岸濒临破产的工业区的郊区，情况更是日益恶化，最终导致整个城市被称作"贫民区"。奥克塔维亚·斯班达（Octavia Sibanda，2014）将这种衰落的状况记录了下来，并记录了这种衰落对该市白人工人阶级在文化和信心方面的影响。在这一点上，值得注意的是，白人身份政治倾向于从更遥远的过去，即在殖民者监管下的种族现代主义模式开始崩溃之前寻求参考，以寻求肯定。例如，像"东伦敦：怀旧之巷（East London：Down Memory Lane）"[①]这样的网站，以追忆往事的形式"回忆"遥远的过去，似乎把这座白人城市的失败归咎于种族隔离制度。这种观点认为，如果没有种族隔离制度，没有新的"腐败民主"，这个城市将向着繁荣的新地平线前进，尽管在全世界都没有证据支持这样的预测。

事实上，作为一个锈带城市，东伦敦的衰落与美国一些黑人占多数的城市（如底特律或克利夫兰）以及英国中部和东北部的一些前工业城市有

---

① https：//www.facebook.com/groups/East-London-（South-Africa）-Down-Memory-Lane-55508
9271301780/.

相似之处。在美国，随着工作岗位的流失，去工业化导致了前工业中心地区人口的大量减少。在许多城市，城市无序扩张破坏了内城作为一种约束力的中心地位和生存发展力。在南非，种族隔离规划者为了巩固种族排斥，在远离市中心的地方建设城镇，并将非洲人重新纳入与该城市相连的碎片化家园，这样城市就被分割开来。在种族隔离计划下，东伦敦与前西斯凯的部分地区之间的距离只有 40 千米，导致了一种碎裂的或拼接的城市化形式的产生，与郊区化对美国锈带城市所产生的影响可以相提并论。另外值得注意的是，这座城市近年来的衰落并没有什么与黑人特别相关之处。可以参考以下对密歇根州弗林特市的描述，这是一个以白人为主的美国汽车生产城市：

> 第二次世界大战后，弗林特是通用汽车制造业务的中心城市，但在 20 世纪 80 年代，它的大部分制造业务被转移到其他地方，有些被转移到了劳工组织比较薄弱的南方各州，有些被转移到了海外的（目的地）……因此，弗林特（甚至）在金融危机开始之前就已经遭遇了经济困境。本已居高不下的失业率仍在上升，2009 年更是达到 27%。令这场危机雪上加霜的是，在 2008 年房地产市场崩溃后，困扰着弗林特前工人阶级社区的普遍止赎和遗弃的问题也蔓延到了更富裕的社区。（Schindler，2014：794）

像弗林特和底特律这样的地方，经济衰退开始得相对较早，且规模宏大，其经济问题与东伦敦的经历类似。因此，被广泛接受的研究南非城市的学术模式——根据这一模式，通过与全球南方其他国家的城市进行比较，可以更好地理解南非城市——或许是一个应该对之加以怀疑的模式（见 Mabin，2014；Robinson，2006；Schindler，2014）。与此同时，在某种意义上，全球南方和南非城市的锈带城市主义与北方明显不同。美国锈带城市的经济衰退继续驱使人们远离这些城市；南非城市在以前被排除在外的非洲人眼里是机会的中心，但自 1994 年以来失业率持续增长。在衰退期间，随着包括学生在内的新居民的到来，经济薄弱的城市经历了城市化进程的加速，这些新居民努力争取城市微薄的、有时是日益减少的经济和社会机会。这些城市碎裂的城市景观的特征之一是社会变革，而非经济发展。

　　为了应对锈带城市带来的发展挑战，世界各地的规划者都倾向于将重点放在提升大都市的特定区域上。其想法是，特定区域的城市重建可以帮助激发周围城市结构的更新。在美国和一些欧洲城市，如巴塞罗那，其重点是重建衰落的城市中心，并已取得了一些成功。在欧洲其他地区，城市复兴的重点更多地置于外围地区（包括边远郊区）而不是人口仍然稠密的城市中心。这些地区采取了多标量的城市—区域发展战略。在米兰，这种权力下放的方法其至包括将新的大学和理工学院设在远离城市中心的地方，从而为该地区创造新的经济机会和经济增长。米兰这座工业城市从20世纪70年代开始的发展就是一个成功部署分权化战略的很好的例子；它显示了大学在城市—地区后工业发展中的潜在重要性。在英国和欧洲其他地区，一些国家、城市和地方利益相关者也对类似的进程进行了投资，寻求摆脱中央集权式工业模式，尽管取得的成功不尽相同。

　　相比之下，南非政府参与城市复兴的方式主要是对位于特殊工业开发区（IDZ）内封闭的未开发区域的新增长点进行投资。其目标是吸引全球商品生产商到这些自给自足的一站式生产基地进行生产，这些生产基地被有意地置于现有工业结构和城市结构之外，作为它们吸引力的一部分。投资者得到保证，他们不会陷入功能失调、举步维艰的二级城市内，而是会通过中央政府的工业顾问和外围投资团队获得优惠待遇。国家坚持认为，在特殊方案的支持下，能够将南非工业开发区利用起来的企业将会像世界上任何其他工业区一样高效运营。大量资金已经投入到这些计划中，因为这些项目所在的沿海城市过去和现在都是工业中心，只有重新工业化，这些城市才能实现增长与发展。这种说法被用来证明发放给东开普省汽车工业及其供应商的大量补贴是合理的；它们仍然是该市和该地区的主力租户。尽管如第六章所要讨论的那样，虽然工业发展区以较高的成本创造了相对较少的就业机会，但鉴于国家对其创建的投资程度，它们被放弃的可能性很小。

　　自1994年以来，国家一直拒绝将工业或经济权力下放的思路作为一种可行的增长选择，这种方法在种族隔离制度下曾被用来为重新移居到前家园的非洲人创造更多就业的手段。与此同时，国家剥夺了出现在东伦敦和伊丽莎白港等城市的新非洲精英参与复兴城市的机会，因为国家所认可的实现复兴的途径采取的是支持孤立工业园区的形式，在这些工业园区，生产由外部市场力量和利益相关者主导。当地非洲居民的作用仅限于为这种发展模式提供劳动力和必要的政治认同。由于新兴的非洲中产阶级显然被排除在该市由非国大支持的经济发展战略之外，他们很难超越占领城市主义。这些城市的发展支离破碎，其历史中心已不复存在，而国家在边缘地带对基础设施和住房的大量新投资又加剧了这种碎片化；那里的人口在结构上与城市经济脱节。这引发了对获得低成本住房计划的激烈竞争，并激起了几乎持续不断的服务交付抗议，使大都会深感困扰。与此同时，一些投资资本已经流入非洲资产阶级越来越多的前白人郊区，他们在寻求着进入好学校和表达其新阶级地位的机会。

在这种背景下，东伦敦等城市的发展在很大程度上依赖于中央和地方政府向城市的转移支付。这些转移支付的形式包括：福利补助，定期的、高竞争性的基础设施投资，以及非洲新官僚阶层的工资。因此，马克思主义的分析侧重于资本如何在漫长的工业化阶段结束时以"创造性破坏"作为一种重组形式，这种分析在这里并不适用，在全球许多锈带城市也不适用。这是因为，正如萨斯基亚·萨森（Saskia Sassen，2014）和理查德·佛罗里达（Richard Florida，2017）认为的那样，新自由主义经济实践催生的自由流动的全球化资本已经离开了这里。在这种背景下，锈带城市面临的挑战是启动一系列进程，引导新形式的资本形成，让它们走上新的增长道路。在缺乏这种复兴策略的情况下，锈带城市可以而且已经成为民族主义和派系身份政治的生产机器，被用来从国家获得资金以巩固某些阶级利益。在全球北方，这一过程被一种怀旧情绪所塑造，所怀念的是一个由特定群体主导的、想象中的过去，这体现在美国总统唐纳德·特朗普推动的"让美国再次伟大"的种族化政治以及英国脱欧运动中。在这两种情况下，民粹主义和民族主义都被用来将锈带城市重新提上国家议程。保护主义和优先政策用以推动新的发展轨迹，这种轨迹将专门满足特定群体的需求，这些群体显然包括自去工业化时代以来面临过困难时期的白人中低收入阶层人员。

正是在这种背景下，大学和其他公共机构（如医院）作为锈带城市的支柱受到相当大的关注。事实上，这些机构不具流动性，也无法离开城市，这导致许多学者和规划者重新考虑将它们作为振兴城市的锚定行业的角色和作用。大学所产生的知识生产形式已经成为后工业化城市增长的一个日益重要的方面，在此背景下，这种论点的势头也日益增强。因此，大学的"定位"一直是城市规划者和教育规划者关注的重要问题。许多人指出，自第二次世界大战结束以来，尤其是自20世纪70年代全球油价飙升的城市危机以来，大学的城市化进程在全球范围内加速。人们还注意到，这些机构越来越多地参与解决经济紧缩和衰退问题，这些问题对许多现代城市产生了重大影响。在20世纪90年代和21世纪初，人们对大学在城市复兴中的作用相当乐观；然而，有证据表明，这些机构会加剧而不是解决城市不平等和排斥问题。

第二章　全球锈带城市的偏见、
　　　　　权力与困境

2016 年，在英国北部、中部和美国东北部苦苦挣扎的工业城市中，大部分选民对全球化和他们国家所推行的新自由主义经济发展道路投出了不信任票。投这些反对票不是出自劳工运动和政治左派的传统观点，而是来自复兴派民族主义的立场。选举唐纳德·特朗普为美国总统，推动英国脱欧，选民是在表达一种态度，即他们作为城市—地区现代化和经济发展自封的历史监管者，不再愿意被外国人、精英、移民和有着极坏影响的自由贸易协定推到一边。他们要求国家政府承认并支持他们的权利，以对他们有意义的方式重建其地区和经济。在英国，这种需求在 2008 年国际金融危机后获得了相当大的势头，当时国家对落后地区的预算被削减，经济状况恶化。2016 年 6 月，在日益严重的排外心理中，英国以微弱的优势投票退出欧盟，这一举动被称为"脱欧"，这场蓄势待发的风暴就此爆发。在美国，特朗普在当年十一月出人意料地当选总统，也是建立在一场加剧了反移民情绪的运动基础之上的。此外，特朗普将自己的竞选活动种族化，对心怀不满的白人选民发出了毫不隐晦的呼吁，他们认为自己被剥夺了理应属于他们的经济特权。特朗普的竞选口号是"让美国再次伟大"，其背后是漫画式的爱国主义和对白人工人阶级男性为王的工业时代的怀念。

英国脱欧和特朗普的选举胜利对英美的高级资产阶级和精英们来说都是重大意外。例如，没有一家主要的美国全国性报纸或媒体集团预测到特朗普会获胜。与英国脱欧一样，特朗普的胜利立即引起了国内抗议和骚乱。特朗普的选举成功和英国退出欧盟标志着政治逆转已经达到了一个很显著的程度，这让一些人将新的政治形态与 20 世纪 30 年代初欧洲法西斯主义的兴起进行了比较。世界经济论坛在 2016 年全球经济年度回顾中指出，这些政治断裂所揭示的社会内部裂痕是国际资本严重关切的问题，因此需要引入一种新的资本主义形式。① 许多分析人士对当时的政治形势感到非常惊讶，他们承认之前并没有对锈带地区居民的力量、困境和偏见报以足够的重视。

导致英国脱欧和特朗普当选的政治转变可以与南非政治环境近年来的变化相提并论，尤其是自 2008 年前总统塔博·姆贝基被推翻以来的政治变化。由于对执政的非国大的新自由主义及亲全球化经济政策所表现出来的缺陷越来越失望，国内政治经济中的民族主义倾向因此加剧。从 1994 年实施以来，这些政策并未能为占人口大多数的贫困黑人和许多前白人工人阶级人员创造足够的工作岗位与机会。在 2016 年的地方政府选举中，白人和非洲中产阶级成员动员起来支持民主联盟（Democratic Alliance）倡导的爱国、新自由主义的后种族隔离重建愿景，投票反对非国大。经济自由斗士党将心怀不满的城市青年和失业者动员起来，承诺会重新分配财富并要将南非的矿山等资产国有化。经济自由斗士党呼吁为了黑人大众，要把这个国家从白人和腐败的精英手中夺回来。与此同时，反对党民主联盟的前领导人海伦·齐勒（Helen Zille）也表达了白人对现状的不满情绪，她说殖民主义曾经推动了发展。这种怀旧的观点受到了广泛的谴责，导致她被移出政党和决策的关键部门。

南非的抗议者也通过"学费必须降"运动表达了他们的不满。运动的领导者主要是来自挣扎中的准中产阶级家庭的黑人学生，这场运动意味着他们日益认识到接受高等教育是确保其社会地位的为数不多的途径之一。因此，这样的抗议活动可被视为以阶级为基础的斗争的一部分，它旨在通过高等教育获得更多全球化的经济利益，而不是为了从根本上改变南非社会和大学在社会中的作用。事实上，学生抗议活动的轨迹表明，他们的运动趋向于加固狭隘的中产阶级利益，而不是远离它。2015 年，"必须推倒罗德斯"运动（"Rhodes Must Fall"）倡导的是激进的非洲主义思想和政治议程。到了第二年，学生们的要求体现了更狭隘的民族主义，他们的做法更像是暴力的、基于阶级的斗争。2017 年，政府同意了免费教育的要求，2018 年 5 月，高等教育部长娜莱迪·潘多尔（Naledi Pandor）宣布，将为 8.4 万名新生提供带有补贴的免费教育。然而，学生的要求不太可能将南

① 见 Elliott L., Rising Inequality Threatens World Economy, Says WEF, *The Guardian*, January 11, 2017.

非高等教育的内容、重点或方向引向根本性的变化。相比之下，世界上的其他地方，在失业率上升、不平等加剧、去工业化、气候变化和发展不平衡的背景下，关于大学的角色和功能的辩论越来越多。许多人认为，传统的研究型大学的全球标准因此需要重新审视，应该更加重视多元化而不是单一型的大学（见 Barber et al.，2013），以及要重视被称为高等教育机构的"第三使命"，即更直接地参与社会和经济活动。

尽管大众化的问题，即扩大高等教育机会，是至关重要的，但明确评估大学作为社会和发展的推动者能发挥什么作用也很重要，尤其是在南非这样一个面临巨大发展挑战的社会。因此，本书希望随着南非实现更公平的高等教育，全国性的辩论将能更明确地对大学在地方建设和城市与地区建设中的作用进行讨论。

种族民族主义与锈带城市的命运

《剑桥英语词典》（2014）将"铁锈地带"定义为因去工业化而导致制造业就业率急剧下降的地区。该术语也更具体地用于指美国中西部从纽约州北部到俄亥俄州的大片城镇，这里曾是美国工业的心脏，但自20世纪60年代以来一直处于困境。在南非，东开普省的伊丽莎白港和东伦敦这两个汽车制造城市可以认为与美国锈带城市相似。它们在20世纪中叶实现了工业化，随后像美国东北部的城市一样，经历了去工业化和衰落。伊丽莎白港自20世纪20年代以来一直是美国汽车巨头福特和通用汽车的所在地，通常被称为"南非的底特律"（见 Adler，1993；Baines，2002）。然而，正如本书所言，鉴于东伦敦严重的经济问题及其分散的城市形式，在东伦敦与底特律之间进行比较或许更为恰当。在一定程度上，这种分散的城市形式是在20世纪70年代与80年代种族隔离时代，黑人定居地发展所推动的极端空间碎片化演变的结果。东伦敦呈现出许多典型的锈带症状：城市扩张，无财力解决根深蒂固的黑人贫困问题，工业衰退和种族主义政治。鉴于二者之间的相似性，通过回顾锈带城市，尤其是美国锈带城市的特征、发展道路和政治，可以更好地理解东伦敦在历史上及未来作为地区经济发展的引擎，背后是什么样的力量在起着推动作用。

一些分析家断言，美国锈带的衰落早在20世纪60年代前就开始了，并可追溯到农业机械化时期。在20世纪初的几十年里，成千上万的农业工作岗位流失。这造成了相对而言对技术要求不高的劳动力供应过剩，他们涌入城市中心，在那里失业工人也很难找到工作，这就使得城市人口快速增长且难以控制。在 20 世纪的前二十年里，移民和当地人混杂在一起。不过，大萧条（1929—1939）结束后，基于汽车制造商亨利·福特开创的制造方法，美国东北部的大城市开始以新的强度进行工业化，就业市场得到恢复。四十年来，随着东北部的加工材料（主要是钢铁）被转化为成品，并在美国和世界其他地方流通，该地区开始繁荣起来。这些年是该地区的繁荣时期，城市中远远超过 50% 的成年人受雇于制造业和第一产业。

随着这种增长，对劳动力的需求也扩大了，促进了新一轮从波兰、俄罗斯等国以及欧洲其他地区向美国移民的浪潮。美国东北部用新生产线支付的高工资吸引了这些欧洲工人。来自工人阶级背景的受教育程度低的白人男性工人很快就能够有足够的收入，过上在世界上其他地方闻所未闻的生活。大多数白人工人可以在郊区买属于自己的房子，有至少一辆汽车，甚至还有足够的余钱买一艘船，在美国五大湖区游玩、钓鱼。到 1950 年，美国消费了全球生产的一半以上的汽车，并在世界上利润最丰厚、增长最快的消费市场上占据了实际垄断地位。美国东北部还生产了许多其他商品，如洗衣机和家用电器，随着世界上许多地方都开始郊区化，这些商品的需求也在不断增加。该地区达到了惊人的富裕程度，并迅速蔓延到大大小小的城市，其中有些城市只有一两个工厂。

这场工业革命的另一个特征是，它所产生的剩余价值分配相对公平，工人家庭——或者至少是白人家庭——享受了大部分利益。福特和其他工业家都是美国中西部优生运动的主要成员，他们相信白人至上，似乎不愿意过度剥削欧洲裔的白人工人。被纳入到这个系统中的工人通常会获得公平的劳动回报，这使他们能够巩固超出原本预期的生活方式。这是一种包容性的增长模式，生产者同时也是消费者，支持了相对富裕的白人工人阶级的增长和发展。这种模式使人们对该地区以及在发展中至关重要的城市建设进程产生了巨大的自豪感。

然而，从 20 世纪 50 年代开始，工业增长开始减缓。底特律的衰退开始得更早，但同地区的其他城市则一直坚持到 20 世纪 70 年代甚至 80 年代，尽管在 20 世纪 70 年代发生了石油危机，当时随着石油生产国开始更严格地控制供应，这种工业必需品的价格大幅上涨。到 20 世纪 80 年代，生产者成为消费者这种包容性增长的经济模式在世界范围内失败了，美国梦变成了全球性的"城市危机"（Castells，1977，1978；Harvey，2005；

Zukin，1996）。

在美国，特定的因素加速或减缓了衰落的过程。一些城市，如匹兹堡，它是所在地区的钢铁生产基地，曾通过生产单一商品实现了发展，因此容易受到价格波动和国外竞争的影响。当钢铁业在 20 世纪 70 年代遭遇崩溃，钢铁厂开始解雇数以万计的工人，匹兹堡几乎无以为继。同样，密歇根州的许多小城镇完全依赖于汽车生产厂。当亚洲制造商从 20 世纪 70 年代开始控制全球市场，密歇根就失去了支柱产业。但是最严重的衰落发生在底特律，即福特和通用汽车所在地。1950 年，底特律曾是一个拥有 200 多万人口的大工业城市。到了 2010 年，却只剩下 70 万居民，其中还有许多人正处于失业或半失业状态（见 Benelli，2013）。

在福特主义模式下，美国东北部地区在工业繁荣时期有三种主要受益者：在此期间获利丰厚的工厂主和资本家；白人，主要是移民工人阶级，利用其组织技能和种族优势来确保获得高工资；越来越多的非裔美国工人阶级，自 19 世纪以来，他们就从南方种植园移居到北方工业城市以寻求更好的生活。对于美国黑人工人而言，他们的工资通常是白人工人的一半左右，他们在锈带工厂工作相对于在农场劳动的优势，最初往往掩盖了他们在车间和邻里之间受到的公开的种族歧视（见 Sugrue，1996）。但是随着时间的推移，尤其是 20 世纪 50 年代民权运动在该地区获得势头后，他们的不满和不公正感变得越来越强烈和持久。长期以来，现代美国的种族主义政治经济——一种基于种族概念之上的、认可隔离和分化的城市种族隔离制度——在快速的工业增长和随之而来的相对富裕的宏大成就下被掩盖了。然而，到了 20 世纪 60 年代，繁荣时期终结，种族资本主义的内在体系及其造成的损害（以及未来将带来的损害）就暴露出来了。

正如在繁荣时期，人们因为种族原因获得了工作机会，并在美国东北部找到了自己的一席之地，而随着城市的衰落，某些街区的居民被困在贫民区，几乎无法逃离，也是因为种族原因。当该地区的工业崩溃时，有些人——主要是当地的白人居民——能够离开居住的地方，去其他城市，比如南方的那些阳光地带，那里的气候更有利，就业机会更丰富。与此同时，大部分非洲裔美国底层阶级则被困在衰退的经济中。

2017 年的《城市事务评论》（第 53 卷第 1 期）刊登了一场激烈的辩论，学者们就种族或地域是否仍然是美国城市生活机会的关键性决定因素展开了讨论。一个共识是，对于东北方所谓的问题遗留城市，种族和地域因素与其道路选择仍然密切相关。相比之下，尽管美国南部诸州有奴隶制和种族隔离的历史，但在阳光地带城市中，种族和地域因素似乎不具有紧密的相关性。这些地区的城市自 20 世纪 50 年代以来以更快的速度发展，并产生了流动性更强、更具多样性的城市社会结构，郊区的人口多样性也相对更高（见 De Filippis，2017；Strom，2017；Swanstrom，2017；Thompson，2017）。

20 世纪 80 年代以来，铁锈地带在美国的国家话语中被污名化为绝望和贫困之地。种族和地域的概念在这种话语中交织：锈带的失败被归咎于那些落后的人。锈带成为美国城市反乌托邦的代表，是"美国梦"的对立面，而"美国梦"是通过其他地方的发展得以延续的。锈带则成为人类学家和社会学家研究美国非裔底层社会的犯罪和毒品等相关病症以及城市贫困的地方。

同时，许多人认为，美国即便不做全球经济制造的中心，也仍然可以实现增长和繁荣，这个中心先是转移到了东南亚，后来又到了中国。他们相信，可以给后工业时代的美国提供未来保证的，是全球化而不是经济民族主义。为了支持这一想法，美国将全球自由贸易列为优先事项，签署了相关国际协议，如《北美自由贸易协定》，正如特朗普在总统竞选期间一再指出的那样，该协定是由美国前总统比尔·克林顿签署的。即便在 2008 年国际金融危机之后，美国的经济机器在政府的支持下，仍在继续推行全球化议程，帮助银行和其他金融机构摆脱困境，而不是将注意力重新放在重振协作型生产力经济和制造业上。与此同时，在东北地区，人们对持续的经济匮乏越来越担忧。在 2008 年和 2012 年的美国总统选举中，巴拉克·奥巴马赢得了铁锈地带非裔美国选民的支持，他们希望奥巴马能够改变塑造了美国非裔下层之社会经济命运的内在种族—地域结构条件。在一定程度上，为了应对该地区城市社区的困境，乔治·布什总统发起的汽车业纾困计划在奥巴马政府时期得以实施，将底特律的制造业基础维持到 21 世纪头十年。

然后，在 2016 年，尽管 85% 的民主党选民在投票中仍然坚定不移地支持他们青睐的政党，但铁锈地带各州落入了支持白人和反移民的共和党候选人唐纳德·特朗普手中。数字表明，为了确保这一胜利，特朗普不仅要赢得心怀不满、失业的白人工人阶级的选票，还要赢得该地区大多数白人中产阶级的选票。在分析这些导致美国出现戏剧性政治转变的关键州的结果时，学者和评论家的解释或强调种族因素，或强调地域因素，或者认为二者皆有关系。

　　美国自去工业化以来的经济轨迹在欧洲也得到再现，尽管是黯淡的。随着欧洲大陆的前工业中心区在 20 世纪末崩溃，欧洲大部分国家财富转移到了最大、全球化程度最高的城市的金融中心，包括伦敦、巴黎、波恩和日内瓦。欧洲政治精英随后对促进新自由主义增长和全球化战略的优先支持，可被视为加固了欧洲大陆落后地区的衰落，加速了去工业化，加剧了经济不平等。在英国，福利国家的存在有助于在经济上支撑北部和中部的前工业城市，减缓了它们的工业衰退，尽管在 20 世纪 80 年代，前首相玛格丽特·撒切尔策划了紧缩措施和对工会的破坏。然后，在 20 世纪 90 年代，对曼彻斯特、谢菲尔德、利兹、纽卡斯尔和格拉斯哥等城市的新投资带来了复苏的希望。但 2008 年以来又出现了衰退状况和新的紧缩政策，打消了这种乐观情绪。在这种背景下，英国脱欧投票是在稳定的（虽有暂时的中断）衰落历史的背景下进行的。这段历史尽管与美国的情况有所不同，但它们之间仍有许多共同的成分。在美国，"美国梦"已然破灭，但特朗普喊出"让美国再次伟大"的口号获得选举胜利，再次成功唤起了"美国梦"；在英国，对想象中的昔日伟大历史的怀念激起了排外的民族主义，并在"脱离"欧洲的投票中得到了实现。

城市形态、空间逆转与经济分化

　　锈带城市之所以被如此归类，是由于其历史上的去工业化。但是，它们的特征也可以归结为下面两个方面：城市形态上的相似性，以及在它们形成过程中起到重要作用的种族、就业、阶级和定居地之间的关系。在 20 世纪二三十年代，芝加哥城市研究学派的欧内斯特·伯吉斯（Ernest Burgess）描述了 1925 年之后出现的新兴工业城市的定居模式是如何由大规模移民、快速经济发展和工业化所塑造的。他提到了四个城市和郊区的居住区：一个大型中央商务区（CBD）；一个刚好处于内城之外的制造业区；位于生产区两侧的产业工人的居住区；以及外围飞地的独栋住宅区，有越来越多的中上阶层和富人来到这里居住（Wacquant，2008；Wilson，1996）。随着工业的发展，东北部的城市向外扩张。郊区扩展，富人居住的飞地离市中心越来越远。城市规划理论家刘易斯·芒福德（Lewis Mumford）在 20 世纪 20 年代记录了美国历史上的三次大迁移。第一次是 19 世纪初穿越"边疆"向西部迁移;第二次是 19 世纪后期从农场到城镇的迁移(这也与非裔美国人从南方农场向北方城市地区的大规模迁移有关);第三次是向美国大型工业城市的迁移,如伯吉斯所描述的芝加哥(Mumford,1925)。伯吉斯模式隐含了第四次迁移,是随后的(一般是白人的)工人阶级和中产阶级从市中心向郊区的迁移,而众多贫困的非裔美国人则被困在了内城。第四次种族化的迁移使得市中心的非裔美国人在 20 世纪 60 年代以来经济衰退期间更容易陷入贫困,因为工人阶级中富裕、活跃的那一部分人已经迁出,导致城市贫民区的产生,后来到了 20 世纪 80 年代与 90 年代,这些贫民区变成了超级贫民区(见 Wacquant,2008;Wilson,1996)。

伯吉斯所描述的城市发展模式并不局限于东北部的工业区,而是在美国各地都有发展,但在区域间有所差异。在底特律,汽车城对汽车和高速公路在社会经济上的痴迷加剧了城市扩张的趋势,这一点与市政财富和平坦的地形相结合,创造出了美国最为分散、最为开阔的城市之一。艾伦·埃伦霍尔特(Alan Ehrenhalt)在其《美国城市的大逆转与未来》(*The Great Inversion and the Future of the American City*,2012)一书中认为,伯吉斯对美国城市形态的界定在 20 世纪 70 年代中期可能仍与 20 年代中期同样有效。然而,埃伦霍尔特认为,自 20 世纪 70 年代中期以来,随着城市功能的改变,大多数美国城市的人口结构发生了显著变化。他指出,虽然城市中心保留了其商业和服务功能,并仍然是充满活力的经济中心,但随着工业岗位和工厂离开美国,主要流向中国,许多大型市中心的制造业区消失了。与此同时,随着非裔美国居民和有工作的移民搬离市中心,郊区也发生了改变。正如埃伦霍尔特(Ehrenhalt,2012)指出,这导致郊区的种族差异性更为显著,贫困现象更为严重,尤其是位于阳光地带州的那些城市,这一点也得到了其他学者的注意。随着城市人口结构与功能所发生的种种变化,埃伦霍尔特(Ehrenhalt,2012)指出了城市居住模式方面的另一个变化,他称之为"大逆转"。这个词用来描述许多美国城市内郊区中上阶层向市中心迁移的现象,他们改造了废弃的工业区和空置建筑,创建了新的社区。菲什曼(Fishman)认为,这一运动意味着"(美国)第五次移民"(2005:357),其间,随着中产阶级居民迁移到其服务业岗位和金融业工作所在的市中心,城市规模开始缩小。在许多情况下,这种内迁导致了"绅士化"现象的出现,英国学者格拉斯(Glass,1964)将这一过程描述为富裕阶层和中产阶级家庭入侵贫困的工人阶级地区理想的、位置良好的房产。许多城市研究学者和活动家对绅士化现象做出批评，认为它是一种社会移位的表现，穷人被迫离开理想的地区，为富人腾出空间。然而，埃伦霍尔特（Ehrenhalt，2012）认为，这种迁移的影响往往并没有扶贫游说者所说的那么严重，一方面是因为许多市中心的人口已然减少，另一方面是对于被迫离开市中心的人而言，郊区的廉价房产是易于购买的。就这一点，他指出非裔美国人和西班牙裔内城居民对搬迁的愿望越来越强烈，他同时注意到了2008年全国房地产市场崩溃后所创造出来的新的流动机会。他进一步认为，新居民在不断涌入，但社区在性质和特征上的变化实际上比想象的更为缓慢，也并不非常明显。最为剧烈的变化发生在那些从零开始重建的地区，而人口密集的社区所受到的影响则并没有那么极端。他认为，综合考虑这些因素，绅士化往往代表着一种积极的发展。

尽管支持和反对绅士化的观点都有道理，但在许多情况下，在铁锈地带，只有导致这种绅士化发展的"大逆转"没有发生时才值得关注。美国东北部的城市似乎缺乏必要的经济条件来吸引中产阶级回到城市中心。例如，在底特律，由于工业衰退，内城缺乏新的经济机会，导致中产阶级居民越来越远离而非进入市中心。他们迁移到城区之外，或者干脆离开城市及其所在地区。这样，整个地区到处可见荒凉、空洞的都市中心，这一现象之后被称为"甜甜圈效应"（Boyle，1992）。而由于新的经济活动未能出现以应对去工业化带来的挑战，居民的失调问题愈加严重。许多城市管理者的反应一般仅限于以寻求和/或提供补贴来重建制造业。这些工业复兴方案通常并不能创造增长，因此许多分析师采取悲观立场，认为铁锈地带的最佳选择就是让它消亡。例如，城市规划专家爱德华·格莱泽（Edward Glaeser，2011）认为，继续为复兴铁锈地带投资是浪费金钱，而且会让其他城市也失去增长的机会，而这些城市本来有更大的发展潜力。

关于铁锈地带的困境，恩里科·莫雷蒂（Enrico Moretti）在其《就业新局面》（*The New Geography of Jobs*）一书中认为，教育和技能方面的差距在美国城市之间造成了"巨大差异"（2013：73—121）。城市人口中，大学毕业生占三分之一至一半的城市会比教育水平相对较低的地方要富裕得多。他认为，美国新形式的隔离不再基于种族或民族，而是基于教育。在20世纪50年代，决定美国经济议程的是其工业中心。然而，进入了21世纪，东西海岸的大城市已成为新知识和金融经济的驱动力。在这种情况下，莫雷蒂认为，试图吸引能推动城市发展的受过大学教育的创新一代新阶层去萧条的城市，很可能是徒劳的，因为这个阶层的成员会被吸引到那些能为他们提供最大经济利益、最令人兴奋的生活方式的城市，在那里，他们能够获得最佳机会，与那些有相似兴趣、收入和目标的人产生互动。

美国经济中这种新的"巨大分裂"的影响之一，就是城市内部和城市之间正在产生的不平等，没有大学文凭的人越来越容易被排除于高薪、稳定的工作之外，而这些工作是维持中等收入家庭和社区所必需的。在这一点上，美国城市内部（以及城市之间）目前的财富和经济机会的分配模式是基于大学教育的，这代表着与过去的明显决裂；与繁荣时期工业化带来的利益在东北部的分配方式相比，情况尤其如此。在 20 世纪 30 年代和 40 年代，或更早搬到该地区的人，只需一张中学毕业证书就有了发家的资本。对于白人工人阶级来说，获得该地区几乎任何一家工厂的生产线上的工作岗位，都可以确保获得足够的工资，用以支撑一栋郊区的房子、一辆汽车以及在一个扩张中的城市中生活所需物品。对于黑人工人阶级而言，机会和回报虽没有如此丰厚，但与在历史上及在当时的南方情况相比，仍然相当可观。在这一点上，从 20 世纪 20 年代以及第二次世界大战后，人们普遍认为，美国东北部所形成的发展模式让每个人都能有所获益。该地区的经济一旦失去优势，基于阶级与种族的紧张局势就会爆发并逐渐根深蒂固。然而，在其鼎盛时期，这些铁锈地带的前工业城市曾经是繁荣之地，在那里，一种融入了白人民族主义与种族政治的爱国主义被视为通往"美国梦"的高速大道。

大学与铁锈地带的复兴

尽管在美国及其他地方，复兴锈带城市的尝试失败居多，然而这些努力的重要性日益得到经济学家的认同，其中不乏成功案例。例如，自 2000 年以来，前钢铁之城匹兹堡见证了一场重大复兴，吸引了新产业的进驻，其中包括一家大型机器人公司，其市中心附近还建立了一个技术型经济中心。目前，该市过半工作岗位都位于离中央商务区 16 千米之内。与此同时，在 75% 的工人都住在市中心及中城以外的底特律，也取得了一些进展，尤其是当韦恩州立大学的住宿生人口迅速增长时，中城由此也获得了新的发展。

鉴于上述举措以及对美国铁锈地带新规划和发展趋势的反思，城市历史学家乔尔·科特金（Joel Kotkin）和里奇·皮帕里宁（Richey Piiparinen）认为，关于美国城市的两种标准性叙事——其中一些城市有幸拥有经济成功的条件，而另一些则没有——是存在问题的，意味着许多分析师未能认识到铁锈地带的社会经济现实。两人认为，关于城市废弃、工业崩溃以及随之而来的居民外迁的主流叙事被过分强调，而正在发生的成功故事却遭忽视。具体来说，科特金和皮帕里宁认为，受城市研究理论家理查德·佛罗里达（Richard Florida，2002，2010）的研究成果所影响的复兴计划——旨在吸引"创意阶层"到市中心的"卡布奇诺及艺术区"——已然失败，因为它们优先考虑的是消费而非生产。两位学者认为，像在铁锈地带发生的这种城市复兴主要是基于工业基础的复兴，需要技术和廉价、丰富的天然气的支持，这吸引了欧洲和亚洲的投资者。在这些地方，能源、技术、高端制造业以及物流业都被引入，随着房地产市场的复苏，建筑业也已回归。他们认为，从2009年到2013年，位于铁锈地带的各州在国家工业复苏统计数据中占了主导地位。密歇根州以8.8万个新工作岗位高居榜首，而印第安纳州、俄亥俄州和威斯康星州则上了进展最快的州榜单。

在他们的叙述中，科特金和皮帕里宁（2014）强调了铁锈地带拥有的技能基础和人力资本的重要性。这种产能可被视为美国中西部地区高等教育质量所体现出的一种功能，同时也反映了州立大学和市立大学在当地经济发展项目中具有相对较高的参与度。值得注意的是，2014年，密歇根的工业、机械和土木工程师比美国其他任何地方都要多。该地区聘用了31.8万名工程师，这有助于该地区在新制造业和能源领域就业岗位创造方面保持领先地位。此外，留在该地区或从其他地方学成归来的年轻毕业生人数在21世纪前十年迅速上升。2012年，在纽约州布法罗市，大学毕业生占25—35岁劳动力的34%。匹兹堡市和克利夫兰市的青壮年劳动力情况相似，而且有越来越多的年轻毕业生和创意人士搬到了底特律。在这一点上，理查德·佛罗里达（Richard Florida，2014）所言的"创意阶层"被吸引到了这些老城市，因为那里房产价格低廉，而且这些城市拥有了时尚之地的新地位，这些人实际上在科特金和皮帕里宁所描述的工业复兴中发挥了一定作用。

目前关于锈带城市复兴的争论，无论是基于新工业，还是基于空心或萧条的内城复兴，都认为大学在此过程中发挥着关键作用。大学被视为变革的催化剂，能够将年轻的、拥有技能的创意人士带到萧条的城市、地区和区域中来，将其技能和热情转化为增长和发展的新机遇。佛罗里达（2002）关于创意阶层潜力的研究获得了极大关注，尤其是来自美国城市领导层的关注，他们认为佛罗里达所提出的立足于大学、知识生产和创新的区域发展模式具有扭转去工业化负面影响的巨大潜力。但关于大学与城市的争论也可以追溯到城市危机的开端之时，尤其是在英国，城市大学的理念是作为内城衰退的一种潜在补救措施而构建出来的。

20世纪80年代，在英国和欧洲的其他地方，高等教育机构越来越关注城市的贫困问题和劣势问题，尤其是在内城区域。在英国和欧洲大陆的其他国家，成立了许多新的城市大学，这是这样一种信念的反映，即萧条、贫困的内城区需要高等教育机构，这些机构不必为研究型，而是通过以教育为特色的外展服务与所在社区产生更多联系。总体而言，这种高等机构的成立反映出人们越来越认识到，除了研究和教学，大学还具有"第三使命"。在美国，这一点体现为社区大学的设立。美国许多城镇居民因贫困、暴力、学校功能缺陷、家庭破裂等原因遭受社会排斥，社区大学往往应城镇的这种病症而设。英国的城市大学和美国的社区大学有助于重新定义大学角色。它们反映出大学应与其所在地社区（通常为经济较为贫困区域）产生联系，而不仅仅是服务于精英群体和中产阶级的利益。这种倡议背后的信念是广泛的高等教育机会可以减轻社会异化和经济排斥。

20世纪90年代，一种认为大学是地方缔造者的新观点在英国出现。按照这种设想，大学可以超越其应对地方病症的角色，还可以通过与所在地及区域建立伙伴关系，帮助地方实现经济转型。1997年，托尼·布莱尔出任英国工党政府的首相，区域发展成为重要政策话语，大学被视为所有萧条地区新知识经济的潜在驱动力。新的目标产生，即将地区内的大学联合起来，将大学的使命与其他利益相关方的使命结合起来，从而促进地区创新体系和经济的发展。建立了新的制度结构以促进伙伴关系，并且激励大学与产业和政府合作参与项目，旨在造福整个地区。决策者不再仅仅利用大学来减轻城市贫困问题和社会经济排斥带来的不良影响，而是试图组织协调大学直接参与地方经济发展。这种区域发展模式的领衔研究者是英国东北部纽卡斯尔大学的约翰·戈达德（John Goddard）及其同事，这种模式旨在促进新的城市大学的发展，使其成为地区层面地方发展的最佳载体。他们将自己这项工作的基本预设在提交给欧盟的立场文件中得到了阐述，这些文件概述了在整个欧洲大陆采用这种方法所能提供的机遇及面临的障碍（见 EU，2011）。

对大学做出调整，使其对地方发展产生更大的影响，这样的努力已取得一些成功，但这种模式的问题也显现了出来。例如，许多公司和大学根据其企业或专业领域在全球范围内而非地区范围内与伙伴和同行合作，可以获得更大的利益。而且，许多大学已经形成了强大的地方身份，并认为它们的声誉会因地区层面的合作而受到损害或被削弱。此外，大学作为声誉导向的机构，往往不断寻求发展自己的竞争优势，这一点不利于和同行建立无缝地区层面合作关系。一些学者认为，对大学额外施压，命令它们进行更为广泛的公共参与，会使一些大学"毁于一旦"（见 Readings，1996），因为它们日益被其他议程，尤其是私人利益"俘获"。弗兰克·菲雷迪（Frank Furedi）认为，在一些大学里，激烈的辩论和严谨的学术被私有化和其他一些外部压力所压制，导致其"幼稚化"（2017：167），同时也未能推动广泛的社会经济进步。这种发展性政策框架也引发了人们对高等教育机构引入"管理主义"（Furedi，2017：172）的不满。

尽管存在这样的担忧，新的公共参与议程仍在继续获得政府内部的支持和动力，但是自从 2008 年爆发国际金融危机后，重点从地区发展转向了城市发展，这限制了对大学部门的额外资助。政策制定者也越来越趋向认为，大学在其地理所在地（如所在城市）发挥推动变革的作用比在更广的地区内更为有效。英国政策制定者探索推动建立"科学城"。大卫·查尔斯（David Charles）等人（2014）认为，从地区到城市的转变体现了试图克服早期政策框架的固有制约，这种框架限制了区域机构和协调机构促进合作的能力，尤其是与大学的合作。查尔斯等人以大曼彻斯特和纽卡斯尔都市区为案例，展示了本地的大学是如何共同促进城市与地区发展的。但他们得出的结论是：

> 在危机后的紧缩政策、不断变化的资助机制和日益增加的竞争压力下，大学发现很难满足新的期望，同时各种高等教育机构意识到自己正处于一个合作动力更小而竞争更激烈的环境中（Charles et al.，2014：343）。

查尔斯等研究者认为，尤其是在财政紧张、第三流收入缺乏的情况下运营的高等教育机构，很难在履行它们的主要教学任务的同时满足上面加于它们的新期望。

在美国，自 19 世纪以来，大学一直被视为经济发展的重要驱动力，当时设立了赠地大学，以促进其所在地区的工业和农业发展。到了 21 世纪，尤其是在全球化导致美国许多主要城市的工业崩溃之后，大学在城市建设中的作用已经成为城市重建的一个关键点。在这些过程中出现的许多问题都涉及大学融入新知识经济的问题，因此与英国和欧洲其他国家所面临的问题是相似的。然而，在美国，大学作为发展之"锚"的作用更多地集中在支持曾居领先地位的工业城市中特定区域的复兴上，如费城和纽黑文等城市萧条的内城区。铁锈地带城市的市中心、中城区和工业园区的社会与经济空心化主导了这场辩论，并相应地缩小了拟议解决方案的地理范围。

其中，重点主要放在了新技术经济、房地产开发和特定城区的基础设施投资上。与大学相关联的城区转型已成为其他城市试图效仿的基于地方的成功发展范例，如硅谷（与斯坦福大学相关），波士顿的"创新区"（与麻省理工学院相关）。然而，城市研究者也提出质疑，这种创业型大学—城市建设的成功经验能否在地理位置不太有利、社会经济问题更大的城市和地区复制。在这一点上，这种硅谷式的技术驱动型城市复兴模式受到分析师的批评，认为这种模式是排外的、精英主义的，它支持的是不平等化和绅士化，而非包容性的城市增长。

在一定程度上，作为对"创新区"模式局限性的回应，20 世纪 90 年代，美国的学者们和贫困城市的开发商们开始重新思考城市中的大学与其所在地之间的关系。一些一流大学，包括宾夕法尼亚大学、耶鲁大学和芝加哥大学，都位于衰落的内城区，它们开始实施基于地方的复兴项目。这些大学最初是认识到自身的迫切利益需要而采取行动，旨在阻止周边区域的恶化，在这些区域，暴力犯罪不断滋生，阻止了学生和学术队伍的发展，从而损害了其作为一流研究型大学的竞争力和声誉。大学领导们努力通过投资项目和基础设施来引导推动周边区域的复兴和改造进程，从而保证教职工和学生的安全，同时也解决城市衰败和犯罪问题。这种努力获得了校友和捐赠基金的资助，并得到了具有社会责任感的私营部门合作伙伴的支持，通过降低犯罪率和改善当地学校、服务和住房存量，一些较贫困区域的情况开始得到改善。硅谷的发展是建立在大规模私营部门投资的基础之上，与硅谷的发展形成对比的是，贫困城市的振兴战略往往依赖于公共部门机构的参与，这些机构与企业和社区一起合作，为实现共同目标而努力。在某些地方，例如在费城，新的地方建设战略产生出了积极结果。

在美国，相关辩论强调了辖区一级的地方建设和发展之间的联系，理查德·佛罗里达（Richard Florida，2002）认为生活方式和周边生活区问题对城市复兴至关重要。他认为，处在挣扎中的城市，如果能够抓住新的技术机遇、吸引并留住人才、发展起具有包容性和创造力的城市文化，那么就能够拥有最大的快速增长潜力。他还强调，这三方面始终共同作用，推动城市的增长和转型。其他思想家，包括哈佛大学的迈克尔·波特（Michael Porter）及其同事们在内，他们不赞成仅仅通过将政府资金投入市中心和大学街区，将其改造为生活新地标，以此来寻求经济复兴。波特（Porter，1995）坚持认为，城市增长不能仅仅通过将内城区改造为更安全、更宜居的空间来驱动，还必须将之改造为能够创造新价值链的充满活力的城市中心。波特强调了内城在历史上曾享有的经济优势。这些优势在过去曾使它们成功地争取到经济机会，现在需要再次激发这些优势，以恢复这些城市中心的竞争力。

同样，华盛顿布鲁金斯学会的布鲁斯·卡茨（Bruce Katz）强调了在打造与大学相关的创新区方面私营部门投资的重要性，这些创新区可以激发美国的落后城市的发展进程（见 Katz & Wagner，2014）。卡茨认为，政府拨款和支持本身并不能创造经济发展。相反，需要多部门建立起经济伙伴合作关系，才能让城市通过"自下而上的革命"实现复兴和增长（Katz & Wagner，2014：10）。卡茨设想了一个由全球连接、城市驱动的创新区和辖区组成的全国性联盟。然而，波特和卡茨不够重视与公众缔结社会契约的重要性，也未对过度私有化和绅士化的不利影响表示出足够的关注。两人都强烈反对国家或州一级的官僚部门以"地方建设管理者"的身份掌握主导地位，如戈达德在论述英国和欧洲其他各国在建立城市大学时所想象的那样。相反，他们认为，市长、企业家和大学应该承担起从自己的社区内部开始重建城市的任务。这种做法与欧洲模式完全相反，欧洲模式提倡公共部门积极参与协调各个层面之间的关系。

对于佛罗里达的复兴模式，科特金与皮帕里宁（2014）也提出了批评，对于佛罗里达认为落后城市可以通过美术馆、咖啡店及融合式美食得以重建的观点，他们不以为然。佛罗里达驳斥了城市人才仅是由于生活方式而被吸引到城市的说法。他认为，一些城市规划学者痴迷于内城复兴，却忽视了美国锈带城市的郊区中心地带面临的挑战和潜在的机遇。他进一步指出，许多学者和决策者忽视了这些城市边缘价值链中的重要连接与趋势。还有一些城市规划专家，如大卫·哈维（Harvey，2005，2012）与莎伦·佐金（Sharon Zukin，1996）认为，内城复兴的发展潜力实际上是相当有限的，城市核心的复兴努力往往会加深而非解决新自由资本主义的危机。他们指出，在内城打造新区的干预措施，往往为房地产资本的形成创建了具有排他性的、高度不平等的区域，而非包容性发展的安全地。他们认为，这种模式只不过是新自由主义的炒作，它将一个更深层次的问题伪装成了一种潜在的解决方案。哈维（Harvey，2005，2012）认为，在美国大城市中，辖区层级的城市复兴只能代表一种对无法再投资于生产性经济的自由资本的空间修复，这种机制是对无法实现包容性发展的资本主义体系的一种维护。

其他学者，如大卫·佩里（David Perry）和纳塔利娅·维拉米萨尔-杜阿尔特（Natalia Villamizar-Duarte，2018）则反对这种预测，认为这在很大程度上取决于基于大学这样的公共机构的城市复兴战略实际上是如何实施的。他们声称，虽然私人投资对地方经济发展至关重要，但可以制定出锚定策略，能与远超追求私人财富和促进个人主义为目的的城市集体签订社会契约。此外，他们认为，由于私人资本一般不易被吸引到落后城市，与资本迅速占据主导地位的领先城市相比，这些地方有更大的余地来调动和试验其他模式。美国的许多社区组织和开放基金会已开始支持和促进锚定策略，其中就包括活跃在底特律和新奥尔良等困难城市的福特基金会。大学作为城市之锚的想法也开始在南非引起一些关注，比勒陀利亚大学正试图为该市哈特菲尔德区的发展制定一项锚定策略。南非大学协会会长艾哈迈德·巴瓦（Ahmed Bawa）教授（2017）也曾使用"锚定机构"一词，不过并无具体空间指向，他的意思是南非的大学普遍需要以更有意义的方式将全球知识与本地环境结合起来。根据巴瓦的解释，大学并不被视为增长引擎，而是更多地被视为城市和地区发展的推动者。

锚定策略与"空间修复"

鉴于研究者的批评，同时基于对美国案例的重新评估，理查德·佛罗里达在其《新城市危机》（*The New Urban Crisis*，2017）一书中，对创意阶层的形成对城市发展的影响所持乐观态度较之前有所降低。该书是在特朗普赢得总统选举一年之后出版的。在该书中，佛罗里达承认内城改造的涓滴效应是有限的。他指出，新技术驱动的创新区通常是受过高等教育的创意阶层的领地，往往在社会和经济上与城市中其他区域隔离开来。事实上，他认为，创意阶层的形成实际上加深了许多美国城市中的不平等和隔离现象（从而助长了特朗普的崛起），并且加剧了美国各地在地理上的不平等，因为创意阶层一般会青睐那些已在快速发展的城市中心。他指出，纽约、波士顿和旧金山等时尚的沿海大都市如今拥有超过40%的全国性科技公司和大多数初创科技企业。因此，佛罗里达警告会出现新的"赢家通吃城市经济"，且进一步导致"赢家通吃地理优势"（2017：13—33）。在后一种情况下，占优势的沿海城市的发展收益会不断增加，而中西部锈带城市的经济则会更为边缘化。

佛罗里达（Florida，2017）思考了空间排斥政治如何影响了2016年的总统选举投票。在人口不到25万的城市中心以及农村地区，约三分之二的选民把票投给了特朗普，而在大城市，特朗普的民主党对手总统候选人希拉里·克林顿的选票则取得了优势，新的创意阶层几乎全体一致支持她当选。佛罗里达认为，这种人口分布上的差异显然不具有可持续性，因此主张制定新的社会和经济政策来减少不平等和隔离现象。他早期的口号是，要像市长一样思考，要集中精力促进内城的地方建设，以推动整个大都市的发展；与之相比，到了2017年，他所传达的信息是，市长们应该从一开始就把这座城市作为一个整体来考虑，专注于修补出现在不平等现象严重的城市区域中的破坏性分裂，同时继续推动具有优势增长潜力的领域的创新。佛罗里达州的主要学术对手之一科特金明显地转变了立场，加入了对一种新城市地方主义的呼吁，认为应该通过以通道、交通、其他基础设施及经济项目为重点的全市范围内的干预性发展议程，将城市复兴与增长带来的利益扩散开来（见 Katz & Nowak，2018）。为了推进其论证，佛罗里达将匹兹堡及其新电动汽车产业和音乐产业蓬勃发展的纳什维尔作为锈带城市扭转局面的成功案例。他认为，这些城市之所以成功，是因为它们找到了其他大型城市尚不能开发的单一利基市场，然后将经济利益相对公平地分配到整个城市中。

特蕾西·诺伊曼（Tracy Neumann）在其《重建锈带》（*Remaking the Rust Belt*，2016）一书中，为可能产生有益影响的城市复兴方法提供了一个可谓更为细致的观点。她重点关注了美国的匹兹堡和加拿大的汉密尔顿的历史，这两个曾经的钢铁城市在过去的20年里努力对经济状况做出改变。诺伊曼指出了在城市的工业历史结构中，不同的机遇路线是如何出现和消失的。她不赞成对铁锈地带采取单一叙事，而支持多元叙事，在这些不同叙事中，每个城市的故事的特殊性都能被承认，从而揭示复兴是如何在那些城市里被激发出来的重要线索。她指出，早在 20 世纪 40 年代，匹兹堡就已经充分意识到工业依赖于单一行业的危险性，并在 20 世纪 70 年代和 80 年代的危机开始之前，就已开始探索铁锈地带发展模式的替代方案。她强调，向一个后工业化未来的转型很难在一夜之间取得成功，对主流规划与发展模式的尝试与抵制在这种转型中发挥着至关重要的作用。像诺伊曼这样的著作突出了意识形态驱动或一刀切的方案对解决复杂城市问题的局限性。这些著作关注的是研究细致的地方社会学的价值，即在不断变化的政策要求和地方倡议的背景下，探索城市的社会经济和文化历史。锈带城市的全球危机没有简单的解决方案；某些解决方案或途径在某些地方会比在其他地方更为有效。同样重要的是，要承认哈维（Harvey，2005，2012）所预测的、佛罗里达（Florida，2017）所描述的那些成功城市的空间上的成就，如绅士化和其他不公平的发展形式，并非是与大学增长和发展相关的城市复兴计划的必然产物。

结论

尽管南非的学者们倾向于与全球南方的其他城市进行比较，但是，美国和欧洲的锈带城市的经济轨迹背后的情形与 20 世纪 70 年代导致南非城市中心的去工业化与空心化的因素有着惊人的相似之处。20 世纪，美国北部与南非的城市建设都体现出种族资本主义、排他性白人民族主义、激进的郊区化以及强制隔离的特征。尽管美国东北部城市的规模、概况与经济实力使其堕落得更为显著，但南北分界线上的工业资本主义与城市建设在历史上有太多相似之处，学者们不能忽视比较的必要性。此外还有必要讨论的是，尽管南非城市的失业率高于全球北方，但南非城市拥有全球北方城市所不具备的资产和复兴机会。当代的南非，城市的确常处于停滞不前的状态，但并非是因为它们像全球北方一样，通过新的排他性知识经济模式和创意阶层的崛起而重新巩固了不平等。相反，南非城市的进展停滞往往是因为它们未能创造新的经济机会以吸收新力量进入劳动力市场。哈维（Harvey，2005，2012）或佛罗里达（Florida，2017）所描述的绅士化过程仅在开普敦才有真正明显的表现。在开普敦，内城的房价与创意阶层的出现加剧了城市层面的不平等。在南非其他地区，几乎没有证据表明出现了与知识经济增长相关的空间与人口反常现象；很大程度上，是因为相关活动仅限于有限的空间内，甚至根本不存在。然而，既没有相应的国家政策话语，也没有任何城市级别的发展手段，来促进大学以特定的方式参与城市建设与地区建设。高等教育政策是在国家层面制定的，对大学如何能够成为城市与地区经济发展的推动者或支柱缺乏想象力。城市政策框架也没有提到大学作为城市与地区建设中的地方经济引擎，应该发挥出什么样的经济与空间作用，而只是模糊地提及技能组合与研究要求。

南非自 2004 年以来的大学合并进程的一个后果是，在一个矫正过程中，历史上处于优势和劣势的高等机构被连接起来，大学被分散在各个空间；这样就削弱了大学作为特定地方的转型推动者的能力和潜力。就这一点而言，即使没有政策支持，在南非曾对地方产生最大影响的高等机构同时也是受合并影响最小的城市大学，如威特沃特斯兰德大学、开普敦大学、斯泰伦博斯大学和比勒陀利亚大学，这或许并非偶然。相比之下，对辖区层面发展影响最小的高等机构受合并影响最大，如纳尔逊·曼德拉城市大学、福特哈尔大学和东开普省的沃尔特·西苏鲁大学。（尽管纳尔逊·曼德拉城市大学对整个城市的发展产生了重大影响，但它并未从空间集中获得过任何好处）。

面对国际语境下城市去工业化带来的挑战，南非现在正站在一个发展的十字路口，同时面对着一系列关于南非参与全球经济的性质的问题，对于将来建设什么样的大学，南非需要做出重要选择。为了对地方发展产生积极影响，大学需要在何种程度上对地区和城市的发展承担义务，也需要做出进一步选择。或者，南非也可以选择忽视大学作为增长引擎的作用；它可以走一条忽视新的经济发展形式的发展道路，例如，继续将关注点置于再工业化之上。南非也可以拒绝进行以城市—校园为主导的内城改造，因为它担心这样可能会延续甚至加剧不平等进程，而是坚持在城市边缘实施发展干预措施，鼓励扩张与服务交付模式的城市增长。

在这个十字路口，南非的选择应该由现实的前景来决定，即它的经济未来主要是城市经济。从这一点而言，对于城市建设的挑战，最好是直接面对，这样才能有效应对不断变化的全球经济需求，避免遇到其他地方所选的城市发展路径相关的一些问题，并促进全球化的社会经济利益更可持续与更公平的分配。在世界各地出现的新的政治表达形式中，要求采取这样一种途径的压力可能已经非常明显了。然而，在前总统雅各布·祖马的领导下，南非推行的反城市主义、非洲民族主义与农村复兴，以及"学费必须降"运动中的狭隘民族主义，都表达了不同的情况：参与建设南非锈带城市未来的政治意愿是缺乏的。

最后，值得注意的是，根据保罗·多布拉什切齐克（Paul Dobraszc-zyk，2017）的观察，过去几十年里，关于城市的评价变得越来越悲观。如我们所见，现在城市经常被描绘为城市废墟和衰败的景象。本书的标题并不是要让我们把锈带城市视为城市废墟，而是在这些城市，昔日的进步梦想与成功梦想未得到实现，在这里，后种族隔离时代的包容性城市梦想也被证明终难成真。城市将总是陷入对它们能成为什么或应该成为什么的想象之中。这也是理查德·佛罗里达（Richard Florida，2002）对创意阶层的最初描述在城市研究中能如此流行的部分原因，因为它为美国城市的复兴提供了新的想象。多布拉什切齐克超越了当前这种垂死城市的悲观叙事，重新思考城市问题，他呼吁：

> 当我们遭遇废墟时，为了能够完全接受这一切，我们必须从我们唯一能作为起点的地方出发，这样才能从我们自己的主观世界中向外面对外部世界，做好准备应对一切将要遭遇之事。从这个地方出发，我们能够发现与其他主体的共鸣之处，建立起一个共同的基础，以新的创新方式重新开始在废墟之上的生活（Dobraszczyk，2017：14）。

第二部分

殖民民族主义与汽车城

第三章　南非汽车城形成中的
殖民民族主义

简·雅各布斯（Jane Jacobs）的经典著作《美国大城市的死与生》
(*The Death and Life of Great American Cities*，1961）是美国城市研究中的一
座里程碑。她的论点与当时美国城市发展的主流话语相悖，反对美国城市
规划和建设的现代主义方向。现代主义规划大师如罗伯特·摩西（Robert
Moses）及其团队针对纽约城市用地划分设计了新的方案。雅各布斯则表
示不认同，基于纽约下西区的种族混居街区，她认为新的规划方案会破坏
文化多元、社交丰富的美国城市中心区，取而代之的是一个基于交通私有
化、高速公路和隔离空间规划的模式。这些方案于 20 世纪 50 年代在全美
推出，雅各布斯认为，这些方案的实施意味着美国城市最让人珍视的元素
已不复存在，包括多功用内城区的社会密度、社会种族多样性、包容性、
步行街、公共交通以及市民之间的联系。在她看来，大规模拆迁和现代主
义社会工程将扼杀美国城市生活里最独特、最宝贵的东西。雅各布斯最终
败给了摩西，摩西的现代主义规划理念在纽约盛行，类似的理念也在美国
其他城市盛行。随着商业与工业的转移，具有社会多样性的内城区域衰
落，而白人移居城郊的同时，商业贸易也随之转移，多样性逐渐被种族排
斥所取代。遗留下来的城市贫民区，如哈林区（Harlem）和布朗克斯区
(Bronx)，贫困、暴力问题愈发显著，社会机能严重失衡，一些黑人贫民
就困在这机能失调的城市区域。在所有种族隔离、社会经济不平等、低包
容性的美国现代化城市里，都可以看到这种社会空间规划的长期后果。美
国城市没有形成更多体现社会包容与融合的地带，如雅各布斯在 20 世纪
60 年代早期所推崇的区域类型，没有朝着更包容、更多元的方向发展，唐
纳德·特朗普于 2016 年赢得美国总统大选，可以看作这个问题的直接
后果。

就现代主义规划、工业化、城市扩张、种族分裂等反乌托邦元素体现的完全程度而言，几乎没有哪个美国城市能与底特律相比。对工业持久增长、种族分裂与汽车自由的追求是底特律边缘区域的规划目标。其目前功能失衡的城市形态，与不少南非城市相仿，尤其是东伦敦，二者在工业发展和种族隔离方面有类似的历史经验。然而，东伦敦目前的布局划分不仅仅是其工业化性质的结果，也是随后种族隔离制度的产物。由于种族隔离，东伦敦被划分为卫星城、家园住宅飞地、边境工业园区等多个区域。到了 1994 年，东伦敦不论是城市形象还是给人的感觉都和底特律非常相似，已然支离破碎。20 世纪大部分时间里，东伦敦这个南非城市体现出了规划相对紧凑、种族分裂的特点，临近市中心的工业区在不断地扩大。底特律之前的发展模式也是相对紧凑的，但是之后，在工业高工资和满足汽车热的高速公路的支持下，出现了快速郊区化，白人逃离了市中心，底特律的城市界限向外扩展。底特律为东开普省的锈带城市提供了一个有意思的比较点，它被认为是以伊丽莎白港为案例的比较历史的试金石。本章将突出强调底特律与这一地区另一相对较小但同样四分五裂的汽车城之间的相似之处，即东伦敦市。

底特律的发展共经历了四个阶段。18 世纪，底特律是底特律河畔的一个边境贸易镇，后来成为区域贸易与生产中心，随后（在亨利·福特及福特主义工业模式的驱动下）成为全球汽车生产领导者，20 世纪 50 年代起却开始了漫长的经济衰退和去工业化时期。东伦敦也有类似的历史，一开始也是一个边境城镇，通过贸易和出口羊毛、皮革等商品与内陆相连，随后于 19 世纪融入全球殖民经济。20 世纪 30 年代起，城乡生产一体化，制造业在英国殖民民族主义兴起的影响下显著增长，东伦敦由此进入工业持续增长期。到了 20 世纪 50 年代，在人们对机器痴迷的推动下，东伦敦变成了一个重要的汽车城。

本章将介绍 20 世纪 30 年代到 60 年代末，东伦敦作为南非主要汽车城的情况。之后到了 1967 年，为满足南非和国际市场的需求，梅赛德斯－奔驰决定在东伦敦建造汽车生产中心。本章重点阐述地方创新、区域工业化、殖民民族主义和种族政治在城市建设中的作用，进而探讨东伦敦成为工业生产、汽车制造中心的雄心及当地精英在其中扮演的角色。

尽管没有国家的大力支持，也缺乏密歇根和约翰内斯堡等地丰富的原材料，东伦敦还是通过区域经济合作，通过对地方建设、企业精神和地方创新的热情投入，实现了自己的产业转型。东伦敦被称为"奋斗港"，因为这里的居民与南非荷兰裔白人民族主义相抗争，努力建设自己的移民城市。本章重点介绍他们所付出努力的性质和形式，以及在1945年至1965年间，市政的积极支持和以城市为中心的英国种族民族主义所做的贡献。之后，种族隔离社会工程和经济结构的调整再次改造了东开普省东部地区。

本章也将在东伦敦和底特律的历史之间进行比较，以强调二者在种族资本主义历史与工业发展史上共同的主题和显著差异。本章内容与雅各布斯的作品有相关之处，指出该城市的社会结构从未变成具有包容性与文明的"大熔炉"，相反一直被认为是白人殖民民族主义的领地，在文化上排斥英国以外的其他文化。

随着工业化、个人主义和郊区化程度的提高，东伦敦的形态发生了变化，但本质上依然是白人殖民城市，有着独特的、种族上排外的文化和社会认同，因此本章也把东伦敦排他性民族主义的形式和影响考虑在内。总之，本章认为，种族现代主义应被视为种族隔离和东开普省英国殖民民族主义者所倡导的发展模式的构成要素。

从殖民小镇到白人工业城市

殖民小镇东伦敦的历史始于19世纪50年代，在开普殖民地东部，南非最遥远的边界。它最初是一个军事港口，后来也成了贸易中心，为边境城镇、要塞和殖民地前哨提供商品和服务。在这种情形下，东伦敦的发展前景与英国在南非内陆的殖民命运紧密相连，而经历了连续的干旱、牛病和19世纪50年代的科萨屠牛事件后，这个镇子的发展有了改善。屠牛事件之后，科萨人的失败给内陆带来了新的殖民耕作方式，特别是在畜牧业生产方面，科萨人被迫在基础设施项目和农场从事雇佣劳动。殖民城镇从早期以发挥军事功能为主，转变为全面的商业、农业和贸易中心。19世纪后半叶，全球羊毛业蓬勃发展，东伦敦以其具有成为一座城市的潜质而广受瞩目。东开普省内陆地区成为世界领先的羊毛产地，羊毛通过伊丽莎白港和东伦敦的港口出口到欧洲。在全球羊毛贸易的影响下，大批商人来到东伦敦，扩张了住宅区，建立了殖民地公立学校和城市基础设施。19世纪末，羊毛价格暴跌，东伦敦艰难地维持其出口地位。但与此同时，新建了通往钻石矿和约翰内斯堡的铁路和公路，当地非洲人聚居区也出现了新的贸易机会，因此在这个不断发展的城市，商业得以继续发展。就在这个时候，在传教站受过教育和培训的非洲人与农村中受教育程度低的殖民社区人群展开了竞争。19 世纪最后 30 年，非洲农民崛起，对殖民者商人和农场主构成威胁。为解决对其经济优势的挑战，这些殖民者经由开普省议会，促成了限制甚至阻止非洲人获取土地和财产的法律。但内陆的教会学校仍然活跃，培养的非洲毕业生也为反对殖民政策发声，称平等的机会是他们在该地区理应享有的权利。

19 世纪 90 年代，东伦敦采取了一些新的战略，投资旅游业就是其中之一，这在城市商业中心与滨海大道之间建立了联系，滨海大道是在世纪之交由罪犯劳工建造的。到 20 世纪初，夏季旅游和健康旅游一直是东伦敦的经济支柱。然而，东伦敦的发展仍局限于中央商务区及其周边郊区，牛津街与剑桥街构成了政治中心、商业中心及市政中心。20 世纪前 20 年，东伦敦始终是一个由商业中产阶级管理的区域服务中心。然而，1927 年市政府成立了"工业用地市政分委员会"，此后情况发生了转变。第二年，城市工程师在中央商务区后的阿卡迪亚和奇斯尔赫斯特划定了 100 英亩工业用地，很快便有约 80 家小型公司入驻。在临近港口的布法罗河西岸，另划有一块大小相似的工业用地，该区域到世纪之交已得到较好的发展。1932 年，为吸引新的工业投资者，东伦敦采取了第一项大胆举措，与威廉国王镇竞争德国毛毯制造商费雪与毛尔贝尔根（Fisher and Mauerbergen）。这个公司最终为了更低廉的地租和电费选择了东伦敦。尽管在工业化的优点方面，城市内部依然存在分歧，但工业委员会为了把东伦敦发展成一个工业重地，给其分配了越来越多的资源。1938 年，又有新的工业园区建立在位于布法罗河西岸空地的盖特利扩展区、盖特利西区和伍德布鲁克内。

与此同时，一场新的营销活动开始了，东伦敦尽其所能吸引各种工业，为它们提供廉价的土地和水电资源，以及充足的非洲劳动力。1939 年，东伦敦为促进工业发展，印制了 2 万份小册子，名为《东伦敦城市工业设施》（*Urban Industrial Amenities in the City of East London*）（见 Houghton，1960；Minkley，1994；Nel，1991；Watts & Agar-Hamilton，1970）。

艾蒂安·尼尔（Etienne Nel）和克里斯·罗杰森（Chris Rogerson，2007）对 20 世纪 30 年代到 40 年代东伦敦的经济发展战略做了有趣的分析。他们描述了这本将东伦敦赞誉为"明亮、振奋、美丽"的小册子，里面用齿轮和港口这两个符号来吸引人们的兴趣。非洲劳动力充足且价格低

廉，尤其内陆还有大规模的非洲消费市场，这些优势在营销材料中得到广
泛宣传。一份宣传册上写着："东伦敦吸引了一批英美制造商，他们专门
从事对美国南部各州黑人的贸易。"（Nel & Rogerson，2007：6）宣传册称
东伦敦是特兰斯凯和英国殖民地巴苏陀兰数百万非洲人的门户，"每年，
当地人都在追求更多白人的生活方式、思想，尤其是衣服"（Nel & Roger-
son，2007：7），于是，第一批纺织品与毛毯制造商来到了东伦敦。据报
道，1932 年至 1937 年，东伦敦的工业增幅达 50%，企业数量从 146 家增
加到 182 家。第二次世界大战爆发初期，全国发行的报纸上刊登着醒目的
广告，"东伦敦，机会之城，即刻加入！"（Nel & Rogerson，2007：7）。

　　南非著名经济学家霍巴特·霍顿（Hobart Houghton）指出，这一切始
于 20 世纪 20 年代：

> 当时一些有洞察力的大型商行，开始……将部分资源转移到制造
> 业，在边境建立工厂，生产曾经需要进口的商品，销售至特兰斯凯市
> 场……这些商行利用（荷兰裔领导的契约政府制定的）新保护政策建
> 立起这些工厂，目前地位已相当稳固。（Houghton，1960：282）

　　事实上，如果没有受到决意将东伦敦宣传为旅游胜地的那些人的阻
挠，其工业化势头本可以更猛。比如 1932 年，市政府拒绝了底特律通用汽
车公司将南非业务迁至东伦敦的提议。通用汽车当时已投资伊丽莎白港，
但也许是因为与迅速发展的南非经济中心威特沃特斯兰德之间铁路路程较
短，迁至东伦敦可以为汽车的运输带来便利。加里·明克利在其有关东伦
敦工业化的博士论文中，写到东伦敦举办会议讨论通用汽车向市政府和当
地商会提出的建议，他解释了既有商业精英与新实业家之间的紧张关系在
会议中是如何表现出来的：

> 市政府和商会以一系列借口"压制"了与通用汽车有关的建立汽
> 车装配厂的讨论，从"污染型工业"，到"与旅游业不相容"，再到
> "重工业"会引进大量"本土"劳动力，并通过港口的商业与"自
> 然"优势，吸引（不合适的）劳动力类型。我认为，这对地方工业化
> 和东伦敦经济的未来是一个潜在的关键时刻，也是一个被（实业家）
> 约翰·贝克（John Baker）口中一群"可悲的"殖民商业"白痴"摧

毁的时刻。拒绝这项提议的权威人士"对当地酒吧的内部环境更熟悉"，往往选择为"批发业和旅游业"获胜的"喜悦"而庆祝。（Minkley，1994：100）

明克利认为，这是个可悲的结论，因为这一决定更取决于"进口威士忌的口感"，而不是"对当地的深切关注"（Minkley，1994：100—101）。

于是，通用汽车扩大了对伊丽莎白港的投资。而要再一次吸引到一家地位如此重要、规模如此庞大的汽车制造商，东伦敦要花上45年的时间。20世纪30年代中期的经济衰退让东伦敦的城市地图上出现了"白人贫民区"，此后商会和市政府逐渐意识到，东伦敦的发展不仅要依靠商业网络和自然美景，也要抓住工业机遇。

因此，从20世纪30年代末起，尤其是40年代，东伦敦一直争取英国资本家的投资。例如，1943年有报刊登载广告，宣称等到"胜利属于我们（意指英国的胜利）"，读者会为投资东伦敦感到高兴，因为东伦敦被"人们长期公认为积极进取、发展快速而稳定"（Nel & Rogerson，2007：6）。尼尔和罗杰森得出结论，20世纪30到40年代，东伦敦以其饱满的热情和基于地域的成功营销策略，与英国、加拿大和美国的城市不相上下。作为基于地域的市场营销的一部分，第二次世界大战之前、期间及之后的英国殖民者与种族民族主义的重要性得以凸显。此外，尽管东伦敦从未像美国东北部大城市那样，成为熙熙攘攘的民族大熔炉，但40年代以来，它经历了快速的非洲城市化，这让其作为工业重地的吸引力得以增强。第二次世界大战的爆发推动了东伦敦的工业发展，罐头食品有了新市场，所以要扩大农产品加工的规模。来自英国的移民带来了新技术、新想法。与此同时，南非白人民族主义兴起，内陆地区，特别是威特沃特斯兰德地区的工业化，促使英国殖民者重新把东伦敦和东开普省视为英国在南非的飞地。东开普省殖民者在战争中对盟军做出了重大贡献，他们宣称，东伦敦这个地方可以为英国企业和工人提供友好环境，在政治上和社会上都有利于商业的发展。

在与英国和英联邦的历史联系中，南非产生了一种新的爱国主义，在这种意识的推动下，东伦敦作为一座工业城市迅速崛起。1947年到1954年，东伦敦是南非发展速度最快的工业城市，总体工业增长指数为260，而德兰士瓦省南部地区为220，伊丽莎白港为198（Houghton，1960：

213）。1950 年，布法罗河西岸开设了一家当地所属的汽车经销装配厂，1952 年又建立了一家大型电池制造厂埃克塞德（Exide）。1954 年，港口区建起了新的发电厂，这是向实业家们发出宣告，东伦敦真正地完全向商业开放。然而，市政府中仍有人认为，东伦敦没有充分利用战后机遇，他们抱怨基础设施投资不足，也没有取得新上台的南非国民党（Afrikaner Nationalist Party）的任何支持。尽管如此，在 50 年代，东伦敦的工业经济每年增长率超过 10%。1928 年，东伦敦工业界仅有企业 146 家，员工 3525 人，而到了 1954 年，企业数量达到 284 家，员工激增至 11299 人。1955 年，在东伦敦从事经济活动的男性中，有 29% 从事工业生产，略低于全国"大城市"32% 的平均水平（见 Watts & Agar-Hamilton，1970）。到了 20 世纪 50 年代末，东伦敦占地面积至少是内陆城镇的 8 倍，包括曾为东开普省殖民中心的威廉国王镇和格雷厄姆斯敦。

就业容量的扩大为非熟练、半熟练的黑人劳动力提供了大量的新机会，他们涌入东伦敦。第二次世界大战后的十年里，这些地方"非洲人聚居区"的人口成倍增长，继而增长到原来的三倍。进城务工移民增长的速度超出了城市吸纳非熟练非洲青年的能力，致使 20 世纪 50 年代失业率一直很高。结果，生活在非洲人聚居区，特别是东岸的人们，经历了越来越压抑的政治经济挫折。20 世纪 30 年代初，东伦敦曾限制东岸的发展，认为它的能力足以满足这个白人城市的劳动力需求。的确，东伦敦工业模式进一步发展的过程中，人们曾设想利用工业增长，吸纳贫穷的白人和白人妇女进入劳动力市场。尽管人们意识到非洲劳动力更廉价，但当地实业家认为，黑人技能对工业需求不熟悉、不匹配，因此广泛使用黑人劳动力不可行。商会的看法很明确，认为一般的"本地人"无法满足工业上严格的工作要求。非洲移民劳动力不可靠，他们为了确保其在农村家乡的利益，总是想要离开城市。因此，东伦敦许多白人商人只与非洲工人签署短期合同，并且薪酬微薄（见 Minkley，1994：88—110）。

因此，非洲劳动力在东伦敦的薪酬普遍比南非其他地区低 20% 左右，而且在工业化的第一阶段，雇用的黑人相对较少，仅占总劳动力的一半左右。而白人劳动力要求得到与其社会地位相称的工资，劳动力总成本很高，所以早期的工业化进程是异常资本密集型的。于是当地企业集中精力生产剩余价值较大的高质量产品，以取代英国进口产品。然而在 20 世纪 50 年代，东伦敦的商业精英重新审视了他们所实行的就业政策和做法，转而雇用黑人劳动力，这时将数量置于质量之上的大规模生产开始盛行。虽然使用黑人劳动力需要加大员工培训方面的投资，但总体成本更低。起初白人工人拒绝将自己操作的机器交给黑人，指责企业与种族隔离政府勾结，因为廉价的非洲劳动力在种族隔离政府看来是工业化和进口替代的驱动力。1963 年，英国大型纺织公司劳埃德（CC Lloyd）迁往东伦敦郊区，当时报道称该公司将雇用白人女性劳工，这让白人工人阶级产生了一时的乐观情绪。然而，很快有迹象表明，补充白人劳动力只是为了帮公司向使用非洲劳动力过渡，而非白人工业化模式回归的标志（见 Mager，1999）。随着人口数量小的白人工人的失业率越来越高，东伦敦因此被称为"贫民窟"。

实业家们寻求的非洲劳动力类型千差万别，一些人青睐廉价的移民劳动力，而另一些人则希望能从相对熟练、稳定的非洲城市人口中吸纳劳动力，由此引发了一场关于重建东伦敦黑人聚居区的大讨论。自 20 世纪 30 年代初，黑人聚居区的发展基本上就被遗弃了。白人大学参与了这场关于发展的讨论中，尤其是罗德斯大学，这些大学对城市—地区的发展道路和发展潜能做了科学的评估。东伦敦的发展轨道逐渐转变，从以商业和旅游业为基础过渡到将工业也包括在内，试图巩固它作为南非最大汽车城的身份，尽管 1932 年拒绝通用汽车入驻给自己带来了沉重的打击。

南非汽车城的形成

20 世纪 50 年代，东伦敦要成为南非重要现代工业中心的决心或许可以从对汽车行业的投资和兴趣上得到最好的体现。20 世纪 30 年代至 70 年代，东伦敦人痴迷于汽车，他们围绕汽车购买与展示、赛车运动和汽车生产发展了一种城市文化。这种情形在世界各地都在发生，尤其在 50 年代到 60 年代的消费热潮期间，之后到了 70 年代，随着石油危机的出现而陷入停滞。在《汽车战争：汽车如何赢得人心并征服城市》（Car Wars：How the Car Won Our Hearts and Conquered Our Cities，2004）一书中，格雷姆·戴维森（Graeme Davison）记录了白人汽车文化在澳大利亚墨尔本的兴起。他认为，汽车带来的可能性和汽车文化创造了全新想象社区，它具有城市的组织结构，体现了城市欲望，可以瞬间改变一个城市。有些后现代作品认为，汽车的重要地位植根于人们对它的狂热崇拜，对此戴维森持反对态度。但他肯定汽车是变革与身份的有力象征，比如在澳大利亚，汽车让人们把注意力从英国转向美国。戴维森认为，第二次世界大战后，墨尔本的交通从其他方式转向了汽车。随着这种新的交通方式越来越普及，这个时期民众欲望被压抑，政府实行全面控制。1953 年，墨尔本五分之一的居民拥有汽车，而到 1963 年，这一比例上升到了三分之一。最重要的是，汽车是个人主义和自由的象征。在书里的"性、速度与权力"一章中，戴维森写道："汽车不仅仅是战利品，也不仅仅是性攻击的象征，更是社会权力的工具"（Davison，2004：154）。汽车对东伦敦的影响虽不如对墨尔本那样直接，但到 20 世纪 40 年代，汽车已成为最宝贵的财产。所有城市家庭都渴望拥有汽车，不论白人还是黑人，尽管拥有汽车的黑人少之又少。但在汽车尚未普及之前，东伦敦就已着迷于赛车运动了。

　　20 世纪 20 年代到 30 年代，东伦敦《每日快报》记者布鲁德·毕晓普（Brud Bishop）带领一群汽车爱好者，与当地个人投资者和地方政府合作，建造了乔治王子赛道。随后这条赛道作为南非唯一的国际大奖赛场地，提供给了英国皇家汽车俱乐部。英国皇家汽车俱乐部接受这一提议。于是，从 1936 年到 1939 年，南非大奖赛四次都在西岸的乔治王子赛道举办。国际汽车大奖赛是一场重大的社会活动，激发了公众积极参与汽车文化、把握更多汽车相关机会的热情。然而，第二次世界大战爆发，大奖赛赛道关闭。第二次世界大战结束后，皇家汽车俱乐部宣布，南非没有任何赛道能够符合其新制定的严格的安全标准。东伦敦的汽车爱好者于是决定发起一项新的赛事，名为冬季障碍赛，赛道将包含海边和滨海大道内外街道。组织者称，这一赛事遵循摩纳哥大奖赛的标准。他们认为，作为旅游胜地，东伦敦与摩纳哥港口的海滨有相似的吸引力（《每日快报》1949 年 5 月 12 日）。到了夏季，东伦敦的滨海大道人流量太大，不适合比赛，因此组织者决定在每年的六月（南非的冬季）举办这场赛事，以在夏季以外的季节获得更多旅游收入。赛事立即取得了成功，吸引了南非各地的游客和参赛选手。汽车和摩托车在紧凑、曲折的赛道上竞速，观众聚集在人行道上观看。20 世纪 50 年代，冬季障碍赛开始流行，但 1956 年戛然而止，这一年的比赛中发生了两次事故，各有一名车手丧生。赛车运动管理部门称，这条赛道对于赛车竞技太过危险，于是东伦敦面临一个问题，人们对赛车的热情不减，那么这股热情如今应如何满足？

　　大奖赛和冬季障碍赛激发的热情鼓舞了当地一批汽车经销商，此前他们一直从国外进口汽车，然后在约翰内斯堡和威特沃特斯兰德销售，如今他们联合在港口附近的新盖特利工业园区创建了东伦敦汽车经销装配厂。他们认为，相比从组装成本很高的欧美地区直接进口成品汽车，进口零部件然后雇用本地劳动力组装汽车利润更高。于是他们在 1948 年收购了一块工业用地，次年开始开发。装在板条箱里运来的底盘和主要部件先在主生产线上组装和喷漆，之后安装线路和发动机。座椅是唯一在本地生产的部件，是用东开普省的皮革制造的。1950 年是生产的第一年，生产系统是新建的，白人工人阶级的技术人员也需要培训，装配汽车不到 100 辆。装配厂生产的头两款汽车，纳什和帕卡德都是美国品牌，其部件与设计都来自底特律的帕卡德工厂。1951 年装配厂又与菲亚特和雷诺汽车签订了合同。雷诺的工程师古德温说，装配厂的目标是第一年生产 500 辆汽车，第二年生产 950 辆，全部供应本地市场。他解释说，生产出的部分汽车将像纳什汽车一样，在东伦敦出售（见《每日快报》1951 年 4 月 20 日）。

东伦敦生产线生产的汽车立即有经销商开始售卖，如罗尼汽车（Ronnies Motors）。20 世纪 50 年代初，东伦敦技术学院帮助装配厂，决定为汽车修理工、焊工和工程师开设课程。1952 年，英国大型电池制造商埃克塞德决定通过东伦敦进入南非市场，这也让汽车生产从中受益。电池和车内装饰都由本地供应，装配厂在 20 世纪 50 年代一直处于稳步发展的有利地位，对汽车文化、汽车创新的热情变得普遍起来。名叫保罗的农民在三周时间内，用一辆旧普利茅斯汽车和其他车辆的零件装配了一辆小汽车。他花费 65 英镑购买这些零件，用金属和胶合板组装车身。保罗告诉当地记者，他有大规模生产自制汽车的计划，而后将其作为生于南非的"混血儿"推向本地市场，但是这一计划没有实现。保罗知道汽车市场巨大，因为进口车型价格昂贵，东开普省许多家庭负担不起，而如果他能以低廉的成本在农场生产汽车，就可能拥有第二项主要收入来源。不过，激发他热情的不仅仅是潜在的经济回报，还有参与这个城市和地区不断发展的汽车文化的热情。还有一些其他的地方活动，比如在城内和周围的海滩上举行比赛，以及 20 世纪 50 年代，市民在业余爱好展览会上展示自制汽车。在海滩上的摩尔街，每年会为孩子们举行卡丁车比赛，这也让人们更多地参与到城市汽车文化中（见《每日快报》1954 年 5 月 4 日）。

武亚尼·姆尼加萨（Vuyani Mngaza）是米德尔德里夫特一个农民的儿子，20 世纪 40 年代中期移居东伦敦读高中，后来创办了一批为汽车行业提供服务的企业。他一开始在东伦敦的弗雷尔医院（Frere Hospital）工作，注意到许多在医院培训及家境富裕的非洲护士都想学开车，便开办了一所驾驶学校。很快，姆尼加萨又注意到对加油站的需求，便与壳牌接洽，成为南非第二位获得车库执照的非洲人。1958 年，他在邓肯村（Duncan Village）创办了泛非汽车公司（Pan-African Motors），取得了巨大成功。他还分销煤油和汽油，后来在巴苏陀兰（现莱索托）的马塞鲁开了第二个加油站。20 世纪 60 年代他因参与抵抗政治而流亡国外。姆尼加萨拥有好几辆汽车，城市年轻人钦佩他的成就，视他为偶像（采访，2014 年 6 月30 日）。

一级方程式锦标赛冠军乔迪·斯科特（Jody Scheckter）于 1950 年出生于东伦敦，他的东伦敦出身也成为他日后汽车事业成功的基础。他是雷诺汽车东伦敦经销商老板的儿子，从小感受着赛车运动的热情，60 年代末已成为南非首屈一指的赛车手。到了 70 年代，斯科特离开南非寻求职业生涯的进一步发展，于 1979 年加入法拉利车队，夺得 F1 世界冠军，至今也是南非唯一一名赢得这一荣誉的赛车手。保罗、姆尼加萨和斯科特的例子展现了地区创新的力量，以及汽车文化对东伦敦的影响。东伦敦拥抱了汽车现代化，最终在 1967 年成功吸引了奔驰公司到此地投资建厂。

1958 年，汽车经销装配厂开始组装奔驰汽车，这种合作关系延续到 60年代，直到奔驰公司在 1967 年收购了这一工厂。这次收购开创了汽车制造的新时代，东伦敦从真正意义上开始生产汽车，而不仅仅是组装汽车。仅2016 年，东伦敦汽车工厂为全球市场生产奔驰 C 系列等车型的汽车就超过12 万辆，是东伦敦最大的工业基地，也是奔驰公司最成功的工厂之一，超过了巴西、美国和中国的工厂，尤其在出勤率和高标准做工方面。50 年来，奔驰一直是东伦敦的支柱产业和工业重心，是卓越的象征，也是未来新工业投资的希望堡垒。奔驰选择东伦敦作为生产基地的原因比较复杂。原因之一在于东伦敦与德国的联系。19 世纪 60 年代，德国人曾在这里定居，随后在城镇及基础设施建设中发挥了积极作用。1960 年 10 月，东伦敦市政府为他们举行了特别的百年庆典，在海滨揭幕了一座宏伟的纪念碑，德国政府的高级代表出席了这一庆典（《每日快报》1960 年 10 月11 日）。

尽管包含着这样的民族情结，但奔驰公司之所以认为投资东伦敦是合理的选择，也是两代赛车爱好者努力进行地区重建的结果。除了第二次世界大战前后的大奖赛和冬季障碍赛以外，东伦敦在 20 世纪四五十年代还举办了一系列车展等活动，如维斯帕摩托车圣诞拉力赛，以及12月在海滨举行的"优雅车展"，该"车展"给一对着装最为考究的夫妻颁发了奖品，他们的豪车保养得最好。后来，这个车展的时间调整到了3月，在东伦敦农业展上举行，展览期间车迷可以观看世界各地大奖赛的新闻短片。

1956年，冬季障碍赛停止举办的决议给东伦敦赛车爱好者带来了严峻挑战。他们找到美国石油公司加德士，希望他们能提供赞助，举办一项新的冬季汽车拉力赛。比赛路线沿东伦敦的土路，穿过边境走廊和特兰斯凯南部，然后返回东伦敦。这一赛事后来被称为"加德士阿玛托拉拉力赛"（Caltex Amatola Rally），由此，一家全球石油公司和东伦敦的赛车运动建立起长久的联系，并促使市政府拨款3.5万英镑修建了一条大奖赛赛道。这一大笔拨款对这个小城市来说风险巨大，因为能否取得举办资格，只有等赛道建成才能确定。为了这个项目，赛车俱乐部和当地官员向区政府和开普省政府寻求支持，并获得了额外资金，但最终还是加德士公司为东伦敦重办南非大奖赛提供了赞助，项目才得以成功。加德士还表示将承担大赛可能给组织者带来的任何损失（见《每日快报》1961年6月4日）。

1960年，在英国皇家汽车俱乐部（RAC）的全力支持下，20年里第一个世界级的南非大奖赛在东伦敦举办，当时正值旅游旺季的12月，观众多达5万人。英国赛车高手斯特林·莫斯（Stirling Moss）赢得了这场比赛，此后他每年都到东伦敦参赛，直到退役。南非国内成绩最好的赛车手席德·凡德·维费尔（Syd van der Vyfer）排名第三。1960年至1968年，在约翰内斯堡的商业利益集团设法改变这项国际赛事举办地之前，东伦敦是南非赛车运动之都，每年举办三场大型比赛，即大奖赛、冬季障碍赛（现在西岸赛道举办）和加德士阿玛托拉拉力赛。1967年，奔驰公司收购了东伦敦汽车经销装配厂。尽管比起这家德国企业，当地汽车行业工作者可能更希望争取到一家英国汽车厂商的投资，但东伦敦汽车工业化的成功，证明其以地域为基础的营销的有效性，以及当地政府、商业界和居民建设现代工业城市的决心。

戴维森（Davison，2004）在有关墨尔本汽车文化的著作中，强调汽车可以拓展自由、灌输进步和个人主义理念，但同时也会在社会各个层面引发冲突，如性别冲突、代际冲突、公共当局与私人的冲突、保守派与自由派的冲突等。东伦敦也是如此，20世纪40年代汽车文化的兴起产生了重大的社会经济影响，越来越多的家庭拥有了汽车，城市的郊区化逐渐扩大，公众大量资金用于扩张白人郊区（底特律情况类似，只是规模更大）。1954 年，纳翁河（Nahoon River）上建了一座桥，于是市中心东部开辟出了一片新的郊区。与此同时，中央商务区西侧的桑尼里奇（Sunnyridge）和北侧的阿马林达（Amalinda）也变成了新的郊区。城市的面貌得到了改变和发展，但公共财政也承受了巨大压力。东伦敦只有 10 万人口，对于这个相对较小的城市来说，这些变化的一个后果就是没有足够的资金改善新兴城镇的生活条件，这些城镇有许多居民将会参与工业生产，却没有像样的住房，还要忍受不佳的公共服务。为了满足白人的需求，新的柏油路和汽车基础设施在郊区建成，造成城镇和郊区发展投资的失衡，实际上剥夺了非洲工人阶级本应享有的健康、安全和住房方面的基本权利。于是在 20世纪 50 年代，东伦敦陷入了政治危机之中，不断爆发抗议运动，直到种族隔离政府答应在市中心之外为非洲人开发郊外住宅区，东伦敦面临的问题才有所缓和。只要可以继续坚持汽车梦想，东伦敦就乐意让中央政府为自己的城市埋单。

美国汽车出现在东伦敦的街道上，另一个重要后果是对非洲流行文化产生影响。毋庸置疑，东伦敦是个白人城市，正如当时的底特律，当地的非洲人知道这一点。他们生活在贫困的市中心地区，白人在 1935 年前后开始接受汽车文化，几乎就在这个时候，市政府停止了对市中心的投资建设。不过，尽管存在种族分歧，东伦敦在发展中已经形成了一些共同的文化，尤其对于出生于此的人（见 Bank，2011）。东伦敦的现代化进程让许多非洲家庭感到自豪，并受到大西洋彼岸黑人城市的政治文化的启发。20世纪 30 年代，加维主义在黑人工会中影响力之大，以及非洲土著聚居区的民众对美国黑人音乐的喜爱程度之深，让到东伦敦观光的游客惊讶不已。莫妮卡·威尔逊（原姓亨特）是一名出生于东开普省一个社会关系良好的传教士家庭的人类学家，她对东伦敦市中心进行了研究，立即诧异于其文化"去部落化"的程度，仿佛所有人都在"哼唱拉格泰姆音乐"（Hunter，1936：435）。20 世纪 40 年代和 50 年代，汽车文化席卷东伦敦，加深了东伦敦非洲土著与非裔美国人在情感和志向方面的联系。工会、运动俱乐部、爵士乐和美国宗教运动都极具影响力（见 Bank & Qebeyi，2017）。非洲人聚居区的一些牧师和福音派领袖曾与美国人有交往，也去过美国。1951 年，牧师尼古拉斯·班古从美国回到东伦敦，民众像迎接英雄一般欢迎他。大西洋另一侧的文化激发了公众的想象力，非裔美国人的形象和故事为东伦敦非洲民众更广泛地参与、进一步的现代化和发展带来了希望（Bank，2011）。

与此同时，在白人聚居的城郊，郊区化产生了新的家庭形式和性别关系。据当地报纸报道，一些公司要新建现代化设计的房子，房前要修草坪、建车库。此前东伦敦是个紧凑型城市，具有维多利亚时代的住宅风格和情感，对美式现代化的向往一直受到抑制，而如今，曾经紧凑型城市的殖民保守主义正被打破。戴维森在书中写道，在20世纪50年代，墨尔本的女性要"掌握方向盘"（Davison，2004：54）是多么困难，汽车文化如何巩固了女性新的家庭生活形式。在东伦敦，女性可以使用这一新的交通方式，并于50年代中期掀起了一股小型摩托车热潮。小型摩托车拉力赛开始在夏季举办，比赛这一天，一家人都一同在海边度过愉快的一天。女孩们也参加摩尔街举办的卡丁车比赛，但是赛车这项严肃的运动仍然是男性专属，他们修理、改装汽车，然后在西岸和内城赛道开着自己改装的赛车竞速，上演展现男子气概的危险场景。海滨出现了美式风车餐厅，牛津街上有了光鲜的曼哈顿餐馆，市中心在50年代开起了第一批超市，后来又出现了赛车运动和汽车餐厅，这一系列变化都是东伦敦美国化趋势的表现。东伦敦的白人流行文化也见证了"鸭尾"发型的出现，这是一批年轻人梳着最前卫的美国摇滚发型。曾有传言说这些人并非东伦敦人，后来人们发现西岸白人工薪阶层的新郊区里就有他们的大本营。自诩为黑人少年犯、"美国"黑帮的青少年团伙在城镇横行、恐吓居民。这个时候，青少年犯罪问题已不仅限于城镇地区，在摇滚乐越来越流行的新郊区也开始出现。冲浪也取代了传统的沐浴和游泳，成为年轻人在海滩上的首选活动。汽车文化给东伦敦带来了巨大的社会和文化变化。

滨海大道与殖民城市

20世纪50年代，东伦敦白人的社会、休闲和生产经济活动主要集中在五个区域：作为旅游中心的海滨与滨海大道，那里有东伦敦最好的酒店；作为商业和服务业中心的市中心区；新兴的西岸工业园区；牛津街尽头的市中心文化区；以及东西部不断扩张的新郊区。这个殖民城市里的这些区域有附近三个主要非洲城镇的支持。东岸位于中央商务区以东几英里，西岸在港口区，剑桥处于白人住宅区边缘。1950年，约一半城市人口居住在这几个区域，这些地方常常得不到关注，民众生活极度贫困，同年有官员说这些区域是在"联邦最糟地方"之列（Mager and Minkley, 1993: 183）。东岸有一小群中产阶级，包括教师、牧师、职员、社会工作者和护士等。绝大多数非洲人没有受过教育，生活非常贫困，相比而言，白人却大多生活舒适，居住在相当富裕的城区，两者形成了鲜明的对比。不过，尽管东伦敦的变化预示着文化融合和自由主义日益增强，但其本质仍极具英国特色。这一点将在下一章进行讨论。

东伦敦在工业化之前，经济发展围绕市中心展开，市中心是商业中心，是仓库、商店、酒店和影院的所在地，也是人们生活的场所。进入 20 世纪，滨海大道开放，以历史上有名的海滩酒店和东方海滩的廊亭为中心，海滨成为东伦敦的社会经济和文化生活中心，地位越来越重要。滨海大道全长约 1.6 千米，从遮蔽东方海滩的港口岸壁，延伸到以露营区为特色的东海滩。如果从东海滩继续前进，将通往一个自然保护区，乘坐电车也可以到达。正是由于海滨的开发，东伦敦才得以成为东开普省海岸的夏季旅游胜地。这一发展模式源于英国海滨小镇，如布里斯托尔、布莱克浦、绍森德和布莱顿。滨海大道是白人游客和居民休闲娱乐的场所，极大地加深了城镇的殖民色彩、影响了城市文化。

20 世纪初，东伦敦的英国殖民社会为维多利亚时代的价值观和关注点所塑造。阅兵式和荣誉展示在公共生活中处于核心地位（见 Denfield, 1965; Mnyaka & Bank, 2013）。滨海大道扩展了城市的公共空间，周日散步有了新路线，东方海滩建起了茶廊，如果希望利用周末放松休闲，则可以到玛丽娜格伦家庭区。新公共空间由既定的阶级和性别角色决定。市政禁止男女在同一个场所游泳，所以男性在海滨大道一端的东方海滩游泳，而女性在另一端的东海岸（Booth, 2001; Tankard, 1990）。两者之间，市政当局建造了茶室、廊亭、有遮蔽的泳池和戏水池，游客不进入汹涌的大海也可以游泳。与英国爱德华时代的海滨度假区类似，阶级差异决定了东伦敦度假者的行为方式。白人工人阶级常因赤身游泳狂欢而被处罚（Booth, 2001; Watson, 2011）。滨海大道要建设成一个和谐、"文明"（白人的）的城市空间，与远处荒凉的海岸形成对比。滨海大道自成一体，精心管理，力求为游客提供安全的娱乐场所，用水桶、铁锹和沙堡容纳孩子的天真，为游客提供宁静的水池、溪谷，还有旋转木马、英国传统民俗乐队，以及"潘趣与朱迪"木偶戏带来的乐趣（Watson, 2011: 8—9）。

正如英国海滨度假胜地反映了稳重的中产阶级情感与喧闹的工人阶级

休闲文化之间的冲突，东伦敦的海滨大道上，"文明"与"野蛮"的分歧也出现了，即酒店客人与在东海滩后草坪边缘搭帐篷的露营者之间的分歧。一开始可以随意选择露营地，但后来，露营者被移到了固定的营地，大篷车也可以进入。每到夏末，市政当局常抱怨说，露营的家庭不愿搬走，人们开始担心东伦敦会永远成为"帐篷镇"（Nel，1991）。阶级间的紧张关系也表现在新的地方规定中，规定要求泳衣要覆盖脖子到膝盖的区域，而且不能在公众视野范围内穿脱衣服（Tankard，1990）。据说之所以有这些规定，是因为男性工人阶级游泳时穿着不够保守，中产阶级认为这样的行为十分粗俗。第一次世界大战后，种族优生论在英国殖民地、澳大利亚和美国大量涌现，取代了维多利亚时期的拘谨保守。白人男性强壮、有小麦色皮肤、肌肉发达、有男子气概的体态被视为自然的白人健康和卫生标志（Booth，2001）。对工人阶级男子气概的恐惧消散了，转变为对海滩日光浴、锻炼、选美比赛和冲浪救生的关注。20 世纪 30 年代，东伦敦救生俱乐部在东方海滩成立，尽管有港口岸壁的保护，人们的注意力还是从戏水池和陆上海滨娱乐设施转移到了大海和冲浪。

郊区化为游泳、露营和社交等活动提供了新的场所，但市政府仍试图保留市中心明显的英国殖民风格。20 世纪 50 年代，滨海大道的新投资项目包括游乐场、廊亭、泳池翻新和水族馆改造。因此，虽然有发展推进新郊区休闲场所的趋势，例如纳翁河口附近有了新露营地和汽艇（见 Hollands，2012），但旅游开发的重心依然在英式的滨海大道。60 年代初，标志性的维多利亚海滩酒店被拆除，取而代之的是现代化高层酒店，但这丝毫没有损耗英国海滨酒店的独特魅力，也没有减少对南非和罗得西亚（现称津巴布韦）各地英国殖民者的吸引力。在内陆小镇和从事农业生产的家庭中，对传统英国海滨文化和娱乐方式的需求尤为强烈。比起平日，在假日高峰期，小镇带有更明显的英国殖民小镇的特征，因为这时许多非洲人回到乡村，而来自英语国家的游客恰好在圣诞假日抵达。事实上，到了旅游高峰期，东伦敦的白人几乎翻了一倍，而非洲人口则会减半。尽管社会和经济发生了变化，但东伦敦的白人殖民文化还是得到了加强。

假日期间，白人期待在海滨酒店和度假胜地，非洲人能以恭顺的态度对待他们。白人游客把滨海大道作为旅游胜地，黑人则只是为游客和度假者提供服务。莉莲·史密斯在关于美国南方腹地的文章中指出，白人往往只有通过"银盘子上的手"（Lillian Smith，1949/1994：25）才能看到非裔美国人。与此类似，20世纪中叶的殖民海滩文化中，黑人工人为白人家庭做饭、服务、照看孩子，而白人度假者则去海滩上参加为他们举办的娱乐活动。一月的侍者比赛则为非洲人的顺从添加了仪式感。酒店的黑人服务人员，无论是侍者还是厨师，都系上工作围裙，端着银盘子，穿梭在海滩上，互相竞争着完成本职工作。而白人居民和游客却聚集在街道上观看，为黑人加油鼓劲。最熟练的侍从和女仆会获得奖品。这样的比赛在其他沿海城市也有举办，本意是对酒店和餐饮业雇佣黑人服务人员的做法及他们的技能表示认可，实际上却巩固了黑人低下的地位。

　　然而，尽管黑人不能与他们服务的白人享受同样的休闲生活方式，但在东海滩尽头，一种非洲海滩文化正在出现。在旅游淡季，只要不在白人游客视野范围内，非洲人就可以在电车线路终点以外的水域游泳。当时，"青少年犯罪"在城镇引发了政治动荡，议员们认为，让青少年接触海滩也许有助于遏制这种犯罪现象。20世纪50年代，东伦敦准自由主义委员会（East London's would-be liberal council）对社会团体、普通家庭和非洲人聚居区的年轻人使用东海滩部分区域表示支持，他们可以晒日光浴、进行社交与休闲活动，尤其是在淡季。种族隔离制度刚刚开始限制非洲居民的行动时，来访的非洲政要，如部落首领、宗教领袖等，也受邀沿海滩散步。然而在1963年，海滩上的种族隔离正式实行，禁止非洲居民出现在东伦敦任何一个海滩上（《每日快报》1963年5月12日）。

　　当时，非洲海滩文化虽然与白人海滩文化差异显著，但在很大程度上还是对后者的模仿。随着救生俱乐部和冲浪运动的兴起，白人接触海滩的重点是白人男性与女性健康的身材，而这一关注点是殖民民族主义和种族优生论兴起的表现。东伦敦白人将冲浪作为白人身份的标志，认为能体现白人男性的雄性气概。同样，海滩上的非洲人也认为自己的身材是健美的，以此宣扬非洲民族主义。20世纪50年代到60年代初，他们在海滩展示自己，认为自己的体魄充满力量、有现代感，这从东海滩邓肯村的健身男性和城镇里想成为海滩宝贝的女性形象可以看出。第二次世界大战后，非洲游客更坚定地占领这一区域，他们宣告一种政治权利，而后来种族隔离制度的实行却剥夺了非洲工人阶级这一权利。

　　非洲人沉浸于国际海滩文化和相关休闲方式中，主张一种非种族的现代社会身份，这样的身份意味着完全意义上的公民权。非洲海滩文化与从舞厅、运动场发展起来的流行文化形式联系在一起，创造了支撑自由与认同的文化交流和自我表达循环（见 Bank，2011：25—49）。海滩文化并非只与游泳和冲浪有关，海滩后来又成为汽车、时髦服装和泳衣的拥有者展示新身份的舞台，阶级差别逐渐显现。黑人居住区的海滩、舞厅和运动场等公共空间，使非洲城市居民得以形成新的物质、经济和文化表达形式（这些表达形式与他们作为消费者的新身份有关，且受非裔美国文化影响）。通过这样的表达，他们可以将自己置于黑人现代、自由、独立的话语中，而不受城市、地区与国家的不断变化的白人的、霸权主义的、英国殖民叙事的影响。

英国殖民民族主义："超现实"时刻

东伦敦的英国殖民民族主义在公共文化里的表达和确认，主要集中在工厂、海滩、街道等场所，以及游行、游戏、汽车生产、组织建立等活动中。确认的效果也许是通过反复"模拟"的过程来实现，根据鲍德里亚（Baudrillard，1994/1981）的说法，这种"模拟"使人们能够根据物质条件的暗示，想象和感受另一版本的现实，也就是超现实，在超现实中，可以建立一个"想象的社区"，从而将英国殖民民族主义与城市相结合（另见 Anderson，1981）。

工厂是这一文化再产生过程的重要场所，在这里，有关进步、技能、质量及高标准的思想被用作英国白人殖民者的身份表达。明克利（Minkley，1994）指出，东伦敦的早期工业化模式与一家糖果工厂类似。这家工厂起初的经营者为威尔逊与其合伙人，后来变为威尔逊与朗特里公司（Wilson and Rowntree），雇佣的工人主要是技术熟练的白人女工，采用与英国小公司相同的"高标准"。工厂设在花园城市的景观中，而不是在肮脏的工业区的烟囱之间。（第二次世界大战结束后，盖特利及其他一些工业园区在港口附近建起，特定工业区在城市中分离出来的现代做法才在东伦敦完全展现出来。）工业化早期，由于两次世界大战之间英国资本家的支持，模范工厂相对而言是资本密集型的，机器由半熟练的白人工人操作，而背后的人力工作由非洲工人完成。通过白人的创业与劳动，在工业生产的反复循环中，东伦敦日渐进入机器时代，从而创造了一种与城市建设密不可分的进步与白人之间的"拟象"（Baudrillard，1994/1981）。

在这个进步的、由机器驱动的理想中，存在着明显的阶级分歧。白人移民工人有着来自英国和南非不同的背景，在非洲人由于社会经济地位低下而不能参与竞争的情况下，白人之间的民族差异就会有一些意义了。不过，这种分歧在东伦敦所引起的权力之争，通常被归入在更广泛的白人公民自豪感的展示之中，这种自豪感由市中心一年四季不断举行的仪式和游行中得以加强。通过男女童子军、冲浪者和救生员、第一次世界大战老兵和第二次世界大战募捐者的游行，白人与城市建设之间建立起了联系。为支持需要帮助的学校和城市机构，慈善机构与其他社会组织举办公共活动，也产生了同样的效果。其中包含的信息很明确，即社会、阶级和种族差异不能也不应该破坏东伦敦已有的辉煌成就。这一愿景曾面临一些挑战，如面对20世纪30年代中期大萧条所引发的直接后果。然而，某种程度上，反复进行的阅兵、游行等活动显示出东伦敦在英国殖民民族主义之下向前迈进了多远，尤其是与德兰士瓦"肮脏""破旧"（Minkley，1994）的城镇相比。在这一点上，东伦敦整洁、紧凑的协调性与其多元的经济结构显示了形式和内容的有机统一。这座城市在两次世界大战期间对盟军的大力支持是其身份的进一步表达，市中心的战争纪念碑体现了东伦敦的战争贡献。相比之下，几乎没有人记得东伦敦正式殖民之前的边疆历史。出于这种考虑，1961年东伦敦强烈反对南非成立共和国，当时地方报纸头条以"我们对共和国说不"为标题，这强化了东伦敦在差异基础上的统一。

　　1949年至1951年，火炬突击运动在东伦敦兴起，英国殖民民族主义在运动中表现得异常团结。这场运动于第二次世界大战结束后兴起，表面上是为了庆祝当地与英国之间的"特殊纽带"（《每日快报》1950年1月10日）。1950年，该地区成千上万曾参与战争贡献的英国殖民家庭开着小轿车、吉普车和卡车来到这座城市，他们挥舞着英国国旗，宣扬对自由主义价值观的承诺，这些价值观被认为是抗击法西斯之战的基础。尽管庆祝活动带有政治色彩，但从根本上讲是民族主义热情的表现。来自农村的人们在街道上与战友相聚，重燃战时友谊，舞动着国旗庆祝，他们所传达的信息很明确。这是一种团结的表现，东伦敦的地位在这种团结中得到提升，它被视为英国白人殖民的繁荣的都市中心，是未来形态的象征。

　　这场活动与殖民者的大肆宣传相呼应，这样的宣传每年都在热闹的节日期间重新上演，这时，许多黑人回到了乡下，这座城市里超现实的白人主义在海滨受到游客和居民的庆祝。这种宣传在一年一度的大奖赛上也有所体现，其间多达5万名观众涌进东伦敦，使该城市的白人人口瞬间翻了一倍，以表达对汽车力量的崇拜。

非洲民族主义与城市危机

托马斯·苏格鲁（Thomas Sugrue，1996）在其开创性著作《城市危机的起源》（*The Origins of The Urban Crisis*）中写道，底特律的城市危机在第二次世界大战之后就开始了。他认为，20 世纪 60 年代前底特律已开始衰落，当时工厂纷纷倒闭或分散，让以非裔美国人为主的内城陷入了危机。他指出，仅 20 世纪 50 年代，该城市就减少了 10 万多个工作岗位，因为工业和投资转移出市中心，致使非裔美国工人阶级失去了工作。随着工业中心的分散，内城处于崩溃之中，白人居民向郊区迁移，并用暴力恐吓那些同样试图逃离内城的非裔美国人。市政住房和其他政策，以及种族排斥的社会政治运动，把非裔美国人困在了不断瓦解的市中心。于是，在 20 世纪 60 年代去工业化的全面影响开始显现时，这些人就处于极其不利的地位。

苏格鲁指出，黑人工会及工会中产阶级领导人提出了包容发展的愿景，但未能解决根深蒂固的种族排斥问题。他的分析为理解非裔美国人的愤怒提供了关键背景，这股愤怒导致底特律在 1967 年发生了种族暴动。他展示了"城市危机"不仅是一场经济危机，也是一场种族危机，并指出城市民权运动在 60 年代中期变得如此激进、蔓延如此迅速的原因。

东伦敦工业转型的过程中也出现过类似情况。20 世纪 30 年代以前，白人市政府曾对改善非洲人的居住条件给予一定的关注。老城区内，原本的半传统住宅得到了现代化改造，规划了街道，安装了城市基本服务设施，如供水管、洗浴区、街道照明等。但 1930 年之后，东伦敦其他区域都进行了现代化改造，但尽管黑人聚居区不断有大量人口涌入，人口密度过大，却几乎没有采取任何措施改善黑人聚居区的条件。第二次世界大战后，白人自由主义者和福利组织力求为黑人建造公共大厅及社区便利设施，但市政府仍不愿用多余资金改善黑人聚居区的条件。整个 20 世纪 40年代，一直在寻求工作机会的非洲人所居住的区域缺乏基础设施、服务和住房，难以承受人口持续增长，这些区域变成了贫民区。1947 年，威尔士调查委员会接受任命，对非洲人聚居区的生活条件展开调查。委员会举行了公共听证会，调查结果无可辩驳地证明了市政缺乏关注的事实，非洲人聚居区被描述为"联邦最糟糕的区域"，此前就已经很明显了。白人市政没有把现代化的成果与非洲人民共享，损害了东伦敦多种族区域咨询委员会的可信度，因此南非非国大青年联盟崛起，成为潜在的政治领袖。青年联盟拒绝与所谓的白人自由主义者合作，他们为了争取更好的生活条件和基本的政治和公民权利，支持全民动员的做法。

正如底特律的非裔民众逐渐意识到，他们没有从 20 世纪 40 年代末的城市工业化中获得应得的利益，东伦敦非洲社区的民众也认识到，尽管城市经济快速增长，他们的发展前景依旧非常有限。1952 年，东伦敦发生暴乱。当时警察和军队下令驱散邓肯村班图广场的群众集会，治安人员向集会民众开火，造成 100 余人死亡，其中包括两名白人。暴力事件惊动了市政府，促使其开启城市改革进程。市政当局开始考虑更具包容性的现代化新模式，重振自由主义。20 世纪上半叶，自由主义在边境地区巩固白人权利的过程中受到了削弱。然而，自由主义刚刚开始复兴，南非白人政府却开始在比勒陀利亚实施全国范围的种族隔离政策。推进自由主义的努力被控制黑人行动、家庭和居住区域的新政策所扼杀。

整个 20 世纪 50 年代，对非国大以权利为导向的政策的失望情绪在东伦敦蔓延，在整个地区和东伦敦，要求对白人发起战争的呼声越来越高，新成立的泛非主义者大会引导了这些呼声。1959 年，泛非主义者大会从其母体非国大中分离出来，在政治上控制东伦敦的黑人聚居地。由于非国大成员几乎全部叛变，转投其麾下，泛非主义者大会成为乡镇变革的主要声音，得到了青年的大力支持。1963 年 4 月，数百名武装青年进入城市外围的树林，参与推翻白人政权的军事行动。然而，他们遭到了围捕和监禁，一年内，数百个旧贫民区的家庭被迫离开城市，搬到新的种族隔离镇姆丹察内。通过强行驱逐和大规模逮捕，政治抵抗受到了镇压。历史上讽刺的一笔是，东伦敦启动了一项计划，要为非洲工人阶级家庭建造新的现代化房屋，尽管只针对少数人。

1967 年，底特律发生暴乱，警察和国民警卫队杀害了 40 人，之后也出现了与东伦敦类似的和解与自由主义复兴过程。这两个城市黑人聚居地贫民窟化与政治运动的历史存在惊人的相似之处。两个城市的经济发展都以种族资本主义的确立为前提。工业经济的参与、回报及崩溃所产生的影响是种族化的。在工作内容相同或类似的情况下，白人工人的工资比非洲工人高得多，而且他们通常不会住在同一片居民区。尽管这一系统的建立并非出于官方制定的种族隔离计划，但却与南非白人殖民政府和欧洲裔白人政府的种族隔离制度有着惊人的相似之处。1964 年，马尔科姆·艾克斯

（Malcolm X）在对牛津联盟（Oxford Union）演讲中，认为美国和南非在对待黑人时唯一的不同之处在于，南非白人对种族歧视毫不遮掩，而美国人则试图通过宣扬民主与"大熔炉政治"加以掩饰（Malcolm X.，1964）。

在东伦敦白人城市建设的黄金年代，非洲居民在政治经济上长期受到排斥，这对种族关系和包容性民族主义政治造成了无法弥补的损害。白人宣称东伦敦是他们的大本营，而对于黑人，东伦敦却是他们受压迫的象征。在许多方面，东伦敦城市危机的根源都可以从这样的历史中看出来。东伦敦的这些历史事件与底特律一样，都是由排外的民族主义与种族福特主义政治所塑造的。

殖民城市里"说话的乌鸦"

非裔美国女权主义作家贝尔·胡克斯（Bell Hooks，2010）在其作品《归属：地方文化》（Belonging：A Culture of Place）中写到，乡村景观很难让美国黑人产生认同感，因为他们会联想到奴隶制。她讲述了自己在肯塔基州山区的成长经历。在那里，许多非裔美国人以小农和农场工人的身份谋生，他们与当地白人共享一个文化空间，并在其中构建自己的生活。胡克斯认为，非裔美国人未曾且拒绝享有农村地区空间，未能参与农村历史，同时白人决定将非裔从农村历史中抹去，导致了奴隶制废除后非裔美国人被排除在自己的农业历史之外。她指出，这样的结果是，他们失去了这段记录如何"耕种土地、种植庄稼、饲养动物以及治愈疾病"的历史叙事，正是这种叙事为非裔美国人提供了"一个梦想和希望之地，一个跨越了种族与种族主义，跨越了压迫与残酷的白人权力的地方"（Hooks，2010：43）。胡克斯（Hooks，2010：65）写到，在美国，非裔美国人排斥乡村，于是陷入了"城市的深渊"，经历了一种精神上的种族灭绝。此外，她认为，美国北部的城市精英们图谋将非裔美国人从他们自己的历史中抹去，抹去关乎他们归属感与生存的重要叙述。

东伦敦是个农村移民工人占比很大的城市，多达三分之二的工人阶级定期回到乡下的家里，因此乡村叙事与想象显得非常重要。许多学者（Bank，2011；Beinart & Bundy，1987；Crais，2002；Mayer，1961）指出，讲科萨语的非洲人可以划分为所谓的"红色移民"与"学校移民"。"红色移民"偏爱传统文化，重视与农村的联系，较少关注其城市身份的培养；而"学校移民"则经常来往于城镇和乡村之间，接纳了重视教育的城市文化风格和定位。尽管东伦敦黑人聚居区的来自农村的人口之间存在这样显著的差异，然而很少有人像胡克斯所描述的那样排斥乡村。事实上恰恰相反，他们通常把农村视为自己的家，特别是因为统治东伦敦的是白人殖民者，给黑人融入城市的整体生活设置了障碍。相应地，对农村的想象，包括通过非洲农村移民人口的梦想，实际上塑造了对城市的体验。莫妮卡·亨特（Monica Hunter）在 1931 年的野外工作笔记中记录了他们最普遍的梦想（后来威尔逊也有记录），其中包含归家途中可能遇到的阻碍和焦虑：无法跨越的河流，由于没有足够的物质条件买到回家的汽车或火车票，亲人死去却无法到场，废弃的乌姆齐（umzi，意思是家宅）的退化。乡村的物质和精神幸福一直在非洲移民的脑海里，也在他们梦中（见Bank，2013；Hunter，1936）。

弗朗茨·法农指出，受轻视、贬低的"原住民城镇"居民怀着"欲望和嫉妒"的梦想，越过边界来到殖民城市，甚至梦想与白人殖民者的妻子同床共枕。他认为，为了缓解他们肢体感受到的压迫之痛，这些居民会诉诸精神治疗和超自然形象，让自己在逆境中更有力量（Fanon，1961：42）。因此，对东伦敦的自由政治的想象很少超出农村移民人口与乡村的联系，无论是与殖民剥夺相关的损失和痛苦，还是家、治愈与真实的感觉。明克利与波朗德－麦考米克（2016）认为，将乡村融入城市的移民意识，对现实的影响与梦境表达的程度一样深，它构成并塑造了城市里非洲现代化政治和社会生活的内在部分。只要这些不同的世界之间保持联系，这种意识就会循环，而不是"流逝"或者消失。布拉德福德指出，20 世纪30 年代，独立工商业工人联合会东伦敦的领导人很快认识到，"单纯关注工人的不满无法赢得多数听众"（1987：243），除非在讲话时使用源自科萨殖民前历史的符号和修辞，才能取得移民的支持，尤其是"红色移民"的支持。她解释说，20 世纪 30 年代初，大萧条最严重的时候，肯塔尼"说话的乌鸦"预言农村地区将降下"甘霖"，迎来"大丰收"，一场"战争即将来临"，天上将砸下火球，毁灭东伦敦。日子定在了 1934 年 12 月16 日，这是白人纪念血河战役的日子，大多数农村移民则会离开城市回去过圣诞节。布拉德福德称，谣言甚至传到了约翰内斯堡，即说话的乌鸦关于白人城市东伦敦的毁灭及随后乡村将降甘霖的预言（Bradford，1987：234）。

于是在该地区非洲基督教及城市工人与市民权斗争中产生的政治中，

便持续出现了"千禧年主义"（见 Vinson，2012）。从 1949 年在东伦敦成立非国大青年联盟，到 1952 年的蔑视不公正法运动暴力事件，再到泛非主义者大会的"63 年获得自由"运动，东伦敦黑人的政治表达一直由对另一个家的想象所塑造，无论这个家是在过去还是未来，或者是在另外一个地方。通过对"说话的乌鸦"、千禧年说及非洲的呼声——回来吧，非洲（*Mayibuye i Africa*），另一个家的想象得以表现出来，似乎城市之外的文化景观如果得不到解放和恢复，东伦敦就不可能有自由。在 20 世纪 50 年代的斗争中，人们认为比起与白人的合作关系，非洲（科萨）民众内部的团结对于追求自由更为重要。进步的非洲人力求领导非洲民众团结起来反对白人，他们没有成为部落政治分裂或是白人诡计的牺牲品。并不是说非洲人不区分"好的"白人与"坏的"白人，而是在冲突和危机中，他们把白人定义为局外人，称他们为"来自大海的人"。正如独立工商业工人联合会一位组织者在 20 世纪 30 年代所言：

> 望向大海，你会看到成千上万的白人女孩在游泳，但很难看到非洲人，这说明白人属于大海，所以应该把他们赶到海里。（Beinart & Bundy，1987：293）

在非洲主义的叙事中，白人的诡计和背叛是永恒的政治主题，唤起了非洲人对殖民主义的痛苦体验。这种叙事框架下的政治故事和口号有一种永恒的性质（或者，就千禧年说而言，标志着特定时代的终结）。这种政治不是与某个时代或某个时刻相联系，而是通过修辞与想象，拆解成关于非洲状况和自由可能性的元叙事。这样的想象在东伦敦最有力的表达也许是泛非主义者大会促成的。泛非主义者大会倡导的不是在世俗现代话语中以权利为基础的渐进式改变，而是爆炸性的、典型的暴力变革，在这种变革中，城市和农村将像大江一样汇合，殖民城镇和整个地区会同时解放。在 1952 年的蔑视不公正法运动中，对自由的想象是通过援引丧失的土地和广袤王国的首领所激发，而非通过世俗的反对不公正种族隔离法律的号召，但也为大众媒体上自由传播的非裔美国人的形象所影响。不合作政治在当时深入人心，白人不值得信任是非洲人聚居区的政治共识。尽管市政府官员们热切地想在工业发展的大背景下重建非洲领导力，但与白人没有任何协议可谈。20 世纪 50 年代初，最有权力、最受欢迎的领袖正是那些能够融合不同派别的非洲民族主义与黑人民族主义的人。

　　魅力非凡的非国大青年联盟领袖奥尔科特·格温奇（Alcott Gwentshe）就是这样一位领袖，他当时 40 多岁。1921 年，以诺·姆吉吉玛（Enoch Mgijima）的以色列人千禧年预言提出之后，格温奇的父母在布尔霍克大屠杀中丧生，他成了孤儿。格温奇不仅是一个非洲主义者、腾布橄榄球俱乐部主席，也是美式爵士乐队的萨克斯手，还是一个政治家。他和卡达利一样，是个能言善辩的人，可以通过诉诸当地对非洲主义、千禧年基督教和更广泛的黑人民族主义观念来鼓动群众。非国大青年联盟的一些组织者知识更渊博，并曾在教会学校学习，他们认可格温奇的文化才能和政治能力，据说索布奎本人曾建议他在东伦敦领导青年联盟（马尔科姆·迪亚尼的采访，2016 年 11 与 22 日）。如果说 20 世纪 50 年代的政治仍受普遍人权和不公正法律的观念主导，那么 60 年代初，当"本土城镇"居民的情况更为恶化时，则是泛非主义者大会中非洲主义者的声音在棚户区得到了更为清晰的表达。但是并没有任何一种单一的民族主义话语能占主导地位，因为年轻人和年长的农村移民人口从有关非洲与黑人自由的混合话语中获得的信息不同。在武亚尼·姆尼加萨的泛非汽车修理厂的车间里，到了晚上，来自农村的移民和城市年轻人将他们的砍刀磨得非常锋利，这一事实再次凸显了汽车和部落在自由政治中的交集。

结论

　　19 世纪末 20 世纪初，东伦敦曾是主要的边境城市与商业殖民城市，第二次世界大战之前的工业化改变了它的社会和经济。关于东伦敦应鼓励工业化，还是应保持其地区商业贸易中心的历史地位，同时加上英式风格的滨海大道在旅游方面的吸引力，这一内部争论最终以追求全方位的发展得到了解决。市政府和商界精英动员起来，支持一项深入当地的城市发展新战略，这一战略在反对日益增长的白人殖民民族主义和占主导地位的中央政府中获得了动力。该战略由地区创新推动，建立在将地方企业、政府和（白人）公民社会联系起来的基础之上，同时为城市化了的黑人工人阶级带来有限的利益。高等学校在东伦敦工业化进程中发挥的作用有限，主要是因为并未被纳入城市布局之中。不过，东伦敦技术学院通过培训白人机械师和管理人员，为工业发展提供了支持。所讨论的这一时期，对黑人劳工在城市未来发展中应起到什么作用的看法也在发生变化。20 世纪 30

年代与40年代，大多数实业家支持白人工业化的城市模式，即雇主和工人以白人为主，他们为国内市场提供商品和服务。要进入威特沃特斯兰德的大型市场，需要有运输成本低廉的铁路，也需要政府的支持，通过征收高额关税来减少外国商品参与竞争。然而到了50年代，城市经济和工业增长显然需要讲科萨语的人口更多地加入进来，既以商品和服务消费者的身份，而且更直接地以工人身份参与其中，因为非洲劳动力价格低廉。城市运行方式由此发生了重大转变，非洲劳工要受到更精细、严格的管理，这也正是种族隔离政府以其分隔发展模式所提倡的。

20世纪30年代，南非荷兰裔白人殖民民族主义兴起，讲英语的白人殖民民族主义成为与之相抗的一股力量。推行种族隔离计划以前，东伦敦由一种城市—地区工业发展有机模式所塑造，推动这种模式的正是这种越来越爱国、雄心勃勃、讲英语的白人殖民民族主义。其指导精神包括一种基于受托自由主义的南非民族主义，并受到英国第二次世界大战胜利的鼓舞，以及英联邦作为促进地区经济投资的团体和网络而发展的启发。东伦敦的汽车文化更多地体现为英式而非美式，有许多新的投资商来自英国，如埃克塞德电池和兰卡斯特纺织公司，这两家公司在20世纪60年代带着工人来到这座城市，以支持东伦敦业已举步维艰的工业经济。对黑人社区及其领导者而言，白人实业家与市政当局的自由主义姿态来得太晚。种族隔离压迫、强制迁移和家园开发已经开始，非洲居民基本上已经失去了与白人合作的兴趣。

像底特律一样，20世纪70年代到80年代的东伦敦所面临的经济崩溃，也许会掩盖20世纪中期曾成功推动城市建设和发展的社会经济动力。根据美国城市理论家简·雅各布斯（Jane Jacobs，1961）倡导的模式，50年代的东伦敦仍有"生命"：当时城市结构相对紧凑，在一定程度上体现了社会融合。然而，郊区化与种族化的空间规划损害了城市中不同区域间的联系，如市中心、海滨、工业区、郊区、扩展的中城区，甚至城镇等。到了20世纪60年代，东伦敦已开始瓦解、去中心化，与底特律类似的城市"反乌托邦"开始在"贫民区"上演。种族隔离很快加剧了60年代后东伦敦的工业城市规划所面临的结构性挑战。本章内容还指出，虽然东伦敦在沿着种族现代主义的道路发展，牺牲非洲人和黑人的利益以保障白人利益，但这样的种族现代主义具有显著的民族主义特征。这就是乡镇反民族主义如此直接地针对白人自由主义的原因之一，也是非洲政治回应中强调不合作或文化适应的一个原因。如前文所述，种族现代主义的民族基础确保殖民民族主义的反对者总能听到"说话的乌鸦"的声音。这在很大程度上是因为政治斗争通常表现为文化斗争，而不仅仅是领土之争。这一主题将在接下来的几章中被多次提到，其中将包括对过去几年所发生的"学费必须降"运动的分析。

第四章　大学与争取城市的较量

我们将建设城市和边境，以身作则领导南非。

W. P. 奥斯蒙德（W. P. Osmond），东伦敦市长（《每日快报》1960 年 1 月 15 日）

尽管东伦敦内陆人口接近 150 万，但绝大多数为贫困人口，总购买力低。边境的地理位置仅对专为非洲市场生产的工厂而言有利。但如果有效提高民众生产力和收入，情况就会发生根本性改变。

霍顿（Houghton，1960：342）

在南非，剥削国的地理位置与在经典的帝国主义关系里不同，它并非位于地理位置不同的母国，而是位于被剥削国的境内，这构成了（南非）独特的结构，增加了其复杂性。

非国大（ANC，1969：15—16）

20 世纪中期东伦敦经济繁荣的时期，人们认为这座城市不需要大学，因为白人能充分就业，中学毕业生即使没有任何更高的资历也一定能找到工作。成立于 20 世纪 20 年代的东伦敦技术学院，通过培训技工、熟练和半熟练的白人工人支撑了城市的工业发展。而如果想要继续深造，可以去附近的罗德斯大学，或到更远的地方接受高等教育。然而，很少有大学毕业生选择在东伦敦从事教师及其他职业。1948 年以后，报社常收到来信，哀叹受过良好教育、同时能保持英语读写水平的教师太少。人们认为，不能完全把这个问题留给罗德斯大学这个该地区英国传统的守护者来单独处理，这个城市本身也有责任。东伦敦许多中产阶级认为，只有通过投资，艺术和文化才能蓬勃发展。于是，在市中心商业范围之外的牛津街与联合街交叉口，一个新的文化区正在开发。

然而，当 1947—1957 年的工业繁荣开始衰退，白人中出现了一系列新的教育优先事项。随着竞争日益激烈，许多实业家意识到自己的利益被过度资本化，认为有必要削减劳动力成本。成本的削减是通过减少使用成本相对高的白人工人，转而将生产交给廉价的黑人劳动力实现的。同时，效率和创新成为农业生产中越来越重要的因素。在这种情况下，实业家们逐渐将目光投向科学，以解决他们所面临的结构与经济问题，包括大规模生产中雇佣非洲人，以及追求利润更高的农业新方法和新产品。因此，在20世纪50年代中期，东伦敦的商业层与中产阶级向罗德斯大学伸出橄榄枝，尤其是向于1951年成立的社会经济研究所发出邀请。

几乎在同期，福特哈尔大学也把重心转移到了东伦敦，只不过它支持的是一个完全不同的利益团体。此前福特哈尔大学主要关注农村地区的发展，而现在向内城非洲人聚居区的非洲民众伸出援手，这些非洲人的利益一直受到白人市政的忽视。作为非洲民族主义的发源地，福特哈尔是东伦敦建立非国大青年联盟的后盾，在这里可以将基于群众的政治理论付诸实践。

于是，在这座城市，非包容性的白人殖民自由主义与正在崛起的非洲民族主义产生了碰撞，罗德斯大学和福特哈尔大学为争取人心展开了一场较量。这场较量通过不同形式的知识生产、社会科学和政治而展开。本章将探讨两者在斗争中所做出的部分努力，以及这些努力在从一个版本的种族现代主义向另一个版本过渡中对东伦敦产生的影响。

英国殖民者的爱国主义

20世纪中期，东伦敦作为区域性城市，经济发展势头日益强劲，这与20世纪30年代和40年代新崛起的英国白人殖民民族主义密切相关。英国殖民民族主义的高涨是对南非荷兰殖民民族主义兴起的一种回应，荷兰殖民民族主义通过全国范围内的民族大迁徙百年庆典得到表达，1937年，开始修建开拓者纪念堂（Voortrekker Monument）纪念这段历史。1949年，荷兰裔的民族主义党此时掌权已有一年，20多万荷兰裔非洲白人参加了在比勒陀利亚外举办的纪念堂落成仪式，这让以扬·史末资（Jan Smuts）为首的政府颇感意外。荷兰裔非洲白人声称南非白人之所以有如此成就，是因为荷兰裔的决心、牺牲和努力。作为回应，东开普省和纳塔尔省的英国殖民者形成了自己的身份叙事，以及他们征服和发展南非的历史叙事。这在一些文学作品及一系列新博物馆与纪念碑的落成中有相应的文化表达。这些博物馆和纪念碑的内容重点是 1820 年首批来到东开普省的英国殖民者。此次运动的文化中心在东开普省的格雷厄姆斯敦，主要是在罗德斯大学之内（见 Maylam，2005，2017）。

虽然该运动的文化中心位于格雷厄姆斯敦，但这种新的民族主义在东伦敦及所谓的边境地区也有表现。这些地方的媒体对荷兰裔有一种刻板印象，认为他们顽固、敬畏上帝，而且缺乏修养和进步的心态。进而荷兰裔被塑造为完全不懂科学的形象，他们不懂工业化、农业进步和现代化。相反，媒体认为英国殖民者的传统是具有前瞻性的，而且总是与商业头脑、企业家精神和经济发展愿望密切联系。为了支持这种自我形象，许多自称英国殖民者的人试图通过实际努力对自己和自己所处地区做出有力证明，于是便有了东伦敦在英国文化旗帜下努力发展的"奋斗港"形象。

殖民者努力将边境地区和西斯凯改造成自己可以称为家园的地方，这导致远在种族隔离政府掌权之前，许多非洲裔南非人就已流离失所。20 世纪 50 年代中期，掌管非国大的非洲主义者，以及自 1959 年起追随罗伯特·索布奎和他领导下的泛非主义者大会的人们，都将英国白人殖民者称为"异族"。此外，非洲主义者称，受托自由主义和南非荷兰裔民族主义有着同样的目标，两者都试图将非洲人赶出本属于他们自己的土地，并在白人主导的城市经济中征服他们。

然而，尽管目标一致，非洲主义观念的促成者还是频频表示，英国殖民者与荷兰殖民者代表的两个白人民族与南非的关系有所不同。他们指出，荷兰裔非洲人背弃了欧洲和荷兰，本质上转变成了一个占领南非的非洲民族，但他们反对非洲黑人的发展。针对他们，非洲主义者提议取得政治控制权，让荷兰裔在这片非洲大众土生土长的地方遵从大多数非洲人的意愿。而英国殖民者则被称为"外邦人"（uitlanders），这是荷兰裔特意为他们所创的一个词，意思是虽然在南非生活和赚钱，但并没有从根本上致力于南非或非洲大陆发展。针对他们，许多非洲主义者提议将他们遣送回英国，那里才是真正属于他们的家园。

虽然被称为"英格兰"殖民者，但这些来到东开普省的人中，很多人实际上来自苏格兰、威尔士或爱尔兰。20 世纪上半叶，通过街头游行、文化日及其他活动，这些人的次民族身份在东伦敦得以强调。然而，20 世纪 30 年代，尤其之后的第二次世界大战期间及战后，这些次民族白人身份（与不同教派的基督教会也有从属关系）逐渐消失，取而代之的是团结、共同、亲英的白人殖民者身份。在东伦敦，两次世界大战以及许多该地区的英裔白人对这两次战争的参与，都提供了有力的团结象征。著名的战争纪念碑建了起来，公民组织也建立了起来，将当地讲英语的白人与盟军事业联系了起来。为帮助第一次世界大战前线同志而设立的"锡帽纪念会社"（Memorable Order of Tin Hats），以及其他支持盟军的组织，一起领导实施了多项城市建设计划，其中包括在黑人镇区建起新的社区会堂和便利设施。这些团体的成员主导了从东伦敦公民协会名单中选出的市政府，当选并非通过政治关系，而是通过公民参与以及对地方发展的贡献。参选条件可以让那些不认为自己是"英国"殖民者的白人获得政治职位。然而，对英国和英联邦的忠诚支配着东伦敦，而这正是推动其发展的文化力量。

第二次世界大战结束后，英国白人团结起来反抗荷兰殖民民族主义，火炬突击运动的兴起就是其中的一种表现。这一组织拥护人们在战争中为之奋斗的自由民主价值观，其领导人倡导在追求进步与民主的过程中团结起来的民族共同体理念。在东开普省，与其说这场运动关乎政治价值观，不如说关乎种族动员，并且认可众多家庭在战争期间为英国所做出的牺牲。1949年到1953年，从边境地区、东开普省，包括数百英里外偏远的农村，数以万计的白人来到东伦敦，参加火炬突击队组织的集会，东伦敦是火炬突击运动的区域总部。集会参与者按照军团或战争期间的参战地来组织。这些大规模集会让人想起了盟军的胜利游行，街道上到处都是激动人心的团聚场面，表达着对民族团结和共同目标的追求。1953年，该运动因与盟军战争联系紧密而较早地消亡，但它动员了东开普省的英国殖民者，其方式类似于荷兰民族主义者大规模的地区集会，这些集会曾把农村和城市家庭团结起来，这一点在1949年开拓者纪念堂的落成仪式上尤为明显。

英国殖民者对英国理念及其文化与社会传统的承诺使许多非洲主义者因此产生了误解，认为他们对南非缺乏兴趣。然而，在两次世界大战间隔期间，尤其随着南非荷兰裔白人殖民民族主义的兴起，边境地区的英国殖民者的主要目标是加强对这一地区的控制，按照英国社区形象重塑该地区。因此，尽管很多英国殖民者1961年投票反对南非建立共和国，但他们并非不爱国，反而是坚定的民族主义者，决心利用该地区内的夸祖鲁—纳塔尔省和东开普省的基地，发展专属于他们的地方和国家建设的进步模式。这些模式支持受托自由主义理念，认为不仅要管理周围的非洲聚居

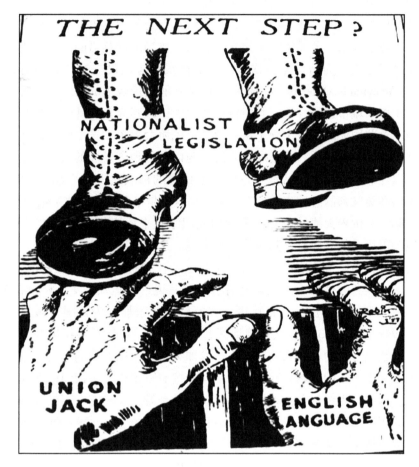

图 4.1 该图表达了在东伦敦白人大众眼中，1948 年民族主义党的胜利对殖民城市的文化和定位的影响

资料来源：《每日快报》1949 年 4 月 4 日，@《每日快报》／提索黑星（Tisoblackstar）。

区，从而保护白人的利益和文化，非洲居民还要作为消费者和生产者参与经济活动。边界地区的英国殖民者尤其关注保留地的土地退化和集水区管理问题。他们为了维持白人商业与农业的发展，试图管理生存受到威胁的农村地区的非洲人，如以前的西斯凯。在东伦敦等城市，殖民者对直接管理非洲人口并没有多大兴趣，而是依靠善意的忽视和家长式作风来进行管理（见 Atkinson，2010；Bank & Qebeyi，2017）。

因此，东开普省出现了强烈的反白人、不合作的非洲民族主义，以回应从西斯凯保留地到特兰斯凯南部白人对边境土地和环境的管理（见 Bank & Qebeyi，2017）。阿什比·姆达和罗伯特·索布奎等非洲主义领导人都是在福特哈尔崭露政治头角的，他们来自农村地区或小城镇，这些地方在两次世界大战的间隔期间曾被白人民族主义者在经济和社会上进行了重组。他们的激进政治与其说是对身体暴力与公然的种族主义的回应，不如说是对驱逐以及对社会经济的不断重组、重构这种不太明显的暴力的回应。这就是为什么尽管英国有 100 年的边境战争和暴力历史，在非洲民间故事和口述历史中却不是种族主义野蛮人，而被描述为"不可信的骗子"，在非洲人的印象中，他们曾狡猾地骗取了非洲人的土地和资源。在这种叙事中，1856—1857 年所发生的科萨屠牛事件，其责任归咎于总督乔治·格雷爵士，据说是他诱骗科萨人杀了自己的牛。他把目标锁定于一位年轻、易受人影响的女先知农阿悟斯（Nongqawuse），农阿悟斯把信息传达给了格卡勒卡（Gcaleka）王室，引发了杀牛事件。在这种情况下，非洲主义者拒绝与白人合作的呼声是合情合理的（见 Crais，2002；Peires，1989；Switzer，1993）。

正是在这样的背景下，20 世纪 50 年代白人殖民者的罗德斯大学和非洲民族主义的福特哈尔大学被卷入了城市政治。这一时期，南非经历了从史末资领导的包容性白人南非主义政治到亨德里克·维沃尔德（Hendrik Verwoerd）领导的荷兰裔白人民族主义政治的转变，维沃尔德当时频频出访东伦敦及其所在地区。东伦敦的居民，无论白人还是黑人，都在担心种族隔离到底会给他们的地区带来什么。特别是自视为城市建设者的英国白人精英殖民者，他们担心自己宝贵的财富和在殖民地区的主要成就会被荷兰裔政府霸占。这种临近的转变引起了相当大的殖民主义怀旧情绪和愤怒，并在英语媒体上得到了表达。20 世纪 50 年代中期，维沃尔德提议将白人商人驱逐出特兰斯凯，以实现独立发展，英国殖民者对此感到震惊和恐慌。南非荷兰语学校和文化协会的开办，地方警察、铁路和行政部门彻底的人事改革，都在告知中产阶级殖民者，时代正在发生改变。从非洲人的视角看，引进与实施通行证法、设立新劳工局，体现了更具体的变化，即长期的、不尽如人意，却相对善意的忽视状况正在被更糟糕的政治力量重构，这些政治力量不仅对非洲人的利益和政治要求熟视无睹，而且还打算采用新的法律和手段来压迫非洲民众。这些变化引起了人们的反应，该地区的两所主要大学成为争论的中心。罗德斯大学的杰出学者们要在这里构建自由主义，而福特哈尔大学则带头发起更坚韧的、反白人的非洲民族主义。

1959 年，《促进班图自治法》（Promotion of Bantu Self-Government Act）（1959 年第 46 号）颁布，后改名为 1959 年《促进黑人自治法》（Promotion of Black Self-government Act），随后，1959 年又颁布了《南非共和国与自治领土代表权法》（Representation between the Republic of South Africa and Self-governiing Territories Act），这些法案概述了以种族为基础划分东开普省的维沃尔德政策，东伦敦和边境地区将被置于特兰斯凯和西斯凯这两个不断扩张的民族家园之间。然而，未来民族家园的领土范围和位置仍不确定，于是出现了一种说法，即家园发展项目最终可能会吞噬整个边境地区。然而，对东伦敦投资者而言更重要的可能是，法案明确表明，官方不欢迎白人企业设在民族家园之内。1960 年至 1965 年，政府没收了原特兰斯凯和西斯凯的白人企业和商店，移交给新的科萨企业家。英国殖民边境地区被边缘化，可能是为了惩罚居民对英国、对主导该市的反荷兰裔白人民族主义联合党的忠诚，惩罚他们对南非共和国的排斥，或者是为了进行政治重组及实施种族隔离政策。但不管是什么原因，这一做法对东伦敦市的工业化战略的长期可持续投资造成了严重打击。

新文化中心与重组的工厂

在城市建设项目中，英国殖民市政官员仍坚持市中心和海滨大道的殖民特征，其中重要的公共建筑，如市政厅、公共图书馆、海滩酒店、廊亭和英式百货商店，依然是城市的支柱。但是，20 世纪 50 年代，随着城市的扩张，中产阶级的公民自豪感指向开拓新的中城区域，这一区域的创建围绕两所的重要的白人公立学校，克拉伦登和塞尔伯恩，二者均建立于 19 世纪 90 年代。该区内最大的公立医院以殖民地总督巴特尔·弗里尔爵士的名字命名，也建立于 19 世纪末。1923 年，东伦敦博物馆在塞尔伯恩男子高中建起，到 1931 年，东伦敦技术学院也在此落成，它的殖民地风格外观和雄伟的柱子为该区增添了几分庄严气势。第二次世界大战之后，文化区进一步发展，1950 年一个崭新的、设备齐全的现代化博物馆开放了，1961 年又建立了豪华的公会剧院，其中大量资金来自市民的捐赠。文化区的公共建筑设计风格类似于南非标志性的殖民地建筑，后者也受"美丽城市"运动的启发。20 世纪 50 年代，弗里尔医院进行了大规模的扩建和现代化改造，现在还包括一所非洲护士学院。此外，该区内还开了几家小型剧院。重建该区是地区内英国殖民更广泛的自豪感运动的一部分，这一运动促进了格雷厄姆斯敦殖民纪念碑等开发项目。这些改变意义重大，不仅是因为它们引发了一场关于东伦敦是否应该开办自己的大学的争论，还因为该区界定了殖民者在文化和智力方面对南非荷兰裔白人民族主义兴起的反对。

在该区，博物馆可能是最重要的教育设施，它由当地一位很有天赋的年轻女性玛乔丽·考特尼－拉蒂默（Marjorie Courtenay-Latimer）管理，1938 年，她在港口发现了一条腔棘鱼，把标本交给了罗德斯大学鱼类研究所的史密斯（Smith）。像毛里求斯的渡渡鸟一样，东伦敦腔棘鱼的发现在国际上被誉为重要发现，成为新博物馆吸引游客的关键景点，也促进了博物馆科学的发展。在考特尼－拉蒂默的热切引导下，博物馆的海洋和自然历史方面的藏品增加了。考特尼－拉蒂默用腔棘鱼吸引了更多的资金，在20 世纪 50 年代初聘用了新的科研人员，包括标本剥制师、植物学家和自然科学家。她为当地报纸每周撰写关于自然历史和当地环境的专栏文章，并为访问学者和科学家（大部分来自罗德斯大学）举办了系列公共演讲。该机构对自然历史的关注与当地景观艺术和业余摄影的发展相吻合，摄影作品定期在附近颇受欢迎的安·布莱恩特美术馆展出，东伦敦技术学院开设了美术和摄影课程，为其提供支持。

博物馆同样重要的一项工作是在展览和模型中构建该地区的人类历史。边境历史学会关注记录与保存殖民历史和非洲文物，将新博物馆用作其总部。此前，塞尔伯恩学院里有一些家庭文化藏品，如文物、日记和纪念品等。新博物馆在附近开放之后，用整个侧翼来记录非洲地区文化及从边境战争起的早期殖民历史。20 世纪 50 年代，这座博物馆很受欢迎，每年吸引约 5 万人前来参观，其中有很多是游客或学生。业余科学家、历史学家、艺术家以及人类学家、摄影师都前来聚集在博物馆周围。例如，著名民族志摄影师、"拯救人类学家"约瑟夫·登菲尔德(见 Mnyaka & Bank，2013)，在移居东伦敦前曾在尼日利亚当医生，他动员了当地的业余殖民历史学家们，后来成为边境历史学会的领军人物。博物馆与罗德斯大学的社会和自然历史学家建立了密切的联系，该大学被视为这一地区的牛津大学。罗德斯大学从边境地区招收了许多学生，为东伦敦反对南非"荷兰化"的文化和政治运动提供支持。罗德斯大学是英国殖民文化运动的学术总部，也是南非英语运动的中心，当时南非许多著名作家与历史学家都曾在这所大学工作。

如今还在博物馆展出的许多藏品和透视画都可以追溯到那个时候，而且基本上没有什么变化，说明人们对文化和知识工程的关注和认识。科萨屠牛事件危机为长达 100 年的边境战争画上了句号，这次危机被呈现为在寻求政治独立的过程中科萨人对自己造成的伤害。造就这段复杂历史的其他重要因素，如严重的殖民压力、牛病、默许和操纵在叙事中被忽略了。展品很少关注到 19 世纪末到 20 世纪非洲人生活中发生的巨大社会变化和现代化，尤其在城市和传教站中的变化。相反，博物馆展出的科萨人生活方式呈现为永恒的乡村传统，像动物和植物一样无害而平静，这种对文化停滞的表达与对白人殖民者的形象呈现形成了鲜明的对比。白人殖民者被呈现为充满活力的开拓者，他们通过不断的创新、机智、努力和决心创造了自己的世界和历史。两种对比鲜明的历史一同摆放在博物馆大厅，非洲传统和殖民现代化历史为城市里的白人殖民民族主义奠定了基础。可容纳数百观众的公会剧院的开放，为推进英国文学和戏剧艺术增添了又一个重要机构。剧院上演的多数作品都出自格雷厄姆斯敦的罗德斯大学，当地演员与格雷厄姆斯敦演员经常在莎士比亚戏剧和其他演出中合作。剧院开放不久，媒体就开启了一场辩论，探讨罗德斯大学将美术系和戏剧系搬到东伦敦是否合适。

东伦敦的现代主义重建将市中心改造成不同的商业和文化功能区，随之而来的是另一种形式的改造，这次是在工厂。经过 10 年的快速工业增长，20 世纪 50 年代中期发生了一次小型危机，起因是小型公司过度资本化，需要向大规模生产过渡以保持竞争力（Minkley，1994）。这就要从雇用白人技工和半熟练工人转向更广泛地使用廉价非洲劳动力。

20 世纪 30 年代，白人占东伦敦工业劳动力的 70%，其中包括很多女性。在这种情况下，从城市和农村之间的流动劳动力中抽出来的非洲工人，工资微薄，而且主要限于非技术性工作，他们在生产力和可靠性方面也几乎不受任何期待。雇主往往对所谓的"伊西邦卡"（isibonka）现象视而不见，指的是工人从工作场所盗窃物品来弥补其微薄的收入。一些员工甚至被允许在午餐时间回到非洲人聚居区，成群结队地饮用自制啤酒，这一现象被称为"伊赛蒂（iseti）"，他们饭后再返回工作岗位。雇主还利用劳动力流动人口网络，从农村特定地区和区域招募工人，掌握社会结构和年龄层次结构，以便在工作中更好地管理他们，同时控制他们在城市与农村之间的流动（见 Bank，2011：95；Minkley，1994）。

　　然而，20 世纪 50 年代末，这些雇用模式遇到了压力，当地工业家分成了两派，一派支持保留原农村移民劳动力体系，另一派则希望通过机械化生产线进行大规模生产，廉价的黑人劳动力在大规模生产中可以发挥更大的作用。在分裂的过程中，白人技工和工人的位置转移到劳动监督岗，不再直接从事生产，黑人雇员的比例则上升到劳动力的一半以上，其中许多人进了新建起的纺织厂。由于生产和就业方式的转变，非洲工人的工资水平提高，工人暴乱事件大幅减少，黑人聚居区一些精英人士如戈德洛（D. H. Godlo）因此认为，新的妥协已在劳动力和资本之间达成。一些工业家支持雇用"稳定"、城市根基稳固的熟练非洲劳动力，因此反对随后种族隔离政权将廉价农村移民劳动力制度化并以此作为经济去中心化的基础。种族隔离政策规划者越来越直接地干预当地城市的经济与规划，力求建立新的劳动管理体制，他们与城市工业家之间的摩擦越来越多（见Bank，2011：95；Minkley，1994）。面对荷兰裔政府的干涉，东伦敦的英国白人殖民工业精英为了实现自己的城市—地区发展愿景，在雇用非洲人时尽可能采取更自由、更包容的方式。

　　如何把原本技术低下、管理不规范的工人转变成可靠的工业雇员，以保障利润，这个问题获得当地工业家越来越多的关注。而且他们发现提高消费水平可以促进商业，因为他们可以把许多新产品和服务反过来卖给"稳定"的非洲工人阶级，这些工人将不仅仅是产品和服务的生产者与提供者。商会对搞清楚如何将手工业生产向大规模生产转变，以及城市与地区经济发展的整个过程置于更科学的基础之上尤其感兴趣。东伦敦技术学院曾在为工业发展培训白人劳动力方面发挥过关键作用，但对这个问题的探究超出了其能力范围。于是，商会和市政府将目光转向罗德斯大学，希望利用其在经济学、社会学、地理学和环境科学领域的专业能力。市政官员和工业家希望确定三个方面的问题，即非洲城市人口在经济发展过程中的潜在作用，农村尤其是白人区资本主义生产形式扩大的机会，还有能否以及如何提高特兰斯凯和西斯凯保留地的消费水平。这样明显的自由主义议题吸引了自认为是地区内自由主义堡垒的罗德斯大学。

罗德斯大学与新自由主义者

罗德斯大学及该校学者很关注中城区域文化的发展，大学同时也深入参与了东伦敦其他方面的建设。20 世纪 50 年代曾担任边境流域协会（Border Catchment Association）主席的托马斯·阿尔蒂（Thomas Alty）教授，在 1951 年至 1963 年任罗德斯大学校长，他鼓励学者们更多地关注地区政治经济的发展。于是，1954 年罗德斯大学成立了社会经济研究所。新成立的研究所（和罗德斯大学一样）获得了英美公司和矿业部门的资助，开始深入研究东伦敦和边境地区的社会经济情况。罗德斯大学以"丛林牛津"自居，学术政治和研究重点由保守的白人自由主义主导，梅拉姆（Maylam，2005）认为这种自由主义不包含种族包容和融合。但亨德里克斯与韦尔（Hendricks & Vale，2005）指出，大学里存在着不同的政治取向，也参与了更激进的社会理论与知识工作。社会经济研究所将一批项目和学者吸引进来，他们因投身于边境地区及东开普省更广泛的应用研究而团结起来。然而，在社会经济研究所，社会人类学家与地理学家、经济学家、社会学家之间一直存在分歧，前者对处于地区研究前沿的社会文化动态非常着迷，后者则更热衷于利用科学来实现积极的社会经济变化（见 Whisson，2004）。

该项目由霍巴特·霍顿教授领导，他生于艾丽斯，是一位区域主义者，也是南非最重要的经济学家之一。霍顿与土壤科学家、社会学家、地理学家、农学家和人类学家合作调查了边境地区和东伦敦的发展潜力。社会研究受托在白人城镇开展，如威廉国王镇、麦克莱恩敦和东伦敦，有三项主要研究在这些城镇展开。霍顿及其团队取得了布法罗河流域委员会与其他地方政府机构和管理人员的积极支持。他们的研究具有很高的知名度，被地方媒体频繁报道，特别是在罗德斯大学的研究人员与城市和地区的官员就其研究发现会面交流之时。这一项目资金充足，出版了几部领先的学术著作。菲利普·迈耶教授和他的同事（见 Reader，1960，Mayer，1961）对东伦敦城镇的研究在社会人类学领域产生了立竿见影的国际影响，而霍顿（1960）编著的《多元社会的经济发展：开普省边境地区研究》（*Economic Development in a Plural Society：Studies in the Border Region of the Cape Province*）在该地区产生了巨大的影响力。这本书在出版前就受到了地方官员和决策者的热切期待，在有关该地区的研究中，这是第一项全面、科学、实证的研究。区域发展的讨论不断演变，而这本书的地位则是决定性的。

霍顿和他的研究团队自认为是反种族隔离的自由主义者，对边境地区有极大的兴趣，那里曾是英国殖民者在东开普省殖民活动的中心。对于边境地区 20 世纪 30 年代以来工业与农业经济发展的规模和速度，霍顿十分清楚。他知道为促进松树、柑橘等植物的生产及商品农业的发展，在边境地区建起了一些重要的农村研究站。1940 年在东伦敦附近的斯塔特海姆外建立的多赫纳研究农场，可能是其中最重要的一个。到了 1950 年，这里取得了重要的新成果，并向农民推广了更为环保的方法。霍顿认为，这种具体的科学工作需要与对地区整体社会动态、自然能力和经济潜力的更广泛认识相联系。东伦敦战后取得的成就也给霍顿留下了极为深刻的印象，他认为区域发展必须围绕这座工业城市及其内陆地区展开。霍顿和他的团队充满了爱国主义（和家长主义），相信在合理的自由经济理论的支持下，他们通过开展研究有能力为边境"城市—地区"规划出一条发展道路。

霍顿（1960）在书中所持的观点相对简单。他指出东伦敦和边境地区未来的繁荣在很大程度上取决于城市经济的持续增长及与农村的融合；但是，他建议对这一过程进行重新塑造，以容纳更多的非洲生产者与消费者。他认为，城市—地区未来的繁荣和工业发展的关键，在于提高东伦敦的农村腹地和小城镇的生产与消费水平，尤其是在经济落后的"传统地区"。霍顿表明，该地区可以生产更多盈余产品用于出口，比如柑橘和其他农产品，但地区的未来如何，在很大程度上取决于其利用港口和东伦敦市作为增长工具的能力。霍顿认为，主要挑战在于缺乏竞争力的非洲保留地。他指出，如果那些地方的生产和消费水平得以提高，整个地区的发展都将得到大幅提升。对霍顿而言，关键问题在于"二元经济"的存在，即他所认为的经济高效、高瞻远瞩的白人商业经济与经济"落后"、停滞不前的非洲人经济之间的对比。发展所面临的挑战是让非洲人达到与白人同样"先进"的生产消费水平。他看到了一些积极的迹象。从 1947 年至 1952 年，他发现威廉国王镇和东伦敦的农村地区的零售商店数量增加了 17%。更鼓舞人心的是，东伦敦的零售收入在 1947 年至 1952 年的五年间翻了一番。他还指出，在 1952 年存在的 600 家正规零售店中，1940 以后设立的共 246 个，占比 41%。霍顿认为，东伦敦及周边区域的工业和消费增长无疑将决定整个地区未来的繁荣。

霍顿认为，通过班图当局和其他政治干预使"保留地再部落化"的种族隔离计划将是一场灾难，这些地区实现经济潜力与促进城市发展的能力会遭到破坏。至于农村发展面临的主要挑战，他认为不是土地使用权，而是非洲生产的经济组织。他认为，农村的发展不应再由进步的白人市场生产和非洲自给性生产的二元性来决定。为了达到必要的消费和投资水平，以确保东伦敦的持续工业化和多样化，他预计非洲保留地区的人均收入应该翻一倍，工业工资应有所提高。为了促进消费，霍顿倡导开展农业展览会，并于20世纪60年代早期成为班图贸易和广告展览会的管理员，展览会定期在边境地区举行，包括东伦敦、昆斯敦和威廉国王镇外的兹韦利查镇。

然而，这些想法与维沃尔德及他在东开普省总体规划团队的观点相悖。这种种族隔离模式既不是建立在白人区和黑人区经济一体化的基础上，也不是建立在扩大城镇和乡村之间联系的基础上，而是建立在种族分隔和脱离的基础上。维沃尔德不允许白人商人和农民帮助提高保留地产量，而是立法规定白人商人应该离开特兰斯凯和西斯凯。

他的政策还通过新的农村"改良"计划巩固了公有土地所有权和家庭消费自给生产。他想把农村非洲人排除在市场之外，并通过传统的领导人和家园机关对他们施加严格控制。这种模式与霍顿提出的经济自由化和市场方向不同。

在东伦敦，反对地区种族隔离发展计划的呼声很高，霍顿（1960）的书以及他的研究结论受到了热烈欢迎。时任东伦敦市长的 W. P. 奥斯蒙德，一位受托自由主义倡导者，将这本新书誉为"边境发展圣经"。该书出版一个月后，奥斯蒙德就在东伦敦召开圆桌会议讨论该书。

他在会议上说："（作为白人）我们有责任鼓励整个地区的农业发展。"他还表示，白人和非洲人应该团结起来，"通过倡导采取适当的行动向政府施压，**让边境地区的所有黑人和白人社区都能受益**"（强调为笔者所加）。① 他迅速鼓动边境走廊沿线的白人自治市接受霍顿的设想。他赢得了东伦敦委员会和地区工业商会以及所有边境城镇市长的支持。唯一的例外是威廉国王镇，那里的委员会拒绝了将非洲代表纳入拟办的新经济发展论坛的提议。

① Osmond, *Daily Dispatch*, February 20, 1960.

市政府对边境地区的调查情况感到震撼，因此要求在 1960 年 3 月与当时社会经济研究所的主任雷蒙德·伯罗斯教授和边境地区调查委员会负责人霍顿会面。在会议上，伯罗斯说整个调查花费了 25000 英镑。他接着说：

> 如果调查产生的这些报告仅仅被当作历史文件，那么这些钱就浪费了。为了具有真正的价值，报告里的数字必须是最新的，以便能随时将事实和调查结果用于促进商业和工业发展。（《每日快报》1960年 3 月 4 日）

他估计每年要花费 2000 英镑来更新数据。他说：

> 边境地区有组织的工商业、地方当局和其他公共机构应该在这方面采取主动，罗德斯大学将做好准备，在不干扰政策决定的情况下积极开展合作研究。（《每日快报》1960 年 3 月 4 日）

伯罗斯说，他有在纳塔尔省以这种方式与工业家合作的经验。他带着一种更具政治色彩的语气说："我对他们的精神支持与兴趣的重视甚于其经济支持。"（《每日快报》1960 年 3 月 4 日）他最后说，工作范围不必局限于先前研究的调查范围，东伦敦能从罗德斯大学的长期研究团队那里获益，能够指出城市和地区中出现的亟待解决的新问题。（《每日快报》1960年 3 月 4 日）

尽管维沃尔德模式与霍顿模式存在根本差异，但这两种模式的交集之处在于中央政府宣布开展"边境产业"激励计划以支持本土发展。维沃尔德将该计划视为阻止非洲人离开保留地和城市化的一种方式，而奥斯蒙德和其市长们则将其视为推动该地区以城市为中心的工业化、扩大非洲消费市场规模，并可能推动增长的一种手段。奥斯蒙德和他的盟友们认为，工业计划应该支持该地区的整体发展，而不是单独发展。同样，尽管该地区的许多市长对政府通过补贴体系提高工业竞争力的承诺感兴趣，但他们并不支持将该地区分割为独立的政治和经济单位。

与此同时，1962 年，罗德斯大学接受了政府和伊丽莎白港的请求，支持在该市建设一所新的双语大学，这削弱了它作为支柱参与该地区内城市发展的作用。罗德斯大学的许多教师对这一举措的接受是怀着矛盾心理的，尤其是考虑到此前那么多人才和研究精力都投向了东部，那里有更强的英国殖民民族主义的倾向。伊丽莎白港的这一决定进一步引发了东伦敦政策制定者和舆论影响者之间的激烈辩论，他们讨论罗德斯大学是否也应该在东伦敦的高等教育发展中发挥更大作用。有人认为罗德斯大学的艺术学院可以搬到东伦敦，因为东伦敦有合适的剧院和艺术氛围，而且"需要更好的英语教师"（《每日快报》1960年6月6日）。当地工业家、商会会长沃尔特·埃塞克斯·克拉克（Walter Essex Clarke）将这场辩论又向前推进了一步。他说，他想"往池塘里扔一块石头"，建议东伦敦超越"艺术"，在更广泛的层面考虑设立一所能成为东伦敦和该地区经济发展引擎的大学。他断言大学毕业生将在推动城市持续增长中扮演重要角色，城市如今是越来越朝着"纺织品和农产品加工"[1]的方向发展。虽然不是贬低文科教育的重要性，克拉克认为应该设立一些新的院系，包括工程、医药科学和商业研究，以支持经济沿着霍顿所指方向实现增长和发展。布法罗河流域委员会也参与了这场辩论，认为东伦敦需要一个专门的大学级别的"水科学与环境管理"学院，以妥善管理该地区的农业和经济发展。这一愿景于30年后在东伦敦得以实现，那时，罗德斯大学终于被说服，同意在东伦敦开设一个卫星校区。

扩展农业科学：多赫纳研究站

从20世纪40年代到60年代，白人农民试图继续在《土著土地法》（Natives Land Act，1913年第27号）颁布之后所收获的农业成果基础上继续收益。边境地区差异化的地貌和内陆干燥的气候特别适合畜牧业，这是农村经济的基础。然而，殖民精英决心找到新方法来改进他们的农业技术，使之现代化。他们尤其试图在水源充足的沿海地区引进经济作物和奶牛养殖，以补充内陆地区的畜牧业。从20世纪30年代后期开始，边境地区建立了几个新的农业研究站来协助这个项目，包括1937年在斯塔特海姆外建立的多赫纳研究站。这个研究站是由曾在罗德斯大学学习的约翰·斯塔克博士建立的，最初只雇用了两名员工。他们把场地围起来并修建了一些建筑物。但是，这个研究站在20世纪40年代和50年代得到迅速扩张，到了60年代，研究站内已有100名员工。这些工作人员都有资格保证研究

---

[1] Clarke W. E., Rhodes University and the City (Op-ed), *Daily Dispatch*, June 20, 1962.

站及相关科学事务的有效运行，其中包括 8 名具有硕士学位的专业人员，他们曾在农业和自然科学的不同领域接受过培训；还包括 6 名技术人员和 1 名农场经理；此外还有 70 名非洲劳工。研究站农场里发展了五个专业：绵羊和羊毛、牧场研究、畜牧业、农学和昆虫学。研究站把重点放在培育对当地条件更具适应力、更强壮的牲畜上。这项工作的成果之一便是多赫纳美利奴羊，它是由当地的美利奴羊与德国品种杂交而成。在 20 世纪 50 年代末，该农场已将 1800 头美利诺绵羊分布在整个地区。这些羊所产羊毛质量上乘，无粗硬毛，能很好地适应当地干旱的草场条件。在畜牧业分部，约翰·毕晓普负责 400 头牛，他研究了不同牧场和不同产犊期对奶油和牛奶产量的影响。他的工作与在威廉国王镇建立机械化规范乳品厂有关，也与在沿海地区扩大奶牛养殖规模有关。

厄尔·格瑞文（Earle Graven）是多赫纳的一名农学家，专门研究农作物生产。他发现在某些肥料的帮助下，在本地可以实现无灌溉种植苜蓿。他还研究了哪种土豆和块茎作物在当地条件下可以长得最好。当时，整个地区都会举办特别农耕日和农业展销会，农场技术团队与当地白人农民在这些场合有着密切合作。他们为那些家畜蓄养数量过多且受到侵蚀危害的非洲保留地提供了土壤保护建议。此外，多赫纳的专业团队还在农民协会的会议上发言，并分别访问有特殊困难的农民。多赫纳是 20 世纪 50 年代东伦敦内陆的农业研究站之一。这些农业研究站还包括在科顿代尔成立的一家专攻菠萝生产的研究站。科学家和技术人员与沿海农民一起工作，这些农民希望能从玉米和牲畜混合生产模式转为菠萝种植出口。20 世纪 50 年代，这些努力使得琼斯公司将其罐头业务从伊丽莎白港搬到了东伦敦。

20 世纪 50 年代末，霍巴特·霍顿在考虑该地区发展时，曾设想研究站、农业展览和展示活动将遍布保留地。（事实上，到 1960 年，非洲农民生产的在东伦敦市场被称为"本地羊毛"的产量，仍然不及当地白人殖民农民的羊毛产量，只有后者的二分之一。）在这种情况下，霍顿进一步提出，前特兰斯凯的经济前景会通过将其农业生产与城市和工业经济联系起来而得到促进，就像之前菠萝和乳制品的农业生产加工一样。他担心种族隔离计划会阻碍建立这种联系，并妨碍该地区的发展：

> 如果种族隔离成为现实，对此我非常怀疑，它将彻底摧毁边境经济，因为它将把东伦敦与它的整个自然腹地隔绝开来。与此同时，有

关种族隔离的言论，即使只是说说，也在散播怀疑和不确定性，这是导致东伦敦经济发展变缓的最主要因素。（Houghton，1960：293）

霍顿（1960）提出的经济发展模式称，进步首先取决于确保地区之外的市场，其次取决于通过调整生产和消费来推动非洲地区的经济变革。他看到了许多充满希望的迹象，其中之一便是非洲地区零售商店中对新型消费品的需求不断增长：

> 许多商人都评论说，非洲农村地区的需求表现出显著的稳定性……一个与特兰斯凯有长期联系的公司员工告诉我们，他最近翻阅旧发票时发现，特兰斯凯的贸易所需货物种类在约75年之内几乎没有发生过改变。20 世纪 40 年代初，出现了一个显著的变化。对德国花布、毛毯、赭石、编织带和珠子的需求下降了，而对欧洲时装的需求则显著增加。今天，科萨农村和城市的主要区别不在于品味，而在于购买力。（Houghton，1960：287）

然而，霍顿未能充分认识到的是，20 世纪 50 年代，东开普省的非洲经济不再与更北部的工业和矿业中心脱节。霍顿认为东开普省的非洲保留地仍然困在一种"传统的"、前现代的经济中，而事实上，到 20 世纪 50 年代，保留地的经济已经嵌入跨地域的移民经济。自 20 世纪 30 年代以来，非洲东开普省的家庭与移民劳工体系的融合在不断加速。霍顿在对农村贸易商店的调查中指出，支出增加是经济变化的一个好迹象，但这并不是传统经济日益活跃的结果，相反，它是由城市工资流向农村推动的。实际上，这说明了这一部门在多大程度上受到了移民劳工系统的控制，这是对本地生产力与交换力的破坏而非刺激。例如，从农村将男性劳动力与权力抽走，就损害了当地小农场主对丰裕的雨水、有利的市场环境等外部因素的反应能力。

福特哈尔大学的焦点：贾巴夫、马修斯与进步中的农民

福特哈尔大学是一所小型教会大学，前身是 1916 年成立的南非本土学院，设立的目的是选拔和培养非洲精英人士，包括各酋长的子女。在意识形态层面，福特哈尔大学的基督化和"文明教化"功能被视为最重要的，

这一点反映在以神学、教育和社会工作等科目为重点的课程设置上。在受英国模式启发的间接统治的殖民模式下，非洲人必须接受教育，以执行行政任务，支持制度运作。这包括培训办事员、教师、护士和官员，以便为非洲保留地的社区服务。这所大学培训官员如何收税，如何确保保留地能得到妥善管理，不会发生叛乱。简而言之，福特哈尔大学的建立是为了履行重要的意识形态与社会职能，使国家权力和权威合法化（Kerr，1968；Massey，2010；Matthews，1957）。

然而，就传教士、白人学者和大学行政人员而言，该机构的潜力超出了这一有限作用。他们对待工作兢兢业业，不仅培养非洲国家官员，还在科学、拉丁语、文学和哲学等学科上对非洲人进行培训。20世纪50年代，该大学与罗德斯大学联合，罗德斯大学主办其毕业典礼，并认可该校颁发的学位和毕业生。虽然福特哈尔大学不提供高水平研究生学术教育，但在20世纪上半叶，该校学生能够前往海外，有时还能得到学校的支持，并凭借自身的实力成为医生、科学家和学者。两个典型的例子是贾巴夫（DDT Jabavu）和马修斯（ZK Matthews），他们都是先在福特哈尔学习，然后再去海外留学。贾巴夫在进入伦敦大学之前，先被派往北威尔士的科尔温学校（Colwyn School），在那里他以优异成绩获得了英语荣誉学位。马修斯毕业于美国耶鲁大学，获得了硕士学位，后来加入了著名社会人类学家马林诺夫斯基在伦敦的学术圈。这两位学者都在国外攻读了硕士学位。马修斯后来成为福特哈尔大学的第一位非洲裔副校长（Bank & Bank，2013；Higgs，1997；Kerr，1968）。

贾巴夫曾广泛游历美国，并接触了新思想，这促使他推进非洲人民将农业自力更生作为一种社会经济解放的形式。1913年，《土著土地法》通过5年后，贾巴夫与国家浸信会非裔美国传教士约翰·伊斯特（John East）一起在凯士卡马胡克的拉伯拉成立了土著农民协会。伊斯特在美国亚拉巴马州出生并长大，1906年被派往米德尔德里夫特的坎达。他受到了非裔美国活动家布克·T. 华盛顿（Booker T. Washington）的影响，华盛顿认为农业自助项目、工业和手工业工作将帮助非裔美国人从奴隶制走向自由。伊斯特认为这种方法在米德尔德里夫特也是可行的。多年来，伊斯特试图说服坎达的姆丰古人和科萨人在玉米和南瓜等主要作物的基础上种植新的作物作为补充，如花生、西瓜、红薯、小麦和小米，并采取新的耕作方法。伊斯特推动了这场变革，而贾巴夫则通过翻译帮他付诸实践。贾巴夫曾在塔斯基吉拜访过华盛顿,对华盛顿的哲学思想也很熟悉。1920 年伊斯特回到美国后,贾巴夫担任了领导角色。1918 年,他帮助成立了南非土著农民协会,到 1934 年,该协会在东开普省已拥有 40 个分支机构。塔斯基吉农村农业模式和以手工业为基础的工业发展模式在传教士和自由主义者圈子里十分流行,也得到了其他人的支持,包括像詹姆斯·韩德森(James Henderson)这样的白人自由主义者,他支持农村合作社和非洲自我发展项目(见 Rich,1984,1987)。然而,有趣的是,贾巴夫支持、执行的项目与倡议并未被传教士的自由主义项目及其家长主义式倾向所俘获,而是保持了独立,并嵌入更广泛的非洲主义政治联系之中,如全非洲公约(All African Convention)的工作(见 Higgs,1997)。

从 20 世纪 20 年代中期开始,南非土著农民协会将个人土地保有权作为一种理想,并要求政府提供给非洲人与白人农民同等的补贴。土著农民协会的第一任主席是斯蒂芬·索尼察(Stephen Sonjica),他在 1877 年的开普边境战争中加入了骑警,用攒下来的 60 镑钱在坎达买了牛,租了片土地。起初,他和妻子自己耕作土地,但五年后,他们已能卖出足够的农产品,可以雇用工人来耕种。如贾巴夫所解释的那样,他那片土地的生产力来自马拉犁以及旨在提高利润的现代农业方法。1919 年,有 253 名农民加入了贾巴夫一年前建立的土著农民协会,其中许多人耕作的廉租土地有 4—6 英亩。有些地区已实行《格伦格雷法》(1894 年第 25 号),将土地保有权个人化,家庭可以获得 8—10 英亩土地。赫舍尔是由卡利登河灌溉的一个多民族混居区,这一地区成了最先进的农业区之一。为了支持该地区非洲人主导的农业发展,贾巴夫支持建立农业培训学校,促进农村手工业和工业的发展。直到 40 年代,他在福特哈尔大学担任拉丁语和非洲语言讲师时,仍然坚持这些观点。

贾巴夫和他倡导的非洲农民运动深受田纳西州农村地区的塔斯基吉研究所的影响。1881 年,该学院作为一所教师培训学校开业,为学生提供广泛的学术科目,包括数学、经济学、自然科学和音乐。华盛顿因其《摆脱奴役》(Up from Slavery,1901)一书而获得国际认可,该书记录了非裔美国人通过农业自助和手工培训从奴役中崛起的过程。他的目标是保护非裔美国人的"家庭、农场和教育",同时避免为他们奋力争取政治权利。面对美国南部诸州白人的敌意,这一立场对该研究所的生存至关重要。1913 年贾巴夫访问塔斯基吉时,曾与华盛顿在一起待过一段时间。就在这一年，南非通过了臭名昭著的《土著土地法》，冻结了非洲人拥有的土地数量，阻止他们获取更多土地。该法案将非洲人的土地所有权限制在仅占全部土地的 13%。贾巴夫还于 1913 年前往纽约，会见了著名非裔美国学者、泛非主义者杜波依斯（WEB Du Bois），他对华盛顿的手工业教育项目和农业项目持批评态度。杜波依斯的观点是，非裔美国人与乡村的联系越少越好。他认为，他们应该避免务农，因为他们曾在南方种植园里饱受压迫，所以应该把重点放在为自己在城市里创造更好的生活之上。尽管贾巴夫认为自己是杜波依斯支持的非洲精英中的一员，但他还是在东开普省推广了塔斯基吉模式，并坚持认为需要培养非洲农业学生、农村指导者和农场示范员。

马修斯接管了福特哈尔大学的非洲研究系，并在 20 世纪 50 年代提任副校长，他主要对农村地区从传统权力到民主的转变动态感兴趣。他曾在耶鲁大学接受过法律社会人类学方面的培训，是非国大在开普省的领导人。马修斯是个坚定的基督徒和自由主义者，他愿意与那些支持建立一个基于包容、民主的共同社会的白人自由主义者合作。马修斯代表了 20 世纪 30 年代大学里的非种族自由主义传统。到 40 年代中期，福特哈尔出现了一种更为激进的非洲民族主义，这种非洲民族主义对改善农村的思想观念不太感兴趣，而是希望激发不断壮大的城市工人阶级为自由而做出斗争。

新成立的非国大青年联盟成为这些政治主张的载体，马修斯的自由主义为更激进的非洲主义提供了一个出发点。此时，罗伯特·索布奎是福特哈尔大学非洲研究系的一名学生（见 Bank & Bank，2013）。东伦敦是靠近福特哈尔的唯一一个拥有工业工人阶级的大型城市中心，它为这些新政的实施提供了一个试验场。

在《全世界受苦的人》（*The Wretched of the Earth*）一书中，弗朗茨·法农（Frantz Fanon，1961）认识到，当非洲的拉丁语教授的课程（如贾巴夫的课）、或马修斯（传教士学院的忠实仆人）的改革主义政治开始变得毫无意义，当新知识分子与广大民众开始真正接触的时候，转变的时刻就到来了。法农指出，这是解放斗争中的一个决定性时刻，因为它掘开了年轻知识分子愤怒的堤坝，打开了群众暴力之源。这是争取自由的斗争走上新征途的关键时刻。

这样的时刻于 20 世纪 50 年代来到了东伦敦。法农将其表述如下：

事实上，殖民资产阶级藉由大学成员之口，通过自恋性对话，在被殖民的知识分子头脑中深深根植了一种信念，即无论人类如何犯错，那些根本的品质仍可保持永恒，当然了，那些品质自然是西方的。本地知识分子认为他们所言甚是，在这些人的大脑深处，你总能发现有一个哨兵满心警惕，随时准备捍卫这个希腊—拉丁基座。如今，在解放斗争中，在本地知识分子与他们的人民重新接触的那一刻，这个虚假哨兵便化为尘土。所有的地中海价值，即人类个体的胜利，澄净的、美丽的胜利，都成为毫无生气、黯然失色的小摆设。那些言谈似乎都只是一堆死去的词语集合；那些似乎能提升灵魂的价值观也显得毫无价值，只因它们与人们身在其中的具体冲突毫无关系。（Fanon，1961：46）

福特哈尔的新非洲主义者与"海岸校园"

在东伦敦，城市博物馆和边境历史学会推动的文化项目与该地区白人对联合党（United Party）的政治忠诚交织在一起。与此同时，作为对正在兴起的荷兰裔民族主义及不断上升的非洲人不满情绪的回应，一种更为激进的自由主义开始在该地区传播。20世纪50年代，与联合党相比略左的进步联邦党（Progressive Federal Party）与自由党（Liberal Party）在城市里获得了支持。东伦敦也出现了一股强大、坚定的女性力量，她们领导黑肩带组织（Black Sash）反抗在该地区实施种族隔离政策。城市自由主义者，如布莱恩·柯伦（Bryan Curren）和共产党议员萨姆·卡恩（Sam Kahn），不知疲倦地为改善城镇条件和提高工人工资而奔走。

在东伦敦当时的自由主义传统背景下，边境自由主义者和唐纳德·伍兹（Donald Woods）这些来自特兰斯凯的自由主义者之间有着明显的区别。伍兹讲一口流利的科萨语，与该地区的非洲领导人关系密切。就连特兰斯凯的国会议员约翰·斯坦福（John Stanford）也比他那些边境联合党的同僚明显地更为进步。较为激进的自由主义者较少关注该地区经济发展问题，而更多地关注种族隔离新政治体制下非洲人的权利问题。伍兹以《每日快报》专栏作家的身份在媒体上发表观点，并常常将种族隔离与纳粹德国相比。他从特兰斯凯的视角对"发展"问题提出了自己的观点，认为发展只能通过渐进、持续地参与非洲当地的方案来实现，而不是强制实施现代化。伍兹与早期的自由主义者类似，主张改善教育和人权，而不是在非洲社会内推行彻底的变革。在该地区活动的其他与非洲领导人关系密切的激进自由主义者还包括帕特里克·邓肯（Patrick Duncan），他后来成为泛非主义者大会的成员。

然而，这些费心且周到的自由主义者并不能代表东伦敦白人的广泛观点。1952年，东伦敦主要黑人聚居地爆发暴动，夺去了许多人的生命。暴力成为这个城市政治的一个转折点，白人社区分裂成两派，一派担心会发生茅茅党式（Mau Mau-style）的黑人叛乱，另一派则认为白人民众现在需要更多地迎合非洲人的需求和愿望。包括市长奥斯蒙德在内的一些市议员支持后者立场。他们意识到20世纪30年代到40年代，他们为非洲人民所做的太少了，为了城市的利益，这种状况必须得到纠正。然而，要对黑人聚居区的住房和基础设施新增资金投入，只能减少作为主要纳税人的白人的收益。因此市政当局提出了各种计划，要求当地非洲居民支付改善乡镇的费用。其中一项计划就是引入住宿许可证，这引发了1952年的动乱。大多数非洲人表示，除非给自己涨工资，否则无力支付服务费用。当时，非洲城市人口不断增长的需求和愿望是由城市经济的扩张激发的，并且有劳工运动历史作为基础，这一点如本书前面所述，东伦敦是在克莱门茨·卡达利领导下、以独立工商联为形式的最强大的非洲劳工组织基地。（见Beinart & Bundy，1987；Bradford，1987）。

福特哈尔政治化的学生认识到了东伦敦城镇的规模和重要性，并了解了东伦敦城市里非洲社区日益严重的脱节状况。1949年，福特哈尔大学新一届非国大青年联盟成员罗伯特·索布奎，被派到东伦敦考察在此建立青年联盟分部的可能性。20世纪40年代后期，非国大青年联盟在该省崛起，它先成立于赫舍尔区和福特哈尔，从1949年开始，又在东伦敦成立。青年联盟创立了一个新的非洲领导者。他们的前辈是非洲人聚居区的精英和开普敦自由主义的产物，而青年联盟不一样，作为新一代领导人，他们在政治上有更强烈的非洲主义色彩。青年联盟在东开普省的崛起，其幕后的策划者是来自赫舍尔区的一个天主教学校教师阿什比·姆达，南非著名小说家扎克斯·姆达（Zakes Mda）的父亲。20世纪40年代，姆达和来自威特沃特斯兰德的非洲主义者安东·莱姆比德合作，要在东开普省为非国大推动新的政治议程。他们认为，当时盛行的自由主义议程是家长式的和精英主义的，无法吸引大众，大众需要的是土地和工作，而不是受托的白人所做出的市场发展承诺。他们还反对南非共产党的社会主义现代主义及其对

（白人）俄罗斯政治模式的明显迷恋，指出它未能适应非洲农村的身份和现实。他们为非国大青年联盟指出的方向是走"第三条道路"，即将广大民众与作为一个大陆的非洲联系起来，并接受南非是一个由非洲价值观驱动的非洲黑人国家（Glaser，2013）。在这两人中，莱姆比德擅长哲思，而姆达则更务实，主张反对白人权力和统治，反对南非在白人的领导下发展。姆达激发了人们对这一新的政治议程的支持，领导了非国大青年联盟在东开普省的成立，以及1949年后反种族隔离的大规模行动计划（见Edgar，2005）。

姆达敦促非洲年轻人不要与白人政权合作，要寻求自己的解放之路。他鼓励年轻人将"回来吧！非洲（*Mayibuye Iafrica!*）"作为其斗争的指导口号。他试图把福特哈尔大学改造成一个新的非洲民族主义的堡垒，就像种族隔离政策的策划者曾利用斯泰伦博斯大学来推进白人权力和荷兰殖民民族主义一样。在这一时期，福特哈尔大学最重要的非洲知识分子是自由主义者及人道主义者马修斯。姆达试图削弱马修斯在大学里接受教育的非洲青年中的权力和影响力，他对非国大的自由主义教条提出挑战，并培养出一批新的非洲主义政治领袖。在20世纪40年代后期，姆达经常访问福特哈尔大学，并赢得了一些有影响力的学生领袖的支持，如索布奎和戈弗雷·皮特耶（Godfrey Pitje）。姆达鼓励当时是人类学硕士生的皮特耶在校园里建立非国大青年联盟。姆达后来还支持皮特耶于1950年成为此联盟的主席。非洲主义的政治议程在艾丽斯镇的福特哈尔校园获得了快速发展。20世纪40年代末，非国大青年联盟已在福特哈尔大学站稳脚跟，学生对马修斯和他的基督教的、自由主义的和解政治越来越感到不满（见Bank，2013；Bank & Qebeyi，2017）。

然而，有效的群众行动不仅依赖于受过教育的精英先锋，也需要与城市大众接触，以推动政治进程。因此，附近的东伦敦成为行动的主要目标。1949年，索布奎访问东伦敦并发表了激动人心的演讲，他谈到需要一个新的、以行动为导向的议程。通过福特哈尔和东伦敦之间的联系，一个非国大青年联盟分支成立了，并立即参与了城市一级的运动和争斗。20世纪50年代早期，通过与福特哈尔的联系，一群新的年轻领导人把非国大青年联盟的政治带上了东伦敦市的街头（Bank & Qebeyi，2017）。

虽然福特哈尔激进的非国大青年联盟学生对东伦敦的政治产生了很大影响，但东伦敦各城镇在20世纪50年代的政治发展并不是仅由他们推动的。一旦新的抵抗政治扎了根，随着种族隔离制度的实施以及警察不断诉诸暴力，它就会获得自己的发展势头。

20 世纪 50 年代以来，东伦敦各城镇和边境地区的反自由主义情绪日益高涨，这意味着霍顿等人提出的有关该地区经济发展的新愿景在可靠的非洲领导人中几乎得不到多少支持。正如罗德斯在市政府和民间机构的自由党中创建了一个选区，福特哈尔的学生们也在城镇中创建了自己的"海岸校园"。他们促进激进的新非洲民族主义的发展，反对新的、更进步的市议会中受托自由主义者及其罗德斯大学里的盟友，他们试图促进城市繁荣，反对荷兰殖民民族主义。

1953 年，班图教育法的出台使非洲教育摆脱了半独立的教会学校的控制，并将其直接置于种族隔离国家的控制之下。《大学教育扩充法》（Extension of University Education Act，1959 年第 45 号）的出台与通过给南非带来了进一步的冲击。种族隔离政府认为，对非洲学生和白人学生的教育应该采取不同的方式。班图教育将为非洲学生在南非未来要扮演的角色打基础，非洲学生仍被认为与白人不同，白人将继续做这个国家的领导者。班图教育也会彰显文化特色，会被融入到非洲学生的民族文化和当地语言中。随后根据 1959 年法案，福特哈尔的目标被重新确立。它将不再是一所传统的大学，而是一所为科萨族及其国家建设的历史使命而设计的大学。

福尔克·阿格纽爵士（Fulque Agnew）是该大学的前教务长。他称："政府令人震惊的接管行为将福特哈尔置于恐惧之中"（《每日快报》1959 年 10 月）。1959 年 7 月，政府颁布了一项法案，将福特哈尔大学从罗德斯大学（负责其学位颁发）及教育、艺术与科学部（负责监管）转移到班图教育部。1959 年 9 月 25 日，8 名教职工接到了被解雇的通知（《每日快报》1959 年 10 月 5 日）。

同在 1959 年，来自奥兰治自由邦的詹森·鲁斯（Jansen Roos）教授被任命为福特哈尔大学的新任副校长，受命组建新的大学理事会。该理事会由主要来自荷兰殖民者高等教育机构的白人官员、军官和学者组成。新任理事会的主席是南非大学校长塞缪尔·波夫（Samuel Pauw）教授。值得注意的是，理事会中没有任何非洲代表。《大学教育扩充法》的实施导致了一些大学高层辞职，其中最引人注目的是曾于 20 世纪 50 年代担任校长的马修斯教授辞职。对理事会和新法律提出抗议的学生被逐出校园。1960 年，所有学生都被要求签署效忠于大学及其新管理层的誓词，否则将在 24

小时内被开除。一切持反对立场的政治组织都被取缔了。

1961 年，罗德斯大学的托马斯·阿尔蒂教授授予领导反对该法案的马修斯教授荣誉博士学位，肯定他为福特哈尔大学的发展所做的贡献。1962 年，贾巴夫教授也获得了同样的荣誉。1965 年，贾巴夫教授在东伦敦去世。

结论

20 世纪 50 年代是东开普省和东伦敦巨大的政治动荡时期。荷兰裔民族主义者在 1948 年大选中获胜，结果令人震惊，让这座城市陷入了混乱。东伦敦市作为该地区工商业中心的崛起导致了 20 世纪 40 年代人口迅速增长，尤其是非洲人聚居区，那里变得极其拥挤和贫穷。就城市本身而言，新投资涌入市中心、滨海大道和中城文化区，新的郊区得到了发展，城市布局和结构发生了重要变化。

本章重点关注处于种族隔离阴影之下的城市政治的变化。本章认为，虽然这座城市没有自己的大学，但两所主要的地区性大学，罗德斯大学和福特哈尔大学，都以不同的方式积极参与了这座城市的发展。罗德斯大学通过与城市博物馆和艺术社区的合作，支持了中城文化区的扩展。由于这种参与，有人建议大学应考虑将其艺术学院搬到城市之内。而大学的另一些人则更关心英国殖民者主导的地区经济的持续增长与自治。曾在剑桥大学接受过教育的副校长托马斯·阿尔蒂表现出了他对这座城市的全身心投入。他与数个公共机构有联系，在为新的社会经济研究所筹资时也发挥了重要作用。1951 年，该社会经济研究所在罗德斯大学成立，目的是加强该大学在边境和东开普省的研究中的作用。20 世纪 50 年代的优先发展项目是边境地区调查研究，该项目由罗德斯著名经济学家霍巴特·霍顿主持，研究费用达 3 万英镑。项目产生了一些重要研究成果，提出了一系列明确的建议，认为边境地区可以通过解决当地的"二元经济"问题，推动城市的经济发展，并在此过程中引领全国其他地区的发展。

调查结果和霍顿的先进方法受到了整个地区与城市的欢迎。霍顿因而在东伦敦小有名气，每次他去访问东伦敦，都会受到市政府的热情欢迎，政府支持他的理论，并愿意资助他的工作。事实上，议员们希望他在城市里设立一个特别研究单位，将经济发展建立在科学的基础之上。当地商会成员认为，这样的研究单位可以成为该市高等教育的基石，并以商业和工程为重点。支撑霍顿的工作的政治基础是他的担忧，即担心种族隔离的中央计划将破坏该地区的已有成就，并将英国殖民社区在该地区原本已经取得的"进展"推回原处。霍顿的理论关注的并不是非洲的经济发展，而是殖民民族主义的发展和持续的统治地位。例如，他并不主张大规模土地改革或对不平等的生产资料所有权进行改造，尽管他确实主张提高非洲工人的工资，以及给予保留地农业更大的支持。霍顿的自由主义的中心主题之一是，无论是在非洲保留地还是在更广泛的殖民者社区，如果个人主义增强，就可以为该地区释放经济机会。在他和那些支持他的人看来，无论是对于荷兰裔殖民国家，还是对于农村保留地，种族民族主义的巩固和扩张都将对进步造成破坏。在福特哈尔大学，部落主义在政治上是受到反对的，但是，不管是由贾巴夫还是非国大青年联盟提出的为自由而战的概念，都将必然是一场基于非洲人团结起来反对白人统治的集体斗争。

当时，福特哈尔大学也参与了城市的发展建设，不过是以非官方的形式。这所规模不大的艾丽丝校园并不关心城市发展，而是继续专注于为次大陆培养受过教育的非洲人阶层。大学里重要的黑人知识分子也更关注非洲农村地区的发展，而非如何为东伦敦的白人城市建设提供支持。福特哈尔大学在东伦敦的影响力通过越来越激进、反自由主义的学生团体行动和运动得以实现，这些学生团体与非欧洲统一运动（Non-European Unity Movement，NEUM）有联系，尤其与处于上升地位的非国大青年联盟有联系。这些组织的活动家们将东伦敦视为新政治理念和动员策略的试验场。他们在周末训练学生了解非国大的政治思想，并对城市领导人的选择施加影响。他们的主要目标是把非国大变成一个以群众为基础的、受青年和工人阶级大力支持的政党。事实证明，他们在实现这一目标方面极为成功，并在该市推动了一种新的非洲主义政治，这种政治要求的是恢复原状而非自由重建。罗德斯大学和福特哈尔大学都将重新出现在这座城市的历史之中，不过，那将是在几十年的种族隔离规划和社会工程之后了。

第五章　政府俘获、城市扩张与产业去中心化

> 如抛开维沃尔德的巨大影响，就很难想象 20 世纪 60 年代种族隔离是如何初步形成的……他认为单一的非洲国家并不存在，它是由七八个民族构成的，每个民族都在本国追求独立的政治命运。
>
> 吉利奥米（Giliomee，2012：46）

诺尼·贾巴夫（Noni Jabavu，1982/1963）的《赭色人》（*The Ocbre People*）一书中，描述了 20 世纪 50 年代末，她的叔叔塞西尔如何开车来到位于东伦敦附近西凯斯的米德尔德里夫特，来看望他哥哥一家。她的叔叔来自特兰斯凯的一个乡村，贾巴夫家族的其他成员就住在那里。塞西尔叔叔已经有一段时间没来她家了，他立刻被西斯凯过度拥挤、贫困的状况与崎岖的地貌所震撼。他对比了西斯凯村庄的贫穷和特兰斯凯的富饶，那里山峦连绵不绝，居舍周围空间开阔，绿意盎然。塞西尔将西斯凯的地貌描述为畸形的郊区，没有真正的农业资源和大群牲畜，而且居住区还被种族隔离大设计师维沃尔德所构建的围栏圈住。塞西尔·贾巴夫随后回忆起在殖民统治之前，住在那儿的精奇人（Jingqi people）拥有大批的牲畜群，之后，到了 19 世纪，科萨人的牲畜被萨默塞特勋爵和白人殖民者偷走了。他注意到村庄中所谓的红色人（amaqaba）和上过学的人、传统家庭和受过教育的家庭以及中产阶级和普通人之间的差异。但最令他震惊的是农村无产阶级化的蔓延。他注意到西斯凯被围了起来，人们情绪低落。贾巴夫在这里观察到的是受农村保护管理和改善计划影响的状况，这在种族隔离之前就已在整个西斯凯保留地实施，是殖民政府为阻止非洲保留地过度拥挤和家畜饲养过多的恶化状况而采取的措施。这一政策在前西斯凯强势实施，遭到了广泛抵制，边境地区的非洲社区居民表示他们不想被"围

起来"。

在《西斯凯家园的形成》（*The Making of the Ciskei Homeland*）一书里，历史学家安妮·玛杰（Anne Mager，1999）描述了种族隔离前的保护和改善计划对东开普省的影响，尤其是在农村地区和有环境恶化风险的村庄里，殖民官员采取了选择性宰杀牛群、使土地使用合理化等措施，目的是将过度拥挤的影响降到最低。种族隔离制度实行之后，这些方案继续执行，但更多的努力放在将有土地或园子的农民与无地农民区分开来。根据政府规划者的说法，在种族隔离政策下，无地农民将不再需要依靠农业生存，而将通过农村地区工业化获得支持，工厂将建在村民家门口，他们就没有必要城市化了。在种族隔离年代，边境地区规划了许多新聚居区，但事实上系统地实施规划或资助的地方很少。1949 年，种族隔离政府上台一年后，威廉斯国王镇外建立的兹韦利查镇将为这一过程提供一个范例。玛杰（Mager，1999）详细描述了兹韦利查的创建过程，显示了位于比勒陀利亚的科学与工业研究中心是如何投入大量科学方面的努力以创建一个可以在南非其他家园复制的居住区模式。在兹韦利查，国家鼓励好望角纺织公司这个大型纺织企业在威廉国王镇郊区建立生产场所，然后将其作为支柱，在周围的部落托管土地上创建一个新的城乡接合镇。该项目需要为新居住区构建详细计划和住房模板，20 世纪 70 年代与 80 年代实施的"边境工业去中心化方案"成为这一项目的牢固基础。

这一方案的作用是将劳力密集型产业从成熟的白人城市和城区吸引过来，鼓励它们迁往家园镇区边缘的工业园区和人口相对密集的农村地区。20 世纪 60 年代与 70 年代，种族隔离政府以巨大代价在所谓的边境走廊上建造了一条基础设施主干线，将特兰斯凯和西斯凯的新家园分割开来，以支持新的工业发展模式。这立刻引起了在 1959 年就实现了自治的特兰斯凯传统领导人和本地政客的不满，他们认为这一规划是倾向于西斯凯的，因为在大多数拟建的工业镇附近都有相对密集的聚居区。在东伦敦，当地商会和市政府最初对这种去中心化的规划表示欢迎，因为他们认为这与霍顿为该地区工业扩张所构建的模式相一致。中央政府承诺将提供大量资金以推动该计划的实施，他们对此表示欢迎，同时也欢迎为吸引新工业家进入该地区而提供的激励措施。他们对以城市为基地的老牌工业家搬离东伦敦商业园区的前景不那么乐观，但他们认为，总的来说，新计划会带来很多好处。20 世纪 50 年代，市政府曾极不愿意与种族隔离政府和维沃尔德的规划团队接触。然而，他们在此看到了一个他们认为将会支持英国资本并建设该地区的良机，尤其是如果铁路关税降低，能够让地区工业进入威特沃特斯兰德不断增长的市场。此外，东伦敦的城市元老也被政府的承诺说服，政府承诺将建设非洲城镇，以容纳农村及通勤的工人阶级，这些工人虽住在东伦敦城外，但将继续为城区的工业提供服务。

霍顿对此则并不相信。他认为工业增长必须以振兴农村经济的强烈动机为前提，他看不出种族隔离模式能为农村传统经济的转型提供任何真正的支持。事实上，这种模式似乎只是使一项地区工业化计划与一套使这些区域更加缺乏活力的政策相结合而已。

边境工业园区的兴衰，1965—2000

1962 年，东伦敦市政府与商会最初对种族隔离规划者提出的区域发展新模式所持的热情态度看上去是非常合理的：英国兰开夏郡的一家大型纺织厂被说服在威尔森尼亚新工业园区建立一个新工厂（图 5.1）。这个工业园建在东伦敦 20 千米之外，以支持正在西斯凯建设的一个大规模城乡接合区小镇姆丹察内。工业家塞西尔·劳埃德（Cecil Lloyd）计划从兰开夏郡带来数百名白人工人，他们将让工厂运转起来，然后培训非洲工人，让非洲工人从事报酬更低的工作。工厂将建在白人所有的土地上，白人工人将住在东伦敦市区内，而非洲工人则住在姆丹察内。消息公布之后，劳埃德在东伦敦受到了热烈欢迎。当地报纸刊登了许多关于这位实业家的故事，报道了他在英国的丰功伟绩，讲述东伦敦将如何把工人从英国兰开夏带到这里。然而，仔细阅读这些报道就会发现，劳埃德在英国的事业已是明日黄花，他的企业越来越无法与大都市内其他纺织公司竞争。搬迁为他的生意带来了新的生机，公司每雇用一位非洲工人，都会得到相应的补贴，而且还能与国家签订合同，保证公司生产的纺织品的销售渠道。然而就在劳埃德到达东伦敦的那一天，由于泛非主义者大会对东伦敦白人宣战，当地一名白人警察在火车站被杀。当地报纸的头版分为两部分，一部分是劳埃德会见市政府官员的照片，另一部分是两架军用直升机盘旋在昆斯敦发生谋杀案的车站上方。拿起报纸，劳埃德可能会想，他给兰开夏白人女性工人阶级提供的是一个什么样的世界。无论如何，在 20 世纪 60 年代，其他人很快就跟随着劳埃德的步伐进入了姆丹察内郊区的工业园区，这为南非政府打开了一扇门，他们开始用巴士将非洲家庭送出市中心的聚居区，让他们在西斯凯开始新的生活。

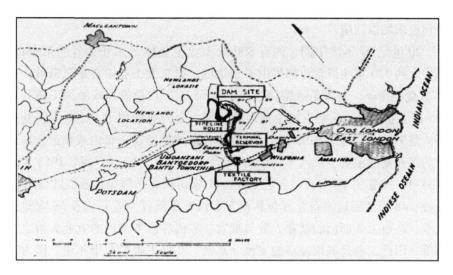

图 5.1 东伦敦城区之外劳埃德新纺织厂规划图，1963 年

资料来源：《每日快报》1963 年 3 月 12 日，@每日快报/提索黑星（Tisoblackstar）。

在离威廉国王镇约 15 千米、通往艾丽斯的路上的迪姆巴萨（Dimba-za），种族隔离制度进一步推动了边境地区的大规模重新安置。人们被迫离开西开普省，西斯凯的改善计划正在实施，导致在这个地方的开阔草原上产生了一个巨大的农村贫民窟。数千户家庭生活在那里，没有食物，没有水，没有卫生设施。生存几乎成为不可能之事，每天都有人死去。科斯马斯·德斯蒙德（Cosmos Desmond）是一位天主教牧师，住在附近的传教站。他来到这个地区，开始对这里的人施以援手。基于在此期间的经历，他写了《被抛弃的人》（*The Discarded People*，1971）一书，对种族隔离政府的强制搬迁计划进行了严厉谴责。这本让种族隔离政府在国际上蒙羞的书，立即在南非被禁，因为它告诉读者种族隔离计划对种族灭绝的影响——这些在影片《迪姆巴萨最后的坟墓》（*Last Grave at Dimbaza*，1987）中也有记录。这次曝光促使南非政府采取了行动，在接下来的十年里，种族隔离政府大力投资开发该区域及其邻近的工业园区。政府出资建起了房屋和工厂，准备迁往此处的企业获得了慷慨到无法拒绝的经济奖励。值得注意的是，对迪姆巴萨的投资主要是出于政治考虑——为种族隔离政权的强制搬迁行为及其民族国家建设政策进行辩护，而非考虑到在其政治计划产生意料之外的后果之前，当地存在什么样的内在经济需求，并对其中的任何需求加以回应。

20世纪50年代中期，约有800家工业企业位于东开普省的东半部，其中大约320家注册企业都集中于东伦敦。第二大工业中心是昆斯敦，有75家此类企业，其次是威廉国王镇，有65家。东伦敦和威廉国王镇共有385家工业企业，几乎占整个地区的一半。该行业雇用了17500人，其中85%是男性，超过75%的工人居住在东伦敦或威廉国王镇内或附近。东伦敦的工业基地主要生产汽车、食品、纺织品、家具和化工产品。1953年至1954年，全市有28家食品制造企业、11家纺织业和鞋业企业、11家化工企业、48家交通运输企业（包括汽车和汽车零部件企业）以及59家建筑企业。该市工业部门的就业人数与批发、零售和服务部门的就业人数之和相等，因此工业是城市经济的支柱。然而，在接下来的几十年里，因为对该行业的新投资重心转移到了腹地，东伦敦的工业发展停滞不前了。这种转变是由种族隔离政府的激励措施推动的，其目的是将工业部门搬迁到离家园城镇更近的地方。

20世纪40年代和50年代的经济繁荣提升了东伦敦和威廉国镇作为工业目的地的形象，鼓励了种族隔离政权坚持自己的观点，即认为将农村工业园区建在城市附近也能获得成功，尽管必须给予补贴。20世纪60年代，东伦敦及其腹地的就业年增长率相对较低，为6.2%，低于6.7%的全国平均水平。然而相对缓慢的就业增长率未能阻止种族隔离政府在该地区进行新的重大基础设施与住宅投资，以支持边境走廊的工业去中心化，走廊两边分别是特兰斯凯和西斯凯。整个地区建起了大量镇区、铁路、电网和公路，以吸纳所谓的过剩人口，并为新的工业投资做准备。当工业未能如预期一样迅速地响应新基础设施所创造的机遇时，政府就提供更多的激励措施。计划的目标是建立一条工业走廊，从东伦敦出发，穿过威廉国王镇，通往迪姆巴萨和昆斯敦，走廊面向豪登省市场，同时向东延伸至巴特沃斯及更远的地方。

20世纪70年代，鼓励产业去中心化的措施进一步加强，该计划对萎靡的地方工业经济产生了重大影响。在这十年里，激励驱动的工业增长使该区域的产出总值增加了三倍，资本增加了两倍，在当地工业经济中的就业人数增加了约30%。这些增长的很大一部分来自迪姆巴萨、杰克逊堡和兹韦利查的新工业园区。在这一时期，东伦敦—迪姆巴萨走廊的制造业表现优于伊丽莎白港—埃滕哈赫的制造点，这是一个重大成就，因为伊丽莎白港—埃滕哈赫的工业部门规模是东伦敦—威廉国王镇的两倍多。

因为工会和政治动荡对大城市的工业造成了破坏，新的工业增长主要发生在西斯凯和特兰斯凯的小型城镇，这一状况持续到了 20 世纪 80 年代。到 1990 年，迪姆巴萨工业园区内已有 30 家工业公司，许多工厂雇用了超过 8000 名工人。在巴特沃斯，有 50 家新公司在一个新工业园区成立，这个工业园区以纺织公司和南非啤酒厂为主导，在那里开设了生产和分销工厂。20 世纪 80 年代，西斯凯的家园工业化继续取得重大成果，那里的制造业部门以相当惊人的速度不断扩张（Black & Davies，1986；Black et al.，1986）。1976 年至 1981 年，制造业平均每年创造 1200 个就业岗位，而 1982 年至 1986 年 3 月，这一数字增加到 4516 个。到 1986 年 5 月，西斯凯人民发展银行在西斯凯协助建立了 124 个制造业公司，总投资为 2.681 亿兰特。当然，这种扩张不包括东伦敦和威廉国王镇的边境城镇的增长，很多西斯凯人居住在那里（Black et al.，1986）。据报道，1976 年至 1986 年，西斯凯地区的工业去中心化创造了超过 25000 个工业岗位。该计划使当地工业经济规模扩大了一倍，当然也得到了政府的大力支持。在 20 世纪 80 年代，关于工业转移与增长是由于转向了廉价劳动力还是被激励本身所驱动展开了非常激烈的讨论。事实上，这两个因素似乎共同作用促进了工业增长，主要集中在纺织业部门，而且主要是在西斯凯，那里的劳动力占了工业劳动力的三分之二。

20 世纪 90 年代，解除家园与取消产业去中心化激励措施改变了边境地区的经济面貌。国家对主要城市中心之外工业发展的人为刺激的政治支持消失了。非国大认为，一旦种族隔离时代设置的人为障碍和干预被解除，南非经济必定将在全球范围内取得成功。将工业部门聚集在城市周围被认作比分散在农村地区、基于激励政策的产业去中心化更为合理。1981 年，好望角会议制定了工业补贴，之后在地区工业发展计划进一步得到巩固。1991 年，工业补贴被大幅削减了。此时，非国大主要决策者塔博·姆贝基领导了一个强大的新自由主义游说团体，他们认为，应该放弃所有试图影响工业基地的尝试。这遭到了一些地区利益集团的反对，但令许多人感到意外的是，东开普省的反对者并未全力应对。作为政治上的妥协，政府于是出台了一个修订方案，将大幅减少激励措施与生产力而非与投入挂钩。

前特兰斯凯和西斯凯的工业发展公司于 20 世纪 90 年代解散，导致该区域城乡接合工业部门迅速崩溃。在阿马托勒，当地的服务供给中断，加速了这种崩溃。在巴特沃斯，供电经常性中断，垃圾得不到处理，其他城市服务也崩溃了，导致商业关停或搬离这里。随着信心水平暴跌，工业家们纷纷离开家园地区。5 年内，位于巴特沃斯的 50 家工业企业里有 47 家关闭（《欧共体经济最新消息》2000 年 12 月 5 日），瓦解了 20 年来的家园工业化努力。该镇最大的损失是南非啤酒厂和服装厂的关闭，该服装厂曾为南非零售巨头 PEP 商场供货。前西斯凯也发生了类似的工厂倒闭情况，在 1990 年至 2000 年期间，仅迪姆巴萨一地就丧失了 80% 的工业和 7000 多个工作岗位（《欧共体经济最新消息》2000 年 12 月 15 日）。经济以毁灭性的速度崩塌，20 世纪 90 年代引入的新发展政策难以填补家园地区的空洞。2001 年，许多之前的工业区已几乎完全废弃，许多留在那里的公司的厂房也遭到恶意破坏。

案例研究 1　遭到破坏、犯罪猖獗的工业园区

2003 年，阿曼杜面包厂是姆塔塔仅存的产业。这家面包厂价值 4000 万兰特，是由希腊移民克里斯·瓦维阿德斯（Chris Vaviades）和约翰·皮德斯莱德斯（John Pitsilades）在 20 世纪 70 年代创建的。该面包厂每小时能生产 9000 条面包，并拥有一支由 50 辆卡车组成的车队，负责把面包配送到乌姆塔塔内外。这个曾经在乌姆塔塔创造了 1000 个就业岗位的成功企业，如今由于犯罪事件肆虐而面临倒闭。2001 年，该面包店被盗 16 次。公司的许多司机都遭遇了持枪胁迫。现在，它更是面临每两周就有一次被盗的危险。面包厂主说这样下去难以为继，他们在这样一个被"持枪青年控制"的城镇中生活，丧生只是时间问题。（《每日快报》2003 年 4 月 23 日）

巴特沃斯以东通往肯塔尼的路上的工业区曾经是镇上的骄傲，现在也已由于恶意破坏而遭到摧毁。许多工厂的设备和瓦楞铁板都被拆走，转手卖给了小镇上迅速发展起来的非正规定居点。工业园区的安全状况非常糟糕，甚至连专门派去拆除设备的团队都得有保安陪同。一位业务员说："我们就像是在蛮荒的西部工作，整夜都有枪声，我们生活在被袭击的危险中，我的一个工人腿上已经中弹了。"当地执

法部门未能保护现有的基础设施，镇政府和官员也没有保护重要基础设施不受损害的政治意愿，这让居民对城市经济的命运倍感绝望。（《每日快报》2003年3月10日）

为了弥补前家园工业区的就业损失，国家宣布将在该地区启动两项新的空间开发倡议（SDIs），或"走廊"计划。第一个项目是在从东伦敦到特兰斯凯海岸的走廊上支持发展农业旅游。这一项目后来被称为狂野海岸空间开发倡议（Wild Coast SDI），它于1996年在乌姆塔塔启动，当时承诺将为该地区带来4亿兰特的投资，并为农业和旅游业创造超过2万个直接就业机会。第二个项目，即鱼河空间开发倡议（Fish River SDI），包括两个工业开发区，一个针对伊丽莎白港的库哈港口（Coega），另一个针对东伦敦的西岸工业区。2002年，正式宣布将东伦敦工业开发区纳入其中，使东伦敦能够从政府得到资金以改善其基础设施，并作为免税港口提供激励措施吸引工业入驻。40年来，东伦敦首次被优先列为工业投资的理想地点。

20世纪90年代末，非国大推出的新自由主义"增长、就业和再分配（GEAR）"计划鼓励全球竞争，进口关税因此下降。该市的两个主要工业部门对从1995年到2005年的经济形势变化做出了不同的反应。在新的汽车出口合同的基础上，特别是奔驰C系列，以德国制造商为首的汽车行业蓬勃发展。相比之下，历史悠久、曾经具有高度适应力的纺织业实际上已经崩溃了。其他非汽车制造业也开始出现问题。各种各样的公司，例如三一电子公司（Triad Electronics）就是在这段时间倒闭的。2012年，当地工业家拉里·舍维茨（Larry Schewitz）列出了一个在过去10年里倒闭的公司名单。案例研究2、案例研究3记录了这一时期该城市纺织和汽车行业的主要变化。

案例研究2 汽车业的转机：梅赛德斯－奔驰，1995—2016

梅赛德斯－奔驰在南非的制造厂位于东伦敦，自20世纪60年代以来，该公司就一直在那里运营。然而，到了20世纪90年代中期，这家工厂似乎面临着关闭的风险。因为它生产的车型过多，产量过低，不再具有全球竞争力。这一局面后来得以扭转，是因为东伦敦工厂获得了一份为期7年的合同，为全球市场生产C系列右舵梅赛德斯-奔驰汽车，扭转了这一局面。这就需要向当地工厂投资 10 亿兰特，其中包括建设一条全新的生产线及一个最先进的油漆车间。为了保证合同要求的产量，工厂从单班制改为两班制，员工人数也增加到了 3800 人。随着出口量的增加，新的投资使公司的营业额从 1998 年的 53 亿兰特增加到了 2000 年的 85 亿兰特，2002 年达到了 139 亿兰特。

戴姆勒·克莱斯勒的投资（与梅赛德斯-奔驰合并后）也为该市创造了大量下游投资机会，尤其对汽车零部件供应商而言。据估计，到 2003 年，汽车零部件行业创造了 1500 个新的就业机会。这笔投资还为东伦敦港带来了 530 万兰特的桥梁开发项目，东伦敦港新建了一个车辆码头，能够更高效地向国际市场运送出口车辆。到 2002 年，这份 C 系列车的合同已经到了第四年，关注点再次转向了未来发展。工厂需要再签一份合同才能生存下去。报纸的报道预测说，该厂可能会因其出色表现赢得更多的合同，也许会获得 100 亿兰特的新投资，使工厂引入三班制工作模式，从而大幅扩充劳动力。后来，梅赛德斯-奔驰停止了与克莱斯勒的合作，重新投资扩建东伦敦的厂区。2016 年，该工厂产量增加到每年 116000 辆，工厂的工人数量在十年内增加了一倍多，并使当地供应商在下游创造了数千个就业机会。2017 年，该厂预计生产 144000 辆汽车和卡车，实现 10 年内产量提高 3 倍。

然而，尽管按照公司标准，东伦敦的工厂变得颇有竞争力，但在全球标准下，它仍然是一个小规模工厂。例如，2017 年该公司在北京的工厂是东伦敦工厂规模的 15 倍。此外，东伦敦的产量的增加并不能为未来做出保障，尤其是考虑到其港口容量相对较低。2016 年，由于东伦敦港的容量有限，该公司本地生产的一半汽车都是通过伊丽莎白港的库哈出口的。将汽车运到伊丽莎白港的成本可能会损害在东伦敦生产的经济可行性，尤其是在产量增加的情况下。该厂一位不愿透露姓名的高级管理人员表示，公司对东伦敦的承诺令该制造商其他工厂的高管普遍感到困惑，他们认为这是不合逻辑的。他认为公司与城市和地区当局之间的关系是无关紧要的，公司主要是与国家层级的贸易工业部打交道。他将当地的情况与美国田纳西州的梅赛德斯-奔驰工厂的情况进行对比，在田纳西，公司与地方当局之间的关系是动态的，有助于加强一种"积极的氛围"。他说，虽然多生产 30 万辆汽车会使情况有所不同，但东伦敦工厂的产量不足以确保其在当地长期生存。他还指出，该厂只有7%的产量运输到当地市场，有93%的产量都出口到了国外，因此厂址不应受地理位置限制。他认为政府补贴也是一个关键变量，他最后总结："本地工厂的运营利润仍然很高，但如果没有政府的支持，汽车公司就会搬走。"（采访，2016年12月20日）

案例研究3　东伦敦的纺织业之困：韦弗利和达加马纺织厂，1995—2005

20世纪90年代，中国台湾的纺织企业在迪姆巴萨和巴特沃斯相继倒闭，许多当地评论家对此并不感到惊讶。他们认为，这些公司一直以来都过于依赖国家的激励措施来维持生存。这些开设在家园的外国纺织公司与东伦敦那些成熟的纺织公司相比一般都处于劣势。然而，很少有人了解在陷入困境的纺织业中，那些大规模的全球经济力量所起的作用，或意识到那些规模更大的老牌企业可能也会遭遇与规模相对较小的家园企业相同的命运。东伦敦的纺织业可以追溯到20世纪20年代。纺织行业最初雇用的是白人女性劳工。第二次世界大战期间，东伦敦的纺织厂越来越多地雇用当地廉价的非洲劳工，并获得了为战场生产100万条毯子的合同。20世纪70年代，种族隔离去中心化计划出台，将工业厂房搬迁到家园区域，该行业经历了进一步的增长。在其发展的整个过程中，纺织业一直受益于保护性关税政策，以保证产品以优惠条件进入国内市场。然而，在"增长、就业和再分配政策"下，这些关税逐步取消，使南非的贸易行为与全球《关税与贸易总协定》相一致。

20世纪90年代，全球竞争，尤其是来自亚洲的竞争，导致该市三分之二以上的纺织行业工作岗位流失。2001年，位于奇斯尔赫斯特工业区的历史悠久的韦弗利毛毯公司倒闭。老旧的好望角纺织厂和位于威廉国王镇附近的威尔森尼亚和兹韦利查的达加马工厂的许多员工被裁员。为了重振这个行业，市政府官员访问了中国寻求新投资，但并未成功。东伦敦认识到，仅专注于国内市场而缺乏国际网络和新技术的公司，面对来自国外的竞争便会溃不成军。在这个领域能幸存下来的公司，是那些能瞄准海外利基市场或持有政府担保合同的公司。事实上，在迪姆巴萨和巴特沃斯这样的镇子上，拥有跨国网络的小规模中国公司，如果没有取消他们的补贴，可能会比规模更大的本地公司更适合生存。

案例研究讨论

这些案例说明了全球化可以带来的好处与挑战。就地区汽车行业而言，由于豪华车的出口订单持续不断，产量不断增加以满足全球需求，因此前景依然乐观。地区汽车行业得到了德国汽车公司（大众与梅赛德斯－奔驰）之间的合作支持，保证它能进入外部市场。然而，生产每一款新车型所需的专业流程要求工厂持续地进行重大重组，这是有成本的。同样的全球机会可以带来增长和扩张，也可能带来迅速倒闭的危险。这些案例还说明，广泛的跨国网络、资本以及经验对想要在全球化中获益的公司有多么重要。与此形成对比的是，缺乏国际联系的以本地为导向的公司往往很难适应新环境。东伦敦和东开普省缺少大型跨国公司的现实阻碍了其向前发展。此外，社会资本的缺乏，如工业园区的中国企业存在的问题，可能会阻碍东伦敦的工业发展。20 世纪上半叶，东开普省的英国殖民者和商人通常利用他们在英国和英联邦的关系网络，将移民吸引到目的城市，为他们在 1943 年的投资手册中描述为"光明、振奋、美丽的"城市吸引投资（Nel & Rogerson，2007：7）。他们提供给投资者的资产是生活方式、体育文化以及干净、有序的城市。相比之下，东伦敦当前的旅游业和休闲投资已崩塌，地区内缺乏充足、可靠的市政服务，这些都会让潜在的投资者望而却步。

2015，再访工业园

2015 年，我再次参观了三个曾居领先地位的工业园区，它们现在位于布法罗大都会市。三个园区是迪姆巴萨、威尔森尼亚和杰克逊堡。在迪姆巴萨，只有四家工厂仍在运行，雇用了很少量的工人。其中一家是中国企业，为马克姆斯等零售商生产男装。还有一家名为蒂娜百货（Thina Bargains）的小工厂，生产布制品，每两周付给员工不到 300 兰特的微薄工资。当地居民说，为了挣这点他们称为"花生"的报酬，是不值得去工作的。一些员工表示，现在的工资比 20 世纪 90 年代初的水平还要低。还有一家规模相对较小的工厂，是迪姆巴萨马海毛针织厂，该厂工人不多，生产 100% 马海毛地毯。该公司成功维持了其产品在国际上的需求，能接到来自塞舌尔和海湾阿拉伯国家的酒店以及非洲动物保护区旅馆的订单。老板埃尔莎·维尔容（Elsa Viljoen）说，早先提供给制造业企业的激励措施是很慷慨的，"政府支付了创办企业所需成本的一半，每雇一位员工，政府支付三分之一的工资"（采访，2015 年 9 月 12 日）。后来尽管激励措施取消了，但她的企业仍然存活了下来，因为它能为一个利基市场提供独特的产品。然而，其他很多人的处境就没那么好了。一位前纺织厂老板表示："当那些激励措施停止时，迪姆巴萨也停止了。"他接着说："激励会让你产生一种虚假的安全感——你的企业必须坚守自己的产品"（采访，2015 年 9 月）。2001 年，为了应对全球市场日益激烈的竞争，他的工厂不得不缩小业务规模。另一位前纺织厂老板说，以前家园工业公司提供的市场支持没有了，他的公司就失去了市场份额："没有市场，就失去了一切。作为南非的出口商，你必须要有业务优势，要生产独一无二的、纯粹南非的产品。"（采访，2015 年 9 月 17 日）

受访者表示，由于经济衰落，迪姆巴萨超过 80% 的人口现在处于失业状态。普姆扎·马库普拉（Phumza Makupula）受雇于一家马来西亚纺织服装公司，公司倒闭后，她失业了，数千人和她一起失去了工作。南非纺织业曾是这些地区主要的雇主，种族隔离制度结束以来，纺织行业失去了大约 75000 个工作岗位，主要是由于劳动力成本、税收、进口费用和价格更有优势的中国竞争对手。到 2010 年，整个南非总共失去了超过 25 万个就业岗位（Freund，2014）。

在姆丹察内之外的威尔森尼亚工业园，大部分的建筑内入驻的都是功能性企业，其中也有一些仍然是生产基地。许多工厂要么倒闭，要么缩减规模，要么改变业务性质。工厂倒闭的主要原因之一是未能在全球化时代保持自身地位和竞争力。据说，工厂厂址的租户"一直在变"。这一点从工厂大门和墙壁上的标识就可以看出来，在过去 30 年里，入驻这些场所的公司名称一直在变化。该地区的支柱公司之一强生公司大幅缩减了业务规模。它不再生产卫生巾、弹性绷带和其他产品，不再是生产基地，而更像一个区域配送中心。相比之下，阿斯彭制药公司在过去 5 年里却发展壮大起来，产品种类也实现了多样化，包括针对艾滋病毒和艾滋病的流行而生产的抗逆转录病毒药物。泰克公司也实现了多样化，它不再生产电视、收音机等电子产品，而是生产风车以利用能源，同时也销售水箱。威尔森尼亚工业园区生产的大部分产品都是供当地消费的，这些公司都归地方所属及管理。达加马纺织公司是该地区已经关闭的大型工厂之一。该公司起初分裂为几家规模较小的公司，生产和分销服装和鞋子，最后以倒闭告终。以前还有一家可口可乐装瓶厂，现在也已完全废弃了。

总体而言，威尔森尼亚约80%的工厂现在用作大型货物的配送仓库，如水箱和建筑车辆，这些货物的销售或使用都在本地区内。园区里还有一些钣金加工厂以及为政府供应书籍和文具的经销商。尽管与迪姆巴萨不同，威尔森尼亚在经济上仍然相对活跃，但它已不再服务于其创立时所定的目的——制造。

与威尔森尼亚持续的经济活动形成鲜明对比的是，约10千米之外的杰克逊堡工业园区，它也是为了服务姆丹察内而建的，但已变成一个空壳。那里仍然有一些公司，但它们为了生存，不得不做出巨大的调整。易特斯公司（Yantex）是一家生产羊毛纺织品的企业，之前曾有几百名员工，但后来缩减了规模，最终关闭。现在，它已经变成一家更小的公司，叫做萨普罗特斯（Saprotex），是它曾经的一个子公司，仍然生产纺织品。索贝卡·库鲁（Thobeka Qulu）曾是杰克逊堡易特斯公司的一名工人，她说：

> 易特斯的成品曾经被一卡车一卡车地运出去……每天有四辆卡车通过东伦敦机场为一个意大利市场供货。有时买方会订购特定颜色的织物出口给他们……但是在伦诺克斯·塞贝（Lennox Sebe）当首相的时候，杰克逊堡的工厂被乔舒亚·奥帕·基阔索（Joshua Oupa Gqozo）的士兵烧了，工厂就消失了。（采访，2015年9月4日）

受访者还说，索马里人现在搬了进来，在以前的工厂里从事石雕和窗帘制造业务，"他们工作和生活都在那里……在以前的西斯凯研磨厂里"。在杰克逊堡，安全也是个问题。由于入住率下降，许多工厂被废弃，很多留在那里的人都遭遇过抢劫。整个区域似乎处于一种过渡状态，鉴于它位于通往东伦敦的通勤铁路线上，看样子似乎会变成一个棚户区。比较持久的一种印象是，在20世纪70年代与80年代生成的工业发展希望已然破灭。据估计，自20世纪80年代以来，仅这三个园区就失去了3万个工作岗位，超过该市仍保留下来的工业岗位数量的一半，这些岗位大部分都是在纺织业、家具业和制鞋行业。

拆解迪姆巴萨：对工业的怀旧

2015 年 9 月一个寒冷的日子里，为了跟进一个关于拆除一家铸造厂外部锌制框架的报告，我和一群学生一起去了迪姆巴萨工业园。合同签给了来自东伦敦的白人商人 X 先生，他以前也在园区开了很长时间的纺织厂。他显然是得到了许可，可以从铸造厂的墙上剥下锌板，然后再卖出去。在目前仍矗立在工业园的原结构厂房里，这个铸造厂是最大的一家。铸造厂有个烟囱，像一座灯塔，在几英里之外都能看见。以前，烟囱会冒出滚滚浓烟。铸造厂外面围着带刺的铁丝网栅栏，大门也锁着。X 先生公司的卡车停在院子里，他的工人正在搬运锌板。我们到达时，这项工作显然进行了一段时间了，栅栏两边都散落着锌板。一名保安解释说，X 先生的人在里面工作时，任何人都不准进入。他的指示很明确，任何人都不准进入。这个时候，尽管工业园区几乎是完全荒废了，但在几百米外聚集了一群人，大多数都是女人。我们走过去，看看这些人在做什么。邦吉（Bongi）是在 20 世纪 70 年代就从夸祖鲁—纳塔尔来到迪姆巴萨的，他在一家纺织厂当了多年的领班，说他们正在一起讨论 X 先生在干什么，同时在聊这所工业园区的未来。

和他在一起的那些中年妇女之前也是园区里的工人。她们说听到有传言，说政府会重新给这片地方投资，让一些工厂重振起来。后来我们了解到，2015 年曾起草过一份新的东开普省发展计划，将这个地方确定为潜在的新 "农业加工区"。20 世纪 90 年代中期生产激励措施被取消了，也没有新的资金投入，园区就崩塌了。大多数工厂遭到废弃，小工厂的锌制外框架也被当地建筑商剥去了。但在当地社区对这种破坏行为提出抗议之后，省政府试图通过将建筑物廉价出租给地方合作社、殡仪馆和教堂来重振这一区域。我们去参观的时候，许多由低收入租户手工制作的广告牌和标示牌还挂在原来的办公室和仓库门上，但这些企业已经关闭了。

聚集在老铸造厂附近的这些人告诉我们，他们正在自发组织，计划向政府提议在迪姆巴萨开建农业加工业务，但不知道该联系谁。他们在镇上开了几次会，镇上住着许多来自比晓的官员。很多曾在园区工厂里工作过的人都去开了会。邦吉说，不少曾在这里工作过的人都和昔日的同事保持着联系，他们经常回忆起过去的日子。尽管重新投资该区域的前景似乎渺茫，当地针对这个问题所做的努力也似乎非常无力，但显然这里的很多人对重回工业部门再就业仍然抱有希望，有的人仍然保留着自己的工作服。

我们站在那里的时候，一些年长的妇女说，她们正考虑组织起来抗议X先生，X先生以前是纺织生产商的时候，她们对他非常了解。事实上，X先生的家族在东开普省有很深厚的根基，19世纪后半叶，他的家族作为农民移民来到东伦敦。他家族中的一些人在迪姆巴萨附近的凯斯卡马胡克镇定居了下来。1918年，X先生的家族曾协助过非洲自助活动家贾巴夫，帮他在拉布拉区域获得更多的土地，以促进他的新进步农民协会的活动。X先生是凯斯卡马胡克家族的直系后裔，说一口流利的科萨语。一名曾在迪姆巴萨工业园区工作的妇女说：

> 我们都有同样的历史，我们一起经历过好时光，也一起经历过坏时光，事情发展到现在的地步，大家都很难过。（采访，2015年9月22日）

以前在园区工作过的另一位妇女插话说：

> 但我们不能接受的是，正是这个白人，他建了这个地方，现在却为了自己的利益要把它拆掉。他为什么要从我们的苦难中获得好处呢？这个社区仍然是有希望的，工厂园区还会重新恢复生机，我们的孩子以后能找到工作的，他就不能尊重这个事实吗？（采访，2015年9月22日）

邦吉不明白为什么合同签给了X先生，而没有签给就住在那里的迪姆巴萨社区的人。X先生是不是知道一些他们不知道的事情？在这个废弃的工厂旧址前，通过聚集在这里的人，我们了解到了去工业化带来的怀旧情绪。

我们后来单独去过一次威尔森尼亚工业园区，那里仍然用作仓库储存货物。我们同样注意到有以前的工人在四处寻找打零工的机会。和在迪姆巴萨一样，他们谈到了持续大约15年之久的黄金时代，那时，工厂里大量生产各种各样的纺织品，成百上千的工人守在机器旁裁衣、缝纫。我们了解到园区里还有一家纺织公司仍在运营，于是我们就走过去和那里的工人交谈几句。有几个妇女在那里工作，但对我们很是冷淡。很快，一个体型高大的白人出现了，问我们在那里做什么。他说他们为普莱斯先生制作运动服，是与约翰内斯堡的一家公司签了分包合同。他说他们是被园区内低成本的生产场地所吸引，最近才从约翰内斯堡搬来的，尽管考虑到将成品运回豪登省所需的运输成本，公司里有些人表示搬来不是什么好主意。他说厂里这些女工不愿与陌生人交谈，因为她们很看重自己的工作，害怕如果消息传开，政府会来把工厂关了。在这家工厂听到的说法似乎可以证实这种观点，即在未来一段时间内，无论何种规模的纺织生产都不太可能在该区域重新复苏。

2015 年底，国家财政部的一名官员表示，已有一笔小型预算拨给了前工业园区，用于再投资，尽管他并不认为这一数额足以产生重大影响。

罗德斯大学回归，拯救白人之城

20 世纪 80 年代中期，东伦敦经济危机加剧，白人市政府找到罗德斯大学，希望罗德斯能在东伦敦建一个卫星校园。尽管在历史上罗德斯大学对东伦敦有过兴趣，但最初并不愿意接受这个提议。一定程度上，这是因为罗德斯早先曾与伊丽莎白港有过直接接触，但以失败告终。20 世纪 60 年代早期，罗德斯大学曾投入大量资源在伊丽莎白港的鸟街建设一个校园，然而，由于国家决定创建和资助一所独立大学——伊丽莎白港大学，罗德斯的努力没有成功。伊丽莎白港大学是一个全新的机构，在城西边缘有自己的校园。在家园政策的背景下，东伦敦不太可能像伊丽莎白港那样能获准建设一所新的大学，因此罗德斯大学重新进入东伦敦时，是忐忑不安的，之后 20 年，它在与东伦敦的关系中始终保持着谨慎态度。

罗德斯大学是在东伦敦经济处于低谷时回归的。此时，一些工厂已经搬到了家园地区边缘的工业园区，还有更多的工厂正在计划搬迁，这既是因为政府给提供补贴，也是因为该市的劳工动荡在日益加剧。1981 年，麻烦开始了，威尔逊—朗特里工厂发生了一次引人注目的罢工，这场罢工因其巨大的谈判影响力为该市的劳工运动在全国范围内赢得了关注。动荡之后蔓延到了其他工厂，在 20 世纪 80 年代大部分时间里，东伦敦都饱受罢工和停工的影响。1986 年，在邓肯村，这个原东岸非洲人聚居区，一些年轻人在威廉国王镇参加了一场政治葬礼，之后 34 名非洲居民在街上被警察开枪打死。这些年轻人返回东伦敦，下公交车时仍在唱着解放歌。警察怀疑葬礼之后会发生骚乱，就在邓肯村的装甲车里等着他们。就在这个时候，警察向青年们开枪了。此事发生之后，这个聚居区变得难以治理。后来，一些在20世纪60年代和70年代被强制转移到姆丹察内的人返回该区域，在那里搭起了棚屋，这样可以减少往返工作的交通费。邓肯村的一个新居民协会成立了街道和地区委员会，允许农村人口的流入。在大规模强制搬迁之后的十年内，新镇变得与旧镇惊人地相似，而旧镇正是种族隔离规划者力图拆散的。随着居住区人口密度的增加，警察与镇民之间的冲突也越来越多。这个地方于是逐渐变成了禁区。（见Bank，2011）

此时，这个白人城市选举了唐纳德·卡德（Donald Card）担任市长（Bank & Bank，2013）。卡德长期以来服务于殖民民族主义，有一种开拓进取的气概和心态。卡德曾是一名警察，在20世纪50年代和60年代曾指挥过反对非国大和泛非主义者大会领导下的非洲人聚居区解放运动的安全行动。他说一口流利的科萨语，是一个广为人知、令人生畏的角色，他曾强硬地打击政治集团。1964年，在里沃尼亚审判中，他为审判包括纳尔逊·曼德拉在内的非国大主要干部提供了证据。在卡德的领导下，市政府应当地商会的要求，在这个经济与政治处于危急的时刻找到罗德斯大学，让它进行干预。边境商会认为，东伦敦需要一个能够提供商业和专业服务的大学以支持其发展。然而，这座城市已不再是三十年前那个罗德斯大学愿意与之打交道的城市了。当时，英国殖民民族主义正在兴起，城市元老们试图保卫东伦敦，对抗非洲荷兰裔殖民民族主义和种族隔离计划的独立发展规划。经过一番游说，罗德斯大学最终接受了提议，买下了位于市中心的旧殖民时期的羊毛交易大楼。在那里，它起初与南非大学合作，为大学研究创造出了空间。成功劝说大学入驻后，当地商会试图任命自己的候选人担任东伦敦校区的主任，此人拥有商业领导力和管理经验。然而罗德斯大学拒绝让东伦敦主导双方关系，任命了一位了解该机构学术文化的候选人——教育学家而非商界领袖的特里·马什（Terry Marsh）教授。

然而，东伦敦商界不甘示弱，坚持全面参与新校区的管理架构和董事会，他们通过提供建议甚至资源，以实现他们对大学项目的愿景。梅赛德斯-奔驰和强生公司是该市的两家知名企业，对此特别感兴趣。校园董事会里还包括市政府代表，他们鼓励大学扩大其在市中心的影响力，尽管地方政府没有在土地或建筑方面投资。在东伦敦的头十年里，罗德斯大学东伦敦校区成了一个利基校园开发项目，这是罗德斯大学历史悠久的学术力量与取向和东伦敦白人商业利益与需求之间的妥协。此外，罗德斯并不打算让东伦敦校区以任何方式挑战其主校区的地位。大学里的资深教职工继续留在格雷厄姆斯敦，只有更年轻、资历更浅的学者被派往东伦敦。

为满足东伦敦商业和在职培训的需要，这个校园创建之时就以满足非全日制学生的需求为目标，因此只在清晨和傍晚开课。学术课程以三个学科领域为主——商业与管理、法律、初等教育，这些都是专业领域。为了限制成本，并加强与市内专业部门之间的联系，大学从当地律师事务所、会计师和商业管理机构聘请了兼职讲师。20世纪90年代，教育与社会工作也发展成为这个大学里的一门学科，该学科的教师大部分都是全职的。教授的数量非常少。学校没有宿舍，也没有体育设施，在学生人数增长到1000以上时，罗德斯大学也不愿购买更多的建筑。然而在东伦敦校区的学生中，特别是在教育与社会工作学院，有很多非洲学生，这有助于罗德斯大学在20世纪90年代实现"人数转型"，当时罗德斯大学格雷厄姆斯敦校区仍然是以白人学生为主。罗德斯大学当时的校长是德里克·亨德森（Derek Henderson），他对新校区没有什么兴趣，于是东伦敦校区就出现了一种混合模式：大学的研究成果相对较少，课程体系的多样性也相当有限，但是积极关注其所在城市的经济需求与发展需求。

从20世纪90年代中期开始，曾就读于罗德斯大学、开普敦大学首席科学家大卫·伍兹（David Woods）被任命为罗德斯大学校长，罗德斯大学东伦敦校区获得了更大的支持以开展其试验。与亨德森不同的是，伍兹对东伦敦校区的发展非常关注，对这个校区如何能为罗德斯大学的整体发展做出贡献非常感兴趣。他听取了东伦敦商界和市政府的意见，得出东伦敦校区应该扩大其科学与学术项目规模的结论。伍兹认为，引进科学和工程学科对大学的长期发展至关重要。他积极争取在该市建立一所新的罗德斯医学院，并使它与当地的弗里尔医院、塞西莉亚－马基瓦内医院这些公立医院相联系，还要开设工程学院，以支持工业发展。他还试图把校园搬回中城的文化区，靠近弗里尔医院、博物馆和技术学院，在一个有历史渊源的地方重新开始，而且这个地方成本相对较低，利于扩张。他不喜欢大学设施混于内城的模式，因为他认为内城土地有限，会抑制校园的发展。伍兹的愿景鼓舞了这个白人城市及其商界，但因省卫生部长特鲁迪·托马斯（Trudy Thomas）决定在姆塔塔开设新的东开普省医学院，就在原特兰斯凯大学的校园内，伍兹的计划以失败告终。这一决定改变了伍兹的想法，他一直在东伦敦校区的发展方面遭遇重重困难，从大学的学术力量那里也得不到多少有力支持，他最终放弃了他的城市—大学愿景，将重点放在发展格雷厄姆斯敦校区上，而将东伦敦仅作为战略性资产。

罗德斯大学第二次来到东伦敦，并不完全是一种归乡的感觉。与20世纪50年代曾深深吸引副校长托马斯·阿尔蒂和他的自由派学者们的东伦敦相比，这座城市已经改变了太多。东伦敦不再是一个充满了潜力和机会、讲英语的新兴沿海城市。近50年的种族隔离规划剥去了这座城市的积极进取精神，也向白人商界和城市领导层注入了恐惧和顺从，他们表现出了一种应对而非征服该地区的态度。过去几十年，通过"家园计划"，非洲人不断涌入边境镇区，这个地方的贫困和欠发达问题似乎是难以解决的，这很难带给罗德斯大学什么动力，能将东伦敦校区视为机遇而非一种服务。说服格雷厄姆斯敦校区的教工搬到东伦敦似乎很困难，甚至只是让他们去东伦敦旅行都很难。一些最终调到东伦敦校区的教工觉得，他们之所以被派往东伦敦，是因为他们和系主任有矛盾，或者是由于其他问题。但是，罗德斯是一所有良好声誉的大学，它以专业精神服务这座城市。但它对在东伦敦的发展不感兴趣，它不想在本校区学生人数的基础上，在必要和可持续的范围之外发展自己的存在。很多人说，罗德斯大学之所以用这种方式回应东伦敦，是因为多年前它曾在伊丽莎白港遭受了极大的损失。

然而，一个更广泛的观点是，东伦敦对白人不再具有吸引力，它缺乏昔日那种乐观、前瞻性的区域自由主义意识。现在，它看起来已陷入困境，被剥夺了曾经的历史作用，成了一个不属于任何人的地方。在2004年的合并中，罗德斯终于获得了一个离开东伦敦的机会，它全力抓住了这个机会，这让那些在东伦敦校区以白人为主的教工们颇为沮丧。第二年，福特哈尔大学搬进了罗德斯大学曾经用过的大楼，接管了它的资产。原邦德理工学院在市中心的校区则给了新沃尔特·西苏鲁大学。新布法罗市继续教育与培训学院（Buffalo City Further Education and Training，FET）也在市中心边缘落成。面对竞争日益激烈的城市高等教育，南非大学也在那里买了一栋大房子，以稳住自己的地位。十年之内，市中心高等教育的学生人数从几千名到超过1万名。也正是在这一时期，东伦敦的非洲中产阶级快速增长。省会搬到了比晓，原西凯斯首府，在这个城市的门口建立了一个庞大的政府官僚机构，它起初获得了充裕的资金，能用于创造就业机会。市政府在1994年至2000年曾是一个过渡性地方权力机构，仍然保留了很多以前的白人职员，现在已完全由非国大控制，许多工作岗位由新的非洲官员担任，其中很多人来自以前的非洲家园。这也是大批白人中产阶级逃离该城市的时期。

东伦敦工业开发区，2002—2016

21世纪头十年，通过一项国家工业开发区计划，新的再工业化政策得以实施。该计划提供了专用基础设施、精简的公共行政结构以及在划定地理区域内的一系列财政激励措施（Engman，2011）。国家贸易工业部指出，每个工业开发区都应该：

> 培育具有战略经济优势的工业综合体；为确立战略投资提供场所；促进资源密集型产业的开发；利用现有的工业能力；促进与本地产业融合，提高生产附加值；为其所在地区创造就业和其他经济与社会效益。（《制造业发展法》1993年第197号）

该计划是随着全球范围内大量工业开发区（也称为出口加工区和经济特区）的出现而制定的。中国深圳经常作为成功的经济特区的例子被援引。深圳从20世纪70年代的一个渔村变成了如今拥有900万人口的经济大城市（Farole，2011）。根据《制造业发展法》划定的四个工业开发区中，有两个在东开普省：库哈工业开发区（Coega IDZ）和东伦敦工业开发区（ELIDZ）。[1] 该省（和东伦敦）将再工业化作为其经济发展战略的重要组成部分，采用了与20世纪60年代以来类似的发展模式——政府补贴支持下的投资。然而，新开发区设置在东伦敦港口和伊丽莎白港，以促进出口和将位置效益最大化，它们的地理位置限制了其发展影响的领域。

尽管对工业开发区进行了大量投资，但并未能达到预期目标。2002年至2014年，国家贸易工业部向这些开发区划拨了69亿兰特用于资助其运营和固定资产基础设施建设。

表5.1总结了东伦敦、伊丽莎白港和理查德湾工业区的各业绩要素与开支比，作为衡量该计划成功与否的标志。这些数字表明，可以说没有一

---

① 夸祖鲁—纳塔尔省的理查德湾工业开发区与豪登省的奥利弗·雷金纳德·坦博国际机场工业开发区（OR Tambo International Airport IDZ）也都是在2002年设立的。然而，奥利弗·雷金纳德·坦博国际机场工业开发区从未运行过。

个工业开发区的投资得到了合理的收益。东伦敦工业开发区未能筹集到与公共财政投资相匹配的私人投资，对政府每1兰特的支出，对应的私人投资只有87分。东伦敦工业开发区创造的每一个直接工作岗位，都要花费政府的189.5万兰特。此外，它的投资者都没有创造出口。国家财政部委托编写的一份关于工业开发区运行情况的报告总结如下：

表5.1　　2002/2003—2013/2014年南非工业开发区支出与业绩指标

经济变量	库哈工业开发区	东伦敦工业开发区	理查德湾工业开发区
政府总开支[a]	R6900000000	R4623000000	R1518000000
私人投资者数量[b]	46	30	4
私人投资总额	R11801450000	R4024700000	R5355000000
政府支出：民间投资	1.71	0.87	3.53
创造工作岗位总量[c]	57666	13713	2242
直接工作岗位	5011	2439	534
间接工作岗位（包括建筑行业）	52655	11274	1708
兰特/工作岗位（直接）	R1377000	R1895000	R2843000
兰特/工作岗位（直接与间接）	R120000	R337000	R677000
总出口额	R721457000	R0	R1941023000

注：a. 不包括省级业务支出（资料不详）

　　b. 包括已签署和兑现的投资

　　c. 包括签约投资者的预计工作岗位和实际工作岗位

资料来源：笔者的估算，源于贸易工业部（2014）。

　　除非这些工业开发区能够迅速获得大量新投资者，否则这些干预措施的整体效率和成效就是有问题的。具体而言，鉴于这三个工业开发区的规模，如不能有一定数量的大型固定租户入驻，就很难证明现有计划持续的成本具有合理性。（DNA Economics，2013：5）

支持这类开发区发展的大额资本支出无一例外，总是出现于第一阶段。此外，在更偏远的地区，如东开普省，在缺乏足够市场力量的情况下，工业发展的成本必然会更高（Bernstein et al.，2012；Nel & Rogerson，

2013；Nyakabawo，2014）。基于此，为特定工业开发区内的公司提供额外激励可以得到合理解释。相比之下，无差别的优惠计划则可能会导致发生"竞相逐低"现象（Farole & Akinci，2011；Jauch，2002）。然而，尽管东伦敦的再工业化进程中存在固有的挑战，但相对于进一步资本化的成本，私人投资水平随后应会进一步提高。国家提供资助已有十年多，公共财政也已拨款数十亿兰特，东伦敦工业开发区仍未产生足够的投资或就业岗位。

南非的工业开发区业绩不佳，部分原因可能与其"飞地"方式有关。在每个开发区，世界级的基础设施都提供给了那些位于封闭式工业区域内的公司。然而，开发区内的经济活动并没有融入当地（和国家）的经济与社区之中。虽然开发区地理边界之内的公司能直接受益于基础设施，但它们与周围的国家、地区以及城市的经济联系并未得到促进，而这些联系可以加强工业开发区的竞争力（与吸引力）。在这一方面，可以增强或阻碍企业竞争力和潜在发展作用的因素包括：本地物流网络质量，市政费与税收，地方官僚机构效率，必要技能的可用性，以及充足的住房、教育与卫生设施。

认识到工业开发区计划的问题和糟糕表现后，贸易工业部于2016年实施了新的经济特区计划。经济特区政策明确指出：

> 就南非的工业开发区而言，过多的注意力被置于开发区内的活动与企业，而对开发区外的活动则未投入足够的重视，即使是那些对开发区内企业的成功运行和开发区自身的可持续性发展具有关键作用的活动也是如此。设立工业开发区的目的是为了支持出口导向型工业的发展。工业发展不仅要求开发区，也要求开发区所在地区能够支持这些工业的长期发展。（《经济特区政策》2012：12）

为了确保政府各部门都能为工业开发区和经济特区的有效运行提供必要支持，需要强有力的政治领导（Farole，2011）。东伦敦工业开发区由布法罗市都会区（持股24%）和省政府（持股76%）共同拥有。董事会由市都会区、省政府和组织内企业的代表组成。因此，协调其地方层级的活动似乎是有保证的。然而，要获得国家部门和国有企业的支持仍然存在问题。例如，南非税务局在2012年，即工业开发区被指定的10年后，才给予其法定的海关、关税和增值税优惠政策。即便如此，这些激励政策在开发区实施时，南非税务局仍对政策的解释提出质疑。激励措施的缺乏阻碍了开发区的经济表现（Bernstein et al.，2012）。

《经济特区政策》（2012）中所列问题包括：缺少经济特区特别激励政策；临时安排资助；缺乏促进投资的针对性措施；利益相关者协调不足；临时制定计划；薄弱的管理机制；计划设计和支持不足。然而，尽管在2016年2月出台了新的经济特区立法，但这些政策问题如何切实解决仍不清楚。此外，工业开发区/经济特区计划依旧缺乏关键因素。

经济特区的一个关键作用是当作政策变化的实验室（Baissac，2011；Farole，2011）。在中国，经济特区用以绕开保护主义的封闭经济，测试进入出口市场及开放国内市场以扩大特定部门的贸易有哪些益处。在地理上划定的区域内实行一些特定的规则，可以对某方面的贸易和经济政策进行试验，并对发生无法预测的反常结果的风险做出评估。如果在经济特区实行的新政产出了有益结果，那么这个新政就可以推广到整个经济，从而对国家竞争力的提升产生重要影响。然而，南非行政的繁文缛节限制了开发区试验新政策的能力，这意味着错失了良机。经济特区当前的政策与立法的另一个缺点是，它未能针对非技能工人的大规模就业问题。东开普省的长期失业问题主要集中于没有接受大学预科教育的工人中。为了减少贫困和失业问题，需要在制造业等行业多创造就业岗位，因为这些行业具有吸纳过剩劳动力的潜力。对于特区内不同类型的私人投资可能产生的社会经济成果，经济特区政策不应保持沉默。

结论

至此，有必要回顾之前提到的一些重要数字，并做一些扩充。20世纪50年代中期，东开普省东半部的800家工业企业中，有320家位于东伦敦，包括所有大型企业。此外，现属布法罗市的东伦敦和威廉国王镇共有385家工业公司，几乎占该地区工业公司总数的一半。该地区的工业劳动力总人数为1.75万，其中85%是男性，超过75%的劳动力居住在东伦敦和威廉国王镇区域。该市的6.5万名成年居民（包括白人和黑人）中，近三分之一受雇于工业。相比之下，在美国东北部的全盛时期，工业就业率约为40%，在底特律，这一数字或许超过了50%。1955年，东伦敦工业劳动力占总劳动力的比例超过30%，在当时，东伦敦当然称得上是一座工业城市。

20世纪80年代中期，在边境地区工业去中心化的高峰期，兹韦利查、迪姆巴萨、杰克逊堡和威尔森尼亚等地的城乡工业园区创造了超过3万个就业岗位，而现在这些工业园区的人口已经增长到35万人。这些工作大多报酬低，多由妇女从事。国家负担了一半以上的成本，大部分是以工资补贴的形式。尽管地区和城市的失业率尚未达到危险比例，但也在迅速增长。人为刺激模式使工业就业率维持在总就业率的20%左右。相比之下，美国锈带同期的工业就业率低于这一数字。然而，东伦敦至威廉国王镇这一区域的许多新公司与该区域几乎没有什么社会文化联系，靠政府补贴生存。尽管东伦敦—威廉国王镇区域的工业区对地区与城市的经济做出了重大贡献，但其发展轨迹并不是像50年代那样，由市政当局、居民和致力于地方发展的企业家塑造的，而是由种族隔离政府的中央规划者决定的。1994年，民主制度建立，此时大多数在种族隔离制度下曾获支持的工业企业不是倒闭就是逃离，因为曾经支撑他们的补贴制度取消了。

到2016年，布法罗市约有30万适龄劳动人口，这一数字包括了东伦敦和威廉国王镇周边的一些农村地区。在经过重组的工业化新方案下，该市的工业岗位不到2.5万个。换句话说，不到7%，可能仅为4%或5%左右的城市工作人口就业于工业领域。美国铁锈地带的可比数字之间有差异，但可以看出当年约有8%的工人受雇于工业。当时，东伦敦的失业率大幅上升，20世纪50年代为2%—3%，在80年代中期迅速上升至10%左右，而到了2016年，则几乎飙升至50%。换句话说，2016年，该市有超过15万正值工作年龄的男性和女性处于失业状态，其中大多数人的受教育水平很低，很多人已经长期未能进入正规的就业市场了，还有很多人从事临时工作。相对较少的新增工业岗位主要是为技术工人创造的（在南非的汽车部门以及包括采矿业在内的大多数其他低技能工业部门，高中教育水平是最基本的就业要求）。

在考虑到东伦敦目前的经济困难时，有一点很重要，即要注意很多经济衰落的种子早在几十年前就已埋下了。虽然经济去中心化的种族隔离计划获得发展势头，推迟了地区与城市的去工业化进程，但也从根本上改变了区域经济的本质：它把城市与其腹地分割开来，并切断了许多先前创造的价值链。该地区工业经济的结构重组使重点发生转移，先前在种族殖民资本主义下，重点为追求有效的生产与适应方式，现在转移到了现有和新兴市场的需求上。由于企业获得了大量补贴，所以新制度仅在部分程度上基于市场生存能力。这导致了短期寻租变成了积累的主要推动力。在国家为白人提供了一系列支持家园发展机会的背景下，企业家阶层的注意力迅速转移到了那里。20世纪50年代，对荷兰裔白人民族主义和种族隔离的深切而响亮的抵制在东伦敦表现得非常明显，但在60年代及之后，抵制逐渐消散，因为该市的白人中产阶级很快认识到，公开的政治反对是不利于商业的。事实上，资产阶级开始明白，与其为建立充满活力、富有生产力的地区经济而奋斗，不如随着种族隔离的洪波，通过从政府支持的项目（包括灌溉计划、工业和家园开发）中寻租来获利。大量资源投入了该区域，以建立一个能够支持种族隔离政治项目的经济体系。省内白人资本积累的动态和特征也随之发生了变化。讲英语的白人排外的区域资本主义经济总是感到它与东伦敦的联系要强于与比勒陀利亚的联系，它与其权利意识、内部社会的一致性以及基础设施一起，被外国公司、本地公司、机会主义者混杂在一起挤到了一边。这些公司试图利用边境工业区以及工业区所提供的国家补贴和廉价非洲劳动力来建立企业，否则这些企业在大都市区几乎没有成功的机会。

比尔等研究者（Beall et al.，2002：45—60）将这种产业外迁过程描述为一种"种族福特主义"，它为工业核心区濒于崩溃、陈旧过时的商业模式提供了第二次机会。他们认为这种模式更大的影响是阻碍了整个工业部门的创新和变革。吉莲·哈特（Gillian Hart，2002）在关于夸祖鲁—纳塔尔省的纽卡斯尔的研究中提供了另一个视角。她认为，在那里建立的工业公司与全球联系紧密，如果不是被如此匆忙地推到一边，许多公司可能会有所作为。她认为，如果1994年后的规划能将种族隔离时期的工业区纳入发展计划，将更边缘区域的城乡发展联系起来，就像中国所做的那样，那么这些工业区本来是有可能存活下来的。经济学家西蒙·罗伯茨与他在约翰内斯堡大学的团队在研究成果中对1994年以来采用的工业发展模式做出了进一步研究（Bell et al.，2018）。他们发现，汽车公司往往是1994年后政府在工业开发区成立的基础租户，它们获得了最高的国家补贴，但在所有权和黑人赋权方面是变化最小的。因此，当前再工业化过程中的投资形式似乎不仅不能有效削减成本，提高发展利润，而且还不公平，然而在东伦敦这个为汽车痴迷的城市，这种对汽车行业再投资理念的批评一般会遭到嘲笑（见 Bell et al.，2018）。

本章概述了强制搬离和工业去中心化计划的遗留问题之一。包含东伦敦在内的布法罗市是一个在其广阔城乡土地上分散着多块居住区的多中心城市，现如今它不再有工业核心。新的工业开发区远离大多数城市贫困人口，这些人口分散在城市的边缘地带，开发区为他们提供的城市就业机会少之又少。目前为止，人口最集中的地方仍然是东伦敦及其附近有色人种和非洲乡镇，包括邓肯村。城市空间多点联运，交通费用昂贵。从城市的一个地方到另一个地方，通常需要换乘几次车。为了解决这一问题，城市规划者们提议建起发展走廊，将城市中本不连接的各部分连接起来。然而因城市经济缺乏活力，预期的连接并未实现。因此，未来的城市规划和发展倡议将需要考虑目前由于种族隔离导致的人们所居地与机会创造地之间的脱节。凝聚的机会有限，所有锈带城市都是如此。然而，值得注意的是，基础设施和人口密度最集中的地方是在老的殖民城市区域，它现在依旧比较紧凑，正因如此，该市的这个区域获得新投资的潜力是最大的。

致谢

本章"东伦敦工业开发区，2002—2016"一节的编写得到了时任东开普省经济发展部主任的贾斯汀·维萨吉（Justin Visagie）的协助。

第三部分

归乡之城

第六章　归乡之城与黑人中产阶级的生活方式

正如前文所述，东伦敦的黑人居民为占领城市进行的政治斗争由来已久。东伦敦于 1847 年作为殖民主义前哨站而建立，在对抗科萨军队的斧头之战（The War of the Axe）或称阿马托拉战争（The Amatola War）中，是英国军队及其当地盟友的基地。该市最初由英国军队负责管理，由于缺乏一个平民化的地方政府，其早期发展受到了阻碍，并变成了疾病的滋生地。1873 年，市政府成立，此后不久，城市里建立了两个黑人区，分别位于布法罗河的东岸和西岸，以支持城市的发展和壮大。人们称它们为东岸和西岸（Tankard，1990）。西斯凯在 19 世纪中叶沦为英国的殖民地，成为基督教化和"开化"科萨人的主要地区。该地散布着传教教堂和学校。部分校友搬到了东伦敦，成为当地接受过教会教育的精英阶层。他们在城市的服务部门担任教师、护士和职员等职务。这些精英包括在福特哈尔大学接受过大学教育的人。东岸变成了姆丰古人（Mfengu），亦称芬戈人（Fingos）在当地的据点。在 1818 年的姆菲卡尼（Mfecane）时期，姆丰古人为了躲避流血和动乱而逃往北部和东部地区，到达开普殖民地后，为了获得土地、教育与机会，他们选择支持英国人。东伦敦的白人殖民者更喜欢雇佣姆丰古人而非特兰斯凯的文盲科萨人作为仆人，后者有在身上涂抹红黏土的传统习俗，所以被称为"红人"。姆丰古人将每年的 5 月 14 日设为"姆丰古日"，用来纪念其先辈在 1835 年与英国签订的一项协议。这个纪念日在当地广受欢迎。

20 世纪初的几十年间，东伦敦的白人城市元老与当地的精英进行谈判，为精英提供了一系列优惠政策。地方咨询委员会主席和非国大领导人沃尔特·鲁布萨纳在保护这些地区人口的多项权利和服务方面做出了重要贡献。然而，自 20 世纪 20 年代末马拉维劳工活动家克莱门茨·卡达利来到该市后，黑人的领导阶层发生了变化。受过教育的卡达利曾是开普敦码头工人工会的领导人。前文提到，他于 20 世纪 20 年代末在东伦敦成立了独立工商业工人联合会，领导了该市码头的多次罢工。1930 年，社会人类学家莫妮卡·威尔逊去东岸地区进行实地考察时，为了方便她融入当地群体，父亲告诉她去找他的好友鲁布萨纳，他是位值得信任的自由主义者。可是，威尔逊到达后却发现，虽然鲁布萨纳受人尊敬，可以把她介绍给受过教育的精英人士，但平易近人的卡达利才被人们视为当地工人阶级的领袖。联合会已经在特兰斯凯打下了坚实的基础，他的很多追随者都来自那里。如前所述，为了获得这些追随者的支持，联合会借用了传统的郊区文化，如说话的乌鸦。布拉福德（Bradford，1987：201）认为，这对受过一些教育的移民劳工最具吸引力，因为他们既不是没受过教育的"红人"传统主义者，也不是出生在城市、完全城市化了的受过教会教育的人，如东岸的一些姆丰古人。

从 20 世纪 40 年代开始，随着黑人对这座城市的争夺再次加剧，卡达利的影响力逐渐消散，非国大致力于自由政治合作的声音也逐渐减弱。由于市政当局多年疏于管理，这些地区恶劣的环境令黑人怒火中烧。当地的雇主更喜欢白人劳工，剥夺了黑人在这座工业城市的公民与政治权利，黑人的斗争核心随之从工会和独立教会转移到了这些问题上，激进的非国大青年联盟因此赢得了越来越多的支持。在此期间，针对市政领导爆发了大规模抗议与动员活动，这些活动充满了强烈的非洲民族主义情绪，也引发了土地问题。随着种族隔离政府将影响力扩展至英国殖民统治下的地区与城市，这些难以管理的非洲人聚居区受到了武装警察的残暴管制，到 20 世纪 60 年代初，这些地方基本上被大规模强制迁移计划摧毁。

20 世纪 60 年代以后，对种族隔离强制迁移以及对黑人城市工人阶级的剥削现象的反抗仍在进行，到了 80 年代中期，当警察和种族隔离代理人员不再被允许进入前东岸邓肯村等地方后，这种势头更盛。进行政治抗争主要是由于对社会变革与政治变革感到绝望，并非为了让这里的非洲居民重新获得这座城市。1994 年实行民主制度后，居住在东伦敦这座白人城市中的非洲城市居民仍感到担忧，这在很大程度上是由白人殖民者种族现代主义与种族隔离计划的排他性手段的遗留问题造成的。在此背景下，新一届非国大政府没有将东伦敦选为东开普省首府也许不足为奇。这座城市的历史属于白人，黑人在那里从未受到过欢迎。1995 年，反而是距离东伦敦

60 千米的西斯凯前首都比晓被定为省会。

比晓成为省会疏远了原特兰斯凯官僚与其近邻西斯凯同僚之间的关系，在种族隔离时期的大部分时间里，双方都处于冲突状态。为了寻求中立领地，许多高级官僚移居东伦敦，想要利用这座沿海大城市的优势。居住在东伦敦的官僚希望尽量减少新家所在城市与省会之间的通勤时间，因此设置了许多特殊的临时办公地点，例如，在海滨办公室设立一个农村发展与土地改革部办公点。城市的政府机构集中设在奇斯尔赫斯特办公园区，这个园区归一位白人房地产经纪人独有，他每月收取几百万兰特的租金。南非税务局、住房部以及司法部的办公室都设在这座综合楼内。多数情况下，在东伦敦设立办公室都是临时批准的，通常是为了应对比晓的住房危机。实际上，如果各部门为其工作人员的搬迁分配经费，作为其在东伦敦业务的一部分，这种短期安排可能会成为长期解决方案。

东伦敦位于省会附近，随着省政府高级官僚移居沿海地区，许多办事处在该市设立，加之国家资金与机遇的集中推动，当地经济呈现出繁荣发展之势。房价上涨，零售业也得到迅速发展。十年之内，一大批非洲新兴中产阶级融入了这座城市，并希望能在政治上、文化上、最终在经济上将东伦敦变成他们自己的城市。但是，新来的居民既渴望重新拥有这座城市，同时又缺乏信心。很多在东伦敦办公的省政府官员声称，他们并不属于这个城市，来到这里，不过是因为所处部门出现了意外情况。他们常常把这种安排视为不便，但实际上暗自希望这种"临时"的解决方法能成为永久方案。2016 年，省政府承诺要在比晓修建新的办公室，从而削减成本，并根除逐渐形成的非正式双根性的办公文化。尽管此举不得人心，但东伦敦官员通常无法大声表达其不满。毕竟省政府的业务并不局限于东伦敦，如果与其过分亲近则可能被解读为中产阶级与排外主义，他们不愿人们如此看待他们。

东伦敦的白人历史是非洲人在这座城市存在的另一障碍。尽管城市以前的黑人居住区是非洲人的牢固根据地，但他们把除此之外的更多地区视为未开发的领地，想要将其"收回"。为达到这一目的，他们采取了占领城市主义。占领城市主义针对的是城市的白人，因为他们寻求占领以前由白人占据的主要区域，如市中心、海滨（包括埃布兰蒂）以及市中心及其周边廉价的前白人郊区等。在这些地方将白人工人阶级取而代之是比较容易的。但是，富裕的白人居住的沿海郊区却难以渗入。这些白人中产阶级早已接受了海浪和荒野，将之作为"沿海白人特性"（Bank，2015a）的一部分，并把这个特性看作一种抗拒城市的新战略。这部分白人与这座城市老的政治与行政中心早已断了联系，包括他们钟爱的市政大厅（爱德华时代公共建筑的经典之作）。有一段时间，他们曾试图控制海滨区域，重现昔日白人管理下的旅游城市旧貌。然而，那里的酒店宾客满堂，但住的都是前来参加研讨会或是周末旅行的比晓官员，白人的这场最后一搏以失败告终。海滨不再是东伦敦白人向往的地方，而成了非洲城市中产阶级的娱乐场所，这个阶级力图通过占领城市把东伦敦变成非洲的归乡之城。本章着眼于占领城市主义思潮的现代根源，及其在东伦敦与在该地区的表现形式。

非洲中产阶级的崛起

2011 年的全国人口普查显示，东伦敦作为南非的一个二级城市，经济状况不容乐观。报告显示，以东伦敦为支柱发展起来的新大都市布法罗市人口增长速度放缓，2001 年人口为 70 万左右，到 2011 年，人口刚过 75 万。然而，同一时期，市内家庭数量却从 19 万户上升至 22 万户。2001 年，四分之三的家庭月收入不到 3200 兰特，生活贫困。在接下来的十年里，这一比例下降至三分之二，这表明收入最低的群体生活水平得到了显著提高。数据显示，与 2001 年相比，无收入的家庭数量减少了约 2 万户。主要原因是非国大的福利和社会补助计划已经惠及大部分城市贫困人口和失业人口。事实上，同一时期内，城市的失业率急剧上升，尤其是乡镇青年人口。2011 年，这些人中 50% 以上未从事有固定收入的工作。2014 年，一项针对城市发展不平衡的国际评估显示，东伦敦是南非发展最不平衡的城市。造成这种情况的主要原因是，布法罗市同时成为一大批中产阶级的家园。2011 年人口普查显示，布法罗市近 8 万户家庭（占总人口 30% 以上）月收入超过 6400 兰特，3.5 万户家庭的月收入超过 1.28 万兰特，是十年前的 3 倍多。此外，月收入超过 2.5 万兰特的人口是十年前的 8 倍（Freund，2014）。

即使将通货膨胀与其他因素考虑在内，从 2001 年到 2011 年的十年间，大都市中产阶级的规模也增加了两倍。如果这种增长再持续 10 年，到 2021 年，这个城市将拥有 10 万户中产阶级家庭，占总人口的 15%。新兴中产阶级的购买力吸引了南非几乎所有大型零售特许经营企业入驻东伦敦，其中包括南多斯（Nando's）、格姆（Game）、普莱斯先生（Mr Price）、果蔬城（Fruit & Veg City）和迪斯－臣（Dis-Chem）。像海明威斯购物中心（Heming Ways Mall）这样的郊区商场与购物中心如雨后春笋般出现。随着中产阶级的扩大，其人口结构也发生了变化。2001 年，白人仍占城市中产阶级的 50% 左右。十年后，在月收入超过 1.28 万兰特的人口中白人仅占20%，而低层中产阶级中几乎不再有白人。与过去相比，部分白人的经济状况得到了改善，但还有一部分不如以前。与此同时，大量非洲人通过在市政府或新兴省级官僚机构就业，上升到了中产阶级的中层，如今这两个机构的职员几乎全是非洲人。

虽然融入城市经济的机会仍然很少，但很多周围农村地区的人口都迁移到了城市。他们来这里找工作，并且希望能够获得市政府负责提供的服务和正式住房。然而，与豪登（约翰内斯堡）和特克维尼（德班）等其他大城市相比，布法罗市政府在这方面的服务相对逊色，激起了民怨，特别是贫困民众，更是对此表示不满。在这座城市的经济争夺战中，最大的受益者是成千上万来自非洲其他地区的政府官员。他们中的许多人来自以前的家园城镇，其余则来自其他更大的城市，或在当地大学接受过岗位培训。有些官员选择住在种族隔离时期建立的城镇，如姆丹察内，但也有一部分融入了东伦敦以前的白人郊区。尽管政府资金的削减使东伦敦中产阶级家庭数量的增长速度放缓，但其数量可能已经超过了 4 万户。

图 6.1 显示了东伦敦 2001 年、2007 年及 2011 年拥有大专（College）或大学（University）学历的人数。这些数字的增长表明，东伦敦的中产阶级都受过大学与大专教育，他们都在需要这些学历的行政部门工作。此外，2016 年东伦敦的高等教育院校在校生超过 1.5 万人，是十年前的两倍多。随着去工业化进程的推进，布法罗市旧工业工人阶级逐步退出历史舞台，黑人中产阶级的地位则不断上升，成为东伦敦的主导政治力量。

新兴黑人中产阶级在融入东伦敦这个以前由白人主导的城市中已经取得了巨大进展，这体现在他们对郊区不断增加的投资上。图 6.2 显示了白人统治下的东伦敦的扩张与郊区化历史。

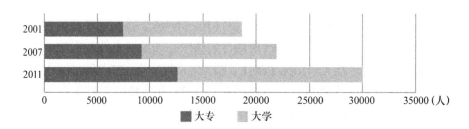

图6.1 布法罗市毕业生数量，2001—2011年

资料来源：基于南非统计局（Stats SA）的数据。

如图6.2所示，东伦敦最初建于布法罗河口，后来在市中心后方建设了很多郊区，城市向内陆扩展。这显然是因为沿海地区缺乏清洁的水源，而内陆地区可以提供更好的服务。住宅用地开发向东扩展，而工业用地开发则集中在布法罗河西岸。20世纪50年代初修建的一座横跨纳翁河的大桥为郊区发展开辟了更多空间。东伦敦在20世纪40年代工业化迅速发展之前，是个结构相对紧凑的城市，几乎所有白人郊区都聚集在市中心周围。最负盛名的是南伍德（Southernwood）和伯里亚（Berea），商人、律师及市政府官员在那里修建了许多维多利亚式建筑。白人工人阶级居住在离海更近的奎格尼（Quigney），以及位于港口两岸的城市经济中心西岸村（West Bank Village）。第二次世界大战后，在工业发展与英国白人移民的推动下，东伦敦向东扩展，建设了许多广受欢迎的郊区，包括东部的邦克斯山（Bunkers Hill）与纳翁茅斯（Nahoon Mouth），以及向东北延伸的文森特花园（Vincent Garden）。纳翁大桥落成后，随着汽车普及到普通家庭，比肯湾（Beacon Bay）、比肯赫斯特（Beaconhurst）和邦扎湾（Bonza Bay）在纳翁河与吉尼拉河（Quenera river）之间建设起来。同时，一些贫穷的白人郊区在市中心北部靠近东岸黑人居住区的阿马林达（Amalinda）发展起来。郊区名称见图6.3，该图显示了1993—2008年间东伦敦房产售给黑人买家的情况。

图6.3展示了非洲家庭融入昔日白人郊区的速度。非洲中产阶级对白人城市的占领始于市中心周围和阿马林达等地区，这些地区毗邻历史上位于内城的东岸和邓肯村。采取这种模式的原因有两点，一是他们对这些地区非常熟悉，二是这些地方靠近内城的镇区，房价较低。后来，非洲人的

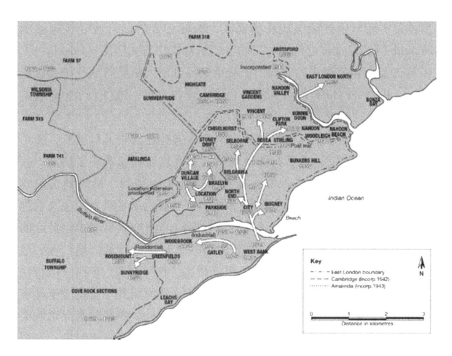

图6.2 白人统治下东伦敦的扩张与郊区化历史

资料来源：Reader（1960：2）。

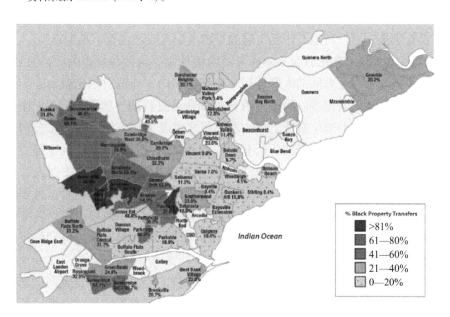

图6.3 东伦敦黑人房产转让图，1993—2008年

住房投资扩展至中产阶级居住的郊区，如较贫穷的白人曾经住过的剑桥（Cambridge），以及吉尼拉河对岸的奇斯尔赫斯特与戈乌比（Gonubie）。从2010年开始，越来越多的非洲中产阶级居民到白人精英曾居住的郊区的邦克斯山（Bunkers Hill）购置房产，也会购置曾位于一流白人学校附近的文森特与伯里亚的房产。

并非只有长期居住在东伦敦的非洲家庭选择在这块郊区投资，整个城市乃至更远的豪登省的许多科萨中产阶级都在这座城市购买了房产。其中许多买家计划在东开普省保留一处城市房产作为基础，最终到东伦敦养老。2005年前后，有传言称纳尔逊·曼德拉与其他重量级自由主义者都在这里购买了房产，进一步推动了此处的投资。非洲中产阶级家庭持续的外部投资维持着房地产价格，与规模较大、一体化程度较低的纳尔逊·曼德拉湾（Nelson Mandela Bay）等地的房产相比，这里的房价较高。值得注意的是，2000年以来东伦敦房地产的繁荣，其主要原因并不是得益于经济发展，而是靠公务员工资的支持，因为越来越多的科萨中产阶级寻求购买靠近前特兰斯凯与西斯凯乡村腹地的高档城市住宅。种族隔离时期，他们中的许多人就是在那里出生、长大。推动城市房地产市场发展的是身份政治，而不是纯粹的经济因素。在此背景下，2015年之后，黑人中产阶级饱受布法罗市严峻经济形势的困扰，紧缩政策也抑制了国家主导的地区与城市投资水平，所以房地产市场出现的小幅度崩盘或许也就不足为奇了。

到2015年，东伦敦新兴非洲资产阶级控制了地区与城市的政治机制，占领了内城及周边郊区的大部分居住空间。然而，他们对东伦敦商业和工业部门的控制要弱得多。2015年在内城商业区进行的一项调查发现，小规模正规零售企业的地位有所下降，取而代之的是大型连锁店及其子公司以及街头商贩。一项关于经销店所有权的调查显示，非正规经济的主导力量并不是新兴官僚中产阶级，而是黑人工人阶级、南非以外的非洲人及亚裔。几乎没有证据能够证明，政府工资被投入了该市的商业项目。外国资本与白人资本占主导地位的工业部门也是如此。新兴中产阶级的企业战略主要侧重于国家内部，尤其是试图操控招标结果，使得对他们有利的供应商中标，从而换取部分收益。

有些官僚采用的另一策略是辞去政府职位，转而成为投资顾问，通过中标赚取的收入比他们在政府的工资更高。然而，官僚阶层在金融、工程与信息技术领域拥有的专业技能水平相对较低，所以只有少数官员选择了这条致富之路，而且往往是与他们的政治关系有关，而与他们可能拥有的专业技能无关。

在新兴官僚阶级所采取的财富积累模式中，东伦敦的经济关系网附属于与其他地方和国家级政府官员建立的关系网。譬如，对官僚企业家来说，与约翰内斯堡或比勒陀利亚的政府保持良好的关系可能很有益处，因为东开普省的所有预算决策都是在这两个地方做出的。在政府层面，派系政治可以控制国内以及从中央到各省市的资源流动。要想在这一领域取得成功，对政府体系和程序的透彻理解至关重要。现有的政府体系继承了种族隔离制度的体系，种族隔离制度为了实现政治目的，精心安排发放给各地区的拨款，如工业激励和家园预算。例如，为了达到目的，种族隔离政权愿意向以前家园区域顽固的非洲政治结构中的关键人物开出有利条件，以获得他们的支持。1994 年实行民主制度后，许多在东开普省政府中掌权的官僚就是在这个腐败的政权下学会了交易。这个政权更关注政治关系而不是经济发展（见 Ruiters，2011）。

罗杰·索思豪尔在其《南非新兴黑人中产阶级》（*The New Black Middle Class in South Africa*，2016）一书中指出，非洲中产阶级虽然以官僚为基础，但不能因此认为他们缺乏社会与经济深度。他认为，非洲中产阶级的崛起是南非种族隔离结束以来最显著的社会变化之一。这个阶层对国家有深刻的政治和社会影响。他还表示，这个阶层的消费欲望使其在经济上变得脆弱，在 21 世纪头十年既推动了南非的发展，也导致了债务增长。他的分析进一步凸显了正在形成之中的非洲中产阶级的文化与行为特征，以及他们想要通过城市生活方式来表达自己的自由意识。东伦敦非洲中产阶级对消费与让人忘却现实的休闲活动有强烈的欲望，这已经成为他们的典型特征，这种特征在城市购物中心和海滨地区，尤其在埃布兰蒂得到了充分体现。

拟象与现代性造势

在论述东伦敦当代非洲资产阶级在埃布兰蒂的活动以及他们进入这个空间的意义之前，有必要思考一下可能为这一分析提供有用信息的理论结构。历史上，人类学家曾集中讨论过"文化接触"问题，以及西方文化艺术品及其形式在非洲城市和乡村文化中被"同化"的方式。然而，学者很快指出这一观点是有问题的，因为它把"文化"视为一个同质的、界定分明的实体。德国人类学家马蒂亚斯·克林斯（Matthias Krings，2015）纠正了这一观点，认为"文化"首先是一种意识形态结构，只有当拥有不同社会规范、价值观和信仰的群体相互接触时，这种意识形态结构才会发挥作用。同样，美国政治理论家弗雷德里克·詹姆森（Fredric Jameson）指出：

> 文化本身并不是一种物质或现象，而是产生于至少两个群体间关系的客观幻象。换言之，没有一个群体本身就拥有自己的文化：文化是一个群体接触并观察另一群体时所感知到的光晕。（Jameson，1993：33）

人类学家采用的传统方法中，另一个有问题的术语是文化"同化"。该术语认为，当两种同质"文化"相遇时，一种文化会被另一种文化同化。这种同化轨迹通常意味着文化间存在某种等级关系。为了回应这一观点中固有的偏见，当代文化研究倾向于采用"挪用"概念，其定义为"要求有权使用、制造或拥有别人以同样方式要求的东西"（Boon，2010：204）。例如，本书认为，对白人殖民城市而言，对汽车的"挪用"是将之作为现代性的象征，而后，在埃布兰蒂与其他地区，汽车又被当作社会基础设施的一种形式，以此代表非洲中产阶级对东伦敦的占领。值得注意的是，关于同化的概念，据詹姆斯·弗格森（James Ferguson，1999）所说，"文化风格"往往具有表演性。这意味着表演与表演所对应的"现实"情境之间存在着社会差距。此外，表演的质量和类型取决于个人的文化能力。弗格森说，例如，并不是每个人都可以真实可信地表现一个歹徒或大学教授的风格。扮演这种角色的能力取决于他们自身的文化储备和经历。因此，文化风格不应被认为是同质的，而应是多变的，也就是说，它们是根据表演的质量和类型来区分的（Ferguson，1999）。

在这一理论框架下，鲍德里亚（Baudrillard）关于拟象的观点可能会为分析埃布兰蒂作为中产阶级占领城市主义的方式提供有用信息。他认为拟象是一种通过表征其他事物来创造强烈现实感或者他所称的"超现实"的社会—空间结构。他借用阿根廷作家豪尔赫·路易斯·博尔赫斯（Jorge Luis Borges）的一则寓言来说明拟象的原理。博尔赫斯在他的短篇小说《论科学的精确性》（*On Exactitude in Science*）中刻画了一个庞大的帝国，它着迷于制图学的艺术与科学，执着于绘制城市、省份乃至整个帝国的地图。绘成的地图细致而宏大，涵盖了帝国拥有的所有区域，是对现实的精确复制。帝国覆灭后，只有地图留存了下来。鲍德里亚（1994/1981）用这种被表征所取代的现实来类比他所理解的超现实。他认为特定社会空间结构与事件所创造的（想象的）地图开始创造自己的现实，并取代了现实世界中它们必将消失的前存在，从而扩展了博尔赫斯寓言的隐喻意义。鲍德里亚认为这个过程中存在着不同的阶段，这意味着表征与被表征的物质、经济与社会文化"现实"之间会牵涉多次来回穿梭。

根据这一理论，东伦敦的新兴非洲中产阶级正在绘制新的城市地图，这与白人殖民种族现代主义所绘制的地图大相径庭。占领城市主义引领下的新地图仍然是不成熟的，正处于新兴阶段，还未成为果断与过去决裂的拟象。因此，殖民主义的矛盾——黑人居民虽身处城市，但却被剥夺了基本的社会经济权利，从而被排除在城市之外——以及移民意识的双根性影响了塑造东伦敦及其农村腹地新地图的集体构想。这幅地图是关于学习如何"占领"城市，寻求重建城市的现代性，以适应非洲资产阶级在1994年后政治体制中新的主导地位，而同时又不丧失使该阶层新兴权力合法化的文化真实性。埃布兰蒂是绘制这幅地图的关键一环，它为黑人中产阶级提供新的文化脚本，以支持他们在城市的发展，从而使构建虚拟现实成为可能。这个拟象悬于过去与重新构想的现在之间，历史上早期的排外始终能证明如今回归这座城市是正确的。人们对所追求的勇敢的新世界的想象往往会被旧世界造成的创伤影响和限制。

埃里克·阿维拉（Eric Avila）在他的《白人逃离时代的大众文化：洛杉矶郊区的恐惧与幻想》（*Popular Culture in the Age of White Flight：Fear and Fantasy in Suburban Los Angeles*）一书中讲述了这个美国城市如何从一个第二次世界大战前以种族多样化为特征、结构紧凑的城市，转变为战后的被城市扩张主导的城市，白人纷纷从市区移居郊区。他叙述了白人的种族多样性观念是如何在20世纪50年代后受到压制的，以及主流的大众文化是如何形成的，在这种文化中，美国白人的团结被定位为与处于从属地位的黑人文化相对立。这个世界是在没有黑人的"香草郊区"以及餐馆、电影院、棒球场与好莱坞等特定文化生产的重要场所重建的。如迪士尼乐园重构了美国小镇失落世界中想象出来的街道，与其本质上反大都市的价值观，为20世纪50年代流行的美国郊区城市—乡村幻想世界提供了模板。

幻想造就了现实，迪士尼乐园将自己作为示范，向人们展示了它是如何将独特幻想变成了更广泛的现实。同样，埃布兰蒂是南非黑人实现现代性的新地图；是城市欲望的"种族化"重建，表现了一种正席卷城市与农村的非洲"家园建设"的新型城市主义；也是为东开普省新兴非洲城市资产阶级提供的自造的迪士尼乐园。

公共表演在塑造如阶级身份等各种身份方面所起到的作用是许多关于非洲主流文化文献的一个主要议题。在普遍极度贫穷的非洲大陆上，对财富的外在展示已经成为城市居民追求美好（富裕）生活的重要文化工具。萨沙·纽厄尔（Sasha Newell，2012，2013）在其关于科特迪瓦年轻男性城市居民的著作中，将穷人冒充富人的招数称为"现代性造势"（modernity bluff）。这种做法可能表现为穿戴假冒名牌，但还可以表现为更具表演性的行为。纽厄尔描述了年轻人花很大的个人代价，在公共场合焚烧和破坏财物，以此来为自己塑造一种形象，即这种浪费对他们来说不值一提。他探究了这些表演的本质，调查了表演者的生活，发现他们看似疯狂的举动背后其实是有策略的。参加这种仪式能够使他们建立起关系网络，从而获取生存与地位上升的机会。纽厄尔还解释了公众对"传统面具"在社会文化意义生产中扮演的角色的理解如何塑造了他们对炫耀（虚假）财富行为的反应，如烧毁财物和穿戴（假）高端品牌等。想要理解城市青年对名牌的运用，可以参照农村的仪式中对面具的使用。在现代与传统、城市与农村融合为同一个意义领域的论述中，品牌的作用"更像是佩戴面具，在隐藏的同时也在暴露，用可见之物隐藏或象征不可见之物"（Newell，2013：138）。

现代性造势在刚果（金）与刚果（布）的首都金沙萨与布拉柴维尔的萨普洱（sapeurs）街头风格上也有不同的体现。萨普洱（sapeurs）这个词来源于缩略词 La Sape（萨普），指的是那些"格调营造者与雅士协会"（Société des Ambianceurs et des Personnes Élégantes）的成员。萨普洱们会在城市里的破旧街道上进行单人、真实、实时的时装秀表演。他们会花费一大笔钱购买色彩绚丽的华丽的法国设计套装，凭借自己的服装天分精心搭配，然后以破败的建筑、肮脏的棚屋为背景，在坑坑洼洼、尘土飞扬的道路上向公众展示。他们身着搭配精致的浮夸时装，行走在破败的街景中，制造出一种戏剧化的视觉效果，展现出一种表达强烈愿望的有力形象。这种行为可追溯至殖民统治时期，当时"男仆"的酬劳通常就是二手旧衣，他们会将这些衣服重新设计，然后在前殖民城市的"土著城镇"里展示（Gondola，2016）。现代形态的萨普（Sape）需要耗费大量的成本和精力，已经成为一种全职工作，它通过"现代性造势"让表演者成为瞩目的焦点，也往往让他们能够建立起他们所需的能回到前殖民大都市的联系。在布拉柴维尔、巴黎和金沙萨的街头，萨普洱们依旧引人注目，而且已经成为类似于旅游景点的存在。

萨普洱和科特迪瓦城市青年的现代性造势让他们能够为自己创造新的现实，这是通过针对城市的排外环境而设计的复杂文化表演实现的。同样，埃布兰蒂作为文化上占领城市的拟象，也试图对现实提出更高的要求，以反抗这座城市的敌对想象，尽管在这种情况下，这种构想是由东伦敦的白人种族现代主义历史激发的。

海滨与重写非洲现代性

非洲东伦敦市（或伊蒙蒂——Imonti）实际上因非洲的归乡之地埃布兰蒂而闻名，它是一种新形式的非洲的、城市内的文化建设场所，每周有一次聚会，颇具吸引力。埃布兰蒂这个名字让人联想到农村"家"中的牛栏，以此来象征它是家庭仪式的活动场所。有人认为这个名字归因于这个地区四面环绕着沙丘与灌木丛的地理环境，这样的环境产生了一种身处受保护的、类似牛栏的封闭感。在当地媒体进行的一次采访中，一位不知名的外地男子说，在埃布兰蒂感觉像在家里一样，因为"那里的野餐烧烤区与农村牛栏里的野餐烧烤或服务区（izithebe）相差无几"①。开车经过时，空气中弥漫的肉香味，许多人在周围尽情吃喝玩乐的情景，都让他仿佛置身牛栏。他说："这正是我们宰杀了牛羊后，坐在一起喝传统啤酒（umqombotbi），享用美食的情形。"他继续说，这个开放的空间让他想到了自己的文化，以及"城市现在属于我们"这一事实（《每日快报》2013

---

① 科萨语中，izithebe 指的是科萨群体中不同层级的男性与女性亚群体，这种层级是由事件中的仪式决定的。例如，牛栏（kraal）里有四组男性群体，他们作为不同层级的牛栏成员的身份决定了其座次安排以及他们要扮演的角色。Ikhaba 是指 1—10 岁的小男孩。Injoli 是指新加入牛栏且准备娶妻的男人。在牛栏举办宴会期间，他们负责遵守服务规则。他们要按照习俗约定，确保每个群体能享用到被宰杀的动物身上的特定部分，尽管这些年来，不同群体之间通过协商对此项做法进行了一些调整。Amadoda 是指在村全体理事会上代表自己家庭的已婚男子，村全体理事会又叫 Ubuzwe（国家）。Amaxhego 指年长者。

年1月5日；采访，2014年2月12日）。

东伦敦著名前反种族隔离活动家马尔科姆·迪亚尼（Malcolm Dyani）解释说，埃布兰蒂最初是这座城市为数不多的黑人空间之一，黑人可以从这里进入东部海滩（采访，2016年6月10日）。他指出，在种族隔离制度下，科萨外来务工人员无权进入海滩，但是可以进入流经埃布兰蒂、最终汇入东部海滩的河流。以前东海滩科萨沐浴文化的带头人现在把沙丘后面的灌木丛变成了烤肉的地方。这个地区由男性主导，男人们会像回到农村家里一样，领了薪水后聚集在这里放松。他们坐着等烤肉时，会小酌几杯白兰地。另一位老前辈说，这个地方最初被称为"牛栏"，因为是许多喜欢用传统方式烧烤的农村居民占领了这里（采访，2015年9月10日）。埃布兰蒂的乡村风情与韵味表明了一种文化挪用，成为科萨人拥有的地方，这也意味着它不能再属于其他任何人。这种占有在21世纪初成了大问题。当时一家非洲公司计划将该地区发展成购物中心，但却遭到了市政府的拒绝，理由是这一提议需要占领埃布兰蒂，其本质就是一种"强制搬迁"。非洲人之所以有占有埃布兰蒂的想法也是为了回应白人对这里噪声和公共饮酒的批评。科萨人普遍认为这是"我们"的地方，使用者有权制定规则。除此之外，喝传统啤酒，用酒祭祀祖先是埃布兰蒂人在家中很神圣的活动，所以禁酒在这里很难实现。埃布兰蒂的另一作用是为因公或其他原因来到东伦敦的农村亲属提供聚会场所，这进一步加强了它作为一个城市空间的农村特征。正如安迪勒·乔纳斯（Andile Jonas）所言：

> 我的亲属从巴特沃斯来到镇上时，我们经常在这里见面，而不是在我奎格尼的家里，因为这里有很多从农村来到城里的人，你可以遇到你的老乡（abakhaya）并和他们打招呼。（采访，2015年9月10日）

在埃布兰蒂，我们也可以从聚会者谈论"家"的方式上看出农村的吸引力。当新兴中产阶级被问及他们是谁以及来自哪里时，得到的回答通常都是东开普省的某个农村，要过好一会他们才会透露自己目前在城市的位置、与城市的关系以及他们在城市的身份（采访，2015年9月10日）。他们往往会说自己来自其他地方，但是来到这里后，又想充分利用新的环境，就好像身在这里，但却不属于这里。他们所表现出来的农村归属感说明了他们具体来自哪里，也表明他们确实是东开普省的科萨土著居民，他们家庭深深植根在那里。他们认为家乡并不在东伦敦，尽管那里的新兴中产阶级里少数所谓的城市出生者，即在东伦敦出生、长大且和农村没有紧密联系的人，数量在不断增长。

虽然埃布兰蒂在城市中投射出了农村的感觉，但当东伦敦非洲中产阶级展示其都市性、奢侈型消费能力时，那里的文化表达模式似乎与其宣称的"牛栏"功能并不一致。传统科萨农村生活方式中的节俭与谦逊等特征显然不见了，在聚会中展示的是财富与地位。并不是说埃布兰蒂的聚会表现出了德国社会学家格奥尔格·齐美尔（Simmel，1976/1903）在关于欧洲城乡过渡的叙述中所提到的异化症状；相反，聚会参与者普遍表现出基于阶级的社会团结感，这种团结感源于种族被排斥在地方之外的历史。他们通过帮助该地区科萨土著居民占领海滨来参与地方建设，同时通过对汽车、衣服和其他物品的消费，及其以聚会同伴为形式的社会资本，相互展示他们的地位，包括他们管理城市的权利。与此同时，埃布兰蒂为聚会者提供了一个相对开放的区域，让他们感觉与自己或家人的农村老家联系起来，即便是以一种想象的方式。相比于城市不能随意出入的酒吧、酒店、餐厅和俱乐部等相对封闭的聚会场所，埃布兰蒂聚会者可以围绕烧烤炉随意地品酒吃肉，保证了该空间的开放性。

就这点而言，虽然在埃布兰蒂聚会的部分群体是权力和影响力封闭网络下的产物，但聚会的空间流动性很大，人们可以自由活动和交流。尽管进入埃布兰蒂需要有辆汽车，但不必特别奢华，有辆大众高尔夫就足够占位了。此外，拥有汽车并不是入场的前提条件，乘客也可以进入。一旦进入，就可以与其他群体一起交流。有些年轻女性想结识富有的年长男性，还有很多年轻男性想找到富有的年长女性官僚，他们会使用各种方法让别人知道自己的存在。播下秘密私会的种子之时，他们便会戴上各种社交面具，过去和当下，这里发生的所有不正当关系和私通调情，都成为那些男男女女在自己的配偶面前守住的秘密。

菲利普·德·博克（De Boeck，2011；De Boeck & Plissart，2004）在他关于金沙萨公共空间的作品中指出，尽管在那些站在外面"朝里看"的人看来，非洲的社会精神是一个有凝聚力的形象，但从内部对这些城市的调查则揭示了其社会动态零散的本质。同样，埃布兰蒂的聚会表面上看似和谐统一，但仔细观察可以发现并非如此。有一次在那里，我们发现聚会者把车停在不同的群体中，汽车文化在表明这些群体的身份方面起重要作用，实际上塑造了聚会的组织形式。大型轿车和豪华汽车停在中央区域，包括许多宝马和其他时尚敞篷车，稍稍年长的男性和女性聚在车内和车旁，烧烤，聊天。妇女在老旧的玛丽娜格伦音乐演奏台旁烤肉赚钱，附近的一个角落聚集了不少多用途出租车，人们边听音乐边社交。许多巴士都从遥远的前特兰斯凯腹地等处而来，有些载着成群的学生来旅行。为了享受海滩而脱去衣服的男同学在巴士外排队买烤肉。出生在城市的人则远离这个区域，他们聚集在靠近道路和灌木丛附近的边缘地带。停在这里的有许多普通汽车，特别是大众高尔夫，周围聚集的都是年轻人，他们不与从农村前来度假的人待在一处。度假者大部分时间都在海滩游泳，游完泳后便会回到车旁，他们的父母和/或祖父母则在车旁忙着烧烤、准备食物。有些人出于祭祀与净化仪式的原因，会从海滩带两升海水回家。不同人群的音乐与舞蹈风格都截然不同。出生在城市的时髦人群听的是"！Xom"之类的舞曲，而度假者听的则很不一样，他们听的是源于祖鲁乡村音乐的南非舞曲姆巴羌嘎（mbaqanga）。

在埃布兰蒂的其他地方，不同汽车汇聚点周围的人群都不同，他们的音乐、规模和性别构成也各不相同。有些汽车周围只有男性或只有女性。其他地方的人群则是男女混合。负责烤肉的都是上了年纪的贫穷妇女，她们四处走动，从车旁的人群那里把肉拿走，在四周的明火上给他们烤好。她们满足了聚会者的需求，也让游客有时间放松，所以能赚点小钱。烧烤的妇女能自由活动，但其他人群或汽车的自由活动则十分受限。除去那些寻找有钱男性的年轻女性，和那些开着豪车四处兜风或是想要挤进年轻女性人群的年长男性，去埃布兰蒂是一件需要精心策划的事，要有广泛的关系网络。有的汽车独自开来，有的成群结队，到达之后，开车的人和车上的乘客会开辟出自己的社交区域，他们会一直占着那里，除非结束聚会。到了傍晚或晚上，这些人群会各自散去，也有可能会去城市其他社交场所继续社交。虽然聚会上的社会关系相对分散，但前来参加的人不但是和自己群体的人见面、打招呼和社交，更是在展示自己的社会和阶级地位。

汽车本身就引起了广泛的讨论，人们常常能认出乘客，并注意到开车的人是谁，会对汽车的性能和类型，以及音乐和酒水进行一番评论。有些汽车的后备箱是精心设计的吧台，倒酒和饮酒的仪式也花了心思。酒杯通常摆放在桌上或是后备箱里，倒完酒后，从那里分发出去。同样值得注意的是，在海滩喝酒并不像在牛栏那样集体共享。在牛栏里，倒啤酒的人

（injoli）会到处给每个人或者是特定人群倒啤酒。而在埃布兰蒂，这个规则并不适用，是否与他人共享全凭自愿。

炎炎夏日，许多参加聚会的年轻度假者都穿着泳衣，但其他聚会者都穿戴齐整，身着时尚的休闲服，坐在伞下或阴凉处乘凉。身上的衣物和配饰是人们热议的话题：在哪里买的，花了多少钱，谁穿了什么。人们会像准备参加派对或外出吃晚餐一样为埃布兰蒂的聚会精心打扮，特别是年轻女性。这需要花心思和努力，但也取决于谁会与你同去，以及你对这场聚会的期待，包括是与自己团体的人见面，还是与自己团体之外的人见面。

据报道，一些在政府有稳定工作的年长男女会利用埃布兰蒂接近年轻男女，有时会寻找晚上或周末的伴侣。他们得在不同的人群之间走动，或者就在场所外围的车旁等待，看是否有年轻男女愿意上钩。这就是人们所谓的"十内"（ben-ten）现象，即男性比女性小十岁，有时甚至会出现"二十内"（ben-twenty）。上了年纪的知名男性官僚和政治家经常去那里找女人外出喝酒。一旦找到想要免费喝酒享乐的女人，就会去城里的酒吧或酒店，或是去姆丹察内和风景公园的酒吧，如杰夫的酒吧（Jeff's Place）、夸姆古尼（Kwa Mnguni）和夸巴佛（Kwa Bafo）等。尽管埃布兰蒂的社会群体看起来组织紧密，但有些群体之间仍然会有人员流动，而且由于人们在不同的时间有不同的选择，所以也会有人进进出出。

虽然在埃布兰蒂没有多少衣着入时的萨普洱，时尚没有汽车款式重要，但品牌仍然很要紧。后备箱里威士忌的品牌和衣物上的时尚标签代表了新兴阶层的休闲风格，体现了新自由主义、后现代与后工业城市消费社会的娱乐精神。

与此同时，埃布兰蒂的许多人在社交活动中表明了他们被国家束缚的程度。对于那些需要依靠支持者来提升地位的新兴非洲官僚来说，晋升（以及获得寻租机会）依赖于与省政府和非国大中拥有权势之人的关系。因此，在不断争夺权力的背景下，许多聚会者花费大量时间讨论非国大的内部运作机制以及国内不断变化的财富积累与就业机会。要想取得成功，就必须知道埃布兰蒂在做什么样的交易，就像过去许多前白人市议员在种族专属的体育比赛与社交俱乐部中的权力游戏一样，充斥着威士忌的味道。在这方面，埃布兰蒂的新兴非洲公共部门的中产阶级行为就不单单是"现代性造势"。真正的交易正在达成，通过停车场的觥筹交错创造了具体的机会。在聚会上，部门领导的私人关系以及官员的个人债务细节等秘密可能会泄露，这可能会成其他人职业晋升的筹码。

纽厄尔在他关于科特迪瓦的著作中写到，经济困难与政局动荡造成了不稳定因素，"加大了现代性造势的赌注"，让人们置身"令人眼花缭乱的逃避现实的消费旋涡"之中。他指出：

> 造势就这样使消费与生产之间的对立关系颠覆且反转，浪费就是生产。但这种造势的矛盾之处在于，旁观者明白这只是一场表演，而非真正的财富。（Newell，2013：139）

相比之下，埃布兰蒂聚会者的行为则不单单是虚张声势的"造势"。据许多观察者所知，聚会上展示出来的财富与影响力可能是真实存在的，至少他们愿意相信其真实性。许多聚会者都有双重身份，在其他地方也有秘密与利益关系。尽管很难判断新兴非洲中产阶级在埃布兰蒂的社交活动有效与否，但令人欣慰的是，他们拥有的机会已经超越了东伦敦，甚至超越了东开普省。等待他们的是一个充满可能性的世界，在这个世界中，他们可以创造新型非洲城市主义与财富积累的形式。同时，他们必须保护好这个新生世界，以免受到白人入侵。由此，这一文化空间的意识形态建构是通过它与科萨农村家乡的联系得以实现的。值得注意的是，南非其他地方的聚会，如约翰内斯堡举行的类似聚会，并不是这种具有种族形态的非洲现代主义。对埃布兰蒂的聚会者来说，"现代性造势"并不是存在于物资匮乏被掩盖的消费形式中（尽管许多新兴非洲中产阶级负债累累），而存在于乡村与约翰内斯堡等其他城市的吸引力中，那里有更多财富正待挖掘。这种逃避现实主义的观点认为由农村向城市移民是个人发展的最佳途径，而很少有人将寻求地方经济转型作为成功之路。非洲中产阶级清楚地看到，自己身处这座城市，但却不像以前白人那样认为自己属于这座城市。

支撑东伦敦许多省政府官员职业信誉的政治理由进一步强化了这个想法。官僚们参加埃布兰蒂的聚会说明他们与农村家乡保持着联系，以此将自己的角色合法化。非国大要求大多数省级官员必须关注本省的穷人和失去财产者的需求。来到埃布兰蒂的人很少会声称与农村家庭或牛栏没有联系，或者认为这种联系不重要。这与新兴非洲精英阶层在南非其他大城市的生活形成鲜明对比，比如在约翰内斯堡，许多人都不想在有生之年回到农村家庭，哪怕只是定期回去看看。通常来讲，为了提高他们作为公职人员为他们的人民谋取更大利益的可信度，东伦敦的政府官员很注重农村家庭与他们社会身份的联系。同时，虽然参加聚会的当地新兴中产阶级普遍反感将东伦敦当作家园，但显然多数人不愿留在农村而选择在该城市定居。他们在郊区购置了房产，如果不能迁往其他城市，就打算留在东伦敦度过余生。

移位的城市主义：新型农村

正如过去农村塑造了并将继续塑造许多非洲新兴中产阶级的城市经验一样，城市也在越来越多地塑造农村的"家"的经验方式。就此而言，东伦敦前黑人聚居区的居民对农村的想法，以及将农村融入城市的方式，与当代黑人中产阶级对自己与农村家庭的联系的想象大相径庭，这并不是低估现有联系的力量。事实上，从南非1994年实施民主制度以来，数百万人离开了东开普省的农村地区，但最大的矛盾之处就是离开农村的人越多，与农村的联系似乎就越密切。这可能是城市化人口未得到妥善吸收或安排的结果。这种情况在开普敦等城市尤为显著，非洲中低阶层和工人阶级，甚至是未来的中产阶级，经常在负担不起住房的情况下，被迫住在棚户区。这些人频频提及被城市主流生活抛弃，不得不住在贬低身份的棚户区，自己的理想抱负被消磨，因此而感到愤怒不已。2018年开普敦的土地攫取就反映了该市拒绝移民的一些后果。

同时，开普敦非正规居住区的另一趋势是，乔斯沃洛公园（Joe Slovo Park）、伊米扎莫－耶图（Imizamo Yethu）和杜努恩（Du Noon）等地的重建与开发计划下的贫民窟数量增加，间接导致城市与农村之间形成了新的联系。许多重建与开发计划住房的受惠者在住宅后院加盖了拥挤不堪的棚屋，甚至是双层棚屋，以便招纳更多寻找就业与商业机会的国内外移民住进这里，从而赚取更多租金。这个包括许多女性在内的新兴前移民阶层拥有相对充足的资源，他们将获得的大部分利润投资于重建家乡住宅。特兰斯凯农村地区大批贫困人口与青年人口外流，土地荒废，所以越来越多郊区风格的住宅在这里建成，为人们提供了避难所，让他们在这座冷漠的城市里，可以从不确定的贫困生活中解脱出来，享受僻静的生活。建造这些住宅时（这些住宅是仿照城市提供全套服务的郊区住宅而设计，是那些棚屋国王和棚屋王后可望而不可即的），锚定于农村的设想就是一种"移位

的城市主义"（见 Bank，2015b）

在这种"移位的城市主义"中，城市作为一种文化形式，在农村被赋予了新的意义和力量。然而，这并不一定会损害移民的历史概念，即农村家园的重要意义根植于农业价值体系及传统与仪式，这些传统与仪式可以肯定非洲身份及其与过去的联系。农村的城市化并没有取代已经确立的文化意义体系，而是让居住在那里的人能够享受到郊区生活的诸多益处，这是许多移民工人阶级在城市中无法享受到的。

同时，城市化也为农村文化引入了新的价值观。在这些地区建设郊区住宅，就像在埃布兰蒂参加聚会一样，在这种消费文化中，代表着一种对获得心仪产品的庆祝，无论是房子还是汽车。在南非的新形势下，参与消费文化是推进非洲现代化的关键。在城市、矿区甚至是国家官僚机构找到一份体面的工作仍然不够，除非这种社会地位的提升能在农村家乡得到认可。

东伦敦新兴中产阶级负债累累的部分原因是，他们在城市买房的同时，又试图在农村建房。对一些人来说，这是不可能的，只能选择从哪一步开始。而对另一些人而言，双重根基的无缝现代性未能实现，因为他们搬到了其他城市，或者不再定期回农村的"家"。然而，回归农村身份所发出的"真切"召唤仍不绝于耳。只有当黑人可以占领这座城市并在这里工作但不能充分参与社会经济生活的殖民矛盾得到解决，这种召唤才会消失。

与此同时，新一代租金赚取者、黑人城市工人阶级和中产阶级正在重建移民文化的双根性。以前生活在东伦敦等城市的农村移民受到了不公平待遇，工资微薄，不得不回农村以维持文化与物质生活。与此不同的是，新一代移民阶层则不会因为社会再生产而被迫回到农村。此外，农村的文化价值观随着持续的去农业化和城市扩张发生了变化，南非各地连锁店、超市和快餐店的数量不断增加，农村居民都可以驱车前往，非常便利。随着形势的变化以及社会文化对返乡要求的转变，城市返乡移民与乡下亲属之间的经济关系越来越不稳定，建立在这种经济关系之上的人际关系也是如此。困惑与紧张、嫉妒与欲望、愤怒与痛苦可能会让归乡蒙上阴影。在种族隔离时期的廉价劳动力经济中，贫困造就团结，当时的农村普遍贫困与艰苦的移民劳动景象，已经由混乱的城乡社会急速变革所取代。这些变革往往会损害"乌班图"（ubuntu）精神，"乌班图"是一种拥有共享的、共同的遗产的感觉，这种遗产为那些属于同一家园的人提供帮助与支持（见 McAllister，2001）。在新农村地区，移民们很长一段时间没有在这里生活，这让乡下的人们更加怀疑他们自然（和非自然）的财富积累模式以及他们是如何变得富有的，所以双方变得越来越陌生。这里住满了女巫和恶棍，会说话的乌鸦传达着尽管紧急却无法为人理解的信息。同时，农村文化的不稳定只会加剧非洲城市化所表现出来的动荡不安。这种不安情绪激发了非洲中产阶级的欲望，他们希望能立刻出现在任何地方，监管此地，并利用此地的机会。

在这种背景下，农村地区的牲畜积累——过去农村用来显示社会经济文化地位和福祉的"上品牲畜"——已经越来越商品化，变成了"畜牲商品"（见 Comaroff & Comaroff，1992）。在南非早期移民文化中，移民劳工会饲养牲畜，但却拒绝出售，目的是保持家园文化完整无损，并为退休后的生活提供物质保障。然而，现在情况发生了变化。对于在城市忙着聚敛财富的新兴移民中产阶级来说，金钱至上，牲畜只是用来换取钱财的商品。因此，为了给城市的消费释放资金，农村地区出现了大型非正规交易市场，用于买卖祭祀仪式上使用的牲畜。2018 年向议会提交的一些高级别报告详细阐述了农村地区悄然发展的商业开发活动，并建议在农村建立新的土地所有权形式，以防止公有土地的商品化以及城市精英阶层和传统领导人对公有土地的欺诈性侵占，来保护普通人的权利（见 Claassens & Cousins，2008；Mnwana①）。

南非城乡之间文化与社会经济的相互作用不能简单归结为一方取代另一方的过程。它应该是一个持续交流的过程，体现一种新形式的移民现代性。在这种情况下，建立（城市的、现代的）新领域的意义与联系并不意味着一定要根除其他（农村的、传统的）领域，城市与乡村中巫术、自发的治安维持、教会治疗事例的增加证明了这一点。新的移民形式反而加速了城乡意义的流通和物质条件的变化。按照这一观点，移民理想中的新地图，也就是他们的"迪士尼乐园"，可能会像在城市一样出现在农村。比如，除了埃布兰蒂，库努（Qunu）启动遗产重建项目以纪念曼德拉，这位在农村与城市、传统与现代、民族主义与民主世界中的代表人物，这个项

---

① Mnwana S.，Why Giving South Africa's Chiefs more Power Adds to Land Dispossession，*Sunday Times*，April 7，2018.

目或许也可以视作这样的拟象。

结论

本章探讨了 20 世纪 90 年代末以来东伦敦非洲中产阶级的崛起，以及随着新兴官僚阶层迁入东伦敦并在历史上属于白人的郊区购置房产，东伦敦由白人城市向黑人"归乡"之城的转型。考虑到该市的埃布兰蒂现象，即所谓的"牛栏"，本章又分析了这一阶层双根性的本质与定位，他们当中有许多人或是从家乡的城镇来到东伦敦的，或是与农村腹地的村庄以及约翰内斯堡和比勒陀利亚（部分当地精英现在工作的地方）保持着联系。本章认为，这一阶层在其他地方的（通常是隐秘的）文化和社会投资，尽管会影响他们对城市化和对未来城市生活的承诺的性质，但事实上并没有削弱这种承诺。本章旨在进一步表明，除了占领城市，东伦敦新兴非洲中产阶级在农村文化的城市化中也发挥了重要作用。与此同时，他们保留了农村性与传统的力量，以此推动夺回城市的文化和政治计划，并使其合法化，从而将占领城市主义变成归乡城市主义，虽然这项工作尚在进行之中。

然而，归乡城市主义计划可能有致命的缺陷，因为它试图创造的城市幻想，即它所构想的东伦敦理想地图，可能会被城市的实际情况以及当前的社会经济轨迹证实是错误的。在博尔赫斯讲述的关于与帝国面积一样大的地图的故事中，一个中心思想是，帝国统治阶层将制作一张地图，只有其精确程度足以让民众都将其视为对世界真实有效的写照，统治阶级以他们认为合适的方式描绘和塑造世界的想法才能合法化（这也是他们的权力基础）。然而，他们认为统治精英的地图能成为所有人的地图，这与历史相矛盾。故事中的民众对帝国制图人员依现实所绘的美丽地图毫不在意，地图惨遭遗弃，逐渐腐烂，暴露土壤下的尸骨。这个故事可能适用于底特律等锈带城市，在那里，工业城市的现代主义地图变成了一个反面乌托邦，内城衰败退化，郊区空无一人、杂草丛生。

同样，东伦敦的衰落可以认为是由一系列地区与城市发展规划的长期不完善所致，这是失败的城市经济的产物，也是缘于历届统治阶级无法找到一个新途径将城市重建为一个生产系统。关于这一点，尽管在埃布兰蒂与其他地方，通过非洲现代性的重建表达出了所有权的诸多积极因素，但其背后却隐藏着令人不安的经济现实：该市由国家资助的经济已经变得极其脆弱。许多东伦敦居民在为经济生存而斗争的过程中面临着巨大困难，而非洲资产阶级所采取的占领城市主义不能为他们的困境提供切实可行的解决方案。同时，东伦敦工业开发区以及外国资本（如梅赛德斯－奔驰工厂）对保障城市经济前景所做的努力受到了过分的重视，就好像过去依赖于人为激励机制来吸引外部投资的现代主义经济政策要重现往日的辉煌。这种经济政策不仅搁置了关于如何在当前环境下恢复城市生产型经济的讨论，还反映了白人与外国人主导经济、将非洲人边缘化的殖民/种族隔离做法。

　　问题的一个方面是，如果没有深入参与城市的社会文化生活中，政府部门提倡的发展方式就只会停留在物质层面。例如，国家财政部对"城市改善区"的构想似乎仅限于改善基础设施，而住房部解决社会边缘化问题的方案则是建造住宅与提供服务。然而，无论是工厂、汽车、海滨酒店及住宅区修建，还是内城开发区的建设，有形基础设施的力量远不像人们认为的那样强大。决定城市的形成模式与变革潜力的始终是基础设施如何被转化成一个社会化的场所及其产生的文化实践和政治意识形态。例如，在底特律，只有抛弃旧的福特主义工业发展地图，并构想出新的发展形式，不同的社会经济形式才能出现，希望才会重新燃起。其中包括重新强调大学"在城市中"的作用，并塑造体现在"底特律制造"这一口号中的城市强度新形象。此外，地方建设的理论与实践普遍表明，城市建设最好从中心开始（而不是从南非政府财政重点支持的边缘区域开始），因为城市作为一个地方的核心身份和理念都集中在这里。

第七章　东伦敦后种族隔离时期的
紧缩政策与黑人大学

如前文所述，在非洲中产阶级官僚占领东伦敦海滨期间，内城在福特哈尔大学、沃尔特·西苏鲁大学与南非大学及其学生越来越大的影响之下逐渐成形。然而，这些院校及其团队所采取的占领城市主义的形式，与在埃布兰蒂的那些省市官僚相比要消极许多。东伦敦市中心与美国锈带城市人去楼空的市中心不同；城市扩张时期，白人开始避居郊区，但市中心从未荒废过。造成这种情况的主要原因是，20世纪30年代种族现代主义盛行时期，市中心是这个白人城市的核心与灵魂。此外，即使种族隔离政府从20世纪60年代开始背弃东伦敦，并将投资重点放在家园城镇、新兴城镇以及农村腹地的工业园区，市中心对当地居民仍然非常重要。在20世纪50年代的郊区化过程中，新的住宅区在纳翁河两岸、北边的阿马林达以及西边的布法罗河两岸大量涌现，白人依旧将市中心视为东伦敦的心脏，购物时总是会去剑桥街与牛津街。为了方便在郊区购物，一些小商业区在郊区建成，但是直到20世纪80年代，第一个成熟的购物中心才在文森特郊区建成，耗费了很长时间。此后，特别是在新兴非洲中产阶级来到这座城市后，购物中心才在郊区各地涌现。

内城的历史重要性源于其便利性，同时也源于其作为商业中心的价值。它拥有重要的百货商场，能够服务城市以外的人口。农村腹地的白人农民与小镇居民会来到牛津街与剑桥街附近办理银行业务，并进行每月一次的购物。同时，在市政府的支持下，当地的黑人消费者经常光顾布法罗街，这是一条与市中心一侧平行、通往附近有色城镇与东岸黑人居住区的街道。那里的大型仓库和商店支持与市内和当地城镇市场的贸易。在中心商务区，尽管白人消费者与黑人消费者往往会在不同区域购物，但市中心以这种双重方式服务于所有人。

然而，这座城市从 20 世纪 70 年代开始衰落，市中心也随之衰退。到了 80 年代，为白人服务的主要百货商店开始迁往郊区，而白人的购物地点也越来越明显地分为郊区和市中心两块。此外，从东岸地区被迫迁走的居民在西斯凯创建的大型通勤城市姆丹察内建起了许多新店，黑人消费者也不再去中央商务区购物了，因为去那里的交通成本很高。随着市中心商业声望的下降，其对律师事务所和其他服务行业的吸引力也在逐步下降，它们都跟着连锁店与白人居民搬到了郊区。1986 年，罗德斯大学计划在东伦敦建立分校，那时市中心的市政与经济地位正在下降，但罗德斯大学并未对此过于担忧，因为它不打算在东伦敦市中心进行重大投资。校址定在了市中心的老羊毛交易拍卖行。学校原本倾向于将校区建在市中心文化区，靠近博物馆、著名公立学校、弗里尔医院、公会剧院与东伦敦技术学院，但是老羊毛交易拍卖行的维护价格低廉，又位于中心位置，无论何时所有人都可以去，包括非洲黑人，他们可能也会成为学校的学生。尽管中心位置有很多优势，但却不适合建设大学。校园又小又窄，而且没有足够的扩建空间。此外，学校周围都是仓库，这些商业建筑物的形象与这所大学作为精英阶层的母校的宏伟形象格格不入。

　　1996 年大卫·伍兹成为校长后，学校重新考虑了与东伦敦的合作条款。伍兹致力于扩大学校在这座城市的影响力。他建议关闭内城校区，将学校迁到中城文化区的绿地上。罗德斯大学实行的是其主校区所在地格雷厄姆斯敦大学城的体制，与内城的大学不同。在这方面，相比于衰落的市中心，它与中城文化区的共同点更多。当时，伍兹还想在这座城市为学校建立一所医学院，并在那里建立工程学院。然而，如前所述，政府在姆塔塔已经建立了一所医学院，伍兹想要在东伦敦建立工程学院的梦想也未能实现。因此，他对罗德斯大学在东伦敦开辟道路的想法失去了兴趣，将注意力转移回了格雷厄姆斯敦，这一转变让他主校区的许多同事都松了一口气。

　　罗德斯大学没能将校区迁到这座前殖民城市的文化中心的后果就是，当罗德斯的校区后来移交给福特哈尔大学时，这个新主人也发现自己身处一个陌生尴尬的位置。与罗德斯大学一样，福特哈尔大学本坐落在一个郁郁葱葱的大学城里，没有想象自己会身处大都市内城，周围全是轻工业与商业仓库。沃尔特·西苏鲁大学的新校区也有同样的错位感，它从市中心历史上的黑人区布法罗街的邦德技术学院接手了一栋多层办公大楼。姆塔塔的沃尔特·西苏鲁大学（原特兰斯凯大学）坐落于城外一个封闭的绿地校园里，这个校园初建于 20 世纪 70 年代。

这些新迁移的学校周围环境陌生，被嵌于内城的城市结构中，缺少有体育设施与住宅的绿地，所以从一开始它们就对自己在城市中的位置感到担忧。它们很难想象城市校园的发展轨迹，也难以构想出在城市更大发展中可能扮演的角色。一方面，周围存在大量的其他利益集团，这让扩建的想法变得特别复杂，难以想象。另一个问题涉及这些大学作为机构的尊严，以及适应城市环境会如何影响它们的自我形象与公共品牌。此外，福特哈尔以及沃尔特·西苏鲁的制度文化与罗德斯一样，都是在反城市的参照系内形成的。这三所院校都是独立于自身所在的城镇发展起来的，但又与之相关。它们的主校区都保持了空间完整性。对福特哈尔大学而言，与处境艰难的农村小镇艾丽斯之间的分裂感，比罗德斯与格雷厄姆斯敦或沃尔特·西苏鲁与姆塔塔的分裂感更为强烈。然而，这三所大学有同样的担忧，它们认为自己虽然身处这座城市，但实际上却不属于这里。但是，尽管它们对迁入东伦敦持保留意见，却别无选择，只能充分利用新环境。它们奉命占领城市，还要为此目标制定相应的策略。

紧缩型大学与双螺旋结构

如英国学者约翰·莫维特（John Mowitt，2017）所述，罗德斯大学与福特哈尔大学在相继占领东伦敦的过程中，所谓的"紧缩型大学"模式以不同的方式对两者产生了影响。如果一所大学有以下几种情况，则可以称为"紧缩型"大学：资金紧张；采用管理主义方法来生产市场所需的产品；当审计文化和市场运作速度的要求削弱了批判思维、慢思维能力，就更多地提倡工具型与应用型学术研究。本章的论点是，根据莫维特（2017）的模型，罗德斯东伦敦校区的发展市场是由当地商业利益决定的，而构成福特哈尔发展的市场则是由当地政府、省政府以及中央政府的利益与需求决定的。约翰·莫维特本人是利兹大学人文学科的教授；他从处于新自由主义经济政策背景下的利兹等公立红砖大学那里得来的经验，是他紧缩型大学模式形成的基础。他认为，英国政府使用与度量、衡量和"影响"相关的语言来评估这些大学，而丝毫没有考虑思考能力以及批判地参与学习和知识生产的能力。因此，这些机构已变为霸权性社会经济体系的支持者，尤其生产新自由主义体系的产品。他断言，在这种模式下，它们已经转变为培训机构，而不再是学习机构。来自全球北方的这一视角为东伦敦大学的发展提供了实际的参考框架。

1986 年，罗德斯大学刚进入该市时，采用"紧缩型大学"模式是为了满足市政府和当地商界对培训机构的需求，而不是为了进行原创性研究，或批判性地参与该市及其环境构建。当地的公共与商业部门向其伸出了橄榄枝，希望它能通过提高城市人力资本的能力，尤其是企业领导者的能力，为城市经济增长注入活力。因此，他们在新校区赞助设立了强生领导力中心和创业主席。市政府和商会非常关注搬到该校区的商学院、法学院以及会计学院的发展，但对其他学院却不怎么感兴趣。与此同时，为了避免东伦敦校区损害其长久以来在格雷厄姆斯敦享有的牛津剑桥式的一流声誉，罗德斯大学坚持认为新校区与主校区应该保持不同的传统与定位。

因此，罗德斯在东伦敦的校区变成了一所紧缩型大学，不仅是由于该校区在建校过程中面临的经济需求，也是因为其主校区试图保留讲英语的以及白人的南非自由主义传统。罗德斯大学不想让学校卷入混乱的地方政治，至少不要在种族隔离政策创造的条件下染指政治。值得注意的是，在20 世纪 50 年代，面对南非荷兰裔白人民族主义的兴起，英国殖民民族主义在该地区仍占优势，那个时候，罗德斯大学对地区与城市的地方建设与参与地方政治没有表现出明显的反感。

然而，到了 20 世纪 80 年代，该大学对其与东伦敦的关系变得更加谨慎；总体来讲，它认为东伦敦新校区提供的教育种类和质量比不上主校区。愤世嫉俗的人可能会辩称，这所大学在东伦敦的规划就是提供实践培训，这种培训通常是为南非黑人设置的，因为他们在这座城市越来越占主导地位，同时在主校区为白人学生提供优质教育。认识更深刻的愤世嫉俗者可能会认为，东伦敦校区成本低廉且经过了仔细审计，罗德斯的目的就是利用获得的利润为其 20 世纪 90 年代末在格雷厄姆斯敦的扩建提供资金。当然，2004 年罗德斯东伦敦校区移交给福特哈尔大学，当学校未能遵照在此期间提出的要求为其校区提供单独的账目时，就引起了质疑。无论罗德斯东伦敦校区的建立与管理背后的动机是什么，它都未曾真正融入该大学的品牌，只不过是一所非全日制培训学院，受到审计要求的压制，而且没有真正的学术文化。尽管整体上看罗德斯大学在 20 世纪 90 年代并不是一所"紧缩型大学"，但其东伦敦校区却是如此。福特哈尔大学 2004 年接管的机构就是如此。

福特哈尔大学在收购这所新校区时，刚从最近（1998 年）的破产中恢复过来。此外，福特哈尔还背负着历史遗留的不利因素。尽管它具有南非政治解放大学的历史声誉，但 1994 年以后，新一届国家内阁没有授予它任何特权，即便许多内阁成员都是该校校友。人们对它寄予厚望，但给予它的却很少，十年后，这所资金紧张的大学，只剩下一栋旧羊毛交易所建筑和一个大约有 1.5 万本书的小型图书馆，而它本打算在这里发展成一个欣欣向荣的城市校区。事实上，此次收购只是进一步加强了福特哈尔大学紧缩驱动的制度模式，让它的生存越来越依赖省政府。以前的种族隔离制度对那些在意识形态方法和发展目标上支持它的大学投入了大笔资金。但相比之下，由非国大领导的新一届政府与 2004 年负责实施全国大学合并的高等教育与培训部似乎还没打算支持高等教育领域的非洲民族主义灯塔。由于资金不足，该校的福特哈尔校区境况尤其不佳，在办理交接时，学校管理团队的大部分时间和精力都集中在拯救艾丽斯校区上。

关于独立后非洲大学发展的文献表明，首先，前殖民地大学从当地人口中招收的学生与教职员工越来越多。在此期间，独立后的非洲大学将与国家紧密结合，成为新兴官僚机构的劳动力来源以及国家发展议程的支持来源。就此而言，1994 年以后，当新一届中央政府利用许多大学与学者来实现国家招聘与发展目标时，福特哈尔与中央政府之间的联系似乎并不是非常密切，不过它与东开普省政府却建立了密切的联系，若非如此，它就不可能从 1998 年席卷而来的金融危机中幸存下来。就在 2004 年大学合并之前，时任福特哈尔校长的德里克·斯沃茨（Derrick Swartz）已经开始了一项由管理层领导的去殖民化尝试，重整师资队伍结构，并对学校周围的贫困农村与所在地的社会经济挑战给予新的关注，这恰好与当时省政府的工作重点不谋而合。因此，学校获得了省政府的大量拨款。在斯沃茨以前领导的位于比晓的福特哈尔政府研究所建立了公务员在职培训学院，进一步加强了东开普省高级官员与学校高层管理人员之间的财务与政治联系。斯沃茨虽然住在东伦敦，但他当下的主要目标是获得位于比晓的省政府的支持，发展艾丽斯的农村主校区。因此，当福特哈尔获权在东伦敦建立校区时，它就像 20 年前的罗德斯一样，把重心放在了其他地方，这是由与外部重要合作伙伴省政府的关系决定的，而当地白人商业利益并未对其产生影响。此外，福特哈尔与省政府的联盟，使其与城市商界人士、前政治精英的关系变得紧张；1994 年后，新政取消了工业补贴，这一举措受到的抵制有限，令他们心生不满，他们对斯沃茨的政治观，包括他对白人自由主义的反对，也没抱有多少同情。就其本身而言，福特哈尔大学与之前的罗德斯大学一样，也将东伦敦校区视为其在这座城市的代理者，应该从属于农村大学城主校区的教育与政治议程。沃尔特·西苏鲁大学在东伦敦的运行也有类似的构想。

因而（再回到莫维特对英国紧缩型大学的批评），东伦敦的校区从来没有机会发展创新型、批判性的学习文化。就福特哈尔而言，学校实现了从培训本土官员与支持西斯凯"国家"的建立到向新一届东开普省政府提供类似服务的无缝转变，其本质只是从一种形式的工具变成了另一种形式的工具。此外，学校的学术文化仍然深嵌于一系列大约有 50 年历史的讨论与政治之中，可以追溯至 20 世纪 50、60 年代学校批判性地参与种族现代主义力量的时期。斯沃茨试图通过调整学科结构并开放与其他非洲院校的交流来解决这个问题，但这些举措都很难取得大学最初几代人所创造的那种学术成果。2008 年斯沃茨离任后，医学博士、前政府官员姆武由·汤姆（Mvuyo Tom）接替了他的位置，福特哈尔发现自己陷入一种强加于高等教育部门的新审计文化之中。一系列新的衡量标准和措施出台，据此向大学分配资金。这些标准包括毕业生培养数量、研究生入学人数以及研究成果产出量。为了达到新的要求，福特哈尔从非洲大陆各地聘请了许多学者，并用现金激励包括发表物在内的研究成果。如下文所述，在随后的几年里，研究成果迅速增加，但大多不能体现学术批判文化，缺乏社会经济参与。然而，正是在研究生入学人数和研究成果快速增长的这段时期，该大学开始探索与这座城市建立起新的关系。

福特哈尔大学在东伦敦：2004—2009 年的制度与政治动态

1999 年德里克·斯沃茨被任命为福特哈尔大学的校长，此时前校长姆布莱罗·姆扎马尼（Mbulelo Mzamane）因涉及贪污腐败和管理不善的丑闻，学校宣告破产。斯沃茨曾是该大学政府研究所的负责人，为了将学校从危机中解救出来，他组建了一支忠诚尽责的团队。他严格把控学校的财政，大幅削减开支，并暂停了正常的行政和职工预算程序。他还试图扩大艾丽斯校区的本科招生人数，以筹集更多的资金。

配合财政改革，斯沃茨还计划对学校的学术研究重点和课程进行彻底的变革。他主张建立一所致力于消除农村贫困和支持农村发展的大学。他一直是种族隔离制度坚定的反对者，同时强烈批评塑造该省非洲教育历史的自由主义与白人家长制。

作为20世纪90年代西开普大学激进政治的继承者，斯沃茨决心根除班图斯坦时代的遗留问题以及学校以前的自由主义与传教倾向。他提倡大学要具有积极参与的意识，政治与发展不再是课外活动，而是学术研究的基础。在东伦敦校区的合并成为热议话题之前，斯沃茨接管了福特哈尔，他表示学校现在将对其所处的社会经济环境作出直接的回应。

斯沃茨及其团队的意识形态取向得到了非国大地区政府的支持。于他而言，发展的难题在于农村，而不在城市。这所大学的根本作用就是，通过课程改革以及将学校与全国乃至非洲大陆其他农村院校联系起来的非洲主义者未来合作愿景，促进农村的发展。在《可能性范围之内》（*Within the Realm of Possibility*，2006）一书中，他对这一愿景进行了阐述，论述了为何要建立农村大学联盟以应对非洲的贫困与农村发展等亟待解决的问题。

同年，为了支持教育领域的转型，教育部长卡德尔·阿斯马尔（Kader Asmal）在上一年指定成立的国家高等教育工作组发布了一份题为《南非高等教育系统的重组》（*The Restructuring of the Higher Education System in South Africa*）的报告（教育部，2002年）。报告概述了福特哈尔在融资与学术课程组合方面面临的一系列挑战。

国家高等教育工作组指出，福特哈尔首次入学本科生人数的下降影响了招生的稳定性，迫使学校依赖于聘请大量教师进行在职教育。它还提到学校的毕业率相对较低，研究成果不多。报告指出，在财政方面，学校的资金流动性差，相对于收入而言，在人事上的支出难以维继。最后的结论是，也许要再过几年，福特哈尔才能拥有健全的财政基础，而且必须是在经济以及当地条件得到显著改善的情况下。报告还提出警告，如果各项环境条件变得不利，福特哈尔的生存将受到威胁。

在东开普省当时的高等教育机构格局下，国家高等教育工作组提出将该省教育部门的独立院校从八所合并为三所：一所位于伊丽莎白港的综合性、多校区教育机构；一所位于东伦敦都市区的多校区大学，由罗德斯大学和福特哈尔大学合并而成，兼并（即将撤销的）特兰斯凯大学的姆塔塔医学院；一所分布于东伦敦及其周边地区的多校区技术学院。报告认为，2000年的所有证据都表明，尽管大学在艾丽斯、格雷厄姆斯敦以及姆塔塔都设有卫星校区，但该地区的高等教育发展应以东伦敦为中心。报告还指出了这项计划的多项优势。首先，合并意味着目前两所规模较小的文科大学（罗德斯与福特哈尔）可以将它们的课程合理化，也可以联合开发东伦敦地区诸多高等教育发展机会。其次，作为一个大机构的一部分，艾丽斯分校将具有可持续性。再次，福特哈尔可以受益于罗德斯浓厚的研究氛围，罗德斯则可以受益于与东开普省东部农村贫困地区更多的接触。最后，姆塔塔医学院能够借鉴罗德斯与福特哈尔开设的科学课程。

一份题为《转型与重组：高等教育机构新格局》（*Transformation and Restructuring：A New Institutional Landscape for Higher Education*，DoHE，2002）的报告第一次对高等教育工作组的提议做出官方回应。报告显示，对于福特哈尔与罗德斯大学合并的提议，阿斯马尔与内阁持反对意见（DoHE，2002：1，9）。阿斯马尔认为，福特哈尔与罗德斯的合并没有获批是因为

> 鉴于福特哈尔大学在南非、乃至在整个非洲大陆的黑人知识分子和社会政治领袖发展中发挥的重要作用及历史，它的遗产必须得到保护、发展与加强。（DoHE，2002：14）

他指出，所提议的合并将危及福特哈尔大学的遗产。尽管教育部起初支持将东伦敦作为该地区主要的高等教育中心，但政治压力也导致其否决了撤销特兰斯凯大学、将姆塔塔医学院并入福特哈尔大学的提议。这些决议对国家高等教育工作组改革东开普省高等教育机构格局的现代化计划产生了重大影响。

2004 年，罗德斯大学决定撤离东伦敦，回到位于格雷厄姆斯敦的小城校区，以前东伦敦校区开设的学术课程还会继续开设，但将交由福特哈尔管理。然而，斯沃茨及其团队还没准备好面对合并罗德斯东伦敦校区的挑战。随后出现了一段时间的沉寂与犹豫，这对缓解教职工、学生以及市内社区的担忧毫无用处。于是，与该市协商和接触的过程缓慢地展开了。在政治上，斯沃茨及其团队与市政府或商业部门没有重要联系，因为它们曾反对福特哈尔在东伦敦建立校区；他们反而与省政府建立了联系，这种关系是斯沃茨在福特哈尔比晓校区的政府研究所担任主任期间建立的。这种与市领导人和利益集团的脱钩一直是福特哈尔与东伦敦行政当局（现在是

布法罗市都会区行政当局）关系的特点。

　　2004 年后，国家高等教育工作组关于扩建福特哈尔并让东伦敦成为该地区卓越的研究型学术殿堂的提议遭到拒绝，该校财政状况日益紧张，但研究产出率提高了。人们意识到，如果没有政府资金或个人资金的大规模投入，如在科技领域支持开发新的学术课程，福特哈尔可能继续面临严重的财政压力。同时，学校必须处理好罗德斯大学东伦敦校区的合并问题，涉及该校区所有罗德斯教职员工的搬迁问题，以及所有开设中的学术课程在过渡期如何继续的问题。校区接管后，福特哈尔大学共招收了 8751 名学生，这时该校仍是一所以本科教育为主的大学，只有 3% 的学生在攻读硕士与博士学位。

　　2004 年后，福特哈尔大学打算重新考虑罗德斯大学东伦敦校区在合并前采用过的非全日制与远程教学模式。这样的教学模式让罗德斯东伦敦校区减少了在设施上的投资，并限制了教职工人数。它的财政模式也导致其收入不足，需要私人合作伙伴来填补。2002 年的《转型与重组》报告（DoHE，2002）中提到，需要发展与扩建东伦敦校区，以服务城市人口，并确保学校财务的可持续性，这显然影响了福特哈尔，福特哈尔的规划者否决了罗德斯的非全日制模式，而是提出了"战略性增长"方案（福特哈尔大学，2004）。基于对 2004 年至 2009 年东伦敦校区学生入学率大幅增长和艾丽斯校区入学率下降的预测，福特哈尔制定出了方案。它还设想将学术课程从艾丽斯校区到东伦敦校区进行大规模的转移，这将使东伦敦校区的注册比例在 2009 年达到 60%。然而，教育部否决了这个"战略性增长"方案，尤其是关于修订艾丽斯校区学术课程大纲的提议。由于被中央政府否决，东伦敦校区的扩建计划不得不搁置。在这一点上，值得注意的是，尽管福特哈尔试图加强其在东伦敦的存在，但它采取的是"战略性"方案，而非"发展性"方案，因为它只是寻求相对容易的发展路线，如增加社会科学学生的数量以支持城市建设，而不进行知识改革与体制调整。这些投机方案只是为了扩建学校，而不是为了真正尝试参与城市建设。

　　2006 年引入了新的国家招生计划体系，该体系与教育部对学术课程组合的批准有关。许多政府资金都与中央推动的招生计划挂钩，并以各院校对计划的遵守程度以及院校效率与生产目标标准为条件。教育部在 2005 年 9 月的第一份"学生入学计划部长声明"中提出了新方案，其主要目标是确保高等教育入学人数与现有资源相匹配，从而使教学和研究任务得以完成，并提高毕业率以及学生吞吐量（高等教育质量委员会，2008；高等教育合并研究组，2008）。为了回应新计划并配合政府工作，福特哈尔大学放弃了更为宏大的计划，其中包括对东伦敦在内的所有校区的实体设施进行升级，转而设定了相对适度的增长目标。在合并罗德斯东伦敦校区后的头六年，计划将总入学人数的年增长率控制在1%以内。此外，根据这一计划，福特哈尔在2010年以前仍将定位为一所小型大学，90%以上的学生注册的是大学本科学历和硕士以下学历。

2008年，毕业于福特哈尔的医学博士、前东开普省总干事姆武由·汤姆接替了斯沃茨的位置。在政治与教育方面，汤姆在某种程度上可谓福特哈尔的传统主义者。在非洲民族主义发源地福特哈尔的历史、名誉和遗产的启发与推动下，他带领学校从激进的变革中脱离出来，回到了更为传统的大学模式。可以说，面对东伦敦的挑战，汤姆比斯沃茨更有准备。然而，他与十年前罗德斯的伍兹一样，坚定地认为学校的长远未来在于发展和巩固其历史悠久的主校区，不能因为在东伦敦过度扩展学术与知识权力而使主校区受到损害。就发展理念而言，较之于以城市为基础的大学发展战略，汤姆更倾向于斯沃茨的非洲主义愿景与农村发展重点。这体现在对东伦敦校区采取的策略以及庆祝福特哈尔大学百年校庆的方式上，这些都被用来推动艾丽斯校区实体和知识基础设施的重建。福特哈尔未能在东伦敦校区建立商学院，也表明其总体方向面向公共部门。

2009年4月，福特哈尔发布了一项长期战略计划，题为《2009—2016年战略计划：迈向我们的百年》（*Strategic Plan*, *2009 - 2016*：*Towards Our Centenary*）（福特哈尔大学，2009）。这份计划最初是学校为了响应国家高等教育工作组的建议而制定的，后来经过多次修改，不再那么雄心勃勃，也与其经过修改并通过批准的2006年的计划更一致。2009年的计划提议，东伦敦校区将开设社会科学与人文科学、教师教育与法律方面的全套学术课程，以及商业管理、健康科学（护理）、计算机科学、视觉与表演艺术方面的部分课程。全日制与非全日制课程将视可行性而决定是否提供。学校共招收5400名学生（占总数的42%，而学校2004年的"蓝天计划"设定目标为60%）。学校将通过公私合营等方式为其中的2000名学生提供住房，双方共同负责收取租金。从长远来看，学校将自建或购买正式的学校公寓。值得注意的是，福特哈尔大学2004年发展计划的主要特点，即对东伦敦校区学生入学率大幅增长和艾丽斯校区入学率下降的推断，以及设想的学术课程从艾丽斯校区到东伦敦校区的大规模转移计划，在 2009 年的计划中明显地缺失了。与此同时，学校通过实施一系列战略计划，走出了生存模式，并与国家高等教育政策接轨，整体教学质量有了显著飞跃。

知识生产：在福特哈尔大学的培训与学习

在新战略计划涵盖的 2009 年至 2016 年这段时期内，整个福特哈尔大学学生人数从 2004 年的 7000 人左右增加到 2016 年百年庆典时的近 1.5 万人，实现了惊人的增长。尼克·克卢蒂等人（2018）概述了该大学在此期间的学术课程与研究成果的发展状况。在对该大学东伦敦校区的评估前，有必要在这里引用他们对整个大学评估的主要发现。

研究显示，2004 年罗德斯大学东伦敦校区合并后，数据显示，毕业生人数增长幅度最大的在人文与社会科学专业，2014 年占总毕业人数的 44%（见表 7.1）。虽然在此期间科学、工程与技术（SET）专业的毕业生人数以每年 13% 左右的可观速度增长，但他们仍然只占总毕业人数的四分之一。商业与管理科学的年均增长率最高，但在总毕业人数中占比最小，比教育专业低 1%。

表 7.1 **各专业毕业生总人数：2004 年与 2014 年**

	2004：合并之时	占总人数的百分比（%）	2014	占总人数的百分比（%）	合并后年均增长：2004—2014	总人数增长：2014 vs 2004
科学与技术	236	19	783	25	12.7	547
商业与管理科学	87	7	489	15	18.8	402
教育	503	40	523	16	0.4	20
人文与社会科学	418	34	1393	44	12.8	975
总数	1244	100	3188	100	9.9	1944

资料来源：伊恩·邦廷（Ian Bunting）根据高等教育管理信息系统（Higher Education Management Information System）数据汇编（Cloete et al., 2018：10）

另一项研究对罗德斯大学与福特哈尔大学 2010 届和 2011 届毕业生的专业选择与就业过渡进行了比较，结果显示，两所学校的学生在成功选择喜欢的学习科目和完成率方面存在显著差异（Rogan & Reynolds，2016）。

在罗德斯大学，约60%打算学习科学与技术专业的毕业生成功地在这一广泛领域获得了学位。在福特哈尔大学的毕业生中，只有不到一半（48%）想要获取科学、工程与技术专业学位的学生最终如愿以偿。罗德斯大学的毕业生比福特哈尔大学的毕业生更有可能获得他们原本打算攻读的学位。在福特哈尔，入学到毕业之间改变了专业类别的学生，一般倾向于转向人文学科。两所学校的学生改变最初想学的专业的主要原因也不同。在福特哈尔大学的学生中，32%的人表示他们的学习成绩不够好，不足以入学或完成学业。经济压力也是一个考虑因素，7%的人表示最初选择的专业方向就业机会少，14%的人表示获得奖学金的机会太少。相比之下，研究显示，罗德斯大学48%的毕业生换专业的动机是对原来的专业失去了兴趣。

关于从学校向劳动力市场的过渡，这项研究中两个最显著的发现在于两所学校的失业率与就业部门之间存在的差异。罗德斯大学的毕业生平均失业率为7%，而福特哈尔大学的毕业生失业率几乎是前者的三倍（20%）。与人们的普遍看法相反，两所学校毕业生失业率最低的都是教育领域。福特哈尔大学毕业生失业率最高的是科学、工程与技术专业，而罗德斯大学毕业生失业率最高的则是人文专业。这无疑引发了许多关于劳动力市场与课程质量的问题。在就业方面的最大发现是，绝大多数（73%）罗德斯大学毕业生就业于私营部门，而67%的福特哈尔大学毕业生就业于政府部门。这些发现表明，福特哈尔大学还未摆脱其传统的非洲与家园使命，即主要为政府部门培养学生。不过也有例外，如东伦敦校区的会计培训课程。但除非福特哈尔大学能开设医学、工程及适合当地的课程，否则很难指望它能改变自己的形象与品牌。

2006年以前，福特哈尔大学和国家政策框架与知识生产计划的互动很少，整个学校的研究促进结构分散且不协调（Cloete et al.，2018）。这种情况在2006年后发生了变化，为了避免被列为南非排名靠后的教学型大学，福特哈尔大学开始制订新的战略计划。这一转变的基础是，应该优先发展学术人员与研究生的研究能力。这就需要集中和加强研究管理，让人们能够有意识、有计划地促进、监测和评估研究工作。进一步的干预措施包括制订2009年至2016年的战略研究计划；重组研究管理部门；确定重要的研究资助者与可能适合的领域。此外，一项研究成果激励计划也得以实施，每篇经认证的研究论文奖励2000美元，每名硕士毕业生奖励2000美元，每名博士毕业生奖励6000美元，高级研究者与研究新人校长奖章获得者奖励 1500 美元。

如下文数据所示，这些战略干预措施支持和鼓励福特哈尔大学从其有限的起点出发进行知识生产。就此项分析而言，高层次的知识生产被概念化为输入和输出（Cloete et al.，2015）。输入包括大学聘请的学术人员的资历与学历以及博士生入学人数。输出包括博士毕业生人数以及研究出版物，包括发表的期刊文章和出版的学术会议论文集。高级学者（教授、副教授和高级讲师），尤其是拥有博士学位的学者，对知识生产十分重要，因为他们有资格指导学生，也更有可能发表文章（见 Cloete et al.，2018）。

2006 年至 2015 年，福特哈尔的高级学术人员人数从 105 人增长至 154 人，年增长率为 4.3%。尽管有所改善，但 2015 年高级学术人员的比例（45%）仍未达到用于评估传统大学教学质量的 60% 的政策目标。

拥有博士学位的学术人员的数量也大幅增加，从 2006 年的 54 人增至 2015 年的 145 人。年增长率为 12%，远高于罗德斯大学的 3%。但是，福特哈尔大学拥有博士学位人员的数量增长的基数相对较低。

在此期间，福特哈尔大学博士生入学人数也迅速增长，年均增长率高达 24%，从 2006 年的 90 人增至 2015 年的 637 人。2015 年的博士生入学人数是总入学人数的 4.7%，这表明学校几乎达到了这一指标，即 5%。相比之下，罗德斯大学 2015 年招收了 560 名博士，占总入学人数的 7%。该校博士毕业人数也迅速增长，从 2006 年的 9 人增至 2015 年的 60 人，年均增长率略高于 23%。

2007 年与 2015 年福特哈尔大学博士入学与毕业的详细情况见表 7.2，2007 年至 2015 年，所有领域的博士生入学人数都迅速增长。增幅最大的是教育领域，博士生入学人数增长了近 10 倍，从 2007 年的 12 人增至 2015 年的 115 人。农业领域的博士生入学人数增长了 3 倍，从 2007 年的 18 人增至 2015 年的 76 人。在此期间，生命、物理、数学科学领域的博士生入学人数也增长了 3 倍，从 2007 年的 37 人增至 2015 年的 133 人。博士生的毕业率看起来较低，尽管这可能是由入学人数相对快速增长导致的。2015 年，共有 60 名学生获得博士学位，而当年博士入学人数为 637 人，毕业率仅为 9.4%，而此项国家目标设定为 15%。

表7.2　　　　　　　福特哈尔大学博士生入学人数与毕业人数

	博士生入学人数		博士毕业人数	
	2007	2015	2007	2015
农业	18	76	2	11
生命、物理、数学科学	37	133	4	17
卫生与临床科学	0	23	0	0
经济与管理	0	18	0	3
教育	12	115	2	13
公共管理	0	62	0	7
人文与社会科学	88	210	2	9
总数	155	637	10	60

资料来源：尼克·克卢蒂等（Cloete et al.，2018：152）。

在国家层面，这段时期的研究产出作为高等教育与培训部2006年实施的资助体系的一部分受到激励。该资助体系并没有为研究成果设定固定资助金额，而是根据每所大学在特定年份的总成果中所占的份额分配研究预算拨款。这些成果包含已发表的研究论文、出版的学术会议论文集以及学术著作中的章节；获得研究型硕士毕业证与博士毕业证也包括在内。福特哈尔大学2007年和2015年研究总产出细目见表7.3。

表7.3　　　　　　　　福特哈尔研究产出总量

	2007	2015
学术论文	63	325
学术会议论文集	3	9
学术著作中的章节	7	3
研究出版物总量	77	337
研究型硕士毕业生	37	153
博士毕业生	10	60
总（未加权）研究产出	124	550
加权总量（博士毕业生加权为3）	144	670

资料来源：尼克·克卢蒂等（Cloete et al.，2018：152）。

2007 年，福特哈尔加权研究产出总量占全国公立大学研究产出总量的 0.93%，在 2015 年占 2.2%。这一比例的增加对财务产生了巨大的影响。2007 年，福特哈尔获得了 1600 万兰特的研究成果补贴，2015 年则获得了 7200 万兰特。这表明按名义兰特计算，年均增长率超过 20%，实际兰特的年均增长率至少为 13%。从表 7.3 可以看出，福特哈尔 2007 年至 2015 年研究成果增长的一个重要组成部分是学术论文。穆顿与瓦伦丁（Mouton & Valentine，2017）根据对南非研究成果的各项分析得出结论，2006 年高等教育与培训部资助体系的实施以及其他一些因素，使得南非高等教育领域的研究出版物数量持续高速增长。

2005 年后，出版产出每年增长约 18%，尽管起点相对较低，但却是南非增幅最大的。原因是发表的研究论文数量显著增加，特别是从 2012 年开始。与 2007 年的 63 篇相比，2015 年达到了 325 篇（值得注意的是，只有当一篇论文的所有作者都属于这所大学时，整篇论文才归该大学所有）。在考虑快速增长的产出时，应当注意的是，穆顿与瓦伦丁（2017）发现，这段时期内所谓的流氓期刊的发文率高得令人担忧。这些出版物都没有经过正规的学术审查。作者还指出，该校学者选择的期刊质量普遍较低。

尽管福特哈尔大学的部分成果质量存疑，但数据显示它的知识生产与培训能力在这段时期有很大的提高，包括东伦敦校区在内。因此，可以说，此时东伦敦校区在该市的潜在重要性提升了。

视角之变：拥抱城市

斯沃茨管理团队采取的最终举措之一是与东伦敦签署谅解备忘录，承诺支持该市发展新的知识经济，并指导该市实现后工业化发展。然而，这个承诺从未实现，因为斯沃茨辞职，前往纳尔逊·曼德拉都市大学担任校长（该校前身为伊丽莎白港大学，后更名为纳尔逊·曼德拉大学）。

尽管如此，斯沃茨在离职之前，通过他与政府的关系监督完成了东伦敦米丽娅姆·马凯巴爵士与文化中心（Miriam Makeba Jazz and Cultural Centre）的修建。这个文化中心后来大获成功。斯沃茨无比热爱爵士乐，参与这次项目改变了他对大学在城市中潜在作用的看法。事实上，他在 2007 年向媒体发表了一系列声明，为了更好地理解他对福特哈尔大学东伦敦校区未来的想象，这篇报道值得全文引用：

《快报在线》（Dispatch Online）星期五报道，东伦敦可能成为全国最新大学城，福特哈尔大学与沃尔特·西苏鲁大学都计划在中心商务区周边扩建校园。商业专家对此表示欢迎，称这将吸引新的企业进入中心商务区，并推动市中心的振兴计划。

福特哈尔大学校长德里克·斯沃茨教授表示，他的目标是东伦敦校区在未来十年内招收 1 万名学生，并以 8 亿兰特的成本对校区进行开发。他说："我们的目标是打造一个连接全球的城市。在南非的中型城市中，唯独东伦敦没有内部城市校园，这是全球所有重要城市发展的先决条件。"这段话是斯沃茨在弗利特街坦比公寓正式重新开放时发表的讲话，这些公寓已经被改造成福特哈尔的学生宿舍。

他表示，福特哈尔大学投资的额外收益将吸引更多有消费能力的学生来这座城市，将创造新的讲师岗位，也将为中心商务区基础设施吸引相关投资。

福特哈尔的战略计划执行主任特里·马什（Terry Marsh）教授表示，将学校建在城市有利于学校的发展。他还说："我们的计划不是要在校园周围建一堵墙，而是要让校园与城市融为一体，这与斯泰伦博斯大学的情况是一样的。"

福特哈尔打算与开发商合作，将其东伦敦校区周围的建筑改造成面向学生的药房、咖啡店和银行等商业场所。——萨帕（《每日快报》2007 年 9 月 20 日）

斯沃茨与市政府签署的谅解备忘录在学校推动城市向后工业经济转型方面发挥了重要作用。该协议明确表示，地方当局要全力支持建立城市与学校之间新的、富有成效的关系，双方也要不断互动，市政当局应提供土地与发展机会以促进学校的发展。事实上，这份谅解备忘录是斯沃茨的继任者姆武由·汤姆在斯沃茨就任纳尔逊·曼德拉都市大学校长后不久签署的，已经形成的基于地方的发展理念在很大程度上被抛弃了，尽管在斯沃茨的领导下，纳尔逊·曼德拉都市大学与伊丽莎白港市的关系中仍然存在这种地方参与理念（见 Van Schalkwyk & De Lange，2018）。在福特哈尔看来，签署谅解备忘录是参与建设东伦敦的结束，而不是开始。

然而，以基于地方的发展问题在 2012 年再次出现，当时要求福特哈尔大学对当年启动的《2030 年国家发展计划》（*National Development Plan*,

2030）做出响应。时任高等教育部长的布莱德·恩齐曼迪（Blade Nzimande）将这个关于 2011 年至 2030 年的发展计划发放至所有大学校长手中，要求他们提供详细资料，说明他们的学校将如何实现计划目标。作为当时福特哈尔社会经济研究所的所长，我的任务就是准备这份以报告形式发布的答复。学校为此成立了工作小组，在他们的帮助下我撰写了这份报告，其中建议学校考虑将大学活动与艾丽斯镇的发展更紧密地结合起来。报告指出，小镇破败不堪，缺乏先进设备与发展机会，阻碍了艾丽斯校区的发展。报告还指出，此举的目的是创建一个与大学融为一体、充满活力的乡村小镇，将艾丽斯建设成为地区内城市增长节点，这也许可以成为对当地农村发展进行更重要的干预的基础。

关于东伦敦，报告指出，国家高等教育工作组 2001 年提出的建议基本没有得到落实。报告显示，东伦敦与大学一直在各说各话，没有找到共同点，此前本来预期在省内建立新的高等教育体制能够揭示这些共同点。报告提到，斯沃茨于 2008 年制定并由东伦敦签署的谅解备忘录，已经就东伦敦与大学之间更好地融合制定了一项议程并达成一致意见，但并没有任何行动付诸实践。报告进一步指出，市中心与海滨之间一块被称为枕木区的空地，曾是铁路调车场，是大学与城市可开发的理想位置。布法罗市政府 2012 年从南非运输集团（Transnet）手中收购了这块土地，2008 年的谅解备忘录中倡导的合作伙伴关系使其得以快速开发。报告认为，现在正是利用这片土地在市中心建立一个新的城市与校园联合开发区的绝佳时机。为了向市政府与高等教育部长说明这一举措能创造什么样的机会，著名建筑师格伦·米尔斯（Glen Mills）教授受委托绘制了两幅图。第一幅图展示了内城的空地（见图 7.1），第二幅图则是关于如何开发这些空地的建议（见图 7.2）。

人们希望，通过绘制关于市中心的未来转型图，能够促使市政府在谅解备忘录的平台基础上重新与福特哈尔大学合作，同时也能让高等教育部长了解到增强福特哈尔大学在东伦敦的存在对整个东伦敦市的重要意义。报告建议，内城可能会被重新定位为知识开发中心，整个城市可以作为港口工业开发区的补充。

市政府内部对这些提议持戒备态度。地方政府表示，该市未来的发展轨迹，以及建议如何最好地开发新收购的枕木区都不在福特哈尔大学的职权范围内。市政府也以其没有考虑到该市其他高等教育院校的利益为由，

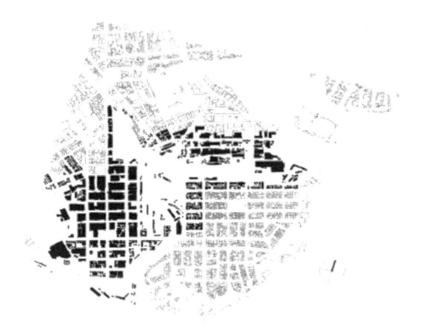

图7.1 东伦敦内城建筑环境

资料来源：米尔斯（Mills，2013）。

图7.2 重新规划的福特哈尔大学城市校区，对校园基础设施进行了扩建，既包括现有校园（左下角），也包括枕木区（右上角）

资料来源：米尔斯（Mills，2013）。

对这项提议进行了批评。副校长与大学理事会对这些提议表现出了一些兴趣，但他们表示，如果没有土地以及市政府的明确支持，实施这样的城市——校园发展规划是不可能的。福特哈尔大学自脱离斯沃茨时代基于地方的发展模式以来，取得了一定的进展，大学对此感到满意。它还表示，不想让一系列风险重重且不能保证成功的多方安排损害这一进展。大学还怀疑规划办公室是否有能力管理如此大规模的项目。到了2014年，福特哈尔大学沉浸在对百年庆典的期待中，该提议在一些地方激起的兴奋情绪开始消退。

结论：迈向百年

2012年正逢罗德斯大学的百年校庆，为了筹备庆典活动，罗德斯大学面向各校友和机构展开了筹款活动，这些校友和机构都对学校为自己的生活与公司发展所起的作用和所做的贡献心怀感激。学校委托英美资源集团（Anglo American）的首席财务顾问来领导这项工作。百年庆典到来时，学校已经为新发展计划筹集了超过5.5亿兰特的资金。福特哈尔的组织能力远不及罗德斯，没有筹集到这样一笔资金，主要是因为它的毕业生主要就职于行政部门，而非商业领域。尽管如此，它仍然在南非各地举行了许多校友活动，虽然没有筹集到大笔资金，但引起了人们对百年校庆的广泛关注。最终，国家内阁了解到该大学正努力为其百年校庆筹备一场能力范围内的庆祝活动，同意向其提供援助，并为艾丽斯校区许多重要项目提供资源与专业知识，此外还同意资助2016年7月在该大学举行的高等教育转型大会。

在接下来的两年里，人们把关注点转向了福特哈尔艾丽斯主校区，东伦敦这所"紧缩大学"的困境与机遇淡出了人们的视线。在反城市化的非洲民族主义叙事中，非洲人在农村小镇艾丽斯克服重重困难取得的成就被强调，而东伦敦在这所大学历史上的作用则被边缘化。政府官员与解放运动的标志性人物回到他们曾学习过的地方，回忆这所大学为他们个人和南非黑人国家所做的一切，让这一叙事通过个人及政治怀旧得到了传播。然而，在百年庆典正值高潮之时，这一叙事被"学费必须降"运动中发生的极端暴力行为和破坏财产行为彻底瓦解。这种瓦解只有在沾沾自喜的归乡背景下才能被正确理解，这种瓦解是对归乡的回应，也将其有效根除，因为福特哈尔大学试图向国家和全世界展示的团结与进步形象受到了不可挽回的损害。

致谢

本章在"知识生产：在福特哈尔大学的培训与学习"一节第一段提到的工作是 2015 年福特基金项目的部分任务，该项目由福特哈尔社会经济研究所主持，与开普敦高等教育研究非政府组织（NGO）高等教育改革中心（CHET）合作完成。高等教育改革中心在该项目中的具体作用是探究福特哈尔大学的制度动态，并考查其不断发展的知识生产动态。高等教育改革中心主任尼克·克卢蒂教授与前高等教育与培训部高级官员伊恩·邦廷领导了对福特哈尔大学和其他南非大学知识生产的考查。同时，斯泰伦博斯大学的约翰·穆顿对该大学百年前的毕业生吞吐量与研究成果进行了评估。评估详情见穆顿和瓦伦丁（2017）的研究成果。这些学者的工作，包括他们制作的表格，为该部分所做的福特哈尔大学知识生产趋势评估提供了支撑材料。

借助于福特哈尔社会经济研究所与高等教育改革中心的联系及其提供的关系网络，项目团队得以主办许多联合活动。团队成功出版了《南部非洲发展》（*Development Southern Africa*）杂志的一期特刊——2018 年 8 月第 35（5）期，并基于福特项目的工作编辑出版《扎根地方：南非的大学与发展重思》（*Anchored in Place*：*Rethinking the University and Development in South Africa*，2018）。本章对福特哈尔"紧缩型大学"模式的描述引用了高等教育改革中心的一些成果。

第四部分

学生抗议运动及城市与大学之间的动态

第八章　学生斗争与城市权

　　2015 年开普敦大学最早爆发了"必须推倒罗德斯"运动。最新一轮抗议浪潮中，南非各大学的处境如乔纳森·詹森（Jonathan Jansen，2017）所言："如置身火海。"乔纳森·詹森是南非自由州大学前任校长。抗议运动加上学生和警察的暴力行为，所有大学都未能置身事外。抗议已经造成巨大损失，包括财产损失、人身损失、教师和校领导士气低落。詹森甚至认为这些抗议就是这所南非大学走向终结的预兆。

　　运动骚乱始于 2015 年，开普敦大学的黑人学生要求把帝国主义者西塞罗·约翰·罗德斯（Cecil John Rhodes）的雕塑从学校搬走。雕塑仁立于学校具有象征意义的中心位置，从高处俯瞰着开普半岛。虽然开普敦大学所在之地由罗德斯遗赠而来，但是，一位学生为了表达他对这所学校里主流殖民势力的厌恶，往象征殖民势力的雕塑上泼了粪便。这一行为立即引发了一场持久、激烈的争论，学生和教职工们围绕学校文化遗产和去殖民化问题展开了争论。关于这个问题学生和教职工产生了分歧，最终，在一场非洲学生领导的学生运动的坚决要求下，开普敦大学还是被迫搬走了罗德斯雕像。镇上其他各处、城市广场上以及其他大学里主要殖民人物的纪念碑也遭到大肆破坏，但还有一部分仍未搬走。尽管"必须推倒罗德斯"运动期间发生了一些暴力事件，但大部分精力还是用在讨论和排斥殖民主义之上，尤其关于课程设置和教师的种族问题上。这些事情历史上在白人大学的校园里引起的波动比历史上在黑人大学的校园里引起的波动更大一些，因为后者的教职工和学生主要已是非洲人了。在此期间，许多表明反殖民主义学术立场与公共立场的主要人物都是在之前的白人大学里工作的其他非洲国家的黑人学者，例如开普敦大学的喀麦隆学者弗朗西斯·尼亚姆乔（Francis Nyamnjoh）和威特沃特斯兰德大学的阿基里·姆贝姆比（Achille Mbembe）。

后来，"必须推倒罗德斯"运动于同一年演变为"学费必须降"运动。尽管后者也反对殖民主义及其遗留问题，但它的焦点却是学生权利和服务问题。"学费必须降"运动最关注的不是非洲知识生产的本质，以此作为反对白人文化的一部分，而是关注高等教育层面南非黑人学生入学难、学费贵的问题。学生在抗议中对政府提出一系列要求，要求政府保证未来非洲人阶级向上的流动性和成为中产阶级的可能性。在这些要求中，特别的关注点在于黑人工人阶级和中产阶级学生所背负的沉重经济负担（见Southall，2016）。抗议要求政府给经济困难、负债累累的学生提供国家补贴和更多的支持，这些贫困学生大多来自传统黑人大学。由此，"学费必须降"运动获得了更加广泛的学生基础，处于其中心位置的是高等教育体系里经济比较困难的南非学生，而许多精英大学里较为富有的白人以及黑人学生则处于边缘位置。

"学费必须降"运动中，开普敦大学和威特沃特斯兰德大学对去殖民化的讨论限于学生的物质环境层面，没有上升到认识论层面去探讨主要课程的本质。弗朗茨·法农（Frantz Fanon，1961）的分析被用来解释这些学生是如何被留在恶臭的"土著城镇"里逐渐堕落的。当时，时任总统雅各布·祖马领导的新一届非洲上层集团腐败不堪，压榨贫苦大众牟取私利，其扮演的角色与之前的白人殖民者无异。福特哈尔大学是非洲解放运动的先锋，在它即将庆祝自己建校百年之际，被政界统治层背叛的感觉尤为强烈。此外，作为一场全国性抗议运动的一部分，福特哈尔大学的学生看到了他们的同龄人在历史上的白人大学享受的高级设备和服务，更加明显地意识到福特哈尔大学的生活状况多么窘迫。

2015 年 10 月，福特哈尔大学、沃尔特·西苏鲁大学以及南非大学的学生攻占了东伦敦市中心，并占据了整整一周时间，使得东伦敦市完全陷入瘫痪。这些学生沿着横穿市中心的弗利特街点起火堆，投掷石块砸车，把路边垃圾箱里的垃圾全部倾倒出来，市政当局和许多居民因此陷入恐慌之中。这些行为既针对东伦敦及东伦敦大学生恶劣的生活条件，也针对大学。虽然参与抗议的几乎没有其他非洲国家的学生，但市中心直接受到抗议影响或与抗议有关的学生多达 1.5 万人，因此抗议也代表着团结的时刻。城市瘫痪一周之后，当地《每日快报》在周一刊登出这样一条新闻："可耻之至：福特哈尔的暴乱学生仍在疯狂劫掠"。① 此外，当地多位商界领导人、布法罗市市长修勒·帕卡提以及其他官员均对此表示谴责和震惊，福特哈尔大学校长姆武由·汤姆也哀叹学校对学生的领导力不足。

东伦敦2015年抗议运动的范围和类型，以及学生从中表现出的极度愤怒和沮丧，或许是东伦敦高等教育机构采取"紧缩型大学"模式的后果。这一模式本身隐含的问题不断恶化。首先是由于2004年这些大学迁至东伦敦之后没有联合起来解决周围的社区问题，其次是因为学校未能和市政府或者当地商业圈建立起结构化的关系。这种背景下，降低或减免学费只是众多要求之一，抗议运动针对的是市中心学生生活再生产中出现的更广的危机。

想要更深入地理解导致这次抗议的原因和人们对它反应，需要综合考虑以下这三个概念：慢暴力、城市权和变革性偶遇。出生于南非的罗布·尼克松（Rob Nixon，2011）在其《慢暴力与穷人的环境主义》（*Slow Violence and the Environmentalism of the Poor*）一书中写到，社会对轰动事件，尤其是轰动暴力事件，有一种程式化的痴迷。尼克松认为，能够制造新闻、吸引公众注意力和政客眼球的是快暴力，但是对于他所称的"慢暴力"，人们给予的关注不够。"慢暴力"是指植根于贪婪、短期利益和不可持续发展政策中的结构性暴力，这种暴力是潜伏的、难以发觉的、有持续性的，往往还有致命性等特点。考虑到这点，学生抗议就可视为一种快暴力，是学生对自己在东伦敦遭受的慢暴力（即剥削）的反击。城市权的概念也可用来解释2015年东伦敦爆发的学生抗议。研究战后欧洲城市恢复工作中市民边缘化现象的法国马克思主义学者亨利·列菲弗尔（Henri Lefebvre）认为，资本主义和政府机构常常合谋剥夺市民的"城市权"（1991/1974：49）。他坚称只有用钱买到城市权的人才能完全享受这种权利。在这种观点下，东伦敦的这次学生抗议是在批判这些大学对占领城市主义采取冷漠态度，这些大学在东伦敦表现出消极租户而非积极市民的姿态。学生们选择占据市中心而不是集中精力反对他们的学校，是在表达他们的城市权，同时也流露出对大学的批判，这些大学不愿接受城市权，也不愿保护学生们相应的利益。列菲弗尔提出的另一概念"偶遇"（encounters）也

---

① Gowa M., Disgraceful：Rampaging Fort Hare Students go on Looting Spree，*Daily Dispatch*，October 27，2015.

可用来解释这次抗议（Ronneberger，2008）。这一概念认为，具有社会意义和政治意义的偶然相遇能够将试探性、地方性、分散性的问题汇集一处，转化成一场比最初所预期的意义更加深远、势头更大的运动。这就是始于2015年东伦敦的学生抗议运动演化的本质。

以上分析了大学生对他们在城市中的困境做出的反应，这一分析的基础是一份有关内城衰退的简要历史评估，以及福特哈尔社会经济研究所于2015年后半年对东伦敦大学生所做的一系列访谈和调查。

内城：发展停滞

20世纪40年代与50年代是东伦敦经济腾飞的年代，随着全国性零售公司开设经销店，东伦敦贸易中心开始快速发展。银行业和汽车销售业不断扩张。为了规划和管理郊区城市化和布法罗河西岸东伦敦工业核心的发展，公共部门的职责大幅扩展。在新现代化发展理念下，牛津街及其周边开展了一大批建筑项目，这一举措完全改变了市中心的垂直规模。大批老旧仓库和维多利亚式建筑被拆除，取而代之的是新现代主义砖铁风的六七层建筑。在约翰内斯堡、德班和开普敦等其他南非城市，大型投资激发出了市中心发展的热情，但是东伦敦这些变化却激起了市民们对一座消逝之城的怀念。许多人认为新式现代主义建筑是导致东伦敦逐渐丢失其历史特色的原因。摄影师约瑟夫·登菲尔德（Joseph Denfield）不遗余力地拍摄下市中心和内城绝大多数有历史意义的维多利亚式建筑的消亡，然后将照片整理成册出版，名为《先锋港》（*Pioneer Port*，1965），这是一本记录老白人殖民城市的历史相册。相册反映了殖民建设者投入市中心建设的无限自豪和巨大精力，市中心东起主要火车站，西至布法罗河，街道呈网格状。登菲尔德和他的同伴为市中心丧失了殖民身份而哀叹，将这一改变描绘成"东伦敦的死亡"，但东伦敦的现代化精英此时却正致力于新的发展阶段（Mnyaka & Bank，2013）。

20世纪40年代与50年代，《每日快报》上许多市中心的航拍照片都反映出白人殖民者的自豪之情。东伦敦需要一个现代化商业、市政和服务中心，以赶上其他城市市中心的发展。然而，20世纪60年代，城市去中心化政策和家园区域附近新城市工业区的发展措施使得投资者对东伦敦的紧凑型城市建设模式丧失了信心（见 Mnyaka & Bank，2013）。随着白人对市中心日渐冷淡，投资不断转移，郊区化进程不断加快。在奎格尼、南伍德等内城郊区，居民房被推倒，一栋栋低收入白人的公寓平地而起，市中心的发展因此受到极大阻碍。

族群住区法（Group Areas Act，1950 年第 41 号）的实施也极大地影响了这座城市的文化；此外，非洲居民作为市中心文化不可分割的一部分，他们遭受的日益加剧的侵扰也对东伦敦城市文化产生影响。布法罗街作为东伦敦市的轴线为非洲居民提供了服务。这条轴线起于东岸蓝桉树成荫的鲁布萨纳公园的体育场，经过诺森德教堂、学校和街角商店，最后进入市中心。市中心里有专门向非洲市场出售衣服、家具还有食物的零售商。诺森德最主要的商业形式是小吃店和街角咖啡馆，大部分都由亚洲人经营。镇子里大一点的商店都是白人家庭经营，这些白人很多和农村的保留地有关。牛津街和布法罗街就像两条相向而行的高速公路车道。不过，20 世纪 50 年代之后，非洲人不允许在牛津街或剑桥街购物，那时起，市中心变成了"白人区"，非洲人只能"呆在他们自己的车道上"（《每日快报》1959 年 3 月 4 日）。在布法罗街上，警察以偷窃和犯罪为由竭力要把非洲人赶出市中心。一次，两名警察在这条街上殴打了一名非洲教师，警告他"镇里不欢迎黑鬼"（《每日快报》1959 年 3 月 4 日）。这位老师反驳说他一直在那里购物，但两名警察认为他的话是在蔑视他们。教师的朋友们逃走了，两名警察用警棍殴打他的头部和身体。后来这件事被告上了法庭，法官的裁定是那两位警察越权了。这一事件说明了种族隔离法和城市规划如何通过严苛、恐怖、暴力手段重塑市民文化。

内城区被认为是东伦敦历史上的市中心，包括奎格尼和南伍德郊区，这两个地方早在 20 世纪之前就建立起来了。最初，南伍德是东伦敦最负盛名的郊区，这里的大部分居民是从事商业的中产阶级，他们在这里修建了许多令人赞叹的维多利亚式住房。相反，奎格尼却是一片贫穷的白人区，道路宽阔，马车可以在街上掉头。相比起南伍德绿荫蔽日的街道，奎格尼的街道却是疾风肆虐，一片荒芜。20 世纪 50 年代，奎格尼因社会秩序混乱而臭名昭著。非洲人在这里开设无执照小酒馆，晚上常在街角聚集，因此多次有人提议对非洲人实施宵禁。中产阶级指责奎格尼的房东和房主纵容这些行为。市政府注意到这里的后院女佣宿舍过于拥挤、难以管理。市议员们建议实施严格的宵禁令，而且要求雇主为员工的行为负责。城市里旅店的老板不顾禁令，在淡季向非洲人售酒，因此遭到谴责。东部海滩后方中低产阶级的露营区也成为这个郊区的一个特征。城市的领导称住在这个露营区的人为"下等人群"。他们住在帐篷里，在灌木丛里沐浴，经常夏季结束了也不愿意搬走。为了解决奎格尼夏季"帐篷镇"问题，市政府于 20 世纪上半叶修建了第一个正规、有管理的旅行拖车停车场（《每日快报》1952 年 3 月 12 日）。自 20 世纪 50 年代末起，尤其是族群住区法实施之后，非洲人的行动受到更严苛的种族控制，奎格尼就成了中下阶层的飞地。此外，郊区后方枕木区的铁路调车站的开发更是让奎格尼直到 1994 年之后都带有工人阶级特色。

　　1994 年实行民主制度后，东伦敦吸引了大量游客，奎格尼有着美丽的海景，又是通往沙滩的必经之地，地理位置优越，因此白人房地产经纪人认为奎格尼将会成为中产阶级光顾区。然而，房地产暴涨的想法却落空了，房价下跌了。因此，奎格尼的房东不得不转向非洲租赁市场，以期求得生存，捞回损失。海滩原是白人休闲娱乐的场所，但现在情况改变了。东伦敦新兴的非洲中产阶级为了社交大量涌入这里，年青一代非洲居民也越来越喜欢郊区。此外，21 世纪初迁至东伦敦的福特哈尔大学也致力于修建一座提供住宿的校园。之前预想的旅游热潮未能实现，但为此已准备了大量公寓和客房，现在这些房子都变成了学生公寓或者叫"寄宿房"。可是，给学生租房的利润很低，只有增加租户才能保证房主不赔钱。因此，为了将收益最大化，房主开始以尽可能最高的租金招揽尽可能多的学生。私人房主也纷纷效仿，违法扩建或修建大量住所，然后出租给学生。后院无执照小酒馆数量激增，犯罪团伙不断涌入，都是为了赚这些流动学生的钱。自 2000 年来，奎格尼的人口构成和社会动态发生了巨大变化。与此同时，非国大对奎格尼采取了不干涉政策，奎格尼的非洲人口日趋增长，逐渐占主导地位，非国大认为这是城市发展的积极因素。因此，即便一些白人和黑人长期房主都对不断上升的犯罪率和明显增长的卖淫行为提出抗议，非国大的做法还是助长了房东压榨学生的行为。一些房主指责学生的犯罪和卖淫行为，声称这已经成了学生努力维持生计的第二收入来源，不过独立研究显示这些指责基本都是没有根据的。

　　和奎格尼一样，南伍德在其历史进程中，也经历了社会动态和居民构成的巨大改变。南伍德曾是上层社会白人在内城的居住区，居民都是富有的毛织商和批发商。这里的建筑风格有维多利亚式的豪华别墅，但更多的是风格类似的普通居民房。20 世纪 50 年代和 60 年代，许多富人搬到郊区居住，东伦敦城市公园与花园管理局（East London City Directorate of Parks and Gardens）为了吸引郊区买家，配备了"绿色之肺"，郊区许多地方都整片改造成了开放空间或者公园。然而，这也没能阻止中产阶级流出市中心。20世纪60年代之后，中下阶级开始迁入市中心。20世纪90年代起，雄心勃勃的非洲中产阶级家庭和学生先后被南伍德较低的房价吸引过来，他们的到来使这个地方再次发生改变。公司职员和当地两所医院（圣多米尼克医院和弗里尔医院）的护士、医生以及勤杂工的住宿需求给房地产商带来了机遇，他们在南伍德建了大片公寓楼。奇斯尔赫斯特则横跨铁路线建起了一个新的大型政府办公区。南伍德曾是东伦敦第一批工业区所在地之一，也是内城纺织业的心脏，但2000年之后，它被一位投资者收购并改造为政府办公区。办公区建成之后，雇用了2000多位公务人员，比这个地方的工厂倒闭时的失业人数还多。尽管南伍德中产阶级就业人数不少，经济潜力也不差，经济仍呈现出下滑趋势。这一地区以非洲人为主的中产阶级职员尽量避开内城郊区，因为那里的条件满足不了他们的住房期待，也满足不了他们对子女教育的要求。他们认为南伍德的学校不仅教学质量低而且很危险。内城郊区日益衰落，见此，许多中低产阶级选择搬到城市边缘地区，那里的戈乌比和阿马林达等地方的房价和南伍德相差不大。

新学生贫民窟：奎格尼与南伍德

学生入侵奎格尼和南伍德的根本原因是东伦敦的各所大学采取了"紧缩型大学"模式。无论是罗德斯大学、福特哈尔大学，还是年轻的沃尔特·西苏鲁大学，都没有修建学生公寓的经济能力，因此这些大学纷纷转向当地房东和房主，将他们的房屋改造成学生公寓。2004年，沃尔特·西苏鲁大学接管了邦德理工学院的老校区，福特哈尔大学接管了罗德斯大学的校区，布法罗市继续教育与培训学院接管了东伦敦技术学院的校区，从那时起，内城的学生租赁市场飞速增长。福特哈尔大学的学生大多住在奎格尼，沃尔特·西苏鲁大学和布法罗城市学院的学生集中在南伍德。

这些大学处境极其困难，它们在东伦敦既没有什么资产又没有有利的谈判条件。房东握着大部分发言权，达成对自己有利的交易。通过这样的交易，大学给学生提供住宿保障，房东给学生提供基本住宿。房东和大学还签署了长期租赁合同，约定大学要改善住宿环境，满足学生住宿要求。尽管大学在其管理中只承担监督之责，但签了长期合同的大楼都有"大学公寓"的标记。当这些所谓的大学公寓供不应求时,房主和房东便有了进一步压榨学生的机会。投机商乘机进入市场捞一把,他们或是在后院搭建棚屋,或是铲平奎格尼以往用木材和钢铁修建的房子,建些迷宫似的小房间和小巷子,不参照任何学校住宿规则就把学生大批大批往里塞。这种市场模式中,住宿虽然都得到了许可,但基本不受监管,因此大学领导和房东就有机会私下操纵交易。他们牺牲学生本该享受的服务,榨取额外租金。学生往往享受不到学校官方住宿文件上列出的服务:原本的单人间却有两人入住;承诺的烹饪、洗衣、网络设备及其他设备一概全无;家用设备坏了也没人维修;许多公寓里的安全措施不起作用;为了省钱雇用了研究生担任公寓管理员,结果也没什么用。

　　这些学生涌入时,正是此地从白人居住区向黑人居住区过渡的时候。在此之前,这里的大部分居民是白人公司职员和年轻专业人才;后来,大量黑人家庭,包括许多年轻的单亲父母不断往这里搬迁。2001 年,南伍德的黑人居民占 59%,白人居民占 34%。奎格尼的情况也大致相仿。截至 2017 年,这两个地区黑人居民的比例都已超过 80%。2015 年的采访显示,南伍德许多经济较为困难的白人感觉他们"被包围"了,因为他们没钱搬走,但又害怕大街上难以管教的青年和犯罪行为。他们还进一步谈到,自 20 世纪 90 年代以来郊区的状况已经恶化了许多,也越来越脏。许多人都把问题归咎于大学生,认为大学生对社会凝聚力产生了负面影响,这样的看法在无数年龄较长的被访者口中被一再强调(Bwalya & Seethal, 2016:42)。

　　奎格尼和南伍德的居民注意到"贫民窟房东"已经来到这两个地区,他们利用学生的住宿需求,力求以最少的投入谋取最大的利益,破坏了这两个地区的社会结构和建筑环境。居民们还注意到,这些房东常常自己并不在此地,也没有妥善管理租客。他们特别提到了那些非法寄宿公寓,很多甚至有多个房东,以及派对屋、无执照酒馆、毒窟等。认为这一地区"不安全"的居民比例达 88%,"不信任"周边人的比例达 72%。总的来说,当地居民认为造成这一地区严重恶化的重要因素不是种族问题,而是那些不负责任的房主、不在场的房东,还有难以控制的学生。许多人也谴责市政府不能妥善监管当地,也抱怨法律和秩序的普遍缺失(Bwalya & Seethal, 2016:43—44)。

　　然而,其他研究(FHISER,2016)显示,居民把环境恶化问题、犯罪问题、公共秩序混乱等问题归咎于大学生，事实上学生对这些因素并无控制权，只是替罪羊。福特哈尔社会经济研究所 2015 年的一项调查显示，住在内城区的学生普遍经济困难，没时间在街上闲逛，也没钱在酒馆社交，大部分时间都只能待在自己的房间或公寓里。和当地居民一样，他们说自己也害怕上街；对偷电脑和手机的盗贼，他们也抱怨不止；女生说她们很害怕在奎格尼和南伍德遭到强奸。一名女生说，天黑以后往返于校园和宿舍时，她非常担心自己有性命之忧，因为她所在的区域没有路灯。许多学生表示这一地区根本没有警察。他们抱怨道，公寓不提供互联网，所以即便是天黑以后，如果想找学习资料就只能去城里校园内的图书馆。他们还说这段路上非常容易遭遇抢劫。一些学生因害怕街头犯罪行为，宁愿不学习也不愿意出门。

一位男生接受采访时眼周肿胀，脸上和身上有多处瘀伤，因为他刚遭遇劫匪。他和同学经常晚上从福特哈尔大学穿过市中心返回南伍德的公寓。他说自己遭遇了一伙暴徒。还说一到晚上，劫匪们就开着车在内城来回游荡，等待携带现金和电子设备的学生出现。这位学生还补充说，他家人抵押了房子供他上大学，如果知道他的笔记本电脑被抢了，永远也不会原谅他。所以他决定反击，但是劫匪们拿着刀枪，他打不过，好在逃离保住了性命。

学生们还说，他们常常遭到一些无端指责。例如，人们认为犯罪率上升是他们导致的；但他们认为该为犯罪率负责的是乡镇里的年轻罪犯，他们来到这里，盗窃弱势居民和学生的财物。学生们还指出，街上的妓女不是学生，而是来自乡镇的失业女性，她们沿着海滩和南伍德徘徊，寻找客人。这些学生认为，当地人指责他们造成了这一地区的"社会问题"是因为在当地人眼中，大学生是外来者。在大学生看来，市中心犯罪率上升是由于警察管理上的无能。学生们还指责了房东的剥削，还有大学没有充分意识到学生面临的困境，更没有采取措施解决学生的困难。他们说那些该负责的各方——当地政府、房东还有教育机构——"只要还能收房租"，就不会采取任何改进措施。

截至 2015 年，据估计，居住在奎格尼、南伍德及市中心部分地区的学生约为 1.5 万人。其中大部分就读于福特哈尔大学和沃尔特·西苏鲁大学，但以上数字也包括实习护士、商学院学生和部分农村地区的高中生。图8.1 展示了大学生居住地分布情况。图中两个大圆表示内城郊区，距海更近的是奎格尼，另一个是南伍德。两个小圆表示市中心靠近福特哈尔东伦敦校区的学生公寓和牛津街商学院的学生公寓。

图 8.1　2015 年东伦敦内城区学生人数

资料来源：城市—大学—地区（City-campus-region），福特基金会项目，FHISER，2015；由 I MAKE MAPS 绘制。

为了进一步理解东伦敦内城社区的社会经济特征，有必要把这些社区与东伦敦作为整体进行比较，并与布法罗都市区进行比较，包括威廉国王镇、比晓以及周围乡镇和农村地区。图 8.2 比较了 2011 年这三个地区的家庭收入。尽管在全国人口普查中，个人上报的收入一般低于实际收入，但从图中还是可以看出整个城区的家庭收入普遍偏低。不过，基于这样的背景，应该注意到，月收入超过 6400 兰特的人数比例在内城（图中标记为

"锚点区")为21%，东伦敦（包括主要乡镇在内）为14%，布法罗市整体上为6%。声称"没有收入"的人数为44%，这个数字包括没有工资但有其他收入的学生、这一区域内的部分流动人口以及失业人员。需要注意的是，2011年东伦敦和整个布法罗市的普查数据还将数量不断增长的贫困居民人口包括在内，这些居民生活在一些不断扩张的大型乡镇。就这一点而言，这些数据不能精确地反映出外城郊区的概貌，大多数城市中产阶级一直都居住在那里。

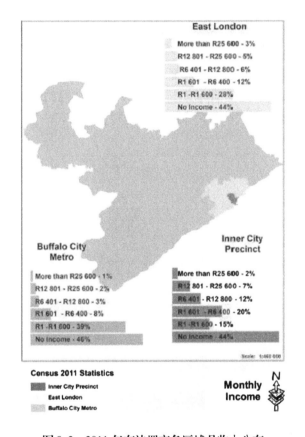

图8.2　2011年布法罗市各区域月收入分布

资料来源：城市—大学—地区（City-campus-region），福特基金会项目，FHISER，2015；由I MAKE MAPS 绘制。

图8.3展示了这三个区域的人口结构细目，为理解图8.2所示的收入

分配提供背景。2011 年布法罗市 20 岁以下的人口几乎达到一半。东伦敦儿童所占比例较小，尤其是在靠近城市的乡镇，因为不忍孩子受棚屋生活之苦，父母往往把孩子送到乡村的亲戚处居住。不过，布法罗市的普查覆盖面更广，包括了边缘的农村地区，因此一些孩子也计入其中。内城区（图中标示为"锚点区"）的儿童数量很少。也就是说，当时内城中大部分表示"没有收入"的都是学生或失业成年人。考虑到这点，月收入超过6400 兰特的居民人数比例应该超过了 30%，1600—6400 兰特之间的比例也应该高于所示的 20%，约为 30%。因此，内城总体人均收入水平应该是显著高于各项孤立的数字体现的水平。这一判断可以在以下调查结果中得到证实：内城中认为自己"失业"的人数比只有 7%，远低于其他区域。此外，内城大部分没有工作的人都表示他们"没在找工作"，这说明他们要么是学生，要么就是配偶有工作。此外，还应注意到内城表示有工作的居民比例为 34%，布法罗市为 20%，东伦敦整体为 32%。

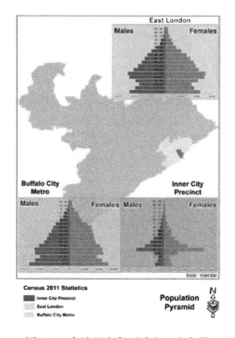

图 8.3　布法罗市各区域人口金字塔

资料来源：城市—大学—地区（City-campus-region），福特基金会项目，FHISER，2015；由 I MAKE MAPS 绘制。

人口结构细目也说明，内城年轻女性人数多于男性。20—30 岁的男女人数比为 3：4。这可能是由于女生在学校的表现优于男生，所以女性人数多于男生，而且内城郊区医院和公共部门女性就业率都高于男性。

这些数据一方面肯定了学生作为内城选民身份的重要性；另一方面也表明虽然与昔日白人郊区不可同日而语，但内城就业水平和就业机会还是高于周围乡镇。从这些数据可以看出，内城是一个居住区和商业区的混合体，其经济状况 50 年来一直介于繁华富裕的郊区与长期陷于贫困的郊区之间。

尽管这些数据显示内城经济状况相对稳定，但过去 10 年里，这一区域已经严重衰落，一方面体现在物质结构衰败，另一方面体现在中等收入群体发展的社会环境恶化。因此，这一衰落似乎是由不断变化的社会人口结构导致的（Bwalya & Seethal, 2016）。内城郊区的公寓数量很多，很多价格便宜，可供初次租房者选择，因此长期以来有很多在公司和政府工作的年轻劳动力在此居住。20 世纪 60 年代以来，这一地区的房地产为许多家庭提供了购房阶梯的第一步，这些家庭首先努力进入城市房产市场，然后逐渐步入更富裕的郊区房产市场，如阿马林达、伯里亚、文森特和比肯湾等。因此，一段时间以来，内城区成年人口的年龄总体偏低。然而，学生大量涌入这一区域，带来了一种新的现象。这一新阶层的居住时间比较短暂。学生在此区域的居住时间有限，比起中等收入家庭，学生的可支配收入较少。他们很少在这里建立起长久社会关系或长期定居。但是内城的衰落不能单单归咎于学生，其他一些因素也对此造成了影响，例如，学生融入当地的方式，或者更准确地说，学生无法融入当地；地方当局对这一区域疏于管理；自种族隔离政策之后便定居于此的新老中产阶级居民大批迁出。

尽管学生是这些区域衰退的部分原因，但他们自己也被卷入这一衰落的社会旋涡之中，他们个人并不能为此负责。市政府、商业圈、公共部门以及大学都未能解决学生的困境。这些利益相关者的关注点通常都在别处。当地商业圈和商会关注的是东伦敦工业开发区的发展和再工业化。尽管内城复兴计划醒目地出现在 2016 年当地政府制定的城市发展规划中，但市政府最关注的仍然是昔日乡镇的发展，因为它们大部分的政治选区都在那里。此外，市政府对内城的种族转变普遍持赞成态度，认为只要给这一区域提供了基础服务就算尽到了责任。

2015 年福特哈尔大学学生调查

2015 年福特哈尔社会经济研究所进行了一项在线调查，旨在进一步了解内城大学生的状况。调查内容包括市内校区大学生的负债状况、对课程规划和教学设施的满意度以及他们如何看待大学生的内城生活环境。调查结果显示，在东伦敦出生并长大的学生只占25%。其余75%由两部分组成，一部分来自东开普省或南非其他地方，另一部分来自其他非洲国家，其中以津巴布韦为主。总体而言，非本地学生中，四分之三是南非人，剩下的四分之一来自其他非洲国家。当让这些学生给自己的阶级定位时，大部分南非学生认为自己来自中低产阶级或工人阶级家庭，而津巴布韦和其他非洲国家的学生则大多认为自己属于中产阶级。学校费用和不断攀升的债务对所有学生来说都是一个严峻的问题，他们表示父母负担不起东伦敦的学习费用和生活费。调查发现东伦敦校区的学生中，完全没有债务负担的只有15%，其中大部分是大一新生。负债 1 万—5 万兰特的学生占26%。进一步调查发现，累计负债已经超过 5 万的学生占近60%，这些学生全都已经在东伦敦校区生活了一年以上（见图8.4）。

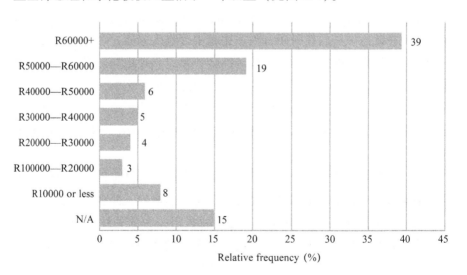

图8.4　2015 年福特哈尔社会经济研究所线上调查：福特哈尔大学东伦敦校区学生债务分布

资料来源：城市—大学—地区（City-campus-region），福特基金会项目，FHISER，2015；由迪恩·彼得斯（Dean Peters）绘制。

学生面临的另一大难题是内城昂贵的住宿费。调查显示，每月住宿费超过 2000 兰特的学生达 77%（如图 8.5 所示）。有房租费用开支的学生中，月支付住宿费 2000 兰特以下的仅占 12.4%；月住宿费在 2000—3000 兰特的为 44%；超过 4000 兰特的为 28%。

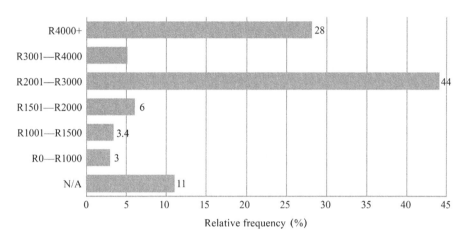

图 8.5　2015 年东伦敦内城学生住宿成本情况

资料来源：城市—大学—地区（City-campus-region），福特基金会项目（Ford Foundation Project），FHISER，2015；由迪恩·彼得斯（Dean Peters）绘制。

　　高昂的学校费用和住宿费使得学生几乎没什么钱用来购买日常用品。大部分学生每个月维系生活的费用只有 1000 兰特，甚至更少（等于每天 30 兰特左右）。很多学生抱怨道，学校不按时发放学生贷款加重了他们的经济负担。他们强调，如果不用支付如此高昂的学费，如果能发放所欠的学生补助，他们用在饮食和休闲娱乐上的钱就能宽裕一点。许多学生说他们很难走出住处去社交，因为没有钱，这说明部分南伍德居民塑造的内城学生形象并不符合事实，他们说学生们整日混迹于酒馆，喝酒、交友，这是在夸大事实。关于住宿问题，住在学校补贴的宿舍里的学生比不能享受这个补贴的学生满意度高。但是，大部分学生抱怨他们付的钱和得到的服务完全不成比例。他们遭受忽视，宿舍有蟑螂，住处拥挤，卫生间失修，没有洗衣机，没有互联网，诸如此类的问题让学生们频频抱怨。他们觉得自己被大学抛弃，还被服务提供者和房东剥削。学生多次说到安全问题，他们觉得自己所住的公寓、街道还有街区都很危险。表示自己所住社区不安全的学生达三分之二。他们说街上的路灯太少，当地安保人员和警察不能保证他们的安全。尽管内城自夸体育馆和运动设施众多、娱乐项目丰富，但是有82%的学生抱怨内城面向学生的娱乐设施不足。

一名学生在谈到自己所在社区的安全问题与犯罪问题时说：

> 奎格尼是犯罪率最高的区域之一，晚上，即便是和同学结伴而行，我也不敢从学校返回住处，那些暴徒根本不害怕结伴的行人。关于这个镇的安全问题，我保持中立，因为这的确和我所处的位置有关，我在牛津街会感觉很危险，但在文森特就会相对放松一些。实际上是没什么办法的，因为警察也会在奎格尼和南伍德等学生居住的地方巡逻，但有时只是因为携带的一些小东西我们就会成为受害者。（采访，2015年11月21日）

另一位学生说：

> 住处的犯罪活动极多，只是没有被注意到。在这里我没有安全感，通常我们很晚才离开学校，从图书馆到住处的路上遭遇抢劫的学生很多。我觉得警察在公寓周边巡逻很有必要，学校和公寓之间也应该有班车。（采访，2015年11月19日）

还有一位学生说：

> 我住的地方犯罪率极高，已经影响了我的生活，不管白天还是晚上都有人遭到抢劫，我生活在恐惧之中，在这座城市里没有安全感可言。学校和市政府应该确保警察和安保部门能把自己的工作做好。（采访，2015年11月26日）

大多数学生都指出，他们所住的社区犯罪率很高，天黑以后不敢携带小物品出门，因为有可能被罪犯盯上。学生普遍表示他们生活在恐惧之中，而且认为该市犯罪问题无法解决，因为似乎就没人愿意解决这个问题。

尽管学生对周围环境的看法基本上是负面的，但他们一致认可大学的教育质量。这说明这一时期大学学术表现整体上提高了。学生中认为自己在大学所接受的学术训练为良好的比例超过 60%，认为学术训练优秀的为10%，对大学教学质量和整体学术水平不满的约为 20%。学生对各类学生设施和学校设施的评分见图 8.6。超过 65% 的学生认为大学给他们提供了良好或优秀的教育，并对图书馆等学校设施提供的服务表示满意，对学校给予的学术支持普遍持肯定态度。很明显，学生对他们在城市的居住环境最为不满。他们认为和条件更好的学校的学生相比，他们没有得到应有的待遇，他们所支付的高额费用更让他们感到不公。

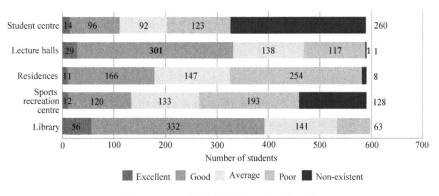

图8.6 2015 年学生对校园设施的看法

资料来源：城市—大学—地区（City-campus-region），福特基金会项目，FHISER，2015；由迪恩·彼得斯（Dean Peters）绘制。

许多学生说，他们要想和同学在学校里见面，只能去小图书馆，但是，这又产生了一个问题，因为和同学在图书馆社交会打扰学习的学生。学生们批评大学没有给他们提供一个别的安全、体面的社交场所，如学生活动中心。一名学生说：

> 在我看来，这个校园里没有任何有趣的地方。除图书馆外，一座城市还要有公共场所，东伦敦所有的大学生都可以在那里自由走动，而不需要时时提防着小偷，但现在这是不可避免的。大学应该倾听学生们的需求，因为下班回到家，这些管理层自己也是做父母的。（采访，2015 年 11 月 18 日）

另一名学生说："图书馆是大学里唯一体面的地方，是学校最好的资产，但它也只是差强人意而已。"（采访，2015 年 11 月 12 日）还有一名学生说："大学里最好的资产就是图书馆和计算机实验室了。学校里缺少像样的讲座场所，图书馆和公寓也都太小。"（采访，2015 年 11 月 15 日）对于有限的校园设备、危险且服务落后的内城区，学生们一致持否定态度。有学生说：

> 这个城区校园里没有任何一点吸引人的东西。它没有吸引力，因为它没能给学生什么机会去体会像样的大学生活。理想中的城区校园不仅要给学生提供教育，更要提供社交生活。我觉得自己以后不会留在东伦敦，我想去一座能给我孩子提供更好机遇的城市。（采访，2015 年 11 月 13 日）

学生经常抱怨说，他们支付的学费和其他费用与任何一个大城市的学生都差不多，但是提供给他们的设备和服务却很不一样。一个共同的问题是公寓管理得混乱无章，尤其是城区里的一些寄宿公寓。学生们说，有些公寓相对能好一些，管理比较妥善；但还有一些公寓里蟑螂遍地，住在里面很不安全，导致他们很难集中精力学习。为了引起学校注意，学生们多次向学校递交请愿书，而所有请愿书都会强调社区问题和校园设备问题。在这一背景下，2015 年 10 月爆发的抗议是长期酝酿的结果。在充满敌意的社区环境中，学生长期受到居住系统的"慢暴力"剥削，最终爆发了这场抗议。暴力行为在街头爆发时，学生受到全国上下"学费必须降"运动反抗力量的鼓舞，也受到几周前及几个月前艾丽斯主校区学生行动的鼓舞。值得注意的是，东伦敦各大学学生间相互合作，共同推动了这场十月起义，但学生们在举行抗议之前并没有相互联合。第一批学生走上街头后，其他大学的学生和部分当地失业年轻人也陆续加入其中，这场起义于是自发获得了动力。

点燃学生反叛之火

2015 年 5 月，南非民主联盟学生运动在学生代表委员会选举中大获全胜，导致福特哈尔的学生分裂为两派。福特哈尔一直是非国大的据点，因此，民主联盟当选在福特哈尔大学历史上前所未有。东开普省政治上占主导地位的是非国大，所以这个地区的大部分学生都是执政党非国大的支持者。但是，人数不少的其他非洲国家的学生却并不一定同样支持非国大，这些学生觉得他们被"学费必须降"运动的民族主义排除在外，或者说被许多中产阶级学生排除在外；此外，他们指责学校内部的腐败，尤其是与奖学金和学生贷款以及住宿管理有关的腐败问题，这些问题导致他们经济困难、住宿环境恶劣。学生强烈的反贪指控尤其针对加布拉尼·姆吉瓦拉（Jabulani Mjwara）教授，他是新任负责学校规划与发展部的校长，也是时任总统雅各布·祖马的忠实支持者。加布拉尼·姆吉瓦拉是福特哈尔大学许多公寓的负责人，也负责管理学校招标系统。据称，他联合东伦敦的某些利益团体，买下许多学生公寓，把大量学生塞进其中，最大限度地榨取学生的租金。此外还发生了这样的事情，福特哈尔大学用国家学生经济支持计划（National Student Financial Aid Scheme）拨给学生的国家资金支付教工的工资。这所紧缩型大学似乎总是需要在各项资金上做手脚才能保持收支平衡。最终，财政丑闻和非洲其他国家学生越来越强的被排斥感导致了民主联盟当选学生代表委员会。这一结果让福特哈尔大学行政人员中非国大的支持者怒火中烧，他们认为这会在福特哈尔即将迎来百年校庆之际扰乱学校秩序。2015 年 9 月，有消息曝出，福特哈尔大学教务长迈克·索姆尼索（Mike Somniso）曾告诉学校一位高级职位的同事，福特哈尔大学会不惜一切代价把民主联盟从大学里赶下台。随后，民主联盟国家领导层要求这位教务长停职，学校行政部门因此不得不和学生召开了多次会议，会议局面十分尴尬。但是，校长却庇护这位教务长，拒绝将其开除。

2015 年 10 月，艾丽斯校区的学生开始抗议恶劣的公寓环境和匮乏的学习资料，他们抢劫了学校书店，其间和安保人员发生冲突，遭到安保人员橡皮子弹的攻击。举行抗议时，艾丽斯校区的抗议活动和东伦敦街头的抗议活动并未相互配合，但是这两个地方的抗议活动可被视为在互相鼓励。艾丽斯的抗议活动图片登上了当地报纸的头条、电视新闻，并在社交媒体上流传开来。与此类似，东伦敦街头的抗议活动图片也得到了广泛传播。

2015 年下半年在艾丽斯校区和东伦敦校区的事件为该校历史上最强烈的反叛活动年度之一奠定了基础：2016 年是福特哈尔大学百年校庆之年，这一年学生的抗议活动几乎没有停止过。抗议在 2016 年 5 月的一个周末达到最高峰。当时，非洲南部各国政府首脑都受邀来到艾丽斯校区，纪念福特哈尔大学在这一地区为民族解放斗争做出的巨大贡献。受邀人包括时任津巴布韦总统的罗伯特·穆加贝（Robert Mugabe）。起初，学生们试图在这些高官抵达之前烧毁学校大门；随后，他们闯入官方接待帐篷，吃掉了招待这些高级外交访客的食物。整个2016年，如有高级政府官员访问福特哈尔大学并做讲座，也会激起学生的行动。2016年，国家内阁斥巨资修整艾丽斯校区的基础设施和建筑，那些建筑是福特哈尔大学的历史遗产，也是举行百年校庆大部分庆祝活动的场所；但同时，艾丽斯校区也是这一年大部分学生暴力行为和抗议活动集中的地方。此外，学生高呼要求福特哈尔大学以校友罗伯特·索布奎的名字命名，因为他既是一位起义者，也是泛非主义者大会的创始人，此时，这座伟大的非洲民族主义大学逐渐沦为某种意义上战区。

结论

2015年10月东伦敦抗议活动爆发之后，示威者占领了市中心，100多名学生因扰乱公共秩序被捕，其中51名是沃尔特·西苏鲁大学的学生，其余是福特哈尔大学的学生。随后几年，在公寓问题和社区环境问题上，福特哈尔大学和沃尔特·西苏鲁大学的学生与学校行政部门之间的斗争持续不断。由于学校和市政府没有采取实质性措施解决这些问题，抗议者再次封锁了道路。2018学年伊始，福特哈尔大学和沃尔特·西苏鲁大学就因一系列学生行动被迫停课。在福特哈尔大学，罢课的学生要求学校在东伦敦市内的大学公寓为学生提供宿舍，并停止在公开市场上给学生寻找住处的做法。为了支撑这些要求，抗议的学生指责福特哈尔公寓管理体系腐败，致使学生饱受私人房东剥削，被迫生活在拥挤不堪、设备匮乏的地方。学校高级行政官员称，学生的要求是无理取闹，标有福特哈尔名称的公寓已为需要住宿的学生提供了住处，学校已经履行了自己的责任。整个抗议过程中，东伦敦各大学的领导互相没有见面，也没有与市政府协调，来讨论如何合作起来解决学生的问题。同样，市政府也没有采取干预措施，将各高校联合起来寻求解决之道，比如，通过开发枕木区解决问题。

2018年4月，新任高等教育部长的娜莱迪·潘多尔慎重考虑了南非各高校申请基础建设专项资金的要求。她逐一审核了这些申请，一次性拨给福特哈尔大学1.2亿兰特用于基础设施建设新项目，这是此类拨款的最大额度。尽管此举的确十分慷慨，但它本身也意味着错失了一个机会。决策期间，福特哈尔大学和沃尔特·西苏鲁大学的学生都正在东伦敦罢课，此时没有哪所大学认为他们应该协作起来，一起考虑本地的基础设施问题，然后为城区学生所面临的问题提供一个共同的、基于空间的解决方案。

致谢

我在福特哈尔社会经济研究所工作期间，招募了几位非洲研究专业的硕士研究生，因项目所需，他们帮我进行了有关城市建筑环境的街头调查和采访，并做了问卷调查。他们是：西福·希班达（Sipho Sibanda）、扎扎·法齐（Zaza Fazzie）、西法曼德拉·伦莎（Siphamandla Rumsha）、邦金科西·马西瓦（Bonginkosi Masiwa）以及卡亚·马布托（Khaya Mabuto）。弗朗西斯·希班达（Francis Sibanda）在小组内部管理研究，他后来在福特基金项目支持下取得了博士学位。恩科萨扎纳·恩贡格洛（Nkosazana Ncgongolo）协助行政管理，布法罗市政府的迪恩·彼得斯（Dean Peters）帮助绘制了图表。

第九章 民族主义与"学费必须降"运动[*]

> 原住民学会的第一件事就是待在自己的地方，不要跨越某些界限。
>
> 这就是为什么原住民做的梦全都与发达的肌肉有关；他的梦里全是战斗与侵略。我梦见我一跃而起、急游如鱼、迅跑如飞、爬上最高处。我梦见我开怀大笑，我梦见我一步就跨过大河，我还梦见长龙似的车队在我身后飞驰，可是没有一辆能追上我。
>
> 殖民时期的原住民，从晚上9点到早上6点，从来就没有停止过争取自己的自由……殖民者的世界是个满怀敌意的世界，是个践踏原住民的世界，但也是原住民嫉妒的世界。原住民一直梦想着将自己置于殖民者的位置，不是成为殖民者，而是取代他们。这个满怀恶意的世界沉重而咄咄逼人，它为了压制被殖民者而无所不用其极，这个世界是个地狱，越快远离越好；这世界也是近在咫尺的天堂，由恶犬守卫的天堂。
>
> 法农（1961：45）

2016年7月，福特哈尔大学校庆晚宴在艾丽斯校区的大礼堂举行。时任校长姆武由·汤姆博士在晚宴上发表讲话，谴责2015—2016年"学费必须降"运动中，大学生持续不断破坏学校财产的暴力行为。他将学生的破坏行为与19世纪50年代臭名昭著的科萨屠牛事件相类比。他认为，150多年前，牛群是科萨家庭与政治繁荣发展的中心，而现在，高等教育就是

---

[*] 本章原文于2018年发表在《非洲南部人类学》（*Anthropology Southern Africa*）第41卷第3期。本章在原文基础上有所改动。

非洲人进步与成功的堡垒。这位校长说，学生运动煽动学生在非洲人自己的大学内破坏学校财产，损害学校的生命力，以解决种族隔离制度与殖民制度遗留问题的资源为代价来玩弄政治，福特哈尔大学便是其中一例。对于这一切，他表示很痛心。①

本书前文已经提到，19世纪50年代，开普殖民地东部农村居民亲手杀掉自己的牛群，葬送自己的生活来源，希望借此摆脱白人统治，获得自由；但最终，当殖民军碾压而过时，他们只剩下赤贫与饥饿。科萨屠牛事件结束了科萨人民抵抗殖民统治的百年历史。19世纪90年代，英国最终将南非整个东海岸殖民化（Peires，1989；Switzer，1993）。汤姆表示，学生们现在的行为将会导致类似的悲剧。听众对此类比却有不同看法。福特哈尔大学一位资深教员、也是泛非主义者大会的前任领导说，他很怀疑校长的这番言论，因为据他所知，科萨屠牛事件是个谎言，是英国统治者兼开普殖民地的高级专员乔治·格雷爵士（Sir George Grey）当时编造出来瓦解非洲人的手段之一。这位领导表示，这些都是他科萨传统主义者父亲告诉他的。② 晚宴上的其他人也对汤姆公开谴责学生抗议者的行为感到惊讶。

2017年1月，百年校庆之后的第二年，汤姆卸任，备受尊敬的社会学家、前开普敦大学人类学学院院长萨赫拉·布隆古（Sakhela Buhlungu）教授接任。布隆古对学生抗议者也采取了非常强硬的措施，因此不久就惹怒了学生，学生又开始抗议、大肆破坏学校公共财产。据报道，布隆古曾一度担心，如果继续坚持强硬措施，自己将有性命之忧。2018年3月，新学年才刚刚开始，福特哈尔大学的学生又开始举行罢课活动；这次，东伦敦校区的学生也加入其中，要求学校提供像样的学生公寓。他们称，私人房东收费过高，给学生提供住宿是学校与国家义不容辞的责任。还称，福特哈尔大肆贪污公寓专项拨款。但学校方面却坚称学校提供的住宿是足够

---

① 有关科萨屠牛事件的其他解释，以及这一事件在1994年实施民主制度后对科萨社会的影响，可参见以下文学作品：扎克斯·姆达（Zakes Mda，2001）的《赤红的心》（*The Heart of Redness*），以及辛迪维·麦格纳（Sindiwe Magona，1998）的《母亲对母亲》（*Mother to Mother*）。

② 关于科萨屠牛事件的原因、推动因素以及催化因素一直存在激烈争论（见 Ashworth，1991；Boniface Davies，2007；Bradford，1996；Bradford & Qotole，2008；Lewis，1991；Peires，1989，1990及其他资料）。在关于此事的当代非洲叙事中，主流的主题仍然是乔治·格雷爵士及殖民政府对科萨人的欺骗行为。

的，甚至超过了国家标准。不过，学生并不接受这一说法，他们坚持认为，学校应该给他们提供住宿，国家应该给他们付住宿费。据《星期日时报》（*Sunday Times*）2018 年 4 月 1 日的报道，布隆古由于尝试彻底解决福特哈尔的贪污问题，再次受到生命威胁，不得不雇用贴身保镖来确保自身安全。学生提出这样的要求是由于政府发放了一笔 570 亿兰特的学生资助金。然而，学校行政部门一再坚称，公寓数量完全足够，学校绝不会再修建公寓；还称，公寓中的问题后期会慢慢解决。持续几周的混乱之后，2018 年 4 月东伦敦校区重新开课。不久之后，新任高等教育部长娜莱迪·潘多尔宣布教育部将发放 1.2 亿兰特资助金给福特哈尔大学，缓解其住宿问题。潘多尔是备受赞誉的马修斯之女，而马修斯是福特哈尔大学坚定的支持者，也是非国大的领导人（《每日快报》2018 年 4 月 1 日）。

2016 年，汤姆将"学费必须降"运动打上"千禧年"标签，还将其与科萨屠牛事件相类比。这样做不但将学生抗议者的政治活动定性为错误行为，还援引了非洲早期民族主义的历史。像汤姆这样的阐释方法在南非极其少见，在南非的公共话语和学术话语中，对公民、权利、身份、权益等概念都是由 1994 年引入民主制以来形成的规范定义所主导的。在这种背景下，人们不怎么注意过去的政治轨迹、政治身份与政治想象在何种程度上在"必须推倒罗德斯"抗议运动与"学费必须降"运动中再现。在其关于千禧年主义的经典研究中，彼得·沃斯利（Peter Worsley，1968）认为，科萨屠牛事件类似的运动显示出一种原民族主义。他认为，这些运动可以分为两大类：一类是空想、被动型，希望一个没有西方统治的新世界会自行到来；另一类更具主动性，由更强的理性主义及现世观所塑造，但希望世界在某个特殊时刻发生奇迹般的改变。他认为，这些政教融合、与千禧年主义相关的运动是被异化、被殖民的人们争取经济发展、社会进步与自由斗争的一部分（Worsley，1968；另见 Martin，1980；Ranger，1986）。

南非屠牛事件与后来出现的原民族主义千禧年主义有关，也与东开普省 1918 年至 1939 年战争期间非洲独立教堂的兴起有关。与之相关的宗教领导中有以诺·姆吉吉玛——他建了一座称为以色列人的教堂，后来，信徒在布尔霍克与政府军发生冲突，163 人丧生——以及领导抵制税收运动的惠灵顿·布切莱齐（Wellington Buthelezi），还有科萨女先知诺缇萨·恩坤奎（Nontetha Nkwenkwe），殖民政府认为这位先知众多的信徒会对自己的统治造成威胁，就以她的幻想为由宣称她是个疯子（Beinart & Bundy，

1987；Crais，2002；Edgar，2005，2018；Edgar & Ka Msumza，2018；Edgar & Saphire，1999；Vinson，2012）。这些运动以一种信念为前提，即白人殖民主义的末日即将到来，他们即将回归到一个以非洲为中心的满足、和平与繁荣的世界。历史学家通常认为，这些宗教性质的运动会逐渐被更具世俗性的非洲民族主义所取代，千禧年构想与计划也因此会被搁置一旁。但是，美国历史学家克利夫顿·克莱斯（Clifton Crais）在《罪恶的政治：南非的魔法、国家权力与政治想象》（*The Politics of Evil：Magic，State Power and the Political Imagination in South Africa*，2002）一书中的观点与这一主流观点不同，他认为，由于白人的罪恶力量仍有残留，早期千禧年主义的一些要素仍然嵌入在 20 世纪 80 年代的非洲民族主义政治中。尽管克莱斯的这一观点在南非受到猛烈抨击，但他提出的"殖民罪恶政治"及其分析也能应用于阐释 1994 年实施民主制度后非洲民族主义政治趋势。加里·明克利与海伦娜·波兰特－麦考密克（2016）在分析"说话的乌鸦"的虚构意义与隐喻"在现代性中"反复出现的现象时也表达了同样的观点。

　　本章将在"说话的乌鸦"的政治背景下探讨汤姆校长激怒学生的行为。关于"说话的乌鸦"，本书前文在讨论 20 世纪 30 年代非洲独立工商业工人联合会在东伦敦发动的反资本运动时已谈到过。东伦敦的非洲民族主义政治经常援引城市与农村之间的联系，"说话的乌鸦"就是作为源自农村的文化进入城市的一个工具而被反复使用。明克利与波兰特－麦考密克（2016）指出，在大众话语中引用"说话的乌鸦"这种维持城乡联系的做法在现代性政治中不但未被抹去，反而反复出现。独立工商业工人联合会利用"说话的乌鸦"及其传达的信息吸引一批工人加入了劳工运动，将他们的抵抗情绪化为充满千禧年精神与紧迫感的反殖民斗争。应该注意的是，在这一背景下，乌鸦可以谈论战争，而且可以经常谈论，它倡导的是一种暴力民族主义，与之联系更紧密的是殖民解放的高风险政治，而非工厂车间的渐进式政治。时局紧张之时，"说话的乌鸦"会隐喻性地盘旋于东伦敦上空或工厂上方，等待进入话语的时机。这些乌鸦总是敏锐地识别出那些与黑人跟班暗中密谋、阻止南非向前发展的殖民者与雇主们。汤姆警告说，2015 年至 2016 年学生抗议运动期间，反殖民主义或"去殖民化"再次成为大家的战斗口号，这时，这些带有隐喻意义的乌鸦又开始起飞，不过这次的背景是大学里在传授什么样的知识以及是谁在教。

　　明克利与麦考密克（2016）认为，一旦这些说话的乌鸦开始飞翔，通过记忆与话语调用的政治想象的语域就会发生改变，战争民族主义与千禧年主义也会重新回来。因此，本章将探讨这种政治想象自 2016 年起在推动福特哈尔大学与整个南非的"学费必须降"运动中所起的作用。在此背景下，本章还将在更广泛的意义上讨论近期南非政治斗争中重新出现的战争民族主义与千禧年主义，其中将着重讨论 2012 年铂金带上马里卡纳矿工的斗争，以及为反对新自由主义积极加入到 2015 年至 2016 年"学费必须降"运动中的经济自由斗士党的斗争。本章结尾将会回到汤姆校长关于屠牛事件的类比上，评价这一类比的适用性，并分析这一类比在地方发展问题，即本书的核心问题上的启示。有关其启示，本书将以东开普省为例，梳理出民族主义文化政治的谱系。如之前所说，当凿出痛苦与战争记忆之深河的殖民矛盾显露出来时，这种政治就会成为关注的焦点。用法农的话来说，正是未竟的革命政治被贪心、冷酷、自私的后殖民精英集团所背叛。

千禧年主义、新自由主义与马里卡纳的战争政治

克莱斯（2002）认为，南非被殖民的非洲人相信超理性主义白人殖民者的政府是依靠邪恶巫术而非仁慈来驱动的。农村地区的人们对此更是深信不疑，他们把白人殖民者政府看作是反社会的"巫婆"，需要用具有清洁力量的暴力才能将其赶走。克莱斯（2002）认为，在千禧年主义思想的影响下，南非人民对白人及其政府产生了极端厌恶之情，认为他们反社会，所以才会在反抗过程中表现得异常暴力。例如，他们惩罚所谓的告密者时，给这些人的胸前与胳膊上套上灌满汽油的橡胶轮胎，然后将轮胎点燃。从这个角度看，汤姆提到的科萨屠牛事件具有与此类似的清除逻辑。牧民被告知，杀死自己的牛群、烧毁自己的土地，新世界就会自行出现。可是，科萨女先知农阿悟斯预言的这个乌托邦世界并没有出现。这时，矛头又指向了部分"信徒"，认为正是由于他们违抗祖先意愿，没有杀尽所有的牛，新世界才没有出现。汤姆重提这段历史是想表达，"学费必须降"运动期间学生蓄意破坏学校公共财产的暴力行为虽然也有类似的清洁性质，但毫无用处。克莱斯指出，在历史上，反叛的、被殖民的国民的暴力如与政府的暴力相遇，政府所施的暴力总会胜出。

著名的南非人类学家约翰·科马罗夫与琼·科马罗夫（John and Jean Comaroff, 2001）也曾探讨过非洲政治中的千禧年主义主题。这两位学者

认为，主导性的新自由主义经济体系在货物分配与资金分配方面的影响差异太大，一些人积累了大量财富，另一些人却得不到什么，这就会鼓励人们相信机会、运气及超自然力量是这样的体系运行的基础。他们注意到，前几个世纪之交，千禧年思想曾以不同的形式出现过，这已被详细地记录了下来（Comaroff & Comaroff, 2001：4—6）。他们认为，20 世纪末出现的新千禧年思想是由"新自由主义文化"推动的，在这一文化中，商品似乎能够自由移动，价值观也能自由改变。两位学者还谨慎地指出，这种思想不单出现在非洲或仅限于非洲，实际上在西方也曾出现过，如新时代哲学与后真相观点的兴起。可以说，唐纳德·特朗普 2016 年当选美国总统正是由于基督教右派内部复兴主义与后真相千禧年主义的推动。特朗普的追随者能够接受他政治风格中的非理性是因为他们最关心的不是当下，而是特朗普竞选口号"让美国再次伟大"所承诺实现的美国梦。特朗普描绘的新世界愿景承诺，要从塞斯·辛德勒（Seth Schindler, 2014：795）所说的"永恒的过去式"将美国铁锈地带解救出来。这一愿景是在对全球化新自由主义（自由贸易）的回应的中形成。特朗普表示，新自由主义是由在美国的"外国人"越来越明显地引导并主导的邪恶现象。今天的美国人与杀牛事件时期的前开普殖民地的人一样，分裂为两派："信徒"（特朗普支持者）与"非信徒"。就此而言，西方政治体制中兴起的后真相范式瓦解了他们对理性的主张，而这种主张常被西方用以区别自己的治理体制与其他地方的体制（Comaroff & Comaroff, 2001：24）。

但是，就南非最近的政治发展状况来看，许多文化历史学家与人类学家提出的理性的西方与世界其他地方之间的二元对立并不成立。此外，影响南非政治的似乎不是神奇的资本积累，而是后殖民时期根深蒂固、具体的贫穷与欠发达问题。因此，南非出现的新千禧年政治在很大程度上嵌于对殖民主义的批判，也嵌于对企图在所谓的后殖民条件下延续殖民主义的阴谋的批判。这种政治的指导理念是，用理性、渐进的方法来想象发生政治与经济变革是行不通的，变革只能通过采取具有清除力量的毁灭性手段，毁灭这个仍然在给南非人民施加苦难、设置制度性障碍的（新）殖民世界。"学费必须降"运动的口号"为被听到而烧毁"点燃并激发了战争民族主义，但这一主义的出现不是源于对财富与机遇的承诺，像特朗普对其选民所承诺的那样，而是源于学生发现政府断绝了所有希望之后的绝望。

2008 年的国际金融危机导致南非 100 多万人失业，危机过后的萧条时期中，南非再次出现了千禧年框架下的幻想。许多黑人选民认为，自 1994 年实施民主制度以来，非国大的新自由主义发展道路并未如其承诺促进经济包容。雅各布·祖马于 2009 年开始担任总统，其政治体制越来越被认为属于新殖民体制而非后殖民体制，它仍然服务于"白人"殖民资本的利益，政府机构中的少数人能够借这一体制利用国家机器获取财富，而大众的利益则被牺牲。由此，人们普遍相信要建造一个新世界，就必须先有一种新的（解放）政治。千禧年主义在其他非洲国家的腐败问题探讨中也有类似的联系，比如，塞拉利昂革命联合阵线（Revolutionary United Front in Sierra Leone）的年轻人就是期望通过摧毁腐败的政府来实现社会的文化复兴。（Richards，2005，2006）。

　　在南非，新千禧年主义以不同表现方式出现在不同斗争场所中，每次出现都有其特定的历史与微观政治动态，同时，也有其各自的信徒与非信徒。2012 年 7 月至 8 月，这一政治转向最形象地表现在南非马里卡纳的铂金带，数千名矿工定期聚集在远离南非正常工业生活空间的一个山顶上，讨论、想象一个勇敢的新世界。他们讨论白人垄断资金和南非全国矿工工会（National Union of Mineworkers）相关问题，认为这个工会与雇主以及非国大的统治精英暗中勾结。这些工人正在等待被解救，就像 1921 年先知以诺·姆吉吉玛的以色列信徒在东开普省附近的昆斯敦等待解救一样。他们披上传统的毯子，期待着盼望中的新世界降临，这种情形与穿着特殊长袍的姆吉吉玛的信徒当时的情形一样。这些工人手持棍棒，弓身坐在山坡上。同样的一幕曾在 20 世纪 60 年代出现过：他们的先辈在姆蓬多（Mpondo）起义中也曾这样坐在山顶上。当时，姆蓬多移民与村民为反对班图公署法（Bantu Authorities Act，1951 年第 68 条），摆脱白人统治、远离当地首领的腐败，决定建立自己的"共和国"（见 Kepe & Ntsebeza，2011）。

　　此时，说话的乌鸦在隐喻的意义上又在马里卡纳开始说话了，它们说管理层和前工会的背叛将会带来大灾难，因此给工人灌输战争民族主义的热情。就这一点而言，马里卡纳山顶上的矿工在白人世界之外创造并占据了一片文化与政治空间，这一空间在南非劳资纠纷与工会主义的规范性意义框架里无法描述。随着这一戏剧性事件逐步展开，工人对自身和自己在斗争中扮演的角色越来越持一种宿命论看法，越来越脱离他们的对手所提出的理性主义框架。披着绿毯子的曼布施（Mambush）及其他科萨或姆蓬多传统主义者成为"山顶委员会"领导人，著名的姆蓬多传统治疗师、巫师奥尔顿·乔乔（Alton Jojo）和他的儿子也来到这里，为"信徒"提供精神上的帮助与启示。巫师不仅促进了矿工的备战工作，还激发了参与运动的工人对其使命的目标及前途的想象。此时，已无回头路。1921 年布尔霍克大屠杀之前，姆吉吉玛与他的支持者拒绝与扬·史末资政府谈判，最终 180 多名追随者丧生。现在，在一个认识论的意义上，马里卡纳矿工的命运在警察到来之前就已经注定了。在他们敬重的工会领导约瑟夫·马修贾瓦（Joseph Mathunjwa）恳求妥协、撤退时，工人们仍坚守阵地。他们已经做好了一切准备，必要时愿意献出自己的生命。

　　矿工们用传统药物浸泡身体，相信这样可以使自己隐形，还能让子弹变成水。他们相信祖先会引导他们赢得这场反白人资本、反不合法政府的艰巨斗争。2012 年 8 月 16 日，34 名矿工被警察开枪打死，几十人重伤，进了医院。罢工的矿工们对战争的想象越来越具有千禧年主义愿景的性质，但这种愿景与南非警察的暴行发生了激烈碰撞。这次大屠杀标志着采矿业劳资关系新时代的开始。随后，整个采矿业中相继爆发了几十场自发进行的罢工，采矿业中已经定型的工业体系被彻底修改了。（见 Sinwell & Mbatha，2016）。"学费必须降"运动中也出现过类似的激烈情况，但规模较小，当时学生的暴力与破坏公物的行为也遭到了警察的残暴镇压（见 Booysen，2016）。

　　"学费必须降"运动的政治也可理解为对南非社会新自由主义与殖民主义遗留问题的批评的组成部分。"学费必须降"运动与 2012 年马里卡纳的矿工运动一样，是一种反抗行为。这两个运动的千禧年性质都在 20 世纪 50 年代与 60 年代修订的"特殊类型殖民主义"意识形态中找到了合理性。在这种意识形态中，南非是双国制的社会与经济体系，一国（白人的国家）的积累财富以另一国（非洲黑人的国家）的财富丧失为代价。非洲黑人学生重塑了南非共产党早先发展起来的马克思主义关于内部殖民主义的思想，培育出了本土民族主义，进而将学生抗议活动转变为一种千禧年性"货物崇拜"。"货物崇拜"的逻辑认为，只要将作为前主人的白人的"货物"转移到寻求更多教育与工作机会的非洲中产阶级手中，就可以解决问题。这一目标一经想象出来并加以确立，反抗者们就像马里卡纳的矿工们一样，越来越频繁地使用战争民族主义的政治话语，而具有清除力量的暴力则是其达到救赎目的所需手段。2016 年，福特哈尔大学百年校庆给这所学校的学生提供了一个千载难逢的机会，而学生们也抓住了这个机会。20 世纪，泛非主义者大会创始人罗伯特·索布奎与激进哲学家弗朗茨·法农曾主张叛乱、暴力的非洲民族主义政治，如今，这种政治思潮在福特哈尔大学涌动。许多学生要求将福特哈尔大学改名为罗伯特·索布奎大学。

2016 年 9 月，福特哈尔大学一位名叫勒弗·索帕齐（Lufefe Sopazi）的学生在"黑人观点"（Black Opinion）网站上发表了一篇文章，这篇文章把握了这场新暴乱的精神：

> 我们看到，黑人已经被贬低到了不再存在的地步。透过警察的残暴行径，我们看到白人在将我们妖魔化，给我们捏造罪名。我们反抗的是一个不公正的社会，一个将压迫黑人种族作为唯一使命的反黑人父权主义帝国主义社会。生活告诉我们，哪里有压迫，哪里就有被压迫者的反抗。但没人告诉过我们，反抗会有限制，因此，我们要以任何必要手段，将我们的身体从不公正中解放出来。现在，黑人青年比任何时候都需要以去殖民化理论为指导，在"学费必须降"运动、"必须推倒罗德斯"运动的旗帜下团结起来。
>
> 构思完备的真相不可能敌得过构思完备的谎言。终点已临近，但我们必须组织起来，团结一致，才能利用这个时机，夺回我们的集体利益，推翻白人。黑人青年要毫不含糊地表达自己的意愿，然后行动起来。夸祖鲁—纳塔尔大学已有学生被射杀，对此我们不能无动于衷。开普敦大学的学生被禁罚、停学，对此我们不能不怒火中烧。约翰内斯堡大学的学生也遭到了同样的对待，对此，我们决不能若无其事，置若罔闻。夸祖鲁—纳塔尔大学的学生遭警察强奸，对此，我们也不能不义愤填膺！
>
> 最后，必须要说：机不可失，不经历战火的洗礼，被殖民的南非就挺不过 2016 年（黑人学生的时代）！托马斯·桑卡拉（Thomas Sankara）曾经说过："没有一定程度的疯狂，就不能做出彻底的变革。"号召已经发出，支持黑人解放的人，挺身而出吧，去创造一个新世界！土地是属于我们的！

罗伯特·索布奎的名字在全国各地的校园里回响，阿扎尼亚泛非主义学生运动在福特哈尔大学与南非其他大学迅速发展，成为"学费必须降"运动期间最重要的政治成就之一。自1994年引入民主制度以来，索布奎在南非解放政治中几乎一直处于被忽略的状态，因为他建立的泛非主义者大会在议会只有为数不多的席位。但是，在福特哈尔大学，在其百年校庆之年，这位久负盛名的校友及非洲主义革命者的政治却被证明仍有强大生命力。逐渐认清执政党非国大的阴谋的过程中，参加运动的学生决裂为两派。一派是民主联盟的支持者，他们想解决大学的贪污腐败问题，这一派得到了南非以及其他非洲国家黑人学生的众多支持。另一派是阿扎尼亚泛非主义学生运动的支持者，这一派想通过战争民族主义结束仍在人们记忆中留下烙印的殖民主义。这些政治活动赋予了旧时代的政治产物"说话的乌鸦"以新的生命。同时，在学生与警察的斗争进行到最激烈的时候，巫师与传统治疗师被请进许多南非大学，他们为学生祈福，保佑学生们躲过警察的子弹与眩晕弹。泛非大会活动家恩迪拉·姆库佐（Ndira Mkuzo）在东伦敦的一次采访中说：

> 巫师被召进威特沃特斯兰德大学等大学机构的校园，以表明这是一场非洲主义者反抗腐败、反抗殖民主义、反抗白人至上思想的斗争。在马里卡纳矿区我们也看到了类似的情况。（采访，2017年5月3日）

在东伦敦，反种族隔离斗争时期的自由之歌再次被唱起，比如"母亲是女仆，父亲是园丁，我是自由战士"，而且还出现了新版本，如"阿扎尼亚是我们的家，我们要用火箭筒夺回她（i Azania izwe Lethu, solithathange Bazooka）"。

在研究殖民民族主义史学的过程中，洛伦佐·韦拉奇尼（Lorenzo Veracini，2010）注意到，20世纪50年代开始，学者们对"先锋边缘"或者"边疆"的主角的态度有所转变，此前，学者们对这些人表现出普遍的同情，50年代开始却认为这些人是倡导过度剥削的强硬派殖民主义者。但是有趣的是，他还注意到，历史学的指针在20世纪70年代又往回转，这个时候的文献将殖民主义与高品质生活以及经济发展联系在一起。非国大的政治立场显然受到了这种一致转变的影响，1994年之后就一直寻找机会希望与"殖民者"和解。但是具有千禧年主义性质的新学生运动拒绝接受这一观点，他们援引南非共产党在 20 世纪 50 年代至 60 年代提出的特殊类型殖民主义思想，因此需要一种特殊的去殖民化形式。这意味着政府应该给大学提供一些特殊"货物"，比如免费教育、优质大学服务与设备，以及聘任更多非洲教师。正如 20 世纪 50 年代末 60 年代初，泛非大会的千禧年政治构想出的新世界设计得不如人意，学生们所想象的新世界，所想象的后殖民体制也是构思粗糙。不同的是，学生构想的新世界以不受白人统治为特征，而且要彻底解决黑人腐败问题。有趣的是，这些主题在 20 世纪 30 年代初也曾困扰东伦敦独立工商业工人联合会，据说当时联合会的资金被本地精英侵吞，而车间工人为争取更高的工资进行过许多斗争，但是在千禧年主义的非洲民族主义反白人政治的大背景下，这些斗争往往被遮蔽了（见 Beinart & Bundy，1987；Bradford，1987）。

历史上的黑人大学：争取高等教育权

2016 年之后，主导或重新激活南非高校转型争论的是两个独立却又相关的学生运动。一是宣扬"高等教育去殖民化"思想的"必须推倒罗德斯"运动，它受到了全球的关注。另一个支持人数更多、争论更激烈的则是"学费必须降"运动，它要求政府提供免费高等教育。虽然这两场运动不仅涉及高等教育去殖民化问题与免费高等教育问题，还涉及平等、民主的入学机会、身份认同等问题，但是，它们都没能真正解决大学在发展中的作用的问题。部分去殖民化支持者的着眼点虽在于质疑"西方"科学的价值，但落脚点却在长期处于弱势群体的身份认同与权利问题上，比如，他们对于弱势群体学生的及格率低的现象愤怒不已，但并没有提出其他发展模式。同样，虽然免费高等教育的支持者有时会质疑高等教育的质量，但他们的要求也仅限于在当前体制内免除学费。在公开辩论与采访中，学生往往将大学看作单纯的学习场所，与周围社区没有关联，认为大学应该迎合学生在教育、住宿、饮食甚至娱乐等方面的需求。他们还常常强调他们在农村的成长经历和与农村联系的真实性，以此作为论证引入去殖民化教育的必不可少的一个论据。

"学费必须降"运动中，无论是学生还是控制动乱局面的警察都表现出明显的暴力倾向，这是它的一个突出特点。包括福特哈尔大学在内的许多学校都曾出现过整栋大楼被烧毁、教师遇袭、整个学校停运数周甚至数月的情况。福特哈尔大学百年校庆当年以及临近大庆之前，暴力活动尤为严重。艾丽斯校区的大门几次被烧毁，学校公寓也遭纵火。2015 年底，福特哈尔大学东伦敦校区的学生占领了城市街道，导致整个城市瘫痪了一周多。学生们上街游行示威，提出诸条要求让他们能摆脱沉重的负担，这些负担包括殖民化、高昂的学校费用以及不断攀升的学生个人债务。或许是由于当地警察宽容甚至支持学生行为，这次抗议伤亡人数少，但是内城部分区域却被焚烧了数天。这次抗议的领导人主要是非国大学生运动与阿扎尼亚泛非主义学生运动的成员。一些学生称，这两个政治团体联合起来反对 2015 年在福特哈尔学生代表委员会选举中胜出的民主联盟，也反对民主联盟希望与学校行政人员进行谈判的意愿。新一届学生代表委员会"白人化"倾向明显，激起了抗议者使用反殖民话语。站在执政党一边的福特哈尔大学行政部门也宣称，他们将采取权力允许范围内的一切办法解决学生群体中白人殖民者利益占主导地位这一恼人问题。

福特哈尔大学的阿扎尼亚泛非主义学生运动也曾努力解决去殖民化问题，如，它曾发起运动，要求福特哈尔大学改名为罗伯特·索布奎大学。原因是"福特哈尔"源于一位英国帝国主义行政官约翰·哈尔（John Hare）上校，这位上校于 19 世纪在艾丽斯地区领导了夺取科萨人财产的战争。阿扎尼亚泛非主义学生运动一开始势头良好，但它没能像开普敦大学的反罗德斯雕塑运动那样取得广泛支持。造成这一失败的部分原因可能是许多学生认为，这所学校的解放斗争及其由来已久的黑人支持者使这所学校的名字"福特哈尔"增添了一层新的含义，一层让校友们为之感到自豪的含义。

这所学校争论的焦点其实是政府对其投资太少，既没有补救其历史缺陷，也没有满足学生当前所需。因此，学生们要求降低学校费用、改善设施、提高服务质量，达到精英大学水平。除此之外，学生们还想要提高毕业证书的认可度，好让他们能获得高薪工作，尤其能在私人企业的竞争中更占优势。有 20 年的时间，福特哈尔许多成绩一般、资质平平的毕业生也能进入东开普敦省政府机构甚至国家政府机构工作，福特哈尔的名气与关系网在这其中起到了重要的作用。但是，到了 2010 年，政府机构再没有多少职位空缺，福特哈尔毕业生的就业前景因此受到影响。然而，福特哈尔毕业生的就业机会与学术排名更高的罗德斯大学毕业生相差无几，这说明政治、社会关系在劳动市场上起到的重要作用（Rogan & Reynolds, 2016）。不过，福特哈尔的许多学生认为，学校没能跟上传统白人大学的步调，他们的就业前景越来越渺茫。他们想要一条有保障的路径，保证他们进入中产阶级，这样他们才有能力偿还上大学欠下的债务。

本书前文已经提到，2015 年学生抗议运动爆发之前，福特哈尔大学 1999 年至 2007 年的负责人及执行校长德里克·斯沃茨采取了一系列改革措施。为了改善福特哈尔大学原来的知识生产形式，解决当地及周边农村地区的贫困问题，斯沃茨制定了相应议程。为了执行这项使命，加强激进政治行动的力度，以达到促进农村地区发展的目的，他还调整了各院系、部门以及课程结构。学校还通过实施一项计划，将一所激进的大学具有的意识形态、教育内容与分析技能引入进来。斯沃茨还鼓励老师学生积极接触秋明谷（Tyume valley）周边社区，甚至广泛接触整个东开普省，以解决贫穷及发展相关的日常问题。为了促进这种参与，福特哈尔大学与非国大领导下的省政府开展了合作，斯沃茨与省政府有密切联系。斯沃茨与时任省长马克恩克西·斯托菲尔（Makhenkesi Stofile）的合作尤为紧密。斯沃茨在 1999 年成为福特哈尔大学校长之前，担任过位于比晓的福特哈尔政府研究所的主任，那时就与斯托菲尔建立了联系（见 Nkomo et al.，2006）。

可惜，2007 年斯沃茨调往纳尔逊·曼德拉都市大学后，福特哈尔大学随即又回到了当初传统的教学和科研模式。虽然商学与科学方面的课程有所增加，可福特哈尔大学仍然没有医学院和工程学院，也没有城市与区域规划研究、精算学课程，同时也没有一个成熟的商学院。行政管理、教育以及社会工作再次成为主要专业，这些专业在殖民时期与种族隔离时期就是福特哈尔大学的标志性学科，为当地非洲人口管理培养了大批行政精英。而且，斯沃茨离开之后，福特哈尔大学未能利用东伦敦校区的优势，将其知识生产能力与东伦敦的发展结合起来，这与世界上许多地方的情况是一样的。斯沃茨致力于利用福特哈尔大学解决国家发展过程中遇到的问题，例如，缓解农村地区的贫困问题；但大多数教工与学生似乎更关心阶级的形成及社会阶级的向上流动。福特哈尔大学的新目标是成为一所更有声望的大学，成为非洲本土学生的首选大学，而非一所社会政治参与型大学。因此，学术研究人员的研究成果数量增加，福特哈尔大学在南非大学学术排行榜上迅速上升，排名仅次于西开普大学，在毕业生数量与研究成果数量上领先其他所有传统黑人大学。①

---

① Bank L.，"Fort Hare at an Academic Crossroads"，*Mail and Guardian*，March 7–13，2014.

自 2007 年起，福特哈尔大学的泛非学术精英通过同行评审论文及出席大型会议获得丰厚的酬劳，巩固了他们在南非的中产阶级地位，其中很多精英来自非洲大陆的其他地方。所以，尽管这些学者常常在话语中使用去殖民化、非洲化以及泛非主义，但是他们最关心的实际上并不是课程去殖民化问题，也不是与当地社区共同发展的问题。在这一背景下，批评的对象往往是整体上作为南非社会经济与文化主导形式的白人群体，而不是历来与殖民、象牙塔式大学相关的知识生产形式，也不是学术项目中的精英主义。对种族问题的关注也成为连接其他非洲国家学者与当地非洲学者跨越种族与国家界限的社会纽带，他们联合起来抵制他们所认识到的社会上与学术界中普遍的白人化趋势。

尽管在联合反对白人化的问题上结起了统一战线，其他非洲国家的学者与南非本土学者之间是存在着矛盾的，福特哈尔大学过半的高级职位都由其他非洲国家的学者担任，大部分系主任都来自其他非洲国家。南非本土学者指责外国非洲学者的理由之一是，南非以外的其他非洲地区考试体系不严密、低质期刊泛滥，这些学者胜任高级职位的能力往往是被夸大了的。人事任命小组或福特哈尔大学改革论坛在讨论平权政策时，这一矛盾尤其突出，因为与会者中非南非本地的非洲学者数量占明显多数。改革论坛上，科萨人主导的全国教育卫生及团结工人联盟（National Education, Health and Allied Workers' Union）在这个问题上直言不讳。福特哈尔大学的南非黑人工作人员和学者向他们的白人同事抱怨，说外国黑人高级学者傲慢、排外，且看重等级。汤姆出于达到学术目标的原因鼓励各学院聘用其他非洲国家的公民，但是布隆古对这一学术生产模式持批评态度，也不赞同这一模式所依存的金钱激励机制。据《星期日时报》，布隆古曾拒绝与一位名叫拉里·奥比（Larry Obi）的尼日利亚教授续约，不同意让他继续担任负责科研的副校长一职，理由是奥比为了大幅提升论文发表量与学位论文提交量，大搞腐败（《星期日时报》2018 年 4 月 1 日）。2018 年 4 月，布隆古在《星期日时报》上说，他因为要努力终结科研副校长奥比工作中的贪污腐败勾当，自己的生命安全因此受到了威胁（《星期日时报》2018 年 4 月 1 日）。

福特哈尔大学的研究人员之间的矛盾升级之时，学生的不满情绪也达到了沸点。前面的章节已经提到，2015 年学生占领了东伦敦市中心大街，封锁道路，烧毁路障，以暴力威胁，导致市中心瘫痪了一周左右。艾丽斯校区大门被毁,许多宿舍、报告厅受损严重,学校书店遭到学生抢劫,大部分书被抢走。

2016 年,由于福特哈尔大学没有按计划下发国家学生经济支持计划提供的助学金,也没有满足学生们前一年提出的许多要求,尤其是与改善设施有关的要求,学生抗议持续进行。除此之外,准备百年校庆时,艾丽斯校区核心历史遗迹的修复工程耗资巨大,加剧了学生的不满。而福特哈尔大学管理部门所谓"学校没钱"的说法在国家内阁大量拨款的情况下显得越发无力。因此,福特哈尔大学两个校区的学生再次爆发了抗议活动,他们封锁道路,破坏设备,四处纵火。前文已经提到,此时正值福特哈尔大学百年校庆。正当福特哈尔大学准备迎接其杰出校友时,学生们却将艾丽斯校区闹得天翻地覆,他们公然挑衅,闯入贵宾用餐的帐篷,福特哈尔大学为此难堪不已,贵宾们也尴尬无比。最终,学校只能叫来警察逮捕学生,维护秩序(《每日快报》2016 年 5 月 16 日)。福特哈尔大学本想借机给校友们呈现一幅团结一致的景象,却事与愿违,将自己置于无比尴尬的境地。福特哈尔大学以其在非洲解放斗争中表现出的高度团结一致而久负盛名,可竟然在这关键的纪念时刻因其学生、教工以及校友的不团结而蒙羞(《每日快报》2016 年 5 月 16 日)。"学费必须降"运动期间,除福特哈尔大学以外,许多大学都遭到了劫掠,重要设施被毁。约翰内斯堡大学一幢新建的价值数百万兰特的经济学大楼被毁。一些经济贫困省份的中学也受到影响,短短几周之内,林波波省(Limpopo)与姆普马拉加乡(Mpumalanga)的几十所学校化为了灰烬(见 Booysen,2016)。

大学里的抗议形式与非正式定居点及乡镇中居民针对劣质公共服务的抗议活动相似。学生抗议者所破坏的也是给他们提供所要求的服务的设施,对学生而言,就是高等教育。传统黑人大学里较贫穷的黑人学生与中产阶级黑人学生的斗争焦点是大学入学条件及费用,以及大学里的设施水平。对大学的教育方向、课程设置及管理结构组成要素关注得较少,大多数情况下,管理层基本上都是由黑人组成的。

传统黑人大学里的新政治活动指责非国大领导下的政府没有给师生提供应有的服务与基础设施,因此,执政党对学生代表委员会不能继续控制下去。在福特哈尔大学,民主联盟史无前例地夺得了学生代表委员会控制权。经济自由斗士党、阿扎尼亚泛非主义学生运动以及民主联盟在南非其他大学也逐渐取得了优势。2016 年,福特哈尔大学高级行政人员明确表示，学校领导层将力争让非国大的结盟团体重新获选。然而，无论福特哈尔大学的学生日后忠实于哪个政治党派，决定他们投票的原因可能仍然是关键问题：要有一个更清廉、效率更高的资源配置与分配体系；政府要以更慷慨的方式为整个高等教育部门提供支持，为南非黑人学生提供更多援助，如有必要，可以牺牲非洲大陆其他地方的学生利益。

索布奎的继承者与邪恶的政治

姆武由·汤姆将学生抗议运动与19世纪50年代科萨屠牛事件相类比，是想说明学生攻击学校、破坏设备的行为不能促进贫困大学发展，不会给学生带来希望的曙光。恰恰相反，这些行为会使得以后的处境更加艰难，因为政府根本不会为重建埋单。汤姆说传统黑人大学里学生的行为具有千禧年主义性质，至少有三层含义。首先，学生要求提高服务质量的同时又破坏关键服务设备是因为他们有这样的幻想，即只要旧设备被毁了，政府就会（像变魔术一样）提供无穷无尽的新"货物"来满足他们的要求。谈到这点时，汤姆生动地讲述了福特哈尔大学在保护和维护有限的基础设施和资源时遇到的种种困难。其次，科萨人杀掉牛群祭祀祖先，是为了让祖先知道他们的苦难，然后，就徒劳地等待着祖先派"新人民"从海里或者地下出来，取代当时腐败的政权，为他们建立一个"新世界"（Peires，1989）。学生抗议者也一样，他们采取暴力行为似乎是相信一个崭新而模糊的世界会如期而至。第三点在汤姆的演讲中并没有提及，即科萨人杀牛是因为他们相信当时的科萨贵族家族和领导集团早已腐败不堪。与此类似，学生抗议者认为大学和国家政府贪污成性，亟待清洗。新校长面临的生命威胁就是这一叙事的重现，这与19世纪50年代浸入科萨人话语中的控诉遥相呼应。

汤姆还声称，学生运动是受了"假先知们"的误导，这些先知只妄言许诺，却不能兑现诺言，是背叛信徒的行为。19世纪50年代，科萨屠牛事件中信徒们糟糕的政治判断使数代科萨人损失巨大，他们在出生之地上忍饥挨饿，失去希望，最终成为白人农场主的猎物，利用他们的劳动建设起开普的殖民世界。

前文已经提到，科萨人到现在仍然将杀牛事件看作一场白人的骗局，认为是乔治·格雷爵士利用一个容易上当的15岁小女孩说服科萨贵族，让他们按下自毁的按钮（见Bradford，1996；Peires，1989，1990）。

推倒主义运动（Fallist movement）与 20 世纪 60 年代泛非大会在东开普省的崛起极为相似。和当代许多法农主义学者类似，20 世纪 50 年代对非国大的自由主义丧失了信心的非洲主义者同时也是非洲的知识分子，其中包括安东·莱姆比德、阿什比·姆达以及罗伯特·索布奎。他们反思1910 年南非联邦建立以来白人权力的本质及程度等问题，认为自由主义和共产主义是由白人主导的意识形态和运动，不能给非洲人民带来完全的、真正的解放。非洲人应该与这些外国方案保持距离，要利用自己的知识与身份。于是，泛非大会及其知识分子领导人建立了类似共产主义者的理论家与活动家核心集团，力求阐明并传播这一非洲主义思想。

自 20 世纪 40 年代起，阿什比·姆达开始将知识分子的审慎融入大众抗议与斗争。他训练了一群组织严密的崇拜者和追随者，让这些人在东开普省内外做他的说客，赞颂非洲主义政治运动的优点，解释非洲主义的现实意义。阿什比·姆达不是个感情用事、富有个人魅力的领导，而是个天赋极高、精明冷静的实用主义者（Edgar，2005；Mda，2011）。他既憎恨但同时又能欣赏南非种族隔离制度的缔造者之一亨德里克·维沃尔德在斯泰伦博斯大学等地宣扬南非荷兰裔白人民族主义时的做法。他想把福特哈尔大学改造成非洲民族主义在南非的据点。20 世纪 40 年代末，阿什比·姆达积极活动，希望在福特哈尔大学建立非洲主义的非国大青年联盟，实际上是在这所学校发动一场运动，摒弃背叛了非洲人的白人自由主义和白人的虚假承诺。为了宣传这一非洲主义立场，他声称，白人化和部落制度是两个相互勾结的恶魔，其目的是维沃尔德及其民族主义政府边缘化、最终灭绝非洲人民的部分手段。阿什比·姆达多次表示，白人统治下的种族隔离时期只是南非大屠杀的开始，非洲人民必须奋起反抗（Edgar，2005；Edgar & Ka Msumza，2018；Mda，2011）。

20 世纪 50 年代，在阿什比·姆达的劝说下，泛非主义者大会创始人罗伯特·索布奎不太情愿地放下书籍和研究，担任了非洲主义运动的领导人（Edgar，2005；Edgar & Ka Msumza，2018；Mda，2011）。索布奎自 1960 年起便被囚禁在监狱之中，但这位既有绅士风度又富有智慧的泛非主义领导人还是像先知一样受到敬仰。然而，非洲主义精英一面为这场运动勾画广阔美好的前景，一面却将街头和农村地区具体的政治实践交给了当地有影响力的地方领导人，这些人会说方言，能生动地描绘非洲人民的苦难，揭露白人的奸诈诡计以及邪恶行为，以此煽动情绪和动员当地人。这些非洲主义精英认为，当地民粹主义领导人能够利用千禧年主义话语把当地人受白人剥削的痛苦与不满转化为政治资本，推动革命。索布奎亲自为东伦敦的邓肯村挑选了富有人格魅力且受欢迎的奥尔科特·格温奇，这位领导人是 1921 年布尔霍克大屠杀中幸存的孤儿。知识分子和曾做过教师的人也被分配了不同角色。其中一个集知识分子之敏锐与民粹主义感召力于一身的是臭名昭著但富有影响力的莱巴洛（PK Leballo），他是泛非大会革命委员会的总司令，也是 20 世纪 60 年代早期反种族隔离制度武装斗争的一名斗士（见 Lissoni，2010；Lodge，1984；Maaba，2016）。

克莱斯（2002）认为，当时东开普省的非洲政治想象是被他描述的"邪恶的政治"所定义的。尽管当时非洲主义领导人在批评白人化与种族隔离政府时，很大程度上仍然停留在抽象与概念化层面，但这种批评在当地被转化为一种准千禧年运动，在运动中，白人化还有部落主义，被描述为邪恶的事物。克莱斯认为，20 世纪 50 年代末至 60 年代初的极端暴力行为是引入关于邪恶的观点来对人民做政治动员的结果，受动员的人民接触基督教已有两百多年，对千禧年运动并不陌生。

20 世纪 50 年代东开普省另一批非洲主义知识分子与非欧洲统一运动（NEUM）有关，与当代法农主义学者类似，其政治策略核心是不与白人殖民机构以及种族隔离机构合作。他们认为只要非洲人不与白人勾结、合作，白人统治就会瓦解。20 世纪 50 年代，东开普省非欧洲统一运动领导人都来自开普省非洲教师协会（Cape African Teachers Association），这个协会公开反对班图人教育（Bantu Education）及相关当局，是最激烈的反对者之一。非欧洲统一运动内部的讨论理论性很强；加入这个组织至少需要标准 8 通行证（Standard 8 pass），或者相当于今天大学学位的初级证书，但是没有多少非洲人能达到这个要求。这一组织不举办大规模集会，也不举行大型政治会议，而注重封闭式小规模成员教育。该组织反对非国大漫无目标的大众抗议行为与政治策略，因为它认为，如果没有接受政治教育，这样的行为就很危险。许多人指责非欧洲统一运动具有精英主义性质，尽管它在马克思主义相关辩论中对阐明政治理论起到了核心作用，但脱离了东开普省甚至南非的群众基础。至 1957 年，非欧洲统一运动已分裂为两派。一派由艾萨克·班加尼·塔巴塔（Isaac Bangani Tabata）、纳撒尼尔·霍诺诺（Nathaniel Honono）以及利文斯通·姆库西（Livingstone Mqotsi）等人领导，集中在东开普省，这一派更支持非洲主义，其许多成员都

与东开普省的泛非主义者大会有联系。另一派是西开普省的托洛茨基分子
（Bank，2018）。一些激进的非欧洲统一运动的教师被班图学校驱逐，他们
重新接受培训，成为律师，并以泛非大会及其武装组织波可（Poqo，意思
是"纯粹"）的法律代表的身份重新加入斗争。与2018年法农主义者的做
法一样，该组织与白人的斗争主要在校园里进行，并以知识生产为方式，
而不是通过街头暴力与设置路障等政治策略。

　　20世纪60年代初，泛非主义和波可武装组织在东开普省及西开普省
的兴起和发展受到了南非将在"63年获得自由"这一信念的影响。1959
年，克瓦米·恩克鲁玛（Kwame Nkrumah）提出了这一预言，索布奎对此
大加赞赏，泛非主义者大会采用了这一口号，该口号与非国大"有生之年
取得自由"的承诺形成了鲜明对比。建立"新世界"需要自强的非洲人像
"索布奎的士兵"一样，发动战争，彻底摧毁种族隔离在政治、制度以及
社会层面的一切形态。早期千禧年运动中，带来改变的人往往被刻画为祖
先们挑选的第三种力量，他们比任何白人，比如非裔美国人，都强大有力
（见Vinson，2012）。这些解放者将领导当地非洲人建立新秩序，从此非洲
人将会崛起，在关键位置上取代一切白人。泛非大会的政治愿景的不同之
处在于，它认为，赋予当地非洲人力量的是非洲人自己的文化，而非祖先
召集的第三种力量，且当地非洲人肩负着解放的使命。泛非大会与波可意
识到任务之艰巨，因此努力从整个非洲文化宝库中汲取力量，全力激发成
员们的政治力量；也就是说，它们不再简单地将白人看作恶魔而加以抗拒
排斥，而是全力做好向白人宣战的准备。这一阶段的战争民族主义真正开
始于1962年4月，也就是泛非大会致力于武装斗争的时期。1962年11
月，泛非大会的骨干部队挺进帕尔（Paarl），要占领这个白人城镇，如有
白人抵抗，一律杀死。12月，成群结队的泛非大会移民回到东开普省家
乡，向白人宣战，并袭击当时在特兰斯凯夸姆塔（Qamata）家中的凯泽·
马坦齐马（Kaiser Matanzima），马坦齐马当时是移民腾布族（Emigrant
Thembu）的最高酋长，后来担任了特兰斯凯的总理。1963年初，预计新
的曙光已触手可及，南非全国上下的泛非大会和波可骨干部队都已做好准
备，要为了自由向白人发动一场血腥之战。他们的观点与非国大不同，他
们认为白人本身最该摧毁，因为他们的身体是施行压迫的容器，而不仅仅
是白人的政治、经济基础设施及体系，后者是非国大的斗争目标。泛非大
会骨干部队的许多成员都迫切希望使用具有清除力量的暴力，为即将到来

的非洲新世界开辟天地（Crais，2002）。

2012 年 8 月，马里卡纳的部分罢工工人积极备战，他们在精神和仪式上的肃穆神圣，让人想起 19 世纪科萨人在边疆的抵抗战争，以及 1962 年和 1963 年波可与"索布奎的士兵"命运多舛的备战工作。尽管截至 2018 年，学生抗议者还没走到这一步，但是高等教育中的白人化与政府腐败已经被界定为阻碍真正解放非洲的两股力量，尤其是自 2015 年全国学生示威运动以来。

早在 1994 年引入民主制度后，南非的政治轨迹已经为这一思想的产生做好了准备。南非已经从纳尔逊·曼德拉时代过渡到塔博·姆贝基时代。曼德拉时代的主要特征是社会自由主义，以及种族隔离制度结束后对种族融合的期待；姆贝基支持南非经济中的全球化与新自由主义，因此他受到非国大及其政治伙伴的激烈批评。对姆贝基新自由主义经济路线的广泛批评为经济自由斗士党的出现创造了空间。经济自由斗士党是一个倡导土地与采矿业民族化以及根除白人经济特权的非洲主义政治党派。该党派的经济政策中表现出明显的千禧年主义倾向，它主张夺回被他人（白人）掠去的不义之财就能解决南非的贫困问题和失业问题。这个党派的领导人朱利叶斯·马勒马自诩为经济自由斗士党的莱巴洛，他很有个人魅力，是一位政治先知，也是一位倡导必须通过战争民族主义根除白人剥削形式的狂热分子。

2008 年姆贝基下台，引发了一场激烈的政治与意识形态论战。在这场论战中，于 2009 年当选总统的雅各布·祖马被描绘为新一代的凯泽·马坦齐马。马坦齐马既是泰姆布兰德（Thembuland）的铁腕领袖，据说也是科萨族巫师酋长，他以自由为名，与白人政权与种族隔离政体勾结，将人民引入歧途。20 世纪 60 年代，马坦齐马被描述为最虚伪的先知，被蔑称为部落主义之父，甚至是非洲人民与解放的敌人。祖马被指控为南非人民的叛徒，随着反对他的政治运动愈演愈烈，千禧年精神以新的形式再次出现在 2015 年与 2016 年的"必须推倒罗德斯"运动与"学费必须降"运动之中。

从次年的市政选举可看出，一方面，自由民主联盟在大城市的影响力越来越大，另一方面，祖马领导下的非国大通过与传统首领及酋长结盟保持了农村地区的投票，所以马勒马式千禧年政治的影响力比较有限。祖马展示了他在农村地区对赞助政治的把控，这一制度也曾保证了马坦齐马长达三十多年的政治寿命，但是非国大的城市选民却愤怒不已，感觉自己被背叛了。

2018 年，祖马的政治事业走到了尽头，在新任总统西里尔·拉马福萨（Cyril Ramaphosa）的领导下，非国大加大力度从民主联盟手中夺回城市。拉马福萨主张非洲自由主义立场，同时又对非洲主义立场做出妥协，其无偿土地征用政策与免费高等教育政策就是很好的例子。祖马下台加上拉马福萨在土地问题和大学问题上采取非洲主义倾向的政策导致经济自由斗士党再次采取了暴动的非洲民族主义形式，把白人和殖民主义看作阻挡大部分南非黑人发展的邪恶之源，支持贫困学生侵占高等教育机构，鼓励在城市地区抢占土地。

结论

本章的目的并非为南非政府在"学费必须降"运动，尤其是在 2016 年威特沃特斯兰德大学的暴力行为寻找借口，也不是反对学生对可负担或免费高等教育的要求（Langa，2017）。而是以福特哈尔大学与东开普省为例，反思非洲主义民族主义的超现实形式，并反思 20 世纪 60 年代早期、更近的马里卡纳时期以及"学费必须降"运动时期南非有关去殖民化的论证。汤姆似乎本能地察觉到学生的这些政治活动是在自我毁灭，因此将它与科萨屠牛事件作对比。除了科萨屠牛事件，汤姆能够引用的类似事件还包括 1934 年 12 月东伦敦的独立工商业工人联合会领导人援引"说话的乌鸦"，号召移民为肯塔尼（Kentani）的"丰雨绿地"而放弃工作。这些乌鸦预言东伦敦将被烧为灰烬。联合会的领导人为了达到其目的而援引"说话的乌鸦"，是因为他们发现，联合会里的移民"已经对过分关注工人的不满情绪感到厌倦"（Bradford，1987：241—243）。类似的故事在 1963 年也曾被特兰斯凯泛非大会的忠诚拥护者于每周日下午在宿舍外的露天会场讲起，之后，泛非大会的青年就会手持大砍刀走进东岸居住区附近的灌木丛进行军事训练。一场深层结构危机正好发生，再加上对白人自由主义的抗拒，以及全球化的黑人民族主义与地方化的种族民族主义此时交会在一起，这几种因素共同出现在非洲民族主义之中，促成了幻想深刻社会变革即将发生的千禧年主义的各种形式。这助长了暴力事件循环发生，并改变了学生对变革的时间性的想象方式。

过去几年里，东伦敦与所在地区的政治语域中的非洲主义民族主义也因多种力量的聚合出现而得以加强。2016 年，学生要求福特哈尔大学改名为罗伯特·索布奎大学，就是这一现象的近期回声。学生们提出这一要求的时间可谓恰逢其时，因为福特哈尔大学此时正在准备庆祝自己作为南非非洲民族主义发源地的百年诞辰。汤姆本人具有丰富的反种族隔离制度斗争经验，又是东开普省非国大备受尊敬的人物，他十分清楚学生产生的新情绪就是复活的战争民族主义情绪，正是因此，他才将学生运动与戏剧性的科萨屠牛事件相类比。汤姆虽然发出了警告，但福特哈尔大学与沃尔特·西苏鲁大学的学生继续蔑视当局，他们在 2017 年与 2018 年游行示威、高唱战歌、占领街道与建筑物；此时，福特哈尔大学新任校长雇用了保安人员加强保护。尽管学生们提出的许多要求都与他们所在的城市社区环境有关，可他们既不愿意与市政府谈判也不愿意与学校谈判，而是要求政府集中供应所需物资，这就是他们的民族主义的针对对象。东伦敦所有大学及包括市政府在内的重要利益相关者都面临着相似的挑战，可他们未能相互合作，找出一个针对地方问题的方案以解决学生的问题。学生将殖民矛盾援引为战争民族主义而非占领城市主义，是要求城市及社会做出更为彻底的变革。

要理解福特哈尔大学 2016 年及之后的学生起义，就必须知道之后福特哈尔大学的学生运动中发生的分裂。2016 年后，学生运动分裂成两派，一派是阿扎尼亚泛非主义学生运动—经济自由斗士党，他们倡导不合作、举行抗议的方法，使用千禧年话语；另一派支持民主联盟，他们更关心自己的阶级利益，而对社会的彻底变革不那么感兴趣。后一派学生分别于 2015 年与 2018 年赢得了学生委员会的选举，在他们看来，一个吝啬的政府与一个腐败的大学领导层正在阻碍他们进入新中产阶级的道路，对此他们表示抗议。2017 年至 2018 年，与萨赫拉·布隆古谈判的过程中，他们提出为了保证他们未来的阶级提升，政府应该加大对他们的支持，提高教育质量与服务质量，改善住宿条件。他们把威特沃特斯兰德大学与开普敦大学等民主联盟派大学视为福特哈尔的榜样，希望这所传统黑人大学结束其财政紧缩模式。他们拒绝接受政府缩了水的兑现和学校打了折扣的支持。他们还支持护理学院因在大小考试中表现不佳而面临开除的学生。这场运动的目标是要保证已经获得高等教育体系入学资格的学生能够实现他们来到这里的目标，取得通往美好人生的车票。他们对暴力的使用也很适当，不以暴力为最终目的，而只作为吸引注意力的策略。

　　与这一派学生不同，福特哈尔大学与沃尔特·西苏鲁大学的阿扎尼亚泛非主义学生运动—经济自由斗士党一派是索布奎的继承人，他们来自东开普省前"土著"城镇与村庄，大多家庭经济困难。这些学生也想进入中产阶级，但不相信南非白人统治下的新自由殖民经济能给他们提供这样的机会。他们相信，要想结束白人特权，建立新社会，让自己与家人过上应有的生活，就要推翻非国大领导下的政府及其高等教育体系。他们下定决心要抓住"学费必须降"运动这个"天赐良机"，发动革命。他们运用的暴力具有法农所说的变革性，是进入新社会的必要条件。这些黑色身躯已经再也无法承受这样的苦痛了。

　　不单是在福特哈尔大学与沃尔特·西苏鲁大学，南非所有高校的学生运动都出现了政治分裂。这样就把非国大下属的南非学生大会晾在了一边。阿扎尼亚泛非主义学生运动—经济自由斗士党一派的激进学生争取让大学空间向其他群体开放，包括心怀不满的青年群体，在2015年东伦敦的弗利特街之战与2016年约翰内斯堡的布拉姆弗泰恩之战中，他们鼓励这些青年加入他们在街头的战争。他们将战争打上街头，不仅是为了宣布自己的城市权，也是为了宣布自己在一个崭新的社会里的权利。在这个全新的社会里，没有白人统治，殖民城镇也将不会存在。就是这些学生最清晰地听到了"说话的乌鸦"的声音。

第十章　种族、规划与锈带城市文化

　　锈带城市危机可追溯到 20 世纪 70 年代之前，认识到这些危机后，许多锈带城市已经提出并实施了一系列新型城市及地区发展复兴模式。包括实施新型知识生产方式与经济发展模式，采用交通导向型发展模式，以及改善城市建筑环境，创造投资新机遇。城市—大学发展模式涵盖了以上三种新方式。为改革、振兴逐渐衰落的市中心或往日的工业区，将这些地区与更广阔的城市、地区甚至全球经济联系起来，全球北方注重引进有创造性、受过大学教育的阶层。这意味着必须阻止代价高昂的城市扩张，同时，围绕新经济形式，再度使城市成为中心，此外，创造激励机制，促进已有住房与城市基础设施的翻新。

　　利用投资振兴衰败的内城区、往日的工业区以及老旧的商业区与郊区不仅能够创造经济利益，还能为衰败的锈带城市中心的僵死区域带来新的文化与社会生命。底特律中城、波士顿创新区以及巴塞罗那老市中心都在某种程度上获得了复兴，因为有新的商业公司与科技公司入驻。这一过程中，金融资源、房地产资源、服务与人力资源需求、当地大学知识生产体制以及医疗设备都发挥了重要的支持作用。

　　然而，也有人认为，鉴于新型城市—大学创新区的投资形式与文化复兴的本质，社会与经济上的不平等不但没有减少，反而变得更严重。大卫·哈维（David Harvey，2012）指出，房地产投机资本涌入这些地区，争相购买破旧的公寓大楼与仓库，因为它们可以改造成利润可观的豪华公寓与办公楼。资本没有被投入到生产型经济中，而是聚集在冶炼、寻租以及以房地产为基础的产业，这些产业本身基本上无益于城市整体发展，更不能为边缘社区提供发展机遇。

　　为了建设城市—大学，南非的一些地方加大了投资。获得投资的地方如哈特菲尔德，它在比勒陀利亚大学附近；还有约翰内斯堡的布拉姆弗泰恩，它在威特沃特斯兰德大学附近。与此同时，大规模营利性房地产导向的投资导致绅士化现象的出现，还制造了一些排外性越来越强的白人中产阶级郊区，这些郊区出现在（开普敦大学附近的）隆德伯西（Rondebosch）和发展过程中受到当地大学很大影响的斯泰伦博斯。这些地区新建的高级学生公寓与办公楼助长了排外现象，中低产阶级学生被阻挡在外，其中包括许多黑人青年，他们被剥夺了享受新社区种种便利的机会，例如，保证学生优质生活的高质量基础设施以及新就业机会。这样不平衡的发展进一步加剧了这些城市以种族与阶级为基础的历史性空间分隔。在这种情况下，南非黑人学生迫使政府满足其住宿要求，这不能仅仅看作是大学能提供多少"床位"的问题，尽管床位量是高等教育与培训部极其重视的一个衡量标准（Parliamentary Monitoring Group，2012）。学生斗争具有更广泛的目标，他们要求能获得社区内的文化与经济资本，这样才能保证自己改变阶级轨迹，提高收入潜力。但是，只要南非政府与高等教育与培训部不认为良好的社区环境能够带来更广泛的好处，只从床位、教室与实验室数量等层面提供资助，且将这些因素看成大学应该提供给学生的全部教育服务，那么，大学就会继续沦为私人投资的猎物，南非城市中的不平等、种族排斥、边缘化等问题也就会进一步加剧与扩散。

全球范围内，民粹主义者政客越来越喜欢利用种族问题，他们试图将前白人工人阶级的不满情绪转换为自己的选票。唐纳德·特朗普当选美国总统正是利用了前白人工人的被排斥感，他们认为自己被美国经济与政府排除在外了。特朗普的言辞极具煽动意味。在特朗普的煽动性言论中，锈带居民问题是个种族问题；现在这些弱势白人是曾经让美国强大起来的人，但他们早已被华尔街遗忘，还要承受沿海城市富有精英的羞辱。与这种政治策略相似，英国独立党领导人奈杰尔·法拉奇（Nigel Farage）与英国脱欧支持者也曾这样承诺英国北部与中部前工人阶级，还有法国极右翼政党领导人玛丽娜·勒庞（Marine Le Pen），她在竞选期间为了获胜，对法国前工人阶级也做出了类似的承诺。右翼民粹主义领导人的影响越来越大，全球北方的政治受到深刻影响，种族问题的紧张局势也因此进一步恶化，锈带城市则更是首当其冲。严重的社会经济排外现象使得这些地方的警察暴力与种族主义问题成为一触即发的敏感问题。面对警察肆无忌惮的种族主义，人们群情激愤，因此美国黑人社区电视新闻的主要内容就是警察暴力与枪支暴力；"黑人的命也是命"运动（Black Lives Matter）就是人们愤怒情绪的表达。在全球北方，种族问题再度被政治化。

对于南非，尤其在南非各高校，新的非洲黑人民族主义的兴起成了仍未掌握经济领域政治权的新兴黑人中产阶级的号角。"学费必须降"运动在某种意义上是一场以种族问题为特征、以阶级问题为基础、争取大学控制权的政治斗争。就此而言，这场运动的关注点既不在于大学转型，也不在于课程去殖民化，它实际上是非洲黑人学生实现阶级提升的手段。白人对"学费必须降"运动对"他们"珍爱的大学所产生的负面影响的怨恨是显而易见的，表达出这种怨恨的人担心的是高等教育质量出现任何下滑，都会对他们作为一个阶级的集体前程产生负面影响，这往往是一个超出南非之外的问题。南非工业经济衰退，白人工人也失去了其作为精英雇员的特权，这种损失也是全球北方锈带城市的许多白人工人阶级所面对的问题。在此期间，主导南非主流政治的是政府把控问题与对种族民粹主义的呼吁，此时非洲群体都在反对政治精英的腐败行为，如前任总统雅各布·祖马及其政治集团领导下的精英，黑人群体希望政府能够帮助推动黑人经济的发展与包容性。由此看来，新任总统西里尔·拉马福萨领导下的非国大在 2017 年的大会上决定无偿征用土地，表达他们愿意回应这些日益加剧的压力。

在这一政治背景下，想要通过城市—大学区域的转型实现更公平、包容性更强的发展，必须承认，没有监管的情况下，私人资本与企业资本可能会加剧排外问题。房地产投机商大多将外国人、中上层阶级学生、大学教工以及专业人士当作目标客户，以实现投资收益最大化。这一策略推动了绅士化的发展，加剧了排外现象。国家政府、市政府以及居民对约束这样的做法和扩大大学—城市区域的社会效益可以起到关键作用（Bank et al.，2018；Perry & Villamizar-Duarte，2018）。学者们强调，对这些区域而言，签订社会契约，确保公众利益不会因私人利益受损具有十分重要的意义。有人提议，国家政府与市政府应刺激、调节发展，同时鼓励利益相关机构与投资者积极合作，共同实现更加公平的发展。同样，还需要认识到大学—城市的地方建设计划只能在有限的维度内产生社会影响。例如，它对改善受教育程度低、受排斥的黑人工人阶级与前白人工人阶级在经济层面受排斥的问题几乎发挥不了什么作用。大学是促进中产阶级形成的重要场所，为经济建设培养所需的人才。曼纽尔·卡斯特尔（2001）解释说，大学的主要功能包括培养中产阶级并给予他们合法的地位，为劳动市场提供技术，以及为统治者管理整个社会塑造意识形态（另见 Muller et al.，2017）。

然而，就培育中产阶级这一角色而言，大学及其生产的政策在促进其学生——即未来的社会精英——社会化的过程中扮演着重要角色。它们能够塑造学生对待城市、社会、国家的方式，并影响他们将来会推动的意识形态类型。从这个角度看，如果一个国家的大学不能让年轻人避免卷入种族民族主义的暴力政治，避免形成排外心理及狭隘心理，那么这个国家的发展前景将会受到巨大损害。因此，本章将探讨大学——城市区域作为"第三空间"所具有的社会与文化潜力，这个"第三空间"充满了发展魅力，能够促进包容性及文化特性的发展。

不能仅仅因为这些区域没能成为政府青睐的实施城市干预政策的"亲贫"场所，就忽略城市——大学区域的作用。从历史上看，国家政府与市政府无法遏制私营企业对城市内部发展的影响，往往是因为它们作为执行者玩忽职守，没有认真实施积极的地方建设激励政策与调控机制。区域管理是发挥城市——校园区潜在优势的必要条件，但国家显然继续痴迷于抽象的现代主义总体规划，而通过原地重组有效地参与社区改造的能力有限，因此不能很好地进行区域管理，有效地利用城市——大学区域的潜在优势。为了充分发挥这些优势，应该采用一套不同的模式，即采用一种有助于反对霸权性变革的战术性城市主义策略。文化生产在促成这种变化的过程中能够发挥关键作用，但在南非城市的发展中，文化生产作为公共政治的一部分被低估了。本章的重点是概念阐释与比较研究。为了探究如何释放这种力量，本章将对 20 世纪 40 年代与 50 年代城市中黑人聚居区的舞厅曾产生的影响与当代大学区域作为变革催化剂的潜力进行类比。

城市大学与"第三城市"

拉里·贝内特（Larry Bennett，2010）在其探讨芝加哥有关问题的著作中论述了 20 世纪后期与 21 世纪初期对建立"第三城市"的迫切追求。贝内特认为，美国东北部锈带城市的扩张始于以汽车业为代表的工业对福特主义生产体制的普遍采用，扩张呈现出无计划、都市化及工业化集合体的特征。自 20 世纪 70 年代起，这一模式开始崩溃，美国中西部出现了去工业化、城市收缩以及经济危机等现象。他表示，这一地区包括芝加哥在内的许多城市身陷困境，不知该如何找到"第三条道路"。"第三条道路"

并不否定过去的成就，而是在继续寻求工业复兴的同时扩大社会经济包容性，使城市更加多元。贝内特的一个核心观点是，福特主义创造的不单单是一种过时的工业生产形式，更导致产生了一种种族与区域对应的关系：高薪白人工人阶级迁至富裕的郊区，贫穷的低薪黑人工人阶级则留在内城。这种遗留关系对这些城市产生了不可磨灭的影响，不容易逆转或是消除（Gallagher，2014；Keil，2018；Lees et al.，2016；Sugrue，1996）。

贝内特在对这些动态进行思考的过程中，认为当代芝加哥在摆脱其锈带城市身份，向"第三城市"发展的过程中取得了巨大成就。贝内特注意到，芝加哥移民人数众多，种族状况复杂，甚至在1880年至1930年长达50年的时间里被称作犯罪之城，但这样一座城市却发展成了一座成功的工业城市，于是他梳理了芝加哥1950年至1990年在比较合理的城市管理下发展成为一座模范工业中心的脉络（Bennett，2010）。2010年，芝加哥已经全然不同于往日，其核心区域以城市复兴为特征，同时体现了经济多样化、新的融合式居民社区等特征。贝内特认为，建立创新性融合式居民区的干预措施，以及之前现代主义城市规划模式的解体，使得旧的社会分隔已不再那么明显。此外，芝加哥浓郁的"边疆特征"使其更加崇尚宽容。城市的这一变化得益于新型社区计划而非宏大的总体规划。在其工业现代化进程达到顶峰之后，芝加哥选择了一条不同的道路，尤其是在住房政策上采取了补救措施，拆毁了破败的公共公寓楼，在原址建起居民友好型住宅，使其与周围大环境能更好地融为一体。贝内特强调，这些从旧社区中建立起来的新社区瓦解了以往的社会隔阂，改变了这座城市的文化。

不过，美国许多其他锈带城市却没能通过渐进式的社区干预措施显著地改变其文化与身份，这主要是由于人口与资本已经大量流失，也不会再次返回、重新投资。例如，在底特律，投资者们纷纷停止投资或撤资：先是白人工人阶级自20世纪50年代起大量迁离，接着，黑人工人阶级自20世纪90年代也纷纷离开。要从一无所有的土地与年久失修的工业区中重塑一座新城绝非易事（Glaeser，2011；Hackworth，2014）。衰败之城的反乌托邦状况让人们的幻灭感挥之不散，这进一步限制了底特律及其他苦苦挣扎的锈带城市向前发展。对于这些城市的未来已有一些人做了悲观的描述，比如查理·勒达夫（Charlie Le Duff）的著作——《底特律：一座美国城市的衰落》（*Detroit：An American Autopsy*，2013）。

底特律市唯一显著的社区复兴迹象出现在中城区域，这里聚集了美国韦恩州立大学、贝蒂·福特医院以及其他许多医疗机构。市中心借助福特基金会的赞助资金，采取"锚定策略"吸引大学生重返底特律，还利用创新工业吸引投资，因此自2000年起，中城区域发生了巨大转变。这一区域用十年时间成为这座城市新的创新区。资本大量涌入的同时，美术馆、酒吧、饭店、书店以及各类新型企业遍布每条大街。曾一无所有的地方现在变得繁华拥挤；置身萧条的大城市里，中城区域仿佛成了一个新的小型城中城。内城周边及中心商业区也受到了中城复兴连锁效应的影响，一些大规模项目正在进行，要对摩天大楼与办公建筑群进行翻修。市中心与中城之间已经建起了一条往来班车线。此外，自前总统巴拉克·奥巴马政府出资援助汽车行业，将其从2008年的崩溃状态中解救出来后，整个城市都出现了更多的工业复兴迹象，数量巨大的工业投资因此到来（Benelli，2013；Dever et al.，2014；Katz & Bradley，2013）。

　　当然，就底特律市复兴的规模与性质而言，我们有理由对乐观前景持保留态度。虽然比起二三十年前的萧条停滞，现在的状况已经大有改观，但要恢复到鼎盛时期的工业规模与经济力量是不可能的。除此之外，种族问题已然局势紧张，不能轻易解决。在这一点上，有一种担心开始出现，即底特律中城的复兴似乎是由白人资本助推的，其基础是白人对故乡建设的怀旧之情，而且也没有提供一种更具包容性的"第三城市"发展所需模式（《卫报》2015年2月5日，2016年9月13日）。2015年7月，我到底特律考察，发现这个城市对私人房地产利益大力支持，这已被证明会阻碍其他资本进入并参与区域发展。

　　尽管复兴底特律的努力带来的好处有限，但还是能给我们两点重要启示。首先，单个的社区及其改造能够改变整座城市的面貌。其次，文化发展对于社区振兴的重要性可能并不亚于经济发展。中城区虽属于城市的一部分，但与城市整体上又不相同，这对其成功有极大意义。在这一点上，许多年轻中产阶级居民拒绝接受关于锈带城市的种族性、历史性叙事，这是非常关键的，正如他们拒绝在描述复兴计划时用带有怀旧色彩的"底特律制造"的口号，它放大了底特律作为制造中心的光辉历史。安·马库森（Ann Markusen，2007）在其研究中曾谈到"黏性"（sticky）区域与"滑性"（slippery）区域的问题，他认为艺术家、学术研究者以及文化工作者受内城历史与文化遗产吸引，倾向于"黏"在内城；而与之相反，这些区域的工业发展则因缺乏明显的基础设施、产业链、区位优势而从这里"滑走"。内城的吸引力也往往会由基于社区的当地发展实体推动，如一心致力于社会公正与本地领导力的底特律中城公司（Midtown Detroit Inc.），显然，这些实体乐于接受一个有力的"第三城市"议程。

在 1994 年引入民主制后，在南非发展新的"第三城市"的政治愿望在 20 世纪 90 年代的政治中得到了最为清晰的表达（Mabin & Smit，1997；Parnell & Robinson，2012；Pieterse，2008；Turok & Parnell，2009）。不过，这里所采取的策略与芝加哥并不相同，这可能是由于南非认为自己的问题更为复杂。人们对南非城市再发展计划持有非常乐观的态度，并报以极大希望——大型新投资所持的乐观态度以及普通人对通过国家政策进入城市的希望。与这些起初的厚望形成鲜明对比的是，在过去二十年间，出现了人们未曾预想到的不尽如人意的结果，尤其是南非二线城市，它们经济增长低迷，几乎没有尝到过全球化带来的好处。

在这样的背景下，由于东伦敦高校与东伦敦市关系的性质，大学对促进东伦敦发展的作用是有限的。大学与城市的关系被一种薄弱且不自信的占领城市主义所塑造。它们既没有嵌入这座城市的结构之中，也与城市的治理或经济发展没有关系。东伦敦的高校中没有一所对城市发展真正感兴趣，也没有一所大学为了支持城市发展而建立一个进行知识生产的研究中心，甚至没有一所大学拥有商学院，也没有哪一所大学愿意为东伦敦的社会经济与政治发展进行知识生产。东伦敦所有高校的功能与实践及其在城市中的校区都是由高等教育与培训部抽象、脱离地方的目标所塑造的，同时也受制于其位于农村的主校区的要求。这些大学从根本上与大部分教工和学生所生活的城市是割裂的。它们置身城市之中，但不是城市的一部分；它们占据着空间、消耗着资源，但这些空间与资源如果用于市中心其他社会经济活动会更有成效。它们的占领城市主义是建立在一种深厚的、持续的、以农村为中心的双根性之上，并怀有强烈的历史性权利感。这些集中表现在公认的解放了南非的大学——福特哈尔上。这些大学的校长们反复强调大学间的不同之处，彼此之间很少碰面，更不会与当地商人、民间领袖、市政官员及规划人员见面。他们似乎存在于他们所在城市的上空与外围，无论是在批判性层面还是在工具性层面，都没有积极主动地参与这座城市的发展。

如果东伦敦借助国家资助的再工业化项目，走一条清晰、包容性的发展道路，那么东伦敦高校的取向就是可以理解的，但事实并非如此。相反，东伦敦的未来与其他的锈带城市一样，风雨飘摇。东伦敦保持经济增长的行业只有一个——汽车业，其余城市工业经济与服务业经济已经瘫痪。当一个城市经济薄弱，依靠政府转移支付生存，而原本能够刺激城市—地区经济增长的农村腹地与城市边缘却发展薄弱时，位于这一地区的大学能够为市中心创造的机会就显得举足轻重。基于以上考虑，本书提出了一种能够鼓励东伦敦高校与城市相融合的设想（就学术领导力与抗议的学生而言）。在这一方面，东伦敦应该推行一套基于地方参与的新政策，高校不该一方面占据着城市而不参与其发展，另一方面期待着无条件享受政府支持。

城市性与东伦敦的"黏性"

有关非洲如何建立一个更具包容性的"第三城市"模式的问题，需要注意前文中关于安·马库森（Markusen，2007）就"黏性"与"滑性"的分析，以及关于文化工作者如何"黏"在内城的分析；同时，底特律中城公司对内城基于社区的本地发展的支持同样值得注意。斯蒂芬·普里查德（Stephen Pritchard）曾将英国类似区域的文化工作者讽喻为"资本主义的步兵"[①]。除了普里查德的观点，我自己也发现底特律内城对私人房地产利益的强有力支持已经阻碍了其他投资进入并参与底特律的发展，但像底特律中城公司这样的群体对促进社会公平和地方领导力的全力投入基本上是不容置疑的，这显然表明了他们乐意接受一个强有力的"第三城市"议程。

尽管底特律内城的发展有优点也有缺点，但重要的是，不能笼统地对任何一座特定城市里什么该"黏住"，什么该"滑走"一概而论。在全球北方，与"黏性"联系在一起的通常是某些时尚场所的建设问题，如市中心"卡布奇诺"区的网吧。非洲城市有其独特的文化动态与形式。要分析这些动态与形式就必须了解"城市性"这一概念。"城市性"指的是某种独属于城市的特性，是由人类推动、投入与创造而产生的。特尔·福斯特（Till Forster，2013）认为，"双根性"，指很多城市居民保持着与农村地区的文化联系，以及"双根性"所导致的社会身份性质的拉伸，使得"城市

[①] Pritchard S., Hipsters and Artists are the Gentrifying Foot Soldiers of Capitalism, *The Guardian*, November 13, 2016.

性"在非洲仍然是个"虚幻的概念"。对于南非等曾有白人殖民历史的社会而言，去殖民化政治或许还可以被视为城市性的一种障碍。（另见 Zijderveld，2017）。

因此，需要注意到当代东伦敦占领城市主义甚至"归乡"进程所具有的"双根性"特征。与种族现代主义相比，占领城市主义缺乏城市建设能力，因为城市不是它的首要目标。对于占领城市主义而言，城市就像奖杯一样可以赢得，而且可以带回农村，从而使得农村空间出现城市化现象。福斯特发现，非洲城市中的城市性缺乏强度，而且认为这种现象到现在依然如此。他认为，这些城市的城市性需要通过民族学和人类学的研究来识别，研究的重点是情感结构，并要置于城市中的特定空间内。福斯特鼓励对去殖民化的非洲城市的社会构造生长节点进行学术研究。他指出，这样的研究

> 首先应该清晰界定行为与城市经验这两个概念。其次，需要发展起理论基础，以帮助理解城市经验和行动者如何相互影响。我初步将这种关系称为"城市性"。（Forster，2013：34）

按照福斯特的想法，分析城市—大学区域在东伦敦等城市中所扮演的角色时，首先应该辨识这些地方所表现出的城市性的形式。例如，作为福特哈尔与沃尔特·西苏鲁等大学所处的全球文化社会环境组成部分的那些城市性形式。但是，在这个问题上以及考虑福斯特的理论推演时，有一点必须警惕。福斯特认为全球南方与非洲处于发展中的城市生活形式是流动的，尚不稳定，通常不易掌控且不易定义。在这些相对而言的新兴城市，在城市形成的过程中，文化形式可能会迅速出现又迅速消亡；文化创造可被视为对贫穷与绝望环境的必要性适应行为，未必能产生积极影响。格奥尔格·齐美尔（Simmel，1976/1903）描述了作为20世纪早期欧洲城市经验的结构性产品的异化如何创造了个人主义。齐美尔认为，个人主义的现象并非城市经历者选择的结果，而是由于他们居住在城市便被强加于身的。按照这一观点，城市居民的创造力是城市生活的社会经济环境与物质环境强加给他们的。将这个逻辑应用于非洲及全球南方的其他城市的移民身上，那么他们的创造力就是农村和城市的外部力量共同作用的结果。

城市性理论除了提出了结构问题与行为问题，还强调临近与隔离之间

的相互影响：一端是近距离与密切关系，另一端是结构性距离或拉伸的关系。影响城市居民文化选择（或文化空缺）的各种力量关系复杂，这些力量之间还会有一些互相冲突的动态要素，因此，会使居民体验城市的方式产生矛盾。萨沙·纽厄尔（Sasha Newell，2013）有关科特迪瓦的研究强调，街头流行文化呈现的内容与城市年轻人残酷的现实生活之间存在显著分裂。他将这种以流行文化为载体、与现实生活不符的反应称作"现代性造势"。齐美尔（1976/1903）将个人主义看作人们对 20 世纪初欧洲城市问题的共同回应，而纽厄尔则认为个人主义具有文化消费性质，并不认为个人主义是当代科特迪瓦城市环境内人们的共同回应。

福斯特、齐美尔及纽厄尔等人类学家都对文化在这些城市中的地位进行了研究，对本书而言，他们的研究问题与各自的结论同等重要。此类探讨对于任何关于地方建设的研究都至关重要。东伦敦高校对东伦敦的发展漠不关心，占领城市主义也无法满足东伦敦社会经济的长期需求，在此背景下，本书的任务就是识别出有哪些"黏性"城市形式，它们能够作为那些城市大学新的非洲形式与非洲表达的基石。文化问题对于考虑城市大学在地方建设中的作用也很重要。例如，威特沃特斯兰德大学、开普敦大学、罗德斯大学与福特哈尔大学能够激起具有不同结构的情感与回应。然而，由中央规划推动、以基础建设为优先任务的主流城市建设方案对城市文化考虑甚少，更不会考虑位于其中的那些大学的文化了。

总体规划与区域

在南非，建设"第三城市"、促进更大包容性的政治意愿在 1994 年实施民主制度之后至 1999 年的城市政策里表现得最为明显。伊丽莎白港与东伦敦经济发展停滞，主要依靠政府投资汽车业维持生存，东开普省这两座锈带汽车城表明，南非去工业化进程短时间内难以彻底改变。但是，政府却继续在地区与城市层面制定大型现代主义空间规划以及雄心勃勃的城市复兴计划。似乎城市复兴问题的规模之大与程度之严重必须有这样夸张、抽象的反应。国家政府怀疑地方政府的执行能力，这又加剧了中央集权的规划模式。而中央集权制度又加剧了腐败私人利益集团对重要公共企业的控制（见 Olver，2017；Pauw，2017；Swilling，2017）。

在城市层面，重点被置于制定整体规划之上，其中包括复兴与发展经济走廊的宏大计划，以重新连接当地相互脱节的经济体，如城市边缘的乡镇、市中心以及工业开发区。菲尔·哈里森（Phil Harrison）等人（2007）梳理了自 1994 年以来不同地区与城市所采取的战略与计划。他们注意到，南非政府在城市边缘采取的政策具有强制性特点与现代主义倾向，例如其重建与开发计划下的住房政策，但是，对于现存区域布局的再发展，它一般允许私人企业去推动，自己并不做投资。与此类似，对于开普敦内城，戈登·皮里（Gordon Pirie）的看法如下：

> 种族隔离制度下以种族为由划定的红线似乎已被一种金融上具有排他性的财产标志所取代，这种标志巩固了白人的繁荣和特权，并将这种繁荣与特权扩大到外国投资者、商业企业家与度假者身上……［结果］居民住宅房价飙升……［已经］决定了市中心没有希望成为一个共同使用、不同收入阶层共存、具有社会包容性的地方。（2007：135）

郊区大型购物中心和新的住房投资主要由私人企业主导，国家政府基本上不反对。这个问题可能是城市发展政策及总体规划的抽象本质所致，它们与当地居住区的实际情况严重脱节。话语层面而言，这些计划与政策似乎使得城市更加包容开放，联系性更强，具有"第三城市"的特点，但实际上它们所产生的影响却并非如此。

就开普敦而言，凡妮莎·沃森（Vanessa Watson，2002）认为，总体规划已经成为"城市的真正转型"的大敌。因此，她呼吁，转型的基础应该以"城市项目"为重点：

> 基于项目的方案承认每个项目情况不同，不平等现象与差异问题不能以同样的方式去处理。规划者必须要适应当地环境，要了解城市经济的运作原理，了解当地行动者对公共干预的反应以及财政可行性如何实现。这就要求方案规划者必须了解文化，而不仅仅是假定干预措施具有国际普适性。我们现在必须要做到的一点就是创造出非洲文化/知识空间。（Watson，2002：110）

沃森明确表示，从 20 世纪 80 年代临时的、基于项目的城市规划模式过渡到以整个城市为单位的空间规划模式的确取得了一些成果，但当代的

规划过程

> 在整个城市的经济重组与空间重组方面，不应如此雄心勃勃，而在短期的地方性项目和区域项目的实施中，则应更为雄心勃勃。（2002：92）

沃森认为，随着时间的推移，通过这样的方式可以重塑这座城市的空间经济。她尤其提倡"城市转型项目"由公共部门发起，之后通过与私人利益相关者的合作加以推进，要做好设计，利用好有潜力的动态经济部门。沃森建议，既然私人投资者不愿将大量资金投入极度贫困的地区，那么就可以将落实这些项目的地点选在富裕地区与贫困地区之间，这是解决空间经济不平衡问题最有效的办法。

沃森（2002）指出，许多人都认识到，在空间上集居住、工作和文化机会于一体的紧凑型城市（见 Jenks & Burgess，2000）具有很多优势。但她进一步指出，城市密度的重要性却并未被广泛认识，城市密度指的是将社会文化产品与经济产品集中在一个特定区域。然而，沃森在肯定某些城市转型模式在减少不平等现象方面的直接影响时，却忽视了高密度的发展方式会产生的间接性、连带性的影响。

理查德·佛罗里达（Richard Florida，2017）在其著作《新城市危机》（*The New Urban Crisis*）中概述了以合作利益以及狭隘的个人或阶级利益为前提的特定区域振兴策略所产生的负面影响。佛罗里达指出了一种"胜者通吃的城市主义"，它蕴含在一种"胜者通吃"的城市地理中，在一些振兴的城市新区中强化或加剧了不平等现象。关于这一点，皮里（Pirie，2007）等人已有所警示。不过，这并不意味着不应提高密度、增加城市吸引力以促进更具包容性的发展。

不过，尽管这种基于区域的高密度发展模式有其优势，南非的地方经济发展方案很少将其当作首要目标。哈里森等人（2007）在对南非九个最大城市的调查分析中揭示了这一点。

哈里森等人分析了一份来自南非城市网络报告（*South African Cities Network*，2007）中的数据，发现地方方案优先考虑了以下问题，按照重要性排序如下：

- 经济特区振兴
- 房地产开发
- 制造业
- 小型企业发展
- 伙伴关系的建立
- 乡镇振兴
- 投资营销与促进
- 制度建设
- 技术发展
- 提高政府管理效率与效益
- 开发新经济资产
- 城市农业
- 黑人经济振兴
- 非正规经济发展
- 旅游营销
- 新的大宗基础设施
- 知识与服务部门
- 信息提供

值得注意的是，知识生产与信息提供在清单里是列在最后的，而工业与制造业的再发展排在了最前的位置。旅游业、非正规经济、乡镇振兴以及新经济方案等都是次重要项目。

南非城市1994年以后的发展状况表明，城市规划者的优先领域与经济实际增长领域之间严重脱节。在主要大城市，服务业与商业的发展明显优于工业发展。而以大学为代表的知识与信息产业已成为创造技术最重要的产业，这使得大学在南非转型过程中成为竞争十分激烈的地方。此外，旅游业与非正规经济增长迅速。但是，南非政府与市政府没有基于现有条件在可行的规模内制订计划，而是基于一些其他地方的现代主义方案及最佳实践模式（大多来自世界银行及其他外来专家的推荐），推行宏大而抽象的计划。这些计划的主要问题是发展重点中缺少与当地伙伴的合作，不具有融合性，也未以地方为基础（Sharma，2012）。在这种情况下，利用城市—大学区域促进发展的想法在"新经济项目"清单里属于低优先级别条目，得不到多少关注也就不足为奇了。

创新区与地方建设的锚定策略模式

东伦敦的高校促进城市发展的方式有两种：在建立本地创新区的过程中起到合作伙伴的作用，或者在学校周边区域的建设中扮演锚定机构的角色。

前者是主要以市场为主导的地方建设模式。这一模式激励领先的知识型服务提供者，从而将他们吸引到市中心，推动市中心过渡到后工业市场经济时期。这样，这个新区就能作为东伦敦工业开发区的补充并与之相衔接。不过，这一发展模式一旦取得成功，美国城市研究专家理查德·佛罗里达所描述的"胜者通吃城市主义"将会在市中心出现。相反，如果由于资本利益集团不愿意参与其中而导致这一模式失败，那么市中心的大学就可能因此失去稳定，城市经济前景也会进一步遭受打击。

该区域发展的锚定策略模式则注重促进当地大学、医疗机构、市政府等位于此区域的机构之间的合作，利用它们的集体发展影响力与购买力重建内城。这样一个平台可能会吸引合作伙伴——尤其是私人企业——前来投资。但这一模式也会面临障碍，如福特哈尔大学及沃尔特·西苏鲁大学相对薄弱的学术实力，以及盛行的占领城市主义文化，这些可能会瓦解该模式下经济引擎的建设成果。如要认真考虑这一模式，几乎确定无疑地需要在一定程度上重新组合大学。一种重组方式是将东伦敦目前零散分布的校园合并成一所全新的非洲都市大学，它由目前分散的机构组成，但职能扩大，院系增加。另一种重组方式是在以锚定大学为基础的发展模式之下，让福特哈尔大学起到主导作用，利用它作为南非非洲民族主义发源地的品牌影响力与内涵，增加东伦敦内城的"归乡"观念的文化及认知深度。

创新区

创新区是领先的锚定机构与公司聚集并与企业的启动、孵育和催化机构相联系的地理区域（Katz & Wagner，2014：1）。这些区域需要布置紧凑，交通便利，技术先进；创新区内要有多功能住房和现代办公室，还需要有零售店及其他城市便利设施作为支撑（Katz & Wagner，2014）。在夏尔马（Sharma，2012）的定义中，创新区是一种经济发展工具，它利用高等教育机构、商业机构以及政府机构之间的合作关系促进目标区域内就业增长及再发展。尽管全球化进程已经降低了远距离信息传输的难度与成本，但创新区的基本前提还是就近合作与提高生产力。因此，通过商业机构与大学之间的聚合，观点与人之间的聚合，能够创造工作岗位，推动创新发展。

因此，建立创新区需要打造一个加强邻近性与知识溢出效应的动态实体区域。创新区关注的不是单个分离的产业，而是注重联合不同部门与专业，例如信息技术、生物科学、能源、教育等，从而促进开发新产品、新技术以及新的市场方案（Katz & Wagner，2014：2）。有别于传统工业区及科学园区，创新区力求打破社会经济网络内部以及彼此之间的传统界限，跨越公共部门与私营部门日益稀释的界限，激发创新力。在创新区，新想法可以在联网的公共区域内进行头脑风暴，在共享工作空间里推进，在私人技术实验室成形，最后在街头进行测试。

卡茨与瓦格纳（2014）进一步将创新区描述为全球范围内新兴技术行业的职员与公司对工作空间的偏好出现变化的表现。这类公司与职员越来越倾向于大量聚集在内城，而不愿待在偏远的绿色开发区，他们希望距离知识密集型伙伴更近一些，例如大学、实验室以及同一行业的其他公司。

为了振兴社区并发展多元化经济，许多城市纷纷建起了创新区（Sharma，2012），如巴塞罗那、纽卡斯尔、波士顿、锡拉丘兹（Syracuse）等，它们借助合作伙伴成功建立创新区后，衰败的地区得以振兴，城市经济状况出现转折且实现了增长。不过，这些创新区也因房地产开发商乘机牟利而受到指责，人们认为这样的现象将创新区利益化，本末倒置，而且还将其变成了封闭排外的绅士化空间（Gunasekara，2006）。

利用创新区推动社会经济规划与城市规划的基础是发展新科技的人对数据的巨大渴求。对他们来说，所需的信息或知识不能仅仅从现有资源获得，而必须重新生成。人们发现，开放、灵活、适应性强的环境利于新知识的生产与运用，这也是成立创新区的指导性原则。在这里，创新是社会代理人与空间结构辩证互动的产物。来自不同学科、文化、职业以及行业的代理人在创新区内会合在一起，而且没有什么障碍能干扰他们之间的互动。因此，科学园区或商业园区一般会在出入口设置门禁，甚至会在城市边缘或郊区选址，与市中心隔得更远，但创新区不能这样设置围禁。巴塞罗那波里诺工业区（El Poblenou）的22@巴塞罗那战略（the 22@ Barcelona strategy）以及波士顿与其他地方的创新区的成功都证明，开放空间对于新知识的生产至关重要。东伦敦开放型创新区的成功则证明，东伦敦工业开发区所采用的封闭式科学园区的模式并不是最有效的模式。此外，还有一种替代方案，即在内城的枕木区设立一个创新区。

锚定策略

大学、医院以及大型非营利组织通常以其持久性及与周围社区的物理关系与社会关系被称为"锚定机构"。虽然这些机构也可能扩张到其他地方，但通常会在它们当前所处的城市固定下来。一方面，它们已在建筑物与设施上投入了大量资金；另一方面，它们对这座城市已经形成了强烈的历史认同感（例如，它们常以所在城市名称命名）（Goddard et al.，2013：308）。因此，锚定机构因其规模巨大且对地方经济影响深远，所以能够改变周边环境、提高居民生活质量以及推动地区经济发展（Dever et al.，2014：1）。

这些机构雇用众多员工、占据管理大片不动产、购买大量货物与服务，还利用资本与研究项目吸引投资，从而推动其所在城市与地区发展（Dever et al.，2014）。为了使自己对发展的影响最大化，其他本地机构，如市政府部门、私人企业等也会与锚定机构合作（Dever et al.，2014：5）。三螺旋锚定策略让学术机构、政府、私人企业以及公民社会结合在一起。这种大学、商业、政府三方面利益相关者所追求的策略还需要当地社区的参与。为了保证所有参与者都对结果感到满意，所有层级的目标、展望、利益以及活动都需要协调一致。

20 世纪 90 年代以来，宾夕法尼亚大学为改善周边恶劣环境采取锚定策略并取得成功，这已成为锚定策略的典范。宾夕法尼亚大学发现，周边地区犯罪率不断上升，中小学生存状况艰难，周边区域城市环境衰败，对大学的正常运转造成了种种威胁，尤其在聘请教师与招生方面。在这种状况下，宾夕法尼亚大学在周边社区振兴中起到了领导作用，校长亲自负责监管项目。这一项目被称为"西费城倡议（West Philadelphia Initiatives）"，其目的是推动周边社区的经济发展，提高居民生活质量。这些倡议有以下重点：提高当地服务质量与职能（包括区域安全问题）；提供高质量、多样化的住房选择；振兴商业活动；加快经济发展；扩大当地中小学学校选择空间（Dever et al.，2014：4）。各利益相关方合作起来让这些倡议得以实施。最终，当地犯罪率明显下降；新商业入驻，创造了工作岗位；大学师生购买了住宅；由大学援助的中小学也建了起来。

为了重振处于衰败状况的内城，振兴大学周边社区，东伦敦的锚定大学应该从这类案例中学习经验。东伦敦市中心聚集了三所大学、众多职业专科学校、医院以及政府部门，为实施锚定策略提供了坚实的基础。此外，虽然东伦敦各所大学的经济影响力不能与全球北方的大学相提并论，但是它们能够有力推动东伦敦知识驱动型经济向前发展。全球范围内，知识经济对发展的推动作用越来越明显，因此，绝不应低估东伦敦高校在区域内创造经济机遇的作用。

战术城市主义与相遇的不确定性

在关于城市规划和发展的学术研究中，研究者对总体规划能否实现预期的结果持相当怀疑的态度，即便就城内的区域而言也是如此，因为它们未能针对地方的特殊性。自上而下、笼统宽泛、没有地方针对性的规划在全球范围内十分常见。相似的空间模式与经济模式在全球多座城市被复制。相似甚至相同的模式被强加于不同的城市。社会经济发展计划可能会仅停留在房地产项目层面。瑞奇·伯德特（Ricky Burdett）发现，亚洲与美国许多新建商业区与居民区，包括一些大学—城市项目，就像"单色建筑物成排大量复制，偶尔会有幢标志性建筑，四周风景如画，柏油马路在其中穿行。其设计理念是'疏离'、新颖、与众不同"（Burdett，2014：36）。艾什·阿明（Ash Amin）将这种发展模式称为"望远镜式城市主义"，这种干预形式不考虑现有周边街区、城市及社区的规模、结构以及组织，快速修建大量建筑物、构建城市空间。一些城市规划专家，如理查德·桑内特（Richard Sennett），批判这种干预形式的"易碎性"，认为这种"速成城市"存在着种种隐患（2000：38）。就推动发展的能力来看，望远镜式城市主义因创造出"转瞬即逝的流星"而受到批判（Sennett，2000：38）。快捷的房地产、旧区改造以及办公区项目不应该被误以为是通过创新区打造出来的真正的可持续发展项目。因此，许多城市规划专家强调，发展需要基于逐渐积累的社会经济资本与文化资本。他们认为，应该在适当区域不断像针灸一样刺激城市发展，在发展中要推广包容性价值观，要重视解决不平等问题的项目以及要创立紧凑型可持续地区与城市（Burdett，2014；Gadanho，2014；Sassen，2014；Watson，2002）。

战术城市主义代表了一种重要的思想，它是创造可持续包容性增长的干预措施的基础。这一概念产生于2014年在纽约现代艺术博物馆（MoMA）举行的"不均衡增长超大城市项目（Uneven Growth Megacities Project）"。这个项目研究了纽约、香港、伊斯坦布尔、拉各斯、里约热内卢以及孟买这六个超大城市的可持续发展方案及其街区。该项目提出了战术城市主义这一观点，将其视为一种混合体，其中，日常的问题、实践及理解方式可以对城市规划与可持续发展的宏大计划产生影响，创造出适合本地的城市问题解决方案。这一城市主义认为，发展不是一个望远镜式的过程，而是一个嵌入式过程，它始终是开放、不完整的，即便是经过精密计划、雄心勃勃、有战略性的发展也是如此（见Gadanho，2014）。战术城市主义的观点来源于法国人类学家米歇尔·德·塞尔托（Michel de Certeau，1984）的研究成果。塞尔托认为，城市居民不断部署"战术行动"为自己占据城市空间（Iveson，2013；Lydon & Garcia，2015）。这一视角还援引了简·雅各布斯（Jane Jacobs）的《美国大城市的死与生》（*The Death and Life of Great American Cities*）的理念，该书强调了违反社区节奏和街道的社会动态所制定的城市总体规划极其有害。这些自上而下的宏伟计划如果不能有效地与当地社会及经济实践结合，就解决不了任何城市问题。萨斯基雅·萨森（Saskia Sassen，2014）是一位与纽约现代艺术博物馆项目有联系的著名城市规划专家，她认为，城市建设是一个持续的过程，是一项永远处于进行中的工作，小型计划性干预措施的积累，就像各种各样的针灸刺激，日积月累，最终会使城市的运作与功能呈现很大的不同，从而促进更大的发展。她强调渐进式改变的重要意义：

> 城市是复杂的系统，但也是不完整的系统。创造的可能性就存在于这种复杂性与不完整性的交集之中：创造城市，创造政策，创造市民，创造历史。而且，我想说，创造战术城市主义的可能性。由于时间与空间的不同，这种复杂性与不完整性体现为不同的城市化形式。鉴于这种多样性，战术成为一种必然，因为并不存在某种绝对的形式。（Sassen，2014：41）

就此而言，虽然许多私人企业、政府机构及学术机构能够通过无线网络跨越地理界限进行各种互动，但是地方之间的相互作用及其中形成的关系仍是推动社会变革与文化变革的重要因素。萨森（2005，2014）认为，对于大都市的金融区与商业区来说，高速连接对它们继续主导全球经济及创造巨大价值至关重要。她还注意到，对这些地方而言，强度高、速度快、方向正确的电子连接与社会连接为它们创造了竞争优势。同样，建设创新区不单单指地区管理问题，还包括具体的、基于地方的文化生产，这样的文化可以打破社会与文化界限，促进互动过程，从而提高生产力，促进多元发展与合作。因此，购物中心、咖啡店等公共空间在创造地方社会凝聚力方面的作用被给予了特别关注。

新的就业形式中越来越强调混合用途的生活空间或工作空间，这也确保了与这些地方相关的人们能嵌入他们所创造的新文化之中。亨利·列菲弗尔（Henri Lefebvre，1991/1974）是最重要的社会空间生产理论家之一，他曾谈到过空间文化建设中的开放性、机缘性、时机性及自发性的作用。列菲弗尔反对线性发展观，强调空间的内旋过程对于重新调整行动和视角的重要性。因此，大学—城市区作为"第三空间"所具有的复杂的内旋潜力能够让它们有能力建设有创新性、有归属感的城市文化。拉蒙·奥尔登堡（Ramon Oldenburg，2000）最先用非常简单的语言将"第三空间"解释为居民在工作与生活地点之外互动与社交的地点，如酒吧、饭店等。霍米·巴巴（Homi Bhabha，1994）在其关于文化定位的研究中进一步发展了这一概念，他认为"第三空间"最显著的特征是其支持文化混杂与文化重新定向的能力。因此，"第三空间"虽然无法解决非洲城市更大的城市性问题，这与这些问题的演变性质有关，但至少可以解决根植于东伦敦占领城市主义理念中的大学与城市相脱节的问题，而且可能推动城市—大学区域的发展。

考虑到上述文献的观点，可以说，南非的城市—校园区域在本质上属于公共空间，其最重要的特征之一应该在于它们促进跨学科、跨种族与跨文化的相遇，从而推动社会经济的变革与创新。但是，从现实而言，南非高校向来是冲突之地，往往会强化在更大的社会范围内本已显著的差异。学生（与学者）来到这些地方的时候，未必是白纸一张，未必愿意通过公共互动改造自己的身份。维尼修斯·内托（Vinicius Netto）在其《城市的社会结构》（*The Social Fabric of Cities*，2017）一书中指出，社会理论家没有注意到，公共空间中的相遇也许不但不能弥合差异，反而会强化差异。内托注意到，列菲弗尔、桑内特及其他学者提出，一旦人们离开分隔性强的郊区空间，进入具有包容性的城市公共空间，就会以新的方式互动，会摆脱之前的身份，建立起新的身份。但是，内托证明，大城市的公共空间很少能具有这样的功能，因为当人们坐在火车上、走在街道上与公共广场上，穿行在城市中时，会用自己的身体、手势以及关系网络来强化分隔。因此，内托认为（2017），特定的空间构成会产生何种社会文化是无法预先决定的。德国马克思主义哲学家瓦尔特·本雅明（Walter Benjamin）的一部作品也对这一问题发表了重要看法。本雅明提出了"偷窥的浪荡者"理论，内容是关于一个 19 世纪末在巴黎公共拱廊街游荡的男子。对于本雅明来说，游荡者无意改造城市，而是将其作为一种奇特景观来消费，以此来巩固他的男性气质，并将城市视作一个刺激甚至是具有诱惑性的空间来供他凝视（见 Robinson，2006）。本雅明的作品与内托（2017）作品的相似之处在于，本雅明认为公共空间内的流通往往会加深性别差异，强化社会身份，而非改变它们（见 Benjamin，1999）。

内托的观点似乎在南非多个场景中得到了印证：2018 年，比勒陀利亚大学哈特菲尔德校区内，种族问题与住宿问题引发的紧张局势仍在持续；开普敦大学不同种族的学生一如既往地相互忽视；许多大学的学生运动政治越来越种族化。新型城市—校园区域的整体规划虽然听起来宏伟壮观，但实际上却无法改变南非中产阶级在大学里复制自身的方式，丹佛·亨德里克斯（Denver Hendricks）与弗莱厄蒂（Flaherty，2018）给比勒陀利亚大学哈特菲尔德校区制定的总体规划就是如此。如内托（2017）所言，物理基础设施与社会基础设施处处紧密相连，但是影响地方建设与社会稳定的新社会空间实践，包括空间代理，也可以改造物理与社会基础设施。此外，战术城市主义将城市针灸疗法自下而上地融入政府计划，可被用来颠覆身份政治再生产的主导模式。此类战术城市主义能够将城市—大学区域转化为第三空间，还能建设更加包容、更加开放的社会与意识形态模板。

因此，为建设一个更具包容性的社会，城市规划者应该给予文化基础设施建设更多重视。目前，南非国家财政部制定的城市改造区域框架强调经济竞争能力以及对大型基础设施建设的支持，而没有考虑城市—大学区域及其周边街区，以及其他地方性催化项目如何对城市文化，甚至更广泛的城市社会经济前景产生影响。底特律市由中城市民参与的、渐进式的再发展过程或许能给南非提供一些启示。底特律中城的复兴不是由总体规划或中央政府推动，而是由区域层面的社会活动与组织推动，因此紧贴日常问题与地方的当下实践。外界投资者之后被吸引到底特律的这些区域，一方面是由于这里基础设施建设完备，经济竞争力强；另一方面也是受其文化魅力与文化形象吸引。城市是创造价值的复杂机器。城市多元复杂、还非常庞大，区域之间往往差异巨大，发展不平衡，这些价值可能会产生于城市中的某些特定区域；但在城市中，无论何时何地，经济生产与文化生产总是密切相连，不可分割。

城市针灸与城市魅力

20 世纪四五十年代，南非许多城市的黑人聚居区纷纷建起了舞厅。这些舞厅大多设在白人、民间自由团体以及市政府为了解决贫困街区青少年犯罪问题而合作资助建造的场所之内。这些地方很快获得了自己的生命，拥有了改变非洲城市社会、政治以及文化结构的力量。舞厅文化兴盛是一个历史范例，证明了地方层面的"第三空间"与空间代理的魅力或改造力量。舞厅本是白人政府重新控制城内黑人聚居区的手段之一，它们改变了这些边缘地带的文化，以及这些边缘地带对城市的诉求。舞厅的出现说明了两个问题。第一，循序渐进的小变化经常会比大规模的总体规划影响更大；第二，文化深刻影响着城市的面貌与未来。舞厅的事例同时也说明城市魅力在空间上并不是均匀分布的，往往在特定时间内会集中在城市里的某些特定区域内。托马斯·布洛姆·汉森（Thomas Blom Hansen）与奥斯卡·韦尔卡伊克（Oscar Verkaaik）曾对城市魅力有这样的论述：

> 城市是有魅力的实体。从城市本身来看，其魅力体现在城市的历史与神话中，此外，城市也是魅力人物出现的地方，他们有能力阐释、管理、把控城市的不透明性。城市的特殊性既不在于城市功能，也不在于城市网络的动态。城市也是一种存在方式，必须被理解为一个由想象、恐惧与欲望交织而成的深厚而复杂的文化总集。（Verkaaik，2009：5）

在研究芝加哥及其边疆传统的著作中，拉里·贝内特（Larry Bennett，2010）特别关注市长的权力、魅力与人格对城市建设的影响。但是，单单依靠一个或几个有魅力的人物是无法重建城市历史与意义的，还必须有一些能够唤起人们对城市新幻想的特殊场所。

20 世纪 40 年代中期与 50 年代，为了给城内的黑人聚居区提供娱乐基础设施，当地白人慈善团体（如退伍军人协会与社会福利俱乐部）出资，与市政府进行合作，黑人聚居区的舞厅就是在这一背景下建起来的。出资者坚信，舞厅可以让城市青年远离街头，远离酗酒、盗窃等反社会行为。慈善团体从它们的角度来规定哪些活动最适合舞厅：体操、交谊舞、戏剧表演、培养男女童子军、自助项目以及营养与健康意识培养项目等。在英裔白人家长制的支持下，这些设施的修建与活动的开展都得到了慷慨资助，部分原因是他们之前没有向非洲城市居民伸出援助之手，帮他们在城市里安家落户，现在想通过这种方式稍加弥补。同时，第二次世界大战之后为建设人类共同的未来，世界各国共同成立了联合国，向全世界反殖民的独立运动提供支持，这一背景也促进了投资。在这种情况下，英国殖民者与白人自由主义者更是加大了支持力度，他们这样做是想告诉荷兰裔白人民族主义者，非洲黑人在城市里也有自己的家，他们的家不仅仅是在种族隔离制度下于 20 世纪 50 年代为将非洲人赶出城市而建起的班图斯坦里。

　　1945 年至 1955 年，大量投资投入了黑人聚居区的舞厅与运动场。对于这样的投资已经产生了一些研究成果，例如贝琳达·博佐丽（Bozzoli，2004）关于亚历山德里亚（Alexandra）和约翰内斯堡的研究，梅拉姆与爱德华兹（Maylam & Edwards，1996）关于卡托马诺（Cato Manor）以及德班的研究，还有我本人关于邓肯村与东伦敦的研究。这些研究表明，白人自由主义者积极参与了改善城内非洲人聚居区环境的活动。整个过程中，当地居民与白人自由主义者不断互动，交换意见，市政官员也参与其中，他们承担了这些项目的部分开支并负责管理工作。这些新建的舞厅不是任何一个乡镇复兴计划的组成部分，而是在已有空间结构上，针对特定地点进行的干预，目的是改变非洲年轻人以及非洲群体参与城市生活的方式。这些新的高级建筑立刻受到了当地社区的欢迎，并得到广泛使用。无论是特意安排在这些地方的官方活动还是偶然安排在那里的其他活动，当地人都积极参与：政治会议、游乐会、义卖活动、拳击比赛、选美比赛以及舞蹈晚会。舞蹈晚会算是最重要的活动了，它们由当地体育俱乐部与社会团体举行，还有当地乐队前来演出。当地人决定了这些活动的本质，这些活动又反过来改变了当地人的生活。如市政官员所期待，在新建的舞厅里，男女童子军队列中的军乐队成为既演奏地方音乐也演奏世界音乐的当地爵士乐队。有了这些建筑，当地还组建了戏剧俱乐部，球队岌岌可危的命运也因在舞厅举办活动所筹集到的资金而得以扭转。实际上，这些娱乐设施改变了非洲人聚居区的文化与政治，激发了新的时尚潮流与音乐形式、新的社会价值观与身份以及新的亚文化与社会关系（见 Bank & Qebeyi，2017）。

这些建筑及其催生的舞厅产生了许多意料之外的效果，这些效果远超各单个事件与活动的影响总和。这些聚居区的非洲政治、文化及城市社会的结构都发生了彻底改变。周六晚上舞厅里发生的事情能够在接下来的一周里辐射到舞厅之外的社会，一周后当再次回到舞厅里时，怀着新的期望，带着新的风格，形成新的社会表现，如此，周复一周。一个富有创新与变化的文化循环被创造出来，最终覆盖并刺激整个聚居区，然后，会迁移到城市中的其他区域，而其他区域反过来又会对这些改变做出回应。从某种意义上说，一个小地方改变了整个城市的风貌，至少对于非洲居民而言确实如此。来自特兰斯凯与西斯凯农村地区的拳击手在舞厅里比赛时，就像是世界上第一位非裔美籍重量级拳击冠军乔·路易斯（Joe Louis）在搏击。爵士音乐演奏者想象着他们正在为美国蓝调巨星穆迪·沃特斯（Muddy Waters）或者芝加哥的嚎叫野狼（Howlin' Wolf）伴奏，或是正在演奏哈瓦那（Havana）、纽约或者新奥尔良某个乐队合奏的一部分（见 Dyja，2013）。这种文化联系是向外的，也是全球性的。他们所建立的风格与其说是模仿，不如说是本土化的改造。比如，当地居民也戴棒球帽，但他们有自己的戴法；他们也玩爵士乐，但是非洲化的爵士乐；那些"意大利"黑帮也穿西装，但为了更好地表达自己，他们对西装进行了改造。一种跨文化的想象催生了新的世界性文化挪用、参与及身份形成。新身份成了聚居区消长起伏的文化与政治生活的一部分。一方面，出现了美式帮派；另一方面，新的大众文化孕育出强烈的城市权意识，影响了非国大及其他非洲民族主义政治实体的政策与观点。舞厅的魅力催生出了特殊的社会目标与政治雄心，坚定了要做出变革的决心，这将重塑非洲居民对城市的构想，并赋予了南非自由之争以新的意义（Bank & Qebeyi，2017：66—80）。虽然这场文化运动卷入了民族主义政治与去殖民化政治之中，但并没有被它们限制。

让·保罗·艾迪（Jean-Paul Addie，2017a）认为，新型城市大学要参与城市社会，不能只是位于城市社会，推动主流新自由主义政治与经济议程。同样，20世纪四五十年代非洲人聚居区的舞厅也是反霸权之地，在政治上要求变革的城市建设项目与公民培养项目中扮演了极为重要的角色。

在当代，要促进南非的地方建设，不能仅仅是通过寻找（也许并不存在的）共同点将富足地区与贫困地区联系起来就能实现。地方建设意味着创建新区域及"第三空间"并促进其发展，它们能够创造出引起更广泛的城市社会发生变革的动力，也为自己所在的区域变革创造动力。现有锈带城市重建策略大多忽视了这一点，理论研究也极为欠缺（见 Addie，2017a）。城市—大学区域能否像底特律的案例一样成为当代城市发展中的"舞厅"，尚且没有答案。对某座城市或街区而言，什么样的干预措施或什么样的专业知识最为有效还难以准确预测。但有一点确定无疑，即每个地区都是不同的，在重建城市—大学区域时，如何利用好特定的机会，没有任何单一的、标准的方法，而应针对不同区域采取不同措施。重塑这些区域时，需要有高度的地方自治和参与，以促进包容性发展，但是这些措施需要被置于一个由新的社会契约界定的有效监管框架内，以促进南非高校与其他城市利益相关者之间的合作。

结论

整个南非的城市校区及其周边街区矛盾重重，政治与社会动荡不定，其狭隘偏执正酝酿着新的种族民族主义。与其地理景观相吻合，这些地方一般都是高度分隔、互不相连的空间，各个社区同处一地，却各自独立，没有什么集体命运与共同利益的意识。在南非许多地方，将高校与其周边社区隔离开来的大门已在象征意义上被拆除，部分原因可能是巨大的财政压力迫使高校寻求地方合作伙伴，以解决其维持学术职位、发放教工工资以及新建公寓所需的经费问题。尽管高校为了进入周边社区，与私人投资者签订了越来越精细的计划，这样的伙伴关系并未受政府调控，高校将这种地方建设形式看作合理、开明的自利行为。尽管城市—大学区域发展中的一些所谓的益处就其性质而言尚且存疑，但是这些举措与它们所引发的城市转型对大学及周边社区的未来可能会产生深刻影响。这种影响也许会扩展至大学所在城市整体的经济、社会以及文化前景。还应注意到，不仅是南非，全球范围内许多大学的周边环境都很恶劣，前景黯淡。在此背景下就不难理解，为什么一些大学校长只希望集中精力解决学校内部问题，而不愿涉足学校大门以外的现实。而对于那些愿意关注学校大门之外的情况的校长，给他们的大学提供大力支持与引导能够促进学校与周边邻里更具创新性的互动。同时，在私人房地产企业压榨教工及学生的问题上，应划定明确、可执行的限制，因为过度压榨下的城市—大学区域不可能真正发展成为具有包容性的公共空间。

大学—城市区域及其所能产生的文化经济未必能解决锈带城市所有根深蒂固的种族问题及经济问题。即便如此，本章仍然认为，大学在城市振兴以及整个城市层面的社会转型过程中扮演着极为重要的角色。尽管部分大学—城市区域内的文化变革促进了旧区改造，但这并不意味着旧区改造是大学周边区域城市振兴的必然后果。是否会出现这样的结果主要取决于中央政府与市政府如何管理及调控这些区域的发展，同时，也在很大程度上取决于大学如何看待自己的角色及深切的阶级利益。艺术家、学者以及大学生并不像斯蒂芬·普里查德在描述文化工作者所嘲讽的那样，是"资本主义的步兵"[①]。如果他们生活在开放包容的环境中，他们也能成为社会变革中冲在前面的进步力量。但是，许多有关城市与大学之间的联系潜力的文献都忽略了这些区域推动文化变革、促进形成非洲城市新形式的力量，而这些反过来又会引发进一步的变革。在此期间，只要东伦敦的高校继续作为占领城市主义的代理人，而不是努力瓦解这种现象，有关后锈带未来的构想就完全不会实现。

致谢

在本章的"城市大学与'第三城市'"部分提到了 2015 年 6 月我去底特律考察的事情，这次考察得到了福特基金会的资助。在此，我想对多恩·陈（Don Chen）表示衷心感谢，在他的帮助下，这次考察才得以成行。此外，陈主任还将我介绍给许多中城城市复兴倡议的社区与商界相关人士。

---

① Pritchard S. , Hipsters and Artists.

第十一章　汽车文化之后：城市重新规划

在那个帝国，绘图艺术已达炉火纯青之境，一省之地图大如一座城池，而帝国的地图则大如一个省份。随着时间的推移，这些巨幅地图仍不能令人满意，于是制图师协会绘制了一幅与帝国面积同等大小的帝国地图，这幅地图精确无比，与帝国点点相对、分毫不差。然而，帝国的后代不如先辈般热衷于地图研究，认为这幅巨制地图毫无用处，因此虽觉几分可惜，还是将其丢弃，任其经受寒冬酷暑，风吹日晒。时至今日，西方的沙漠里仍遗有那幅地图的断片残角，动物与乞丐栖于其上；在所有土地之上，再无此等地理学遗迹。

豪尔赫·路易斯·博尔赫斯（Jorge Luis Borges，1998）①

过去几十年里，实践者与学者们纷纷发布大学的讣告，对大学的前景似乎非常悲观，大学的城市化问题也备受关注。英国历史学家劳伦斯·布罗克利斯（Laurence Brockliss，2000）认为，早期欧洲大学大多位于城市，但自13世纪起，它们的主要学科如神学、法学等，都处于与城市脱节的状态。因此，它们也表现了一种占领城市主义，它们自身的存在就是文化声望与地位的象征，但它们并不参与实际的城市建设。可以说，大学的这种角色是以另一种形式持续存在于"象牙塔"的概念之中，它们位于城市之中，但与大学校门之外的世界远远分隔。

1954年，金斯利·艾米斯（Kingsley Amis）写了一部名为《幸运的吉

---

① 第12章引言部分：《论科学的精确性》（*On Exactitude*）是一篇单段短篇小说，独撰出自"Suarez Miranda，Viajes de Varones Prudentes，Libro IV，Cap. XLV，Lerida，1658"（Borges，1998）。安德鲁·赫尔利（Andrew Hurley）译。

姆》（*Lucky Jim*）的小说。小说描写了一位名叫吉姆·迪克逊（Jim Dixon）的反英雄人物。迪克逊才华横溢但酗酒成性，受聘于一所新的红砖大学，那里的老师大多是受过旧式牛津剑桥式教育的学者。迪克逊的酗酒行为与他生活中的错置感有关，他来自城市工人阶级，但却来到了一片上层阶级的象牙塔文化飞地。迪克逊的才华毋庸置疑，但他无法融入大学，由此引发了一系列有失身份的尴尬事件。艾米斯认为，为工人阶级与返乡军人量身定做的新式英国大学在文化层面上显然没有达到最初的目标。所谓"幸运的吉姆"一点儿也不幸运。

艾米斯这部小说描写的内容与当今黑人学生在传统白人大学中的处境有许多相似之处，尤其与开普敦大学和罗德斯大学最为相似。这些学校长期以来以上层阶级的牛津与剑桥大学为榜样，退缩在象牙塔之中，把自己与学校外乱糟糟的城市现实隔离开来。20世纪60年代，在英国，艾米斯笔下的大学发生了巨大变化，流行文化逐渐渗入大学的高墙，大学的主流校园文化形式与教育内容都发生了很大改变。例如，以理解工人阶级文化为核心的伯明翰文化研究学派（Birmingham School of Cultural Studies）崭露头角，就是这种改变的一个例证；同样，非洲研究中心相继成立也反映了当代南非教育议程有了新变化。整个20世纪60年代，在英国，随着高等教育的迅速扩张，大学面临毁灭的叙事被一种对其社会角色更为肯定的评价所代替，新的评价强调开放招生的价值和城市化的影响。此外，由于学者和学生领导了民主化斗争与普遍人权斗争，并且一致声援反殖民运动，大学使社会政治结构合理化的功能也发生了改变。

1997年托尼·布莱尔领导的工党当选之后，英国大学在20世纪90年代经历了又一个阶段的城市化与大众化。布莱尔政府保证，所有中学毕业生都能保证有机会上大学。英国要保持经济竞争力，高等教育大众化就是必须的。工党政府还认为大学应该参与所在城市和地区的发展，推动技术革新，调整劳动人口结构，北方落后地区的大学更应如此。为了实施这一方法，一套全新的绩效监督体系出台，根据这套体系来测评大学的产出并据此分配资金。许多教师反对强加于他们身上的这套新指标，抱怨说大学不是私人企业，不需要业务经理。许多人还反对新政府政策中的私有化动机，认为这样就把学生变成了需要被迎合的消费者，而不是无论多么不乐意，都需要被教育如何思考的个体。作为一个原则性问题，相当多的教师反对政府的工具主义方案。这一方案将大学的培训功能置于最高位置，而其培养大学生批判思维与独立研究的功能则居于其下。英国有许多研究宣称大学已死，用社会学家弗兰克·菲雷迪（Frank Furedi，2017）的话来说，就是高等教育的"幼稚化"。

自 20 世纪 80 年代起，美国的城市大学也开始迅速发展，不过中央政府干预和管理得较少。美国高等教育体系与地方政府的联系更为紧密。在美国，新的参考框架是大学所在城市，而非地区或国家。此外，当时为大学的巨大变革做出最大贡献并使其成为现在的"创业型大学"的是市场而非政府。这一时期，尤其在科技领域，美国一流大学的研究引擎与大公司建立了起密切的关系，大公司为它们的活动提供赞助，还将大学的学术研究转化融入企业的研发之中。

美国的大学一直以来都被当作推动发展的工具，19 世纪中叶农村地区的赠地制度就是如此。从那时起，特别是在农村地区，美国大学的功能之一是国家经济现代化并参与经济建设。在这种情况下，美国大学在 20 世纪 80 年代将发展焦点转移到城市时并没有引起什么争论。但是，大学的参与模式招来了严厉批评。许多大学变成了大型企业，拥有可观的房地产利益与投资，学费一路攀升。人们批判大学未能履行其责任，不能为所有人提供负担得起的、有公众意识的教育。美国教育费用飙升的现实在电影制作人安德鲁·罗西（Andrew Rossi，2014）的纪录片《象牙塔》（*Ivory Tower*）中得到揭示。从影片中可以看出，中产阶级美国人背负的学生贷款比房贷还多。这部影片重申了美国模式的民主价值观及其对免费、负担得起的高等教育的承诺。此外，影片还批判大学将重点放在利用奖励机制增加研究产量上，但对教学的投入却处于低水平。关于这一点，其他学者也进行了批判，他们认为基于研究产出数量的国家或国际大学排行榜受到了过多的关注（Barber et al.，2013）。这些学者指出，高等教育体系的总体研究产出实际上已经过量。比如，近半的同行评审论文除了审稿人外，根本没有别的读者。

在一个用研究成果衡量教师认可度的体系中，教育事业变成了为了生产知识而生产知识，而非将知识生产与社会成果联系起来。因此，越来越多的教育学学者提出了以下要求：首先，重新审视整个教育体系；其次，以一系列新的形式重组传统大学的结构，使大学能更好地服务于整个社会，同时还能提高学生的就业能力。他们还特别提到，未来的大学应该越来越成为城市发展的推动者。这一点在华盛顿的政策智库那里得到了强化，如布鲁金斯学会，其成员布鲁斯·卡茨与他的团队提出了"大都市的革命"，即市长、企业家以及市场响应型大学通力合作，通过创新，引领美国城市走出债务和衰退的低谷（见 Katz & Wagner, 2014）。

再谈城市大学

本书回顾了大学为城市建设制定的部分模式与方案，其中着重讨论了锚定策略。锚定策略被运用于经济滞后的锈带城市，用以引导这些城市走出旧的工业发展模式，摆脱其汽车文化中的种族民族主义。本书认为，在这一背景下，与"创业型大学"相关的种种负面影响主要是源于大学嵌入城市的具体方式。将地方建设作为大学的职责并非必然会产生这类负面影响。这也并不意味着地方建设的任务应该留给市场。相反，本书认为，大学参与城市建设必须受到更广泛的社会契约的监管，保证市政府与当地居民的利益，特别是边缘化居民的利益，否则私人利益必将损害可能产生的更广泛的利益。本书进一步强调了大学的文化力量。文化力量对地方社区的影响超过了大学作为雇主、服务买家、产品买家以及培训机构等角色的影响。大学的文化力量在欧洲文艺复兴时期就得到了普遍认可，例如，当时的社会精英利用这一力量塑造当时新兴城市的城市化性质与形式。鉴于此，本书建议，南非应该批判性地借鉴全球北方的地方建设模式，在这些模式中，市政府、地区行政当局、社区以及商业利益集团共同探索它们应该如何相互合作，从而激发大学在城市发展中发挥作用。本书还指出，有关这些模式的有效性，人们的看法形成了两极分化。一方倡导在城市发展中采用新自由主义创新模式，另一方主张极力避免大学在参与地方建设时被市场把控。本书认为，大学采用这两极之间的任何一种方法，其相对优点都要结合大学在城市里实际所处的位置来确定。在大学制定它即将采用的地方建设策略之前，大学在城市中存在的条件必须明确，这也正是这本书研究东伦敦及其大学时采取批判城市主义视角的原因。

采用这一视角，本书描述了长期以来东伦敦的高校如何被用来支持各种意识形态活动、政治方案以及经济利益集团。从这个意义上说，大学参与地方建设的理念早已有之。几十年前，大学就以各种形式置身于城市之中了。因此，问题不在于大学在城市之中还是之外，而在于思考其现状与影响，从而反思城市历史，重构城市未来。但就目前来说，其未来已经被限定于狭隘的汽车资本主义。然而，要想让大学承担这样一个催化角色，需要思考并回答以下问题：大学在殖民主义残余影响仍然根深蒂固的非洲大陆有何用处，更具体地说，对于东伦敦这样苦苦挣扎的非洲锈带城市而言，大学能够起到什么作用。

在南非，自2015年大学生发起"学费必须降"运动以来，大学已死的说法在南非已是老生常谈。这种悲观情绪在南非自由州大学前任副校长乔纳森·詹森（Jonathan Jansen，2017）的研究中得到充分表达。詹森认为南非大学已经走到了一个悲惨、分裂的尽头，至少过去曾经这样。他详细记录了"学费必须降"运动在全国各高校中对学习与研究文化造成的负面影响，并记录了学生抗议如何压垮了大学，使大学成为过去的幻影。詹森认为，"学费必须降"运动是一场粗暴的身份政治运动，它利用反种族主义实现倡导者自己的目的；同时，这项运动在课程及教职员工中错误强调去殖民化的教育潜力，导致大学自1994年以来实施民主制度后取得的许多成果化为乌有。在詹森看来，这场运动之后，一批大学变得过度政治化，力量薄弱，无法满足南非发展的需要。南非高校作为种族民族主义的工具，身负重担，它们要保证非洲裔大部分人口或至少下一代人的经济状况得到改善。这无疑是个巨大挑战，高校本来就没有这样的预设目标，也不具备这样的解决能力。

反对党民主联盟高等教育发言人贝琳达·博佐丽（Belinda Bozzoli，2017）指出，南非大学体系中的危机有两大原因：国家发放的经费不足；转型议程目标宏伟但可用资源严重不足，现在整个体系濒临极限。她表示，如果一个体系招收了大量进校时连基本的阅读能力都不具备的学生，那么这个体系就不可能培养出南非所需的未来领导者。整个体系需要进行彻底改革，但改革不等于如2017年政府为回应学生要求而承诺的那样，将大部分政府发放的教育资金用来实施免费教育。南非高等教育杰出专家尼克·克卢蒂（Nico Cloete）也再三批判免费教育议程。克卢蒂认为，免费教育会更有利于富裕学生，这会加剧社会不公，因为富裕学生已经从大学层面的教育中获得了最多利益，同时免费教育又会耗尽为确保质量而给教育系统提供的资金（Paterson，2018：10）。博佐丽则建议国家高等教育体系应该分为两个部分。一部分是以比勒陀利亚大学、威特沃特斯兰德大学以及开普敦大学等为代表，应该给这些大学额外发放资金，保证其传统的研究密集型大学的身份。另一部分是传统的黑人大学，如沃尔特·西苏鲁大学，应该还包括福特哈尔大学，它们应该转型为纯粹的教学与培训机

构；这些资源不足的"紧缩型大学"应该以培训结果为主要考核标准，不
过，如本书前文所言，这些大学早已是这样了。

尽管高等教育体系内已危机四伏，但牺牲传统黑人大学以挽救更强大
的传统白人大学这一提议在政治上是行不通的。而且这一提议不能解决种
族隔离以及殖民主义压迫的遗留问题。此外，实施这样的计划会进一步加
深研究型大学与培训型大学的分化。一段时间以来，这一分化已经对有关
大学未来及其迫近的毁灭的争论产生了影响，而且并不是积极影响。这一
争论的另一参考框架是大学参与本地、地区以及国家社会经济与文化发展
的程度与性质。参与发展就像进行批判性研究与思考一样，是每个高等教
育机构的重要责任之一。在这一模式下，教与学（或知识生产）不再被视
为不相兼容的二选一优先事项，它们都是大学更广泛的、符合公共利益的
发展任务中不可或缺的组成部分，这一任务的前提是大学要服务于校园之
外的整个社会（见 Rodin，2007）。在南非，政府政策已经提及过大学参与
城市建设的重要性，但从来没有真正重视过这个问题，很大程度上是因为
政府不能将大学置于其身处的城市背景之下来为大学做出构想，因此无法
将高等教育的许多内容与形式的决策权下放到地方。

随着城市化现象在全球范围内迅速扩张，大学推动发展的功能主要体
现在它们如何应对西班牙社会学家兼高等教育理论家曼纽尔·卡斯特尔
（1977，1978）所说的"城市问题"；具体来说，就是大学如何面对它们所
在的城市问题。这是一个关键问题，对非洲而言更是至关重要。至 2030
年，超过 70% 的南非人口将会居住在城市（Bank et al.，2018）。但是，非
洲大陆上各城市的大学发展不平衡，而且自殖民主义出现以来，一直被一
种农村怀旧情绪所阻碍。布罗克利斯（2000）注意到，19 世纪以来，在欧
洲，大学与城市的联系日益紧密，但在美国以及许多殖民地却并非如此。
在这些国家，高等教育机构为了保证学问上的严谨与道德上的纯洁，仍然
位于城市边缘地区、甚至与世隔绝的乡村。这些机构会不惜一切代价避免
接触城市和城市贫民窟的病态。在南非的英国殖民时期与种族隔离时期，
这一模式被积极推广，因为当时所塑造的城市形象与非洲的特性格格不
入。讲英语的自由主义者、传教士和人类学家认为，城市文化力量破坏了
非洲传统风俗习惯，导致了各式各样的犯罪行为（Bank & Bank，2013；
Hunter，1936）；亨德里克·维沃尔德等种族隔离领导人担心，适应能力强
的非洲工人会成为受教育程度低、刚刚完成城市化的南非白人工人的竞争

对手，并取而代之，所以必须将非洲工人逐出城市，保证白人至上的地位（Giliomee，2012）。

因此，将福特哈尔大学修建在艾丽斯镇的农村地区，是为了通过基督教与西方教育寻求改善非洲的自由主义理想，也是为了培养本土官僚来实施殖民统治。自 1916 年至 1946 年，当地精英的继承人将西方式的自由主义承诺当作一种社会经济与政治包容性的叙事而欣然接纳。然而，20 世纪40 年代至 50 年代，当学生激进分子接触到东伦敦黑人"居住区"里的政治煽动分子时，即弗朗茨·法农（1961）所说的"土著城镇"，大学在农村地区的田园生活戛然而止。

种族隔离政府立即出面干预，切断城市与乡村的关系，它要建立这样一个高等教育体系，其前提是将非洲人从大城市中逐走，把他们培养成遥远小城镇中新"黑人家园"的公务人员。2001 年，殖民主义与种族隔离政策导致非洲大学聚集在农村地区的问题终于被国家高等教育工作组认识到并开始着手解决，工作组突出强调了东伦敦作为新基地为福特哈尔大学和前特兰斯凯大学提供了新机遇，前特兰斯凯大学当时就要被重组为沃尔特·西苏鲁大学。

然而，尽管城市议程迫在眉睫，而且解决城市化过程中遇到的问题也会使城内居民与教工双方都能受益，但非洲的高校，更具体地说，是东伦敦的高校仍然拒绝城市，同时还在提倡一种根植于意识形态的反城市主义（见 Diner，2017）。因此，2004 年，罗德斯大学东伦敦校区交付给了福特哈尔，同时沃尔特·西苏鲁大学也与老东伦敦理工学院（即当时的邦德理工学院）合并，人们很快就看出，在东伦敦新成立的大学与学术单位是在扮演一种次要角色，建立它们的目的是支持其遥远的母校区的发展需要。似乎这些大学在东伦敦的存在是以其缺席现象为特征的，这是一种占领城市主义，它与东伦敦官僚机构中产阶级非洲公务人员的占领城市主义有相似之处。在这一点上，弗朗西斯·尼亚姆乔（Francis Nyamnjoh，2012a）对非洲后殖民时期的大学的描述具有现实意义。尼亚姆乔注意到，这些大学老师为独立后新的政治体制培养所需的公务人员和政府官员，很快，他们就将自己视为新殖民主义精英的成员（Nyamnjoh，2012a）。这种新殖民主义倾向使他们就像"盆栽"植物一样（Nyamnjoh，2012b），隔绝在僻静的农村校园里，一举一动都带着殖民总督的自负与傲慢。这种表现与非洲反城市紧缩型大学模式使得福特哈尔大学与沃尔特·西苏鲁大学对东伦敦持排斥态度，这与世界上其他地方的大学的城市化转向正好相反。为了重建南非高等教育体系，使其摆脱东伦敦高校采取的弱化版占领城市主义模式，应该采取一种新的"三螺旋"方案。在这种方案下，大学能够发展成为批判性非洲中心主义思想的中心，大学的研究功能也不再仅以可计数的研究成果来衡量，还要以其作为一个存在于地方的实体对城市发展所发挥的作用来衡量。用这样的视角理解大学能够进一步驱除一直以来困扰东伦敦的种族民族主义幽灵，为其未来发展构想出一个更加开放包容的模式。

重新规划城市

为理解东伦敦的状况和处境，本书从批判城市主义视角出发，介绍并分析了不同时代多位"制图师"为描绘、解释并治理这座城市而绘制的一系列"规划图"。首先是自20世纪30年代起，昔日白人城市元老绘制的种族现代主义规划图。该规划采用紧凑、一体化的混合功能城市模型，边缘化当地黑人工人，将其当作推动地区与城市工业化与经济发展的马达。其次是种族隔离制度规划者绘制的种族现代主义规划图。该规划在种族主义意识形态的驱动下，通过地理上的分隔实现功能上的分隔与专业化，划分出郊区、工业区以及商业区，黑人劳动力被关在城市收容所里，或是被强制迁移到遥远的乡镇。最后是当下新兴非洲官僚中产阶级提出的复原性民族主义。在当下的这张规划图中，经济发展主要依靠三种形式的公款支出：以补助金的形式发放给拥挤在城市边缘的贫困群众；以工资和寻租机会的形式发放给住在郊区的政府人员；以补贴的形式发放给中心商业区附近尚存的汽车工业。

为理解这些规划的本质、影响与演化进程，本书借鉴了法国社会学家让·鲍德里亚提出的"拟象"概念（1994/1981）。运用这一概念，本书探讨了在东伦敦的海滩以及街道上的公共活动所表达出来的文化力量。这样的例子包括20世纪30年代穿行在东伦敦市内的赛车活动，前白人殖民群体在边境地区举行的游行活动，还有一个当代的例子，即东伦敦东部海滩沙丘后面每周一次的埃布兰蒂聚会，甚至还包括一个具有破坏性的案例，即2015年学生起义在内城爆发后，学生占领街道的行为。鲍德里亚（1994/1981）注意到，城市人口——尤其是那些着迷于如汽车这类商品或现代主义民族主义幻想的城市人口——有能力将城市空间作为模板，在模板之上叠加各种强化了的现实体验，从而创造出一种他称为"超现实"的文化形式。全球的城市似乎都有这种文化力量与能力，它们能够投射出一种缤纷多彩、令人神往的现实。这些文化压缩形式通过城市向外展现，可以激发外部的欲望，例如促进投资，推动旅游业，还可以在城市内部加深对归属感的特别理解。为了解释拟象概念，鲍德里亚用地图隐喻与绘图概念来作为构建空间的方式。他引用了博尔赫斯的短篇小说《论科学的精确性》，讲的是一个国家为自己的疆域绘制了一幅细致无比的地图，其极致的精细程度使这幅地图最终和它所描绘的地方一样辽阔。与此类似，鲍德里亚描述了一个城市会激发出一个自我意象，之后城市似乎可能会被这个自我意象所代替，就好像是那个表象而非表象背后的物质现实，才是真正的城市。但是，在博尔赫斯的故事中，在帝国衰落、绘图师失势后，这幅曾经无比辉煌的地图如今无人问津，只能任它慢慢破碎，最终只留下土地本身光秃秃的骨骼，这是自然战胜了文化。

为了用一个不同的方式去看东伦敦，本书选取了批判城市主义视角。本书所采取的视角超越了城市规划者、商业领导者、学界与政府"绘图师"所绘制的"地图"，因为他们就城市问题提出观点或构建愿景时，是有其既定的工具性利益在内的。批判城市主义视角试图揭示市政总体规划、工业开发区、城市振兴节点、城市改造区以及新型发展走廊背后存在着什么样的假设；同时，也尝试剖析这些假设所依据的社会经济与文化建构。最重要的是，这一视角试图直面南非政府的"绘图师"及其合作伙伴，这些人中可能包括一些无论是居住地还是思维上都远离城市的顾问，他们试图控制自己在绘制地图时所用的物质现实，但最终却未能成功地将这些现实在地图里妥善安置。总之，运用这一视角，本书发现，在东伦敦的案例中存在着一系列规划与现实严重脱节的情况。

就这点而言，目前这张由东伦敦占主导地位的官僚阶级与其学术圈同僚共同起草的占领城市主义"地图"与博尔赫斯故事里的那张地图无异，显然已是支离破碎，覆满褶皱。实际上，这种规划似乎正是由规划本身与欲控制和描述的物质现实之间的脱节所驱动的。新兴非洲中产阶级的形成过程背后所依的结构阻止他们认同东伦敦。当地非洲官僚虽身在东伦敦，但并不属于东伦敦。他们有这样的工作，是因为他们有能力向居住在城市边缘和乡村的群体提供服务，后者一生都被排斥在繁荣的城市经济之外。在这种情况下，对东伦敦很多新兴政治家和中产阶级成员而言，乡村怀旧情怀成为他们工作内容的一种表达方式。中产阶级的政治文化是嵌入在东开普省的动态和国家政党的动态之中的，是与东伦敦脱节的。尽管以科萨人为主的非洲中产阶级乐于宣称东伦敦是"非洲的归乡城市"，但实际上无论是政治上还是经济上，他们都在排斥这座城市。

出现这一现象的部分原因在于他们的生计与阶级地位依赖于外部政治党派网络、国家财政部的拨款以及省政府预算，而非当地经济，保证其经济安全最重要的不是任何在东伦敦的投资，也不是地区发展，而是从边缘地带重建非洲民族主义。

这种态势在一定程度上是以分裂性的族裔民族主义与种族民族主义为特征的城市历史的遗留问题，在这种情况下，城市经济发展被视为一种零和游戏，一方之得就意味着另一方之失。无论是种族隔离制度实施之前、期间抑或之后，东伦敦的重心一直放在民族和种族问题上，而不是关注如何建设开放包容的城市和发展之上，这是城市发展中一个主要的意识形态障碍。为振兴经济，东伦敦采取的主要模式是支持逐渐萎缩的汽车工业，投资市内自成体系的工业开发区。可是，这一模式不仅没有解决发展不平衡的遗留问题，反而维持了这种不平衡状态，至少是助长了对自身所面临的挑战的否认态度。东伦敦工业开发区每创造一个工业岗位，都需要花费一百万兰特以上，而每创造一个新岗位的同时，就会失去六七个岗位。在这种模式下，为了重建工业经济而进行的大量投资是不合理的，因为投资与回报不成比例。对于汽车业而言，在白人殖民者领导下的地方建设过程中，它自20世纪30年代以来一直是东伦敦工业化的骄傲。现在，汽车业幸存了下来，但它只是全球制造业而非地区制造业中的一个很小的、高度专业化的部分，对当地而言，它创造的工作机会并不多。

与此同时，各种形式的种族现代主义遗留下来种种贫困问题、权力以及特权问题，这些问题自1994年实行民主制度后，由于人口大量向城市迁移而愈加严重。在非国大政府新自由主义政策领导下，随着去工业化进程的不断加快，截至2017年，东伦敦工人阶级失业人数接近一半。总的来说，南非城市面临的压力一方面分化为种族、阶级、特权这几种不同的类型，另一方面，这些压力线早已交织在了一起；此外，由于零散居住的棚户区居民与稳定的乡镇居民为了争取公共服务与微乎其微的经济机会，在城市边缘相互竞争，城市压力更是不断增加。这种斗争还加剧了性别分歧，加重了自20世纪80年代以来就未曾解决的代际冲突，还扩大了移民与他们在城市里出生的家人之间的隔阂（见 Bank，2011）。

就此而言，占领城市主义的"地图"明显无法为东伦敦服务，地区与城市的动乱事件充分证明了这一点，在这种情况下，与服务交付相关的学生抗议在东伦敦已经变得司空见惯。所以，从东伦敦学生抗议者占据街道的抗议方式可以看出，东伦敦市政府与高校一起制定的城市"地图"与学生所要求的物质条件之间落差巨大，脱节严重。学生们被围困在衰落的内城之中，享受不到基本的住宿、设施及服务。因此，他们用武力占据街道，极力要求像样的住宿环境、正常的交通服务、安全的社区环境、网络服务、合适的运动休闲设施等重建城市大学生生活的必备条件。抗议者的行为反映出南非黑人青年越来越渴望拥有城市权。2015 年针对东开普省主要城市地区的乡镇及之前的 C 类学校的学术调查发现，超过 80% 的黑人高中毕业生想要上大学，而且，他们几乎全都偏向于选择位于大城市里的大学（FHISER，2016）。

学生抗议者的行为也可视为东伦敦边缘群体争取城市权这一历史的延续。法农（1961）在《全世界受苦的人》（The Wretched of the Earth）一书中论述了殖民者城镇在贬低被殖民的非洲人方面的角色，非洲人被限制在"土著城镇"中，与"城市殖民者"之间被缓冲区与警察暴力所隔开。他进一步解释了被殖民者在他们的"本土空间"中如何被殖民者"文明"的言行以侮辱性的傲慢进一步地诋毁与丑化。法农（1961）认为，当土著人在自己的土地上受到身体、心理以及文化上的围困时，这些被殖民者就会渴望通过暴力获得自由，他们想袭击殖民者城市，将其夷为平地。在 20 世纪 30 年代的萧条时期，东伦敦里"说话的乌鸦"向抗议的工人传递信息，预言闪电会将东伦敦化为灰烬。20 世纪 50 年代的"反抗运动"期间，以及十年之后泛非主义者大会的"六三年获得自由"运动期间，被殖民者希望具有清洗力量的战争可以彻底毁灭这座城市，这个时候，"说话的乌鸦"再次发声。这两次运动中，自由主义的深层危机揭露了殖民主义的矛盾：20 世纪 20 年代，深刻冲击地区与城市经济的是全球经济崩溃后出现的经济危机；20 世纪 50 年代，则是种族主义者的种族隔离制度下的城市与农村结构调整。2008 年，类似的情况再次出现，当时全球股市崩盘，南非数百万人失去了工作。这是马里卡纳 2012 年大屠杀与"学费必须降"运动的关键背景，这两次事件中都出现了类似的反殖民斗争、千禧年情绪以及警察与抗议者反反复复的暴力行为。

在 2015 年的"学费必须降"运动期间，学生也曾试图将这座排斥他们、贬低他们的城市洗劫一空、化为火海。但是，这次阻止他们进入城市、享受"定居者"特权的不是白人殖民者，而是包括市政官僚与大学管理者在内的新兴黑人统治阶级，就是这些人曾为一己之私贪污国家资金。学生们感到他们被遗弃在新形式的土著人炼狱中自生自灭，这里指的是内城奎格尼与南伍德的贫民窟。一个曾背弃了城市核心的市政府任学生们自生自灭，大学也是一样的态度，福特哈尔大学更是如此。百年庆典之年，整个福特哈尔大学都充斥着回到农村校区、回到民族主义根基的怀旧情绪。此时，内城街道上，学生们点起的自由之火本质上是一种拟象，与往昔白人城市元老的盛大游行一样，与埃布兰蒂汽车公园内新兴非洲中产阶级一周一次的聚会也一样，这是学生们对这个地方进行文化占有的尝试，也是他们通过暴力规划东伦敦、使它成为自己的城市的尝试。然而，打造这一拟象，与其说是为了在受到威胁时确认其占主导地位意识形态与社会文化立场，不如说是为了建立一种新的立场。

东伦敦学生抗议发生的地点，即内城，也充分证明 1994 年引入民主制度之后，社会经济的总体规划过度关注缓解边缘地区的贫困问题，无论是往日实施种族隔离制度的乡镇边缘，还是零散分布的工业开发区，都得到了过分的重视；然而，东伦敦的中心，即城市核心的地方建设却一再被忽视。在南非，对于在城市里创造新的经济活动形式，或者对于改造老工业区以作新用，几乎没有什么讨论。因此，政府方面并没有什么系统性的举措，能将大学融入城市及区域经济之中。事实上，南非学者及政策制定者对其他地方类似的地方建设措施所展现出来的模式基本上是视而不见，认为那些措施只能维持种族隔离政权所建立的畸形的空间与经济模式。这种观点参照的是马克思主义地理学家的理论，如大卫·哈维（David Harvey，2005）。他们曾说，不如让这些人为制造出来的城市消亡。尽管这种观点透露出明显的讽刺意味，但不应该认为它适用于东伦敦，东伦敦在实施种族隔离制度之前就已经成长为一座繁荣的城市，而且 20 世纪 60 年代之后也幸存了下来。就这点而言，东伦敦面临的问题之一是人们故意忘掉过去，拒绝重新使用曾经创造过城市韧性、帮助城市幸免于难并促进城市繁荣发展的方法。尽管东伦敦的这种失忆行为根源于种族排斥，当时，黑人遭到排斥，不能享受这座城市早期工业化与发展的成果，但当代非洲统治阶级整体排斥这座城市的过去却限制了东伦敦对自己未来的构想，并以破坏性的方式切断了东伦敦的历史。

东伦敦需要重新研究自己的历史，从中找出能促进经济振兴的有利叙事；同时，要强调其作为非洲城市的成长路径，拥抱包容性现代主义，接纳外部力量的参与，欢迎多种形式的发展选项、方法及策略。本书强调，东伦敦应该再次将市中心放在核心位置上，从内部着手激发其城市魅力，从而推动基于自身复杂历史与曾拥有的城市建设能力之上的振兴进程。所以，东伦敦需要从自身历史中寻找和探索的内容还有很多：曾促进了工业发展的手工业传统及装配传统，城镇与乡村之间曾经紧密的联系，对体育与休闲旅游曾经有过的重视，作为地区商贸中心的往日辉煌，改善非洲农民生活的历史性作用，以及曾孕育与培养过在公民生活与政治生活中都值得信赖、高瞻远瞩的非洲领导人的荣光。重新发掘历史，找到一批能够推动城市建设的英雄人物，这个任务对东伦敦而言已是迫在眉睫。

本书认为，大学在重新规划城市发展道路的过程中，可以起到促成变革的作用。作为地方社会经济振兴与文化复兴的支撑之锚，大学可以发挥的力量与20世纪50年代东伦敦的乡镇舞厅类似：借由它们在城市中的存在，激发城市魅力，建立全球联系，以及培养新的思维方式。本书认为，要使该市的大学发挥这样的作用，东伦敦需要向世界各地的锈带城市认真学习。不仅可以学习它们种族化、排外的现代主义历史的普遍状况及其带来的挑战，还要学习其他地方为推动大学在城市建设与发展中发挥关键作用所采取的策略。东伦敦市中心的三所大学毗邻而居，附近既有公立医院也有私人医院，还有大量教育背景良好、富有天分的年轻人住在内城，这一蕴含着机遇的地理优势不应遭到忽视。如果这个归乡之城想给它的居民带来更多福祉，本地的利益相关者们应该抛弃以往的汽车城模式，相互合作，绘制出一张新的规划图。在这张规划图中，无论是回到布法罗城，回到东伦敦，还是回到伊蒙蒂（Imonti），还是创造出别的新词来命名这个地方，都会对归乡的含义有更具包容性、更广阔的理解。许多前锈带城市现在都是由多个部分拼接在一起的，这些部分彼此独立。东伦敦在重新规划时也一样，需要考虑多中心的发展模式；同时，需要在人口密集聚集区域、在工业城市的"遗迹"仍能产生振兴潜力的区域创造机会。东伦敦与全球北方许多前锈带城市一样，曾经的市中心人口密度最高，就是最佳的发展起点。绘制东伦敦的文化"规划图"是一个巨大的挑战，因为既要面对殖民矛盾，又要面对各种互相联系的、或互相对立的种族民族主义，在这种情况下，织起新的城市网格非常困难。关于这个问题，正如我试图表明的那样，东伦敦所面临的问题与底特律、圣路易斯、克里夫兰等其他非裔美国人口占大多数的美国城市并无多大不同。

参考文献

Addie J-PD (2017a) From the urban university to universities in urban socie-
ty. *Regional Studies*, 51 (7): 1089 – 1099.

Addie J-PD (2017b) Claiming the university for critical urbanism. *City: Analysis
of Urban Trends, Culture, Theory, Policy, Action*, 21 (1): 65 – 80.

Adler G (1993) From the "Liverpool of the Cape" to the "Detroit of South Afri-
ca": The automobileindustry and industrial development of the Port Elizabeth-
Uitenhage region. *Kronos*, 20: 17 – 43.

Amin A (2012) *Land of strangers*. London: Polity Press.

Amis K (1993/1954) *Lucky Jim*. London: Penguin Books.

ANC (African National Congress) (1969) Theory of internal colonialism. In B
Berberoglu (Ed.) *The national question: Nationalism, ethnic conflict, and
self-determination in the 20th century*. Philadelphia: Temple University Press.

Anderson B (1981) *Imagined communities: Reflections on the origin and spread
of nationalism*. London: Verso.

Ashworth A (1991) The Xhosa Cattle-Killing and the politics of memo-
ry. *Sociological Forum*, 6 (3): 581 – 592.

Atkinson D (2010) Political opposition in patriarchal East London, 1950 –
1960: Dilemmas of paternalism. *The Journal for Transdisciplinary Research in
Southern Africa*, 6 (1): 175 – 190.

Avila E (2004) *Popular culture in the age of white flight: Fear and fantasy in
suburban Los Angeles*. Berkeley: University of California Press.

Baines GF (2002) *A history of New Brigbton, Port Elizabeth, South Africa,
1903 – 1953: The Detroit of the Union*. New York: Edwin Mellen Press.

Baissac C (2011) Brief history of SEZs and overview of policy debates. In C

Baissac (Ed) *Special economic zones in Africa.* Washington： World Bank.

Bank LJ (2011) *Home spaces, street styles： Contesting power and identity in a South African city.* London： Pluto Press.

Bank LJ (2013) City dreams and country magic： Re-reading Monica Hunter's East London fieldnotes. In A Bank & LJ Bank (Eds), *Inside African anthropology： Monica Wilson and her interpreters.* Cambridge： Cambridge University Press.

Bank LJ (2015a) Frontiers of freedom： Race, landscape and nationalism in the coastal cultures of South Africa. *Anthropology Southern Africa*, 38 (3)： 248 – 268.

Bank LJ (2015b) City slums, rural homesteads： Migrant culture, displaced urbanism and the citizenship of the serviced house. *Journal of Southern African Studies*, 41 (5)： 1067 – 1081.

Bank LJ (2018) Anti-urbanism and nostalgia for a college town. In L Bank, N Cloete & F van Schalk-wyk (Eds) Anchored in place： Rethinking the university and development in South Africa. Cape Town： African Minds.

Bank A & Bank LJ (Eds) (2013) *Inside African anthropology： Monica Wilson and her interpreters.* Cambridge： Cambridge University Press.

Bank L, Cloete N & Van Schalk-wyk F (Eds) (2018) *Anchored in place： Rethinking the university and development in South Africa.* Cape Town： African Minds.

Bank L, Hart T & Ndinda C (2018) Evaluating interventions by the Department of Human Settlements to facilitate access to the city for the poor. Report to the National Department of Human Settlements, Pretoria.

Bank LJ & Qebeyi M (2017) *Imonti modern： Picturing the life and times of a South African location.* Cape Town： HSRC Press.

Barber M, Donnelly K & Rizvi S (2013) *An avalanche is coming： Higher education and the revolution ahead.* Institute for Public Policy Research Working Paper, London.

Baudrillard J (1994/1981) *Simulacra and simulation* (Trans. Sheila Glaser). Ann Arbor： Michigan University Press.

Baudrillard J (1998) *The consumer society： Myths and structures.* London：

参考文献

Sage.

Bawa A (2017) Keynote address. HSRC city conference, Durban, 3 – 5 July 2017.

Beall J, Crankshaw O & Parnell S (2002) *Uniting a divided city: Governance and social exclusion in Johannesburg.* London: Routledge.

Beinart W & Bundy C (1987) *Hidden struggles in rural South Africa: Politics and popular movementsin the Transkei and Eastern Cape, 1890 – 1930.* Johannesburg: Ravan Press.

Bell J, Goga S, Mondliwa P & Roberts S (2018) *Structural transformation in South Africa: Moving towards a smart, open economy for all.* Industrial Development Think Tank Report, University of Johannesburg.

Benelli M (2013) *Detroit City is the place to be: The afterlife of an American metropolis.* New York: Picador Books.

Benjamin S (2008) Occupancy urbanism: Radicalizing politics and economy beyond policy and programs. *International Journal of Urban and Regional Research,* 32 (3): 719 – 729.

Benjamin S (2014) Occupancy urbanism as political practice. In S Parnell & S Oldfield (Eds) *The Routledge handbook on cities of the global south.* London: Routledge.

Benjamin W (1999) *The arcades project.* (Trans. Howard Eiland and Kevin Mc Laughlin) Cambridge: Harvard University Press.

Bennett L (2010) *The third city: Chicago and American urbanism.* Chicago: Chicago University Press.

Bernstein A, Altbeker A & Mc Keown K (2012) (Eds), Special economic zones: Lessons for South Africa from international evidence and local experience. Edited proceedings of a Round Table convened by the Centre for Development and Enterprise (CDE), CDE number 19 – June Bhabha H (1994) The location of culture. New York: Routledge.

BiGGAR Economics (2017) *Economic contribution of the LERU universities.* EU Report. Accessed 2 July 2018, https://wwwleru.org/publications/the-economic-contribution-of-the-leru-universi-ties-2016.

Black J & Davies B (1986) *Industrial decentralisation in the Ciskei.* Institute of

Social and Economic Research Development Studies Report, Rhodes University, Grahamstown.

Black PA, Mc Cartan P & Clayton PM (1986) *The industrial development policy of Ciskei.* Institute of Social and Economic Research Development Studies Working Paper No. 31, Rhodes University, Grahamstown.

Blom Hansen T & Verkaaik O (2009) Introduction: Urban charisma. *Critique of Anthropology*, 29 (1): 5 – 26.

Boniface Davies S (2007) Raising the dead: The Xhosa Cattle-Killing and the Mhlakaza-Goliat delusion. *Journal of Southern African Studies* 33 (1): 19 – 41.

Boon M (2010) *In praise of copying.* Cambridge: Harvard University Press.

Booth D (2001) From bikinis to boardshorts: Wahines and the paradox of surfing culture. *Journal of Sport History*, 28 (1): 3 – 22.

Booysen S (Ed) (2016) *Fees must fall: Student revolt, decolonisation and governance in South Africa.* Johannesburg: Wits University Press.

Borges JL (1999) On exactitude in science. In Borges JL Collected Fictions. Translated by Andrew Hurley. Hawthorn: Penguin Books.

Boyle P (1992) The "doughnut effect". *Green Left Weekly*, 57.

Bozzoli B (2004) *Theatres of struggle and the end of apartheid.* Edinburgh: Edinburgh University Press.

Bozzoli B (2017) More to the WSU student's R14m than first met the eye. *Politics Web*, 13 September. Accessed 12 September 2018, http://www.politicsweb.co.za/news-and-analysis/more-to-the-wsu-students-rl4m-than-first-met-the-e.

Bradford H (1987) *A taste of freedom: The ICU in rural South Africa, 1924 – 1930.* Johannesburg: Ravan Press.

Bradford H (1996) Women, gender and colonialism: Rethinking the history of the British Cape Colony and its former frontier zones, c. 1806 – 70. *Journal of African History*, 37 (3): 351 – 370.

Bradford H & Qotole M (2008) *Ingxoxo enkulu ngo Nongqawuse* (A great debate about Nongqawuse's era). Kronos: Southern African Histories 34 (1): 66 – 105.

Brenner N (2009) What is critical urban theory? *City*, 13 (2 – 3): 198 – 207.

Brockliss L (2000) Town and gown: The university and the city in Europe, 1200 – 2000. *Minerva*, 38 (2): 147 – 170.

Burdett R (2014) Accretion and rupture in the global city. In *Uneven growth: Tactical urbanisms for expanding megacities*. New York: The Museum of Modern Art.

Bwalya J & Seethal C (2016) Spatial integration in residential suburbs of East London, South Africa (1993 – 2008). *Journal of Asian and African Studies*, 50 (6): 637 – 649.

Bwalya J & Seethal C (2016) Neighbourhood context and social cohesion in Southernwood, East London, South Africa. *Urban Studies*, 53 (1): 40 – 56.

Castells M (1977) *The urban question: A Marxist Approach*. (Trans. Alan Sheridan) London: Edward Arnold.

Castells M (1978) *City, class and power*. (Trans. Elizabeth Lebas) London: Macmillan.

Castells M (2001) Universities as dynamic systems of contradictory functions. In J Muller, N Cloete & S Badat (Eds) *Challenges of globalisation: South African debates on Manual Castells*. Cape Town: Maskew Miller Longman.

Charles D, Kitagawa F & Uyarra E (2014) Universities in crisis? New challenges and strategies in two English city-regions. *Cambridge Journal of Regions, Economy and Society* 7 (2): 327 – 348.

Claassens A & Cousins B (Eds) (2008) *Land, power and custom: Controversies generated by South Africa's Communal Land Rights Act*. Cape Town: UCT Press

Cloete N, Bunting I & Bailey T (2018) Fort Hare at its centenary: University functions in post-apartheid South Africa. In L Bank, N Cloete & Fvan Schalkwyk (Eds) *Anchored in place: Rethinking the university and development in South Africa*. Cape Town: African Minds.

Cloete N, Bunting I & Maassen P (2015) Research universities in Africa: An empirical overview of eight flagship universities. In N Cloete, P Maassen & T Bailey (Eds) *Knowledge production and contradictory functions in African higher education*. Cape Town: African Minds.

Cloete N & Maassen P (2015) Introduction. In N Cloete, P Maassen & T Bailey (Eds) *Knowledge production and contradictory functions in African higher education*. Cape Town: African Minds.

Comaroff J & Comaroff J (1991) Of revelation and revolution (Vol. 1): *Christianity, colonialism, and consciousness in South Africa*. Chicago: University of Chicago Press.

Comaroff J & Comaroff J (1992) The madman and the migrant. In J Comaroff & J Comaroff (Eds) *Ethnography and the historical imagination*. Boulder: Westview Press.

Comaroff J & Comaroff J (1997) *Of revelation and revolution* (Vol. 2): *The dialectics of modernity on a South African frontier*. Chicago: University of Chicago Press.

Comaroff J & Comaroff J (2001) Millennial capitalism: First thoughts on a second coming. In J Comaroff & J Comaroff (Eds) *Millennial capitalism and the culture of neo-liberalism*. Durham: Duke University Press.

Cooper D (2011) *The university in development: Case studies of use-oriented research*. Cape Town: HSRC Press.

Coplan D (1991) Fictions that save: Migrants' performance and Basotho national culture. *Cultural Anthropology*, 6 (2): 164 – 192.

Crais C C (2002) *The politics of evil: Magic, state power and the political imagination in South Africa*. Cambridge: Cambridge University Press.

Davidson B (1957) Review of Thomas Hodgkin Nationalism in colonial Africa. *Universities and Left Review*, 1 (1): 71 – 72.

Davis M (2007) *Planet of slums: Urban involution and the informal working class*. New York: Verso.

Davison G (2004) *Car wars: How the car won our hearts and conquered our cities*. Sydney: Allen & Unwin.

De Boeck F (2011) Spectral Kinshasa: Building the city through an architecture of words. In T Edensor & M Jayne (Eds) *Urban theory beyond the west: A world of cities*. London: Routledge.

De Boeck F & Plissart M-F (2004) *Kinshasa: Tales of the invisible city*. Tervuren: Royal Museum of Central Africa.

De Certeau M (1984) *The practice of everyday life*. (Trans. S Rendall) Berkeley:

University of California Press.

De Filippis J (2017) Place matters, but maybe not in the way they think it does ... *Urban Affairs Review*, 53 (1): 189–196.

Denfield J (1965) *Pioneer port: The illustrated history of East London*. Cape Town: H Timmins.

Desmond C (1971) *The discarded people: An account of African resettlement in South Africa*. Harmondsworth: Penguin Books.

Dever B, Blaik O, Smith G & Mc Carthy G (2014) *(Re) Defining successful anchor strategies*. Lincoln Institute of Land Policy Working Paper.

Diner S (2017) *Universities and their cities: Urban higher education in America*. Baltimore: Johns Hopkins University Press.

DNA Economics (2013) Expenditure Performance Review: Export Promotion in the IDZs. Report Commissioned by National Treasury.

DNA Economics (2016) Assessing the impact of the Industrial Development Zones in South Africa. Consultancy Report, Johannesburg.

Dobraszezyk P (2017) The dead city: Urban ruins and the spectacle of decay. New York: IB Tauris.

DoE (Department of Education, South Africa) (1997) White Paper on the Transformation of Higher Education. Pretoria: DoE.

DoHE (Department of Higher Education, South Africa) (2002) *Transformation and restructuring: A new institutional landscape for higher education*. Accessed August 2008, http://www.dhet.gov.za/Reports% 20Doc% 2oLibrary/New% zoInstitutional% zolandscape% zofor% 2oHigher% 2oEduca-tion% zoin% zoSouth% zoAfrica. pdf.

dti (Department of Trade and Industry, South Africa) (2012) *Special Economic Zones Policy*. Unpub-lished documents.

dti (2012) *Special Economic Zones Policy 2012*, unpublished documents, Pretoria.

dti (2014) *SEZ performance analysis bulletin*. Pretoria: dti.

Dubow S (1989) *Racial segregation and the origins of apartheid*. Oxford: Oxford University Press.

Dubow S (2005) Introduction. In S Dubow & A Jeeves (Eds) *South Africa's*

1940s: *Worlds of possibilities*. Cape Town: Double Storey Books.

Duneier M (2016) *Ghetto*: *The invention of a place*, *the history of an idea*. New York: Farrar, Straussand Giroux.

Dyja T (2013) *The third coast*: *When Chicago built the American dream*. New York: Penguin Press.

Edgar R (2005) Changing the old guard: AP Mda and the ANC Youth League. In S Dubow & A Jeeves (Eds) *South Africa's 1940s*: *Worlds of possibilities*. Cape Town: Double Storey Books.

Edgar R (2018) *The finger of God*: *Enoch Mgijima*, *the Israelites*, *and the Bulhoek Massacre in South Africa*. Charlottesville: University of Virginia Press.

Edgar R & Ka Msumza L (Eds) (2018) *Africa's cause must triumph*: *The collected writings of A. P. Mda*. Cape Town: Best Red.

Edgar RH & Saphire H (1999) *African apocalypse*: *The story of Nontetha Nkwenkwe*, *a twentieth-century South African prophet*. Athens: Ohio University Press.

Ehrenhalt A (2012) *The great inversion and the future of the American city*. New York: Vintage Books.

Engman M (2011) Success and stasis in Honduras' free zones. In T Farole & G Akinci (Eds) *Special economic zones*: *Progress*, *emerging challenges*, *and future directions*. Washington: The World Bank.

EU (European Union) (2011) *Connecting universities to regional growth*: *A practical guide*. Brussels: EU.

Fanon F (1961) *The wretched of the earth*. Translated by Constance Farrington. New York: Grove Press.

Farole T (2011) *Special economic zones in Africa*: *Comparing performance and learning from global experience*. Washington: World Bank.

Farole T & Akinci G (Eds) (2011) S*pecial economic zones*: *Progress*, *emerging challenges*, *and future directions*. Washington: World Bank.

Ferguson J (1999) *Expectations of modernity*: *Myths and meanings of urban life on the Zambian copperbelt*. Berkeley: University of California Press.

FHISER (Fort Hare Institute for Social and Economic Research) (2016).

City-campus-region. Ford Foundation report, University of Fort Hare, East London.

Fishman R (2005) Longer view: The fifth migration. *Journal of the American Planning Association*, 71 (4): 357 –366.

Florida R (2002) *The rise of the creative class: And how it's transforming work, leisure, community and everyday life.* New York: Basic Books.

Florida R (2010) *Who's your city: How the creative city is making where you live the most important decision of your life.* New York: Basic Books.

Florida R (2017) *The new urban crisis: How our cities are increasing inequality, deepening segregation and failing the middle class and what we can do about it.* New York: Basic Books.

Forster T (2013) On creativity in African urban life: African cities as sites of creativity and emancipation. In S Newell & O Okome (Eds) *Popular culture in Africa: The episteme of the everyday.* London: Routledge.

Freund B (2014) *Nelson Mandela Bay and Buffalo City metros: An assessment of the economic development of the Eastern Cape metros since 1994 and their prospects.* Eastern Cape Socio Economic Consultative Council Working Paper Series No. 18, East London.

Furedi F (2017) *What happened to the university? A sociological exploration of its infantilisation.* New York: Routledge.

Gadanho P (2014) Mirroring uneven growth: A speculation on tomorrow's cities today. In *Uneven growth: Tactical urbanisms for expanding megacities.* New York: The Museum of Modern Art.

Gallagher L (2014) *The end of the suburbs.* New York: Portfolio/Penguin.

Giliomee H (2012) *The last Afrikaner leaders: A supreme test of power.* Cape Town: Tafelberg.

Gilroy P (2002) Driving while black. In D Miller (Ed.) *Car cultures.* London: Berg Press.

Glaeser E L (2011) *Triumph of the city: How our greatest invention makes us richer, smarter, greener, healthier and happier.* New York: Penguin.

Glaser C (2013) *The ANC Youth League: A Jacana pocket history.* Johannesburg: Jacana Media.

Glass R (1964) *Introduction: Aspects of change.* In *Centre for Urban Studies*

(*Ed*) *London*: *Aspects of change*. London: Mac Gibbon and Kee.

Goddard J (2009) Reinventing the civic university. National Endowment for Science, Technology and the Arts Provocation No. 12, London.

Goddard J, Kempton L & Vallance P (2013) "The civic university: Connecting the global and the local". In R Capelo, A Olechnicka & G Gorzelak (Eds) *Universities, cities and regions: Loci for knowledge and innovation creation*. London: Routledge.

Goddard J & Vallance P (2013) *The civic university: Re-uniting the university and the city*. Newcastle: OECD & Newcastle University.

Gondolo D (2016) *Tropical cowboys: Westerns, violence and masculinity in Kinshasa*. Bloomington: Indiana University Press.

Gunasekara C (2006) The generative and developmental roles of universities in regional innovation systems. *Science and Public Policy*, 33 (2): 137 – 150.

Hackworth J (2014) *The neo-liberal city: Governance, ideology and development in American urbanism*. New York: Cornell University Press.

Hall P (1997) The university and the city. *Geo Journal*, 41 (4): 301 – 309.

Harrison P, Todes A & Watson V (2007) *Planning and transformation: Learning from the post-apartheid experience*. London: Routledge.

Hart G (2002) *Disabling globalization: Places of power in post-apartheid South Africa*. Berkeley: University of California Press.

Harvey D (2005) *A brief history of neoliberalism*. Oxford: Oxford University Press.

Harvey D (2012) *Rebel cities: From the right to the city to the urban revolution*. London: Verso.

Hendricks D & Flaherty J (2018) Integrating the edges: University of Pretoria's neighbourhood anchor strategy. *Development Southern Africa*, 35 (5): 689 – 700.

Hendricks F & Vale P (2005) The critical tradition at Rhodes University: Retrospect and prospect. *African Sociological Review*, 9 (1): 1 – 13.

HEQC (Higher Education Quality Committee) (2008) *University of Fort Hare quality audit report*. Johannesburg: Council on Higher Education.

Higgs C (1997) *The ghost of equality: The public lives of DDT Jabavu of South*

Africa, *1885 – 1959*. Athens: Ohio University Press.

Higher Education Merger Study Group (2008) *Final report on the incorporation of the East London campus of Rhodes University into the UFH.*

Hollands G (2012) *The reef.* East London: Self-published.

Hooks b (2010) *Belonging: A culture of place.* London: Routledge.

Houghton HD (Ed) (1960) *Economic development in a plural society: Studies in the Border region ofthe Cape Province.* Cape Town: Oxford University Press.

Hugill D (2017) Ghetto. In B Turner (Ed) *The Wiley Blackwell encyclopaedia of social theory.* London: John Wiley & Sons.

Hunter M (1936) *Reaction to conquest: The effects of contact with Europeans on the Pondo of South Africa.* London: Oxford University Press.

Iveson K (2013) Cities within the city: Do-it-yourself urbanism and the right to the city. *International Journal of Urban and Regional Research*, 37 (3): 941 – 956.

Jabavu N (1982/1963) *The ochre people.* Johannesburg: Ravan Press.

Jacobs J (1961) *The death and life of great American cities.* Oxford: Oxford University Press

Jameson F (1993) On "cultural studies". *Social Text*, 34: 17 – 52.

Jansen J (2017) *As by fire: The end of the South African university.* Cape Town: Tafelberg.

Jauch H (2002) Export processing zones and the quest for sustainable development: A southern African perspective. *Environment Urbanization*, 14 (1): 101 – 113.

Jenks M & Burgess R (Eds) (2000) *Compact cities: Sustainable urban forms for developing countries.* London: Spon Press.

Katz B & Bradley J (2013) *The metropolitan revolution: How cities and metros are fixing our broken politics and fragile economy.* Washington: Brookings Institution.

Katz B & Nowak J (2018) *The new localism: How cities can thrive in the age of populism.* Washington: Brookings Institution.

Katz B & Wagner J (2014) *The rise of innovation districts: A new geography of innovation in America.* Washington: Metropolitan Policy Program at Brookings.

Keil R （2018） *Suburban planet： Making the urban world from the outside in*. Cambridge： Polity Press.

Kepe T & Ntsebeza L （Eds）　（2011）*Rural resistance in South Africa： The Mpondo revolts after fifty years*. Leiden： Brill Press.

Kerr A （1968） *Fort Hare, 1915 – 1948： The evolution of an African college*. Pietermaritzburg： Shuter & Shooter.

Kotkin J & Piiparinen R （2014） The rustbelt roars back from the dead, *new-geography. com*. Accessed 30 July 2018, http： //www. newgeography. com/content/oo4792-the-rustbelt-roars-back-from-dead.

Krings M （2015） *African appropriations： Cultural difference, mimesis and media*. Bloomington： Indiana University Press.

Langa M （Ed）（2017） *#Hashtag： An analysis of the #Fees Must Fall movement at South African universities*. Johannesburg： The Centre for the Study of Violence and Reconciliation.

LeDuff C （2013） *Detroit： An American autopsy*. New York： Penguin.

Lees L, Shin H & Lopez-Morales E （2016） *Planetary gentrification*. Cambridge： Polity Press.

Lefebvre H （1991/1974） *The social production of space*. （Trans. Donald Nicholson-Smith） Oxford： Blackwell Publishing.

Lewis J （1991） Materialism and idealism in the historiography of the Xhosa Cattle Killing. *South African Historical Journal*, 25 （1）： 244 – 268.

Lissoni A （2010） The PAC in Basotholand, c. 1962 – 1965. *South African Historical Journal*, 62 （1）： 54.

Lodge T （1984） Insurrectionism in South Africa： The pan Africanist movement and Poqo, 1959 – 1965. Ph D. thesis, University of York, England.

Lotusdrifter （2012） *Today a car-guard recognised me from Buhlanti*, Lotusdrifter blog. Accessed 12 June 2018, https： //otusdrifterdotcom. wordpress. com/2o 1z/o4/II/curing-hiccups-in-mdantsane/.

Lydon M & Garcia A （2015） *Tactical urbanism： Short-term action for long-term change*. Washington： Island Press.

Maaba B （2016） The PAC's war against the state, 1960 – 1963. In South African Democracy Educatior Trust （Ed） *The road to democracy in South Africa*

(Vol. 1). Pretoria: Unisa Press.

Mabin A (2014) Grounding southern city theory in time and place. In S Parnell & S Oldfield (Ed) *Routledge handbook on cities of the global south*. London: Routledge.

Mabin A & Smit D (1997) Reconstructing South Africa's cities? The making of urban planning 1900 – 2000. *Planning Perspectives*, 12 (2): 193 – 223.

Mager A (1999) Gender and the making of a South African bantustan: A social history of the Ciskei, 1945 – 1959. London: Heinemann.

Mager A & Minkley G (1993) Reaping the whirlwind: The 1952 riots in East London. In P Bonner, P Delius and D Posel (Eds) *Apartheid's genesis 1935 – 1962*. Johannesburg: Ravan Press.

Magona S (2000) *Mother to Mother*. Boston: Beacon Press.

Malcolm X (1964) *Speech at the Oxford Union*. Accessed 7 September 2018, https://themalcolmx. wordpress. com/malcolm-x-quotes/speech-at-the-oxford-union/.

Manson A (2016) The University of South Africa (Unisa) 1918 – 1948: The first transition, from a colonial to a segregationist institution. *African Historical Review 48*, (1): 1 – 20.

Markusen A (2007) The urban core as cultural sticky place. In D Henckel, E Pahl-Weber & B Herkormer (Eds.) *Time space places*. Berlin: Peter Lang Verlag.

Martin CJ (1980) Millenarianism in Africa. *Critique of Anthropology*, 4 (15): 85 – 93.

Massey D (2010) *Under protest: The rise of student resistance at the University of Fort Hare*. Pretoria Unisa Press.

Matthews ZK (1957) The University College of Fort Hare. *South African Outlook*, 1 (April): 57 – 78.

Mayer P (1961) *Townsmen or tribesmen: Conservatism and the process of urbanization in a South African city*. Cape Town: Oxford University Press.

Maylam P (2005) Rhodes University: Colonialism, segregation and apartheid, 1904 – 1970. *African Sociological Review*, 9 (1): 14 – 22.

Maylam P (2017) *Rhodes University 1904 – 2016: An intellectual, political and cultural history*. Grahamstown: Institute for Social and Economic Research, Rhodes University.

Maylam P & Edwards I (1996) (Eds) *The people's city: African life in twentieth century Durban*. Pietermaritzburg: University of Natal Press.

McAllister P (2001) *Building the homestead: Agriculture, labour and beer in South Africa's Transkei*. Aldershot: Ashgate Publishing.

Mda Z (2001) *The heart of redness*. New York: Penguin Books.

Mda Z (2011) *Sometimes there is a void: Memoirs of an outsider*. New York: Penguin.

Mills G (2013) Selected drawings of the city-campus connection in East London. University of Fort Hare internal document made available to the author.

Ministry of Education, South Africa (2002) *The restructuring of the higher education system in South Africa*. Accessed August 2018, https://www.gov.za/sites/default/files/he_ restructure_ o. pdf.

Minkley G (1994) *Border dialogues: Race, class and space in the industrialisation of East London, c. 1902 – 1963*. PhD thesis, Department of History, University of Cape Town.

Minkley G & Pohlandt-Mc Cormick H (2016) The speaking crow, or "On a clear day you can see the class struggle from here". *Parallax* 22 (2): 183 – 202.

Mnyaka P & Bank LJ (2013) Salvage anthropology in a city without history: East London and the photographic collections of Joseph Denfield. *South African Historical Journal* 66 (1): 55 – 78.

Moretti E (2013) *The new geography of jobs*. Boston: Houghton Miffin.

Mouton J & Valentine A (2017) The extent of South African authored articles in predatory journals. *South African Journal of Science*, 113 (7/8): 79 – 87.

Mowitt J (2017) The searing of the university. *Kronos: Special Issue, What Is the University in Africa For?* 43: 99 – 125.

Muller J, Cloete N & Van Schalkwyk F (Eds) (2017) *Castells in Africa: Universities and development*. Cape Town: African Minds.

Mumford L (1925) *The fourth migration*. Survey Graphics 7: 130 – 133.

Nel E (1991) Racial segregation in East London, 1836 – 1948. *South African*

Geographical Journal 73 (2): 60 – 68.

Nel E & Rogerson C (2007) Evolving local economic development policy and practice in South Africa with reference to smaller urban centres. *Urban Forum*, 18 (2): 1 – 11.

Nel E & Rogerson C (2013) *Special economic zones in South Africa: Reflections from international debates.* Urban Forum 24 (2): 205 – 217.

Netto V (2017) *The social fabric of cities.* London: Routledge.

Neumann T (2016) *Remaking the rust belt: The postindustrial transformation of North America.* Philadelphia: University of Pennsylvania Press.

Newell S (2012) *The modernity bluff: Crime, consumption and citizenship in Cote d'Ivoire.* Chicago: Chicago University Press.

Newell S (2013) Brands as masks: Public secrecy and the counterfeit in Cote d'Ivoire. *Journal of the Royal Anthropological Institute*, 19 (1): 138 – 154.

Nixon R (2011) *Slow violence and the environmentalism of the poor.* Cambridge: Harvard University Press.

Nkomo M, Swartz D & Maja B (Eds) (2006) *Within the realm of possibility: From disadvantage to development at the University of Fort Hare and the University of the North.* Cape Town: HSRCPress.

Nyakabawo W (2014) The geographic designation of special economic zones. Trade and Industry Policy Strategies (TIPS) Working Paper, Pretoria.

Nyamnjoh F (2012a) Blinded by sight: Divining the future of anthropology in Africa. *Africa Spectrum*, 47 (2/3): 63 – 92.

Nyamnjoh F (2012b) Potted plants in greenhouses: A critical reflection on the resilience of colonial education in Africa. *Journal of Asian and African Studies*, 47 (2): 129 – 154.

Odendaal A (2012) *The founders.* Cape Town: Jacana Media.

Oldenburg R (2000) Celebrating the third place: Inspiring stories about the "great good places" at the heart of our communities. New York: Marlowe & Company.

Olver C (2017) *How to steal a city: The battle for Nelson Mandela Bay.* Cape Town: Jonathan Ball.

Parliamentary Monitoring Group (2012) Provision of student housing at South African universities. Briefing by the Department of Higher Education and Training, National Council of Provinces, Education and Recreation (4 September).

Parnell S & Robinson J (2012) (Re) theorizing cities from the global south: Looking beyond neoliberalism. *Urban Geography* 33 (4): 593 – 617.

Paterson M (2018) Bringing "development" into the decolonisation debate. *University World News*, 499: 10.

Pauw J (2017) *The president's keepers: Those keeping Zuma in power and out of prison.* Cape Town: Tafelberg.

Peires J (1989) *The dead will arise: Nongqawuse and the Great Xhosa cattle-killing movement of 1856 – 1857.* Johannesburg: Ravan Press.

Peires J (1990) Suicide or genocide: Xhosa perceptions of the Nongqawuse catastrophe. *Radical History Review*, 46 (7): 47 – 57.

Perry D & Villamizar-Duarte N (2018) Universities as urban anchor institutions and the social contract in the "developed" world. In L Bank, N Cloete & F van Schalkwyk (Eds) *Anchored in place: Rethinking the university and development in South Africa.* Cape Town: African Minds.

Perry D & Wiewel W (Eds) (2005) *The university as urban developer: Case studies and analysis.* New York: ME Sharpe.

Pieterse E (2008) *City futures: Confronting the crisis of urban development.* London: Zed Books.

Pillay P & Cloete N (2002) *Strategic co-operation scenarios: Post-school education in the Eastern Cape.* Johannesburg: Centre for Higher Education Transformation.

Pirie G (2007) Reanimating a comatose goddess: Reconfiguring central Cape Town. Urban Forum, 18 (3): 125 – 151.

Pogrund B (2006) *How can man die better: The life of Robert Sobukwe.* Cape Town: Jonathan Ball.

Pohlandt-Mc Cormick H, Minkley G, Mowitt J & Witz L (Eds) (2016) Red Assembly: East London calling. *Parallax*, 22 (2). Accessed at https://www. tandfonline. com/toc/tpar2o/22/2.

Porter M (1995) The competitive advantage of the inner city. *Harvard Business Review*, May-June: 55 – 71.

Rabinow P （1989） *French modern: Norms and forms of the social environment.* Chicago: Chicago University Press.

Ranger TO （1986） Religious movements and politics in sub-Saharan Africa. *African Studies Review*, 29 （2）: 1 – 70.

Reader DH （1961） *The black man's portion: History, demography and living conditions in the native locations of East London.* Cape Town: Oxford University Press.

Readings W （1996） *The university in ruins.* Cambridge: Harvard University Press.

Rich P （1984） *White power and the liberal conscience: Racial segregation and South African liberalism.* Johannesburg: Ravan Press.

Rich P （1987） The appeals of Tuskegee: James Henderson, Lovedale, and the fortunes of South African liberalism, 1906 – 1930. *The International Journal of African Historical Studies* 20 （2）: 271 – 292.

Richards P （2005） Green Book millenarians? The Sierra Leone war within the perspective of an anthropology of religion. In N Kastvelt （Ed） *Religion and African civil wars.* New York: Palgrave Macmillan.

Richards P （2006） An accidental sect: How war made belief in Sierra Leone. *Review of African Political Economy* 33 （110）: 651 – 663.

Robinson J （2006） *Ordinary cities: Between modernity and development.* New York: Routledge.

Rodin J （2007） *The university and urban revival: Out of the ivory tower and into the streets.* Philadelphia: University of Pennsylvania Press.

Rogan M & Reynolds J （2016） Schooling inequality, higher education and the labour market: Evidence from a graduate tracer study in the Eastern Cape, South Africa. *Development Southern Africa* 33 （3）: 343 – 360.

Ronneberger K （2008） Henri Lefebvre and urban everyday life: In search of the possible. In K Goonewardena, S Kipfer, R Milgrom & C Schmid （Eds） *Space, difference, everyday life: Reading Henri Lefebvre.* London: Routledge.

Rossi A （2014） Ivory tower. Directed by Andrew Rossi. New York: Participant Production Media.

Rousseau N （1994） Popular history in South Africa in the 1980s: The politics of production. Master's thesis, University of the Western Cape, Cape Town.

Roy A (2011) Slumdog cities: Rethinking subaltern urbanism. *International Journal of Urban and Regional Research* 35 (2): 223 – 238.

Ruiters G (Ed.) (2011) *The fate of the Eastern Cape: History, politics and social policy.* Scottsville: University of Kwa Zulu-Natal Press.

Sassen S (2005) The global city: Introducing a concept. *Brown Journal of World Affairs* 11 (2): 27 – 43.

Sassen S (2014) *Complex and incomplete: Spaces for tactical urbanism. In Uneven growth: Tactical urbanisms for expanding megacities.* New York: Museum of Modern Art.

Schindler S (2014) Understanding urban processes in Flint, Michigan: Approaching "subaltern urbanism" inductively. *International Journal for Urban and Regional Research* 38 (3): 791 – 804.

Scott J (1998) *Seeing like a state: How certain schemes to improve the human condition have failed.* New Haven: Yale University Press.

Sennett R (2000) *The open city.* Quant Foundation, New York.

Sharma P (2012) Innovation districts: A look at communities spurring economic development through collaboration. Paper prepared for New Jersey Future.

Sibanda O (2014) White poverty in post-apartheid South Africa: The case of West Bank in East London. Ph D thesis, University of Fort Hare.

Simmel G (1976/1903) The metropolis and mental life. In K Wolff (Ed) *The sociology of Georg Simmel.* New York: Free Press.

Sinwell L & Mbatha S (2016) *The spirit of Marikana: The rise of insurgent trade unionism in South Africa.* Johannesburg: Wits University Press.

Smith L (1949/1994) *Killers of the dream.* New York: WW Norton and Company.

South African Cities Network (2007) *State of the Cities Report.* Johannesburg: SACN.

Southall R (1983) *South Africa's Transkei: The political economy of an "independent" bantustan.* New York: Monthly Review Press.

Southall R (2016) *The new black middle class in South Africa.* Johannesburg: Jacana.

Strom E (2017) How place matters: A view from the Sunbelt. *Urban Affairs Review* 53 (1): 197 – 209.

Strydom B (2016) South African university history: A historiographical overview. *African Historical Review*, 48 (1): 56 – 82.

Sugrue T (1996) *The origins of the urban crisis: Race and inequality in postwar Detroit*. Princeton: Princeton University Press.

Swanstrom T (2017) Reflections on "Place Matters": Poverty, politics and power in the modern metropolis. *Urban Affairs Review* 53 (1): 175 – 188.

Swilling M (Ed) (2017) *Betrayal of the promise: How South Africa is being stolen*. Stellenbosch: Centre for Complex Systems in Transition.

Switzer L (1993) *Power and resistance in an African society: The Ciskei Xhosa and the making of South Africa*. Madison: University of Wisconsin Press.

Tankard KPT (1990) The development of East London through four decades of municipal control, 1873 – 1914. PhD thesis, Rhodes University.

Teppo A (2004) The making of a good white: A historical ethnography of the rehabilitation of poor whites in a suburb of Cape Town. PhD dissertation, University of Helsinki. Accessed 3 June 2018, http://ethesis.helsinki.fi/julkaisut/val/sosio/vk/teppo/themakin.pdf.

Teppo A (2009) A decent place? Space and morality in a former 'poor white' suburb. In M Steyn & Mvan Zyl (Eds) *The prize and the price: Shaping sexualities in South Africa*. Cape Town: HSRC Press.

Thompson P (2017) Place matters, and so does race. *Urban Affairs Review* 53 (1): 210 – 218.

Truscott R & Van Bever Donker M (2017) What is the university in Africa for? *Kronos: Special Issue, What Is the University in Africa For?* 43: 13 – 39.

Turok I & Parnell S (2009) Reshaping cities, rebuilding nations: The role of national urban policies. *Urban Forum* 20 (2): 157 – 174.

University of Fort Hare (2004) *Institutional operating plan 2004 – 2009*.

University of Fort Hare (2009) *Strategic plan 2009-2016: Towards our centenary*.

Van Schalkwyk F & De Lange G (2018) The engaged university and the specificity of place: The case of Nelson Mandela Metropolitan University. In L Bank, N Cloete & F van Schalkwyk (Eds) *Anchored in place: Rethinking the university and development in South Africa.* Cape Town: African Minds.

Veracini L (2010) *Settler colonialism: A theoretical overview.* New York: Palgrave Macmillan.

Vinson RT (2012) *The Americans are coming! Dreams of African American liberation in segregationist South Africa.* Athens: Ohio University Press.

Wacquant L (2008) *Urban outcasts: A comparative sociology of advanced marginality.* Malden: Polity Press.

Washington BT (1901) *Up from slavery.* Cambridge: Cambridge University Press.

Watson J (2011) *The Victorian seaside.* London: Sage.

Watson V (2002) *Change and continuity in spatial planning: Metropolitan planning in Cape Town under political transition.* London: Routledge.

Watts H & Agar-Hamilton J (1970) *Border port: A study of East London, South Africa, with special reference to the white population.* Occasional Paper No. 13, Institute of Social and Economic Research, Rhodes University, Grahamstown.

Whisson M (2004) *Interesting times, 1954 – 2004: A short history of the Institute of Social and Economic Research.* Grahamstown: Institute of Social and Economic Research, Rhodes University.

Wilson WJ (1996) *When work disappears: The world of the new urban poor.* New York: Knopf.

Wirth L (1928) *The ghetto.* Chicago: Chicago University Press.

Witz L (2016) The voices of the people involved: "Red" representations and histories of labour. *Kronos*, 42 (1): 71 – 89.

Witz L, Pohlandt-Mc Cormick H, Minkley G & Mowitt J (2016) Red Assembly: The work remains. *Kronos*, 42: 10 – 28.

Worsley P (1968) *The trumpet shall sound: A study of "cargo" cults in Melanesia.* New York: Schocken Books.

Young R (1969) Springbok Grand Prix. Johannesburg: Malcolm R Kinsey.

Zijderveld A (2017) *A theory of urbanity: The economic and civic culture of cities.* New York: Routledge.

Zukin S (1996) *The cultures of cities.* New York: Wiley.

附　　录

采访

第一章

高级经理采访，2016 年 12 月 15 日，开普敦。

第四章

马尔科姆·迪亚尼（Malcolm Dyani），2016 年 11 月 22 日，东伦敦。

武亚尼·姆尼加萨（Vuyani Mngaza），2014 年 6 月 30 日，东伦敦。

第六章

未透露姓名的高级经理，2016 年 12 月 20 日。

埃尔莎·维尔容（Elsa Viljoen），2015 年 9 月 12 日，迪姆巴萨。

未透露姓名的前纺织厂主，2015 年 9 月 15 日，东伦敦。

未透露姓名的前工厂主，2015 年 9 月 17 日，东伦敦。

索贝卡·库鲁（Thobeka Qulu），2015 年 9 月 4 日，迪姆巴萨。

一位曾在迪姆巴萨工业园区工作的妇女，2015 年 9 月 22 日，迪姆巴萨。

第七章

埃布兰蒂的未透露姓名的男子（当地媒体采访），2014 年 2 月 12 日，东伦敦。

马尔科姆·迪亚尼（Malcolm Dyani），2016 年 6 月 10 日，东伦敦。

未透露姓名的男子，2015 年 9 月 10 日，东伦敦。

安迪勒·乔纳斯（Andile Jonas），2015 年 9 月 10 日，东伦敦。

未透露姓名的新中产阶级成员，2015 年 9 月 10 日，东伦敦。

第九章

未透露姓名的东伦敦学生，2015 年 11 月，福特哈尔社会经济研究所
（FHISER）在线调查。

第十章

恩迪拉·姆库佐（Ndira Mkuzo），2017 年 5 月 3 日，东伦敦。

缩略语

ANC   African National Congress 非洲人国民大会

ANCYL   ANC Youth League 非洲人国民大会青年联盟

CBD   Central Business District 中心商务区

CDA   Car Distributors Assembly 汽车装配经销厂

CHET   Centre for Higher Education Transformation 高等教育改革中心

DA   Democratic Alliance 民主联盟

DHET   Department of Higher Education and Training 高等教育与培训部

DTI   Department of Trade and Industry 贸易与工业部

EFF   Economic Freedom Fighters 经济自由斗士党

ELIDZ   East London IDZ 东伦敦工业开发区

EU   European Union 欧洲联盟

FET   Further Education and Training 继续教育与培训

FHISER   Fort Hare Institute for Social and Economic Research 福特哈尔社会经济研究所

GEAR   Growth, Employment and Redistribution 增长、就业与再分配

GM   General Motors 通用汽车

IDZ   Industrial Development zone 工业开发区

IICU   Independent Industrial and Commercial Workers Union 独立工商业工人联合会

ISER   Institute for Social and Economic Research 社会经济研究所

MIT   Massachusetts Institute of Technology 麻省理工学院

MoMA   Museum of Modern Art 现代艺术博物馆

MOU   Memorandum of Understanding 谅解备忘录

NEUM   Non-European Unity Movement 非欧洲统一运动

NMMU   Nelson Mandela Metropolitan University 纳尔逊·曼德拉都市大学

NSFAS   National Student Financial Aid Scheme 国家学生经济支持计划

NWG   National Working Group 国家高等教育工作组

PAC   Pan Africanist Congress 泛非主义者大会

PASMA   Pan Africanist Student Movement of Azania 阿扎尼亚泛非主义学生运动

RAC   Royal Automobile Club 皇家汽车俱乐部

RDP   Reconstruction and Development Programme 重建与开发计划

SACP   South African Communist Party 南非共产党

SARS   South African Revenue Service 南非税务局

SDI   Spatial Development Initiative 空间开发倡议

SET   Science，Engineering and Technology 科学、工程与技术

SEZ   Special Economic Zone 经济特区

SRC   Student Representative Council 学生代表委员会

UCT   University of Cape Town 开普敦大学

UJ   University of Johannesburg 约翰内斯堡大学

Unisa   University of South Africa 南非大学

UWC   University of the Western Cape 西开普大学

Wits   University of the Witwatersrand 威特沃特斯兰德大学

WSU   Walter Sisulu University 沃尔特·西苏鲁大学

原著致谢

2015年中期，本书得到了福特基金会向福特哈尔社会经济研究所（Fort Hare Institute of Social and Economic Research，FHISER）提供的一笔赠款的资助。这项赠款为支持一项名为"城市—大学—区域"的项目而设立，旨在探索福特哈尔大学（University of Fort Hare）在东伦敦及该城市所处地区的作用、功能以及如何融入城市及地区以迎接该大学2016年的百年校庆。2004年，南非的高等教育体系重组，福特哈尔大学东伦敦校区成立。负责监管重组的国家高等教育工作组在将东伦敦校区移交给福特哈尔大学时，认为这个校园可以成为这所南非历史上具有标志性的黑人大学的新基地，让这所大学走向一个新的未来。在呈给福特基金会的计划书中，核心便是该大学在这座城市的未来。2015年6月和7月，为了做好研究的准备工作，我受福特基金会之邀去了美国，访问了底特律市，在那里与福特基金会的主任多恩·陈（Don Chen）度过了一周的时间。此次访美，福特基金会促成了很多其他的讨论与互动，后来在2015年9月，还资助我参加了在里约热内卢召开的一个会议，并访问了巴西的库里提巴，对城市重建问题作了进一步探索。这两次访问激发我对城市重建及大学校园驱动力的问题产生浓厚兴趣，深刻影响了我对这些问题的思考与看法。

福特项目是主办方福特哈尔社会经济研究所与开普敦的非政府组织高等教育改革中心（Centre for Higher Education Transformation）的一个合作项目。该非政府组织的主任尼克·克卢蒂（Nico Cloete）教授为这个项目提供了极大的支持，帮助该项目获得了高等教育学术界更广泛的关注，纳入了更广阔的研究网络。

在福特哈尔大学，我得到了前任校长姆武由·汤姆（Mvuyo Tom）的支持与鼓励，他任命我为百年校庆咨询委员会的成员，并促成了福特基金会的资助。在2016年百年校庆举办之际，福特项目的主旨就是对该大学在其所在地的参与情况及知识生产状况进行考察。该项目形成的最终报告于2016年12月提交。

　　本书某些章节中所用到的材料得到了以下朋友的相助，我对他们表示衷心的感谢。

　　格伦·米尔斯（Glen Mills）教授与我相识多年，在这个项目实施的前几个阶段是我的合作者，在项目中起到了关键作用，他曾在美国得克萨斯农工大学（Texas A & M University）建筑与设计系担任系主任。他激发了我的兴趣，并为我提供了以美国为参照的对比视角。

　　2017年，基于福特项目中所做的调查以及我自己多年来在该城市所做的历史与人种学研究，我开始动手撰写本书。初稿完成之后，罗杰·索思豪尔（Roger Southall）、斯蒂芬妮·基钦（Stephanie Kitchen）、本尼迪克特·卡顿（Benedict Carton）、伊恩·爱德华兹（Iain Edwards）对本书提出的意见让我受益匪浅。之后，比尔·弗伦德（Bill Freund）与艾伦·马宾（Alan Mabin）读后也提出了宝贵意见，这些意见与审稿人的报告一起为我2018年的修改工作奠定了基础。在此期间，我与亚特兰大城市研究学院（Urban Studies Institute in Atlanta）的让－保罗·艾迪（Jean-Paul Addie）和罗格斯大学（Rutgers University）的斯蒂文·迪纳（Steven Diner）互通邮件，他们提醒我注意一些相关文献，并分享了他们对一些关键问题的看法。

　　恩迪拉·姆库佐（Ndira Mkuzo）和穆克索利斯·切贝伊（Mxolisi Qebeyi）为我理解黑人中产阶级生活和文化提供了重要的见解，并陪同我多次访问东伦敦的埃布兰蒂（Ebuhlanti）和研究中涉及的其他一些地方。

　　人文科学研究委员会出版社（HSRC Press）的杰里米·怀特曼（Jeremy Wightman）、穆森兹·尼夏卡（Mthunzi Nxaka）和夏洛特·伊玛尼（Charlotte Imani）给予我大力支持，对此我深表感谢。伊凡·图罗克（Ivan Turok）教授领导下出版社经济发展与运行部也给我提供了帮助，让我能够顺利地完成有关大学和城市的各项写作计划。

　　写完本书，我完成了关于城市—区域研究的三部曲，这本书建立于我之前所写的两本有关城市的著作之上，即《家庭空间、街道风格》（*Home Spaces, Street Styles*）（普鲁托出版社2011年版），和与米克索利赛·切贝伊（Mxolisi Qebeyi）合著的《现代伊蒙蒂》（*Imonti Modern*）（人文社科委员会出版社2017年版）。

　　我最需要感谢的是我的编辑马克·帕特森（Mark Paterson），他反复阅读书稿，尽力帮我清晰、易懂、流畅地呈现观点和细节。他是一名热心、富有同理心的读者，数日之内便读完书稿，尽快提出了可靠、冷静的反馈和评价。没有他的帮助，我或许要增加数月的额外工作才能完成本书的写作。

　　在我家花园里的小屋内，我用了数百个小时来撰写这本书，写作经常持续到深夜，或清晨便已开始。这段时间里，我没能陪伴家人。非常感谢妻子玛丽特（Mariette）和三个可爱的孩子，多米尼克（Dominic）、莎拉（Sarah）和丽贝卡（Rebecca），谢谢你们的耐心、爱心、支持与理解。同时，感谢我年迈的父母玛格特（Margot）与路易斯（Louis），我坚定的支持者。感谢我的兄弟安德鲁（Andrew）和斯蒂芬（Stephen），他们一直在支持着我。感谢岳父乔安·洛特（Johan Lotter）和他的妻子朗迪（Rondie），我和家人多次去纽约市都承蒙他们的热情接待。同样感谢我的岳母玛利克·利特菲尔德（Maryke Littlefield），她一直在家庭方面心甘情愿地支持着我。

莱斯利·班克